PHP 5 für Dummies - Schummelseite

PHP-Skripts beginnen und enden folgendermaßen:

```
<?php
    ...PHP-Code...
?>
```

oder die Kurzform

```
<?
    ...PHP-Code...
?>
```

Es gibt folgende Datentypen:

- ✔ Integer (Ganze Zahlen)
- ✔ Double (Gleitkommazahlen)
- ✔ String (Zeichenketten)
- ✔ Arrays (Listen)
- ✔ Objekt (Objekte)
- ✔ Boolesche Werte (TRUE und FALSE)

Arithmetischen Operatoren:

Operator	Beispiel	Name	Ergebnis
+	`$a + $b`	Addition	Summe von `$a` und `$b`
-	`$a - $b`	Subtraktion	Differenz von `$a` und `$b`
*	`$a * $b`	Multiplikation	Produkt von `$a` und `$b`
/	`$a / $b`	Division	Quotient von `$a` und `$b`
%	`$a % $b`	Modulo (Division mit Rest)	Rest der Division von `$a` und `$b`

Inkrementierungs-/Dekrementierungsoperatoren:

Beispiel	Name	Ergebnis
`++$a`	Vor-Inkrement	Erhöht den Wert von `$a` um eins und gibt danach den neuen Wert von `$a` zurück
`$a++`	Nach-Inkrement	Gibt zuerst den aktuellen Wert von `$a` zurück und erhöht dann den Wert von `$a` um eins
`--$a`	Vor-Dekrement	Vermindert den Wert von `$a` um eins und gibt danach den neuen Wert von `$a` zurück
`$a--`	Nach-Dekrement	Gibt zuerst den aktuellen Wert von `$a` zurück und erniedrigt dann den Wert von `$a` um eins

PHP 5 für Dummies - Schummelseite

Vergleichsoperatoren

Operator	Beispiel	Operation
`<`	`$a < $b`	Kleiner
`>`	`$a > $b`	Größer
`<=`	`$a <= $b`	Kleiner gleich (d.h. kleiner oder gleich)
`>=`	`$a >= $b`	Größer gleich (d.h. größer oder gleich)
`==`	`$a == $b`	Gleich
`===`	`$a === $b`	Gleich und vom selben Typ
`!`	`!$a`	Nicht
`!=`	`!=$a`	Ungleich
`!==`	`!==$a`	Nicht gleich oder nicht vom selben Typ

Steuerzeichen von printf

Steuerzeichen	Ergebnis
`%s`	Das Argument wird als String behandelt.
`%f`	Das Argument wird als Double behandelt.
`%e`	Das Argument wird als Double in wissenschaftlicher Schreibweise behandelt (z.B. 1.4e7).
`%b`	Das Argument wird als Integer, die Darstellung als Binärzahl behandelt.
`%d`	Das Argument wird als Integer, die Darstellung als Dezimalzahl behandelt.
`%o`	Das Argument wird als Integer, die Darstellung als Oktalzahl behandelt.
`%x`	Das Argument wird als Integer, die Darstellung als Hexadezimalzahl mit Kleinbuchstaben behandelt.
`%X`	Das Argument wird als Integer, die Darstellung als Hexadezimalzahl mit Großbuchstaben behandelt.
`%c`	Das Argument wird als Integer, die Darstellung als ASCII-Zeichen behandelt
`%`	Ein Prozentzeichen ohne Argument wird ausgeben.

Modi von fopen

Modus	Bedeutung	Erzeugt eine Datei?
`r`	Nur lesender Zugriff. Der Pointer wird auf den Anfang der Datei gesetzt.	nein
`r+`	Lesender und schreibender Zugriff. Der Pointer wird auf den Anfang der Datei gesetzt.	nein
`w`	Nur schreibender Zugriff. Der Pointer wird auf den Anfang der Datei gesetzt und der bisherige Inhalt der Datei wird gelöscht.	ja
`w+`	Lesender und schreibender Zugriff. Der Pointer wird auf den Anfang der Datei gesetzt und der bisherige Inhalt der Datei wird gelöscht.	ja
`a`	Nur schreibender Zugriff. Der Pointer wird an das Ende der Datei gesetzt.	ja
`a+`	Lesender und schreibender Zugriff. Der Pointer wird an das Ende der Datei gesetzt.	ja

PHP 5
für Dummies

Christian Baun

PHP 5 für Dummies

Fachkorrektur von Christian Ritter und Katrin Jost

WILEY-VCH

WILEY-VCH Verlag GmbH & Co. KGaA

Bibliografische Information Der Deutschen Bibliothek
Die Deutsche Bibliothek verzeichnet diese Publikation
in der Deutschen Nationalbibliografie;
detaillierte bibliografische Daten sind im Internet über
http://dnb.ddb.de abrufbar.

1. Auflage 2004
1., korrigierter Nachdruck 2005

Printed in Italy

Gedruckt auf säurefreiem Papier

Satz Conrad und Lieselotte Neumann, München
Druck und Bindung Legoprint S.p.A., Trento

ISBN-13: 978-3-527-70102-5
ISBN-10: 3-527-70102-8

Cartoons im Überblick

von Rich Tennant

Seite 27

Seite 73

Seite 223

Seite 419

Seite 323

Seite 431

Fax: 001-978-546-7747
Internet: www.the5thwave.com
E-Mail: richtennant@the5thwave.com

Inhaltsverzeichnis

Teil II
PHP und die Grundlagen 73

Kapitel 4
Variablen und Operatoren in PHP 75

Teil III
Eine Sprache - Tausend Möglichkeiten: Zugriff auf Dateien, FTP, E-Mail-Programmierung, PDF und mehr 223

Kapitel 9
Input/Output und Zugriff auf Dateien 225

Kapitel 10
Fertig für das Protokoll – FTP 265

Kapitel 11
E-Mails mit PHP erzeugen und verschicken 297

Kapitel 12, 13 und 14
als Bonuskapitel auf der CD 305

Kapitel 15
PDF mit PHP erzeugen 307

Teil IV
PHP, HTML, XML und Datenbanken in Aktion 323

Kapitel 16
Datenbanken und PHP 325

Kapitel 17
Wahlverwandtschaft: HTML-Formulare und PHP 377

Und auf der CD ...

Einführung

Zu diesem Buch

Wenn Sie dieses Buch gekauft haben, ohne zu wissen, was PHP eigentlich ist, dann werden Sie vielleicht überrascht sein. Denn dieses Buch bietet mehr als nur einen lustigen Einband oder eine schicke CD. Sie bekommen eine Dokumentation zu PHP geliefert. Einer sehr mächtigen Skriptsprache, die für den Einsatz im Web entwickelt wurde.

Mit PHP ist es eine wahre Freude, Seiten zu erstellen, deren Inhalt sich öfter als nur einmal alle paar Jahre ändern soll. Und das Beste daran ist, dass es wirklich nicht schwer ist, PHP zu lernen.

Wenn Sie jetzt sagen, dass PHP Sie eigentlich gar nicht interessiert, das Internet eh doof ist und gelbe Bücher sich in Ihrem grünen Bücherregal nicht gut machen, dann haben Sie wohl das falsche Buch gekauft. In diesem Fall können Sie das Buch immer noch verschenken oder die CD als Untersetzer für Kaffeetassen benutzen.

PHP 5 für Dummies ist wie alle Bücher aus der Dummies-Reihe genau auf Ihre Bedürfnisse als Einsteiger zugeschnitten.

Sie werden viel Neues lernen, und vieles, von dem Sie vielleicht schon einmal gehört haben, wird Ihnen klarer werden. Am Ende werden Sie die Fähigkeit erlangt haben, selbstständig all das in PHP zu realisieren, was Sie sich wünschen und vorstellen.

Sie können dieses Buch von Anfang bis Ende lesen. Es ist aber auch kein Problem, wenn Sie die Teile, die Sie nicht interessieren, überspringen oder erst mal außen vor lassen. Lassen Sie sich dabei ruhig die Zeit, die dafür nötig ist. Es ist nicht das primäre Ziel, dass Sie das Buch möglichst schnell gelesen haben. Vielmehr sollten Sie sich mit dem Gelesenen auch wirklich beschäftigen und die Zusammenhänge verstehen. Dann werden Sie am Ende ein fundiertes Wissen über PHP besitzen. Und dieses Wissen vermittelt Ihnen das Buch, das Sie in Händen halten. Also, wenn das nicht klasse ist!

Dieses Buch ist also Lehrbuch und Nachschlagewerk zugleich. Anhand der vielen Beispiele werden Sie möglichst schnell zu greifbaren Ergebnissen kommen, die Ihnen über alle Widrigkeiten des Alltags hinweghelfen. Naja, vielleicht nicht wirklich über alle. Aber ich kann Ihnen hier ja nicht zeigen, wie Sie Ihren tropfenden Wasserhahn im Bad reparieren.

Natürlich finden Sie in diesem Buch nicht alle Möglichkeiten, die PHP bietet. Dies wäre mit dem Umfang dieses Buches auch gar nicht vereinbar. Aber ich habe versucht, eine Zusammenstellung zu finden, die Ihren Erwartungen gerecht wird und Sie gleichzeitig nicht überfordert.

Einen Rat möchte ich Ihnen geben: Lesen Sie sich insbesondere die Beispiele sorgsam durch! Am besten, Sie machen es sich vor Ihrem Rechner bequem und probieren den Code gleich aus. Dafür müssen Sie ihn nicht einmal abtippen. Die Beispiel-Listings befinden sich alle auf der Buch-CD. Viel wichtiger ist, dass Sie die Beispiele verstanden haben und ihre Funktion nachvollziehen. Wenn Sie das geschafft haben, dann werden Sie am Ende des Buches keine Probleme haben, Ihre Projekte in Zukunft mit PHP zu meistern.

Über die CD

Die CD ist ein Allround-Talent. Mit ihr erspare ich Ihnen zum einen die Mühe, die Code-Listings und Beispiele selbst eingeben zu müssen. Bis auf die ganz kleinen drei bis fünf Zeilen umfassenden Code-Listings sind alle auf der CD enthalten. Ich war der Meinung, dass fünf Zeilen Code schneller eingetippt als auf der CD gefunden sind.

Ebenfalls finden Sie auf der CD alle benötigten Programme in den bei Drucklegung aktuellen Versionen. Damit können Sie sofort durchstarten. Die Installationsanleitung für die Software finden Sie am Ende dieses Buches.

Was dieses PHP eigentlich ist

PHP ist eine Abkürzung für eine sehr mächtige, serverseitig interpretierte, in HTML eingebettete Skriptsprache (offiziell: *Hypertext Preprocessor*). Die Syntax ist ganz ähnlich zu C, Java und Perl. Sie wird allerdings erweitert durch PHP-eigene Features wie z.B. Kommandos zur Integration von Datenbanken. PHP gibt dem WWW-Anwendungs-Entwickler einfach erlernbare und gleichzeitig mächtige Werkzeuge zur Erstellung von Webseiten dynamischen Inhalts an die Hand.

Aber PHP kann noch viel mehr. PHP arbeitet mit einer sehr großen Anzahl von Datenbanken (u.a. MySQL, mSQL, ODBC, Oracle, PostgreSQL und Informix) und unterstützt eine Vielzahl von Internet-Protokollen (u.a. HTTP, IMAP, SMTP, POP3 und FTP).

So, jetzt endlich verstehen Sie, warum alle Welt von PHP spricht und immer mehr große und kleine Webseiten auf PHP setzen.

Wer sind Sie? Einige Annahmen über Sie

Selbstverständlich habe ich mir auch einige Gedanken über Sie gemacht. Wenn Sie sich so sehr für PHP interessieren, dass Sie zu diesem Buch gegriffen haben, dann sind Sie sicher:

- ✔ Web-Designer
- ✔ Web-Entwickler
- ✔ Jemand, der rudimentäre HTML-Kenntnisse besitzt

Vielleicht sind Sie auch jemand, der einfach nur eine gute Homepage mit PHP erstellen und sich so fortbilden will. Eben eine Person, die sich privat oder beruflich mit Web-Design beschäftigt und keine PHP-Kenntnisse mitbringt.

Wenn Sie über keinerlei HTML-Kenntnisse verfügen, dann sollten Sie sich diese zuvor noch aneignen. *HTML 4 für Dummies* von Ed Tittel (auch beim Wiley-VCH Verlag erschienen) kann Ihnen dabei hilfreiche Dienste erweisen. Außerdem ist *SELFHTML* eine sehr empfehlenswerte Referenz zu HTML.

SELFHTML ist Freeware im Sinne des Software-Lizenzrechts und darf kostenfrei benutzt und weitergegeben werden. Ich halte es für die beste deutschsprachige Dokumentation über HTML. Mehr über SELFHTML finden Sie im Netz unter http://de.selfhtml.org. Natürlich finden Sie auch die aktuellste Version auf der Buch-CD.

Wie dieses Buch aufgebaut ist

Jedes neue Feature und jedes neue Thema wird zuerst in seiner Funktion besprochen und dann anhand von Beispielen verständlicher gemacht. Sie finden auch immer wieder kleinere Code-Listings. Diese sollen zeigen, wie das erlernte Feature in der Praxis schnell umgesetzt werden kann.

Teil I: Erste Schritte mit PHP 5

In diesem Teil erfahren Sie, wie PHP entstanden ist und aus welchen Beweggründen es entwickelt wurde. Sie lernen, wie PHP funktioniert, und es verschafft Ihnen einen Überblick, was alles mit PHP möglich ist. Eine Sprache ist nutzlos, wenn Sie nicht die grundlegenden Mittel beherrschen, um in ihr zu kommunizieren. In diesem Teil lernen Sie außerdem, was Variablen sind und wie man mit ihnen arbeitet. Sie lernen die Unterschiede zwischen den verschiedenen Datentypen kennen, und werden lernen, mit allen nötigen Kontrollstrukturen umzugehen. Damit wird es Ihnen möglich sein, alle erforderlichen Algorithmen in PHP umzusetzen.

Teil II: PHP und die Grundlagen

Endlich sind Sie den Kinderschuhen entwachsen. In diesem Teil werden Sie lernen, was Arrays sind und wofür man sie brauchen kann. Außerdem werden Sie am Ende dieses Teils mit Funktionen auf Du und Du stehen. Ein kleiner Abstecher in die Welt der Objektorientierten Programmierung darf dabei natürlich auch nicht fehlen.

Teil III: Eine Sprache - Tausend Möglichkeiten: Zugriff auf Dateien, FTP, E-Mail-Programmierung, PDF und mehr

Die Features von PHP sind fast unerschöpflich. Zeit und Datum, Input/Output, Zugriff auf Dateien, das File-Transfer-Protokoll (FTP), Zufallszahlen und tausend und eine Funktion, um mathematische Probleme zu berechnen. Am Ende dieses Teils, wird es (hoffentlich) keine offenen Fragen mehr geben.

Teil IV: PHP, HTML, XML und Datenbanken in Aktion

Endlich ist es soweit. Dieser Teil geht auf die Zusammenarbeit von PHP und HTML ein. Hier lernen Sie die wichtigsten Möglichkeiten, die HTML Ihnen bietet, um Eingabe-Masken zu erstellen und diese mit PHP auszuwerten. Die ganz Cleveren unter Ihnen werden sich über das Datenbankkapitel freuen. Aber das ist wirklich nur etwas für richtige Männer. Mit Brusthaar und so. Sie verstehen schon.

Teil V: Der Top-Ten-Teil

In diesem Teil finden Sie einige Tipps zum täglichen Umgang mit PHP und eine Sammlung hilfreicher Web-Adressen zu den Themen PHP, XML, HTML und Datenbanken.

Teil VI: Anhänge

Teil VI ist sehr nützlich. Sie erhalten Informationen, wie PEAR Ihnen das Leben erleichtert. Außerdem können Sie lesen, wie Sie PHP 5 installieren und was sich für schöne Dinge auf der CD tummeln.

Die Icons in diesem Buch

Damit Sie beim Lesen nicht verloren gehen, habe ich einige Wegweiser in Form von Icons in das Buch gesetzt. Sie helfen Ihnen, das zu finden, was Sie wirklich interessiert.

Dieses Icon zeigt eine Gefahr auf. Sie erhalten hier Informationen über Probleme, die plötzlich auftauchen können und zu denen eine Lösung nicht unbedingt leicht zu finden ist. Probleme, die immer dann auftauchen, wenn man sie am wenigsten erwartet, und die dann Fehler produzieren, die einen dann an den Rand der Verzweiflung bringen können.

Die Informationen, die Sie bei diesem Icon bekommen, sollten Sie sich unbedingt merken. Was hier steht, ist wichtig, und wird auch später immer wieder vorkommen.

Hier bekommen Sie Informationen, die Ihnen viel Zeit und Aufwand ersparen werden

Hier handelt es sich um Hintergrundwissen, das Sie nicht unbedingt benötigen. Aber vielleicht wird es Sie doch interessieren und Ihr Wissen über die Materie vertiefen. Möglicherweise hilft es Ihnen auch, Zusammenhänge besser zu verstehen.

Bei diesem Icon finden Sie gut gemeinte Ratschläge und Tipps vom Autor (die müssen auch gar nicht teuer sein). Diese sollten Sie aber nicht falsch verstehen, ich will Sie ja nicht bevormunden und außerdem bin ich nicht Ihre Mutter. Es sind einfach Erfahrungen, die ich im Laufe der Jahre gesammelt habe.

Das Icon mit der CD steht, wie Sie sich vielleicht schon gedacht haben, bei Informationen, die Ihnen die Arbeit mit der CD erleichtern sollen.

Wie es weiter geht

Um PHP zu lernen, genügt es nicht einfach nur, dieses Buch zu lesen. Wie beim Lernen jeder Programmiersprache ist es nötig, die Beispiele zu verstehen und so das Gelesene nachzuvollziehen. Ich versuche, es Ihnen mit diesem Buch so leicht wie möglich zu machen, indem ich die PHP-Sprache so einfach wie möglich und detailliert wie nötig erkläre, und mit Hilfe von einfachen Beispielen das Gelernte demonstriere.

Am wichtigsten ist und bleibt aber, dass Sie die praktischen Beispiele nachvollziehen. Nehmen Sie nicht einfach hin, was Sie lesen. Schlagen Sie alles nach, was Ihnen unbekannt und schwer verständlich erscheint. So werden Sie Klarheit über die Zusammenhänge gewinnen und schon bald ganz selbstverständlich mit PHP umgehen.

Falls Sie einmal nicht mehr weiter wissen und Hilfe brauchen, schauen Sie doch mal unter `http://www.bauni.de`. Dort finden Sie ein Forum zu diesem Buch und auch Updates, die das Buch betreffen. Sie können Ihre Fragen und Anregungen gerne auch direkt an mich senden: `cray@unix-ag.uni-kl.de`.

Teil I

Erste Schritte mit PHP 5

»Endlich! Eine Programmiersprache, die uns die Feinheiten unseres Stils im Web ausdrücken lässt.«

In diesem Teil ...

Zu Beginn dieses Teils finden Sie eine Schnellübersicht über die Sprache PHP. Es soll ein Einstieg für Sie sein. Sie werden hier einiges über PHP erfahren, unter anderem, wo PHP herkommt, was es kostet, warum es so klasse ist und was Ihnen diese Sprache an Vorteilen bietet (auch gegenüber anderen Sprachen).

Ein weiterer Schwerpunkt dieses Teils ist den Werkzeugen (Editoren und Entwicklungsumgebungen) gewidmet, die Ihnen die Arbeit mit PHP erleichtern sollen. Hier bekommen Sie einen Überblick über die verschiedenen Tools und ihre Fähigkeiten.

Am Ende diese Teils werden Sie einige Beispiel-Skripte kennen lernen, die Ihnen einen groben Überblick über die Fähigkeiten von PHP vermitteln sollen.

Einstieg in PHP

1

In diesem Kapitel

- Zend – der Parser von PHP
- PHP und die Kosten
- Welche Versionen von PHP sind aktuell?
- Vorteile von PHP gegenüber anderen Lösungen
- Hard- und Software für PHP

Wo kommt PHP eigentlich her? Die erste Entwicklung lässt sich auf den Herbst 1994 datieren. Zu dieser Zeit begann Rasmus Lerdorf, ein derzeit in Kanada lebender, dänischer Software-Entwickler, mit seiner Arbeit an PHP. Die ersten Versionen nutzte er nur für seine eigene Homepage und veröffentlichte sie nicht. Im Grunde wollte er damit nur erfahren, wer alles den Lebenslauf auf seiner Website las. Diese ersten PHP-Pakete waren einfach eine Sammlung von Makros, um das Web-Publishing zu vereinfachen.

Anfang 1995 kam dann die erste wirkliche Version mit dem Namen *Personal Home Page Tools* heraus. Rasmus machte diese Version öffentlich, weil er die Idee vertrat, dass über das Internet Wissen geteilt werde sollte. Diese Version enthielt einen einfachen *Parser* (*grammatischer Zerteiler*), der einige spezielle Makros und ein paar andere »Spielzeuge« wie Gästebücher und Counter verarbeiten konnte.

Der Parser wurde Mitte 1995 vollständig überarbeitet. Die neue Version trug den Namen *PHP/FI* (*Form Interpreter*), da sie jetzt auch HTML-Formulare interpretieren konnte. Weiterhin kam mit Version 2 auch die erste SQL-Unterstützung hinzu. Mit dieser Version wurde PHP eine für Endnutzer attraktive Lösung, und es begannen sich auch einige Entwickler für das Paket zu interessieren.

Ab 1997 war Rasmus Lerdorf nicht mehr alleine. Ein ganzes Team von Entwicklern arbeitete jetzt an dem Projekt mit, darunter auch Zeev Suraski und Andi Gutmans, zwei Informatikstudenten aus Israel, die den Parser überarbeiteten, und Shane Caraveo, der PHP auf Windows portierte. So wurde PHP/FI nach und nach zu PHP3.

Mit dem Sprung zu PHP3 wurde PHP zu einer ausgewachsenen Sprache, allerdings zu dem Preis, dass die Syntax an vielen Stellen verändert werden musste.

Im Mai 2000 kam mit PHP4.0 eine neue, völlig überarbeitete Version heraus, die auch einen ganz neuen Parser mit dem Namen Zend erhielt. Weitere Verbesserungen betrafen vor allem den Bereich der Garbage Collection, die Geschwindigkeit des Parsers sowie eine Fülle an neuen Funktionen.

PHP 5, das im Juli 2004 erschienen ist, stellt wieder einen Quantensprung in der Entwicklung dar. PHP 5 enthält die Zend Engine II, einen komplett neuen Parser, der vor allem im Bereich der Objektorientierten Programmierung und bei der Arbeit mit XML viel Neues bietet.

Am Ende kann man sagen, ...

... dass PHP die gleiche Entwicklung genommen hat wie die meisten OpenSource-Projekte: Ein enthusiastischer Entwickler mit einer Fülle guter Ideen begann an einem Projekt zu arbeiten und veröffentlichte seine Entwicklung. Andere Entwickler zeigten Interesse und brachten ihre Ideen in Form von Verbesserungen oder sogar Erweiterungen ein. So brachten sie den Stein ins Rollen und machten PHP zu einer der am weitesten verbreiteten serverseitigen Skriptsprachen für Internetanwendungen. Mit der zunehmenden Verbreitung wurde auch immer mehr über PHP geschrieben und veröffentlicht, und durch diese »Werbung« wurde die Streuung und Akzeptanz von PHP immer noch weiter gesteigert. Dieser Zustand hält bis heute an.

Heute (Stand: Juli 2004) läuft PHP laut der Netcraft-Studie auf mehr als 16.251.000 Domains.

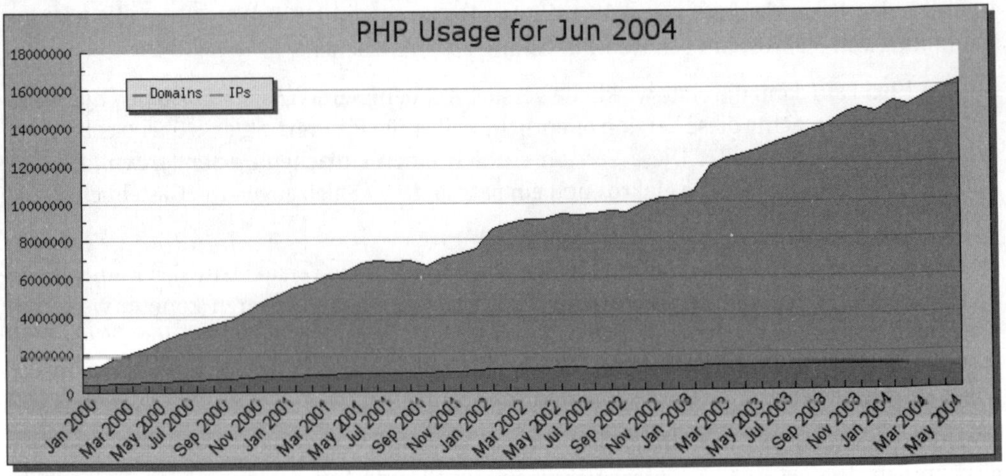

Abbildung 1.1: Netcraft-Studie (`http://www.netcraft.com/Survey/`)

Was die wenigsten wissen: PHP ist ein rekursives Akronym für »PHP: Hypertext Preprocessor«.

Zend - der Parser

Das große Problem von PHP3 – im Gegensatz zu PHP4 – war die geringe Performance bei größeren Anwendungen. Für kleinere oder mittlere Projekte war die Geschwindigkeit der Sprache völlig ausreichend. Der Parser arbeitete die ihm vorgelegten Skripts Zeile für Zeile ab und führte sie dann aus. Das Problem bei dieser Arbeitsweise war die große Ineffizienz bei Schleifen und sich wiederholenden Funktionsaufrufen. Optimierungen durch den Parser waren in diesen Bereichen nahezu unmöglich.

Aus diesem Grund entschieden sich Zeev Suraski und Andi Gutman zu einer völligen Änderung des Parser-Konzepts. Der neue Parser, die so genannte Zend Engine, arbeitet nicht mehr wie der alte Parser zeilenorientiert, sondern analysiert das Skript, bevor er es ausführt – eine Vorgehensweise, die mancher vielleicht von der Skriptsprache Perl her kennt. Durch den Einsatz von Zend in PHP4 wurde die Performance bei komplexeren Skripts im Vergleich zu PHP3 um das ca. 5 bis 200fache gesteigert. Durch den Einsatz der neuen Zend Engine II in PHP 5 konnte die Ausführungsgeschwindigkeit bei vielen Anwendungen wiederum um ein vielfaches gesteigert werden.

Weitere Vorteile der Zend Engine sind außer der großen Performance-Steigerung der verbesserte objektorientierte Ansatz, der Garbage-Collector und die weitestgehende Rückwärtskompatibilität.

Unter einem Garbage Collector versteht man einen Mechanismus, der in gewissen Abständen nach nicht mehr referenzierten Objekten sucht, und diese aus dem Speicher wirft. Das ist eine große Hilfe für jeden Programmierer, hilft Speicher zu sparen und Fehler zu vermeiden.

Rückwärtskompatibilität bedeutet, dass neuere Versionen einer Software, bzw. Programmiersprache auch mit Daten, bzw. Quellcodes zurechtkommen, die unter einer älteren Version erstellt wurden.

Allerdings ist Zend nicht frei wie der Rest von PHP. Zend steht im Gegensatz zu PHP unter der QPL (Qt Public License) und nicht unter der GPL (GNU General Public License). Mehr dazu erfahren Sie weiter unten im Abschnitt *Was PHP kostet.*

Aktuelle Versionen von PHP

Zurzeit sind die Versionen 4.3.8 und 5.0.0. aktuell (Stand Juli 2004).

Was PHP kostet

Um es gleich vorneweg zu sagen: PHP kostet nichts!

Man hat das Recht, PHP zu benutzen, weiterzugeben und zu verändern und das alles im privaten, genauso wie im kommerziellen Bereich. Die einzige »Verpflichtung«, die man dabei eingehen muss, ist, dass man beim Verkauf eines veränderten PHP dem Kunden mitteilen muss, dass es sich hierbei um ein Produkt handelt, das PHP enthält.

PHP3 wurde dual-licensed weitergegeben. Einerseits unter der so genannten GPL (GNU General Public License) und andererseits unter der PHP-Lizenz. Die GPL garantiert Benutzern und Entwicklern den freien Zugriff auf den Quellcode, das Recht, diesen zu verändern und auch weiterzugeben. So soll sichergestellt werden, dass freie Software für jeden Nutzer frei ist. Wenn allerdings jemand eine Software, die unter der GPL steht, weiterverkauft, dann muss er auch dem Käufer den Source-Code beilegen und darf ihm nicht untersagen, das Gekaufte ebenfalls zu verändern und weiterzugeben. Er darf also nicht die Rechte anderer beschneiden, die er selber genossen hat.

PHP wird allein unter der so genannten PHP-Lizenz weitergegeben. Diese ist weitaus weniger restriktiv als die GPL und ist der des Apache-Webservers sehr ähnlich.

Zend hingegen, der neue Parser von PHP, steht unter der QPL (Qt Public License). Diese ist der GPL in manchen Punkten sehr ähnlich. Sie unterscheidet sich jedoch in dem Recht, veränderten Quellcode des Programms weitergeben zu dürfen. Dies ist unter der QPL nicht möglich. Daher ist sie inkompatibel zur GPL.

Vorteile von PHP gegenüber anderen Lösungen

Viele, die zum ersten Mal von PHP hören, werden sich fragen, warum sie jetzt noch eine Sprache lernen sollen, und ob sich die Mühe überhaupt lohnt. Die Zeiten, in denen große Webseiten aus wenigen HTML-Dateien und ein paar CGI-Skripts bestanden, sind definitiv vorbei. Wer heute aus der Menge hervorscheinen will, muss schon ein bisschen mehr präsentieren. Statische Webseiten sind nicht nur out, sondern auch viel zu träge was Veränderungen angeht. Heute müssen die Informationen auf einer gut besuchten Seite tagesaktuell sein. Besser noch stündlich aktuell. Warum sollte man mehrere Male pro Tag auf eine Seite schauen, wenn sie sich nicht verändert? Die Frage, die sich jeder Web-Designer deshalb stellt, wenn er eine Internetpräsenz neu gestaltet, lautet: »Welche der verfügbaren Technologien setze ich ein?« Eine schwierige Frage, denn es gibt Hunderte von Ansätzen.

Ein weiterer Faktor, den man nicht aus den Augen verlieren sollte, sind die Kosten. PHP ist im Gegensatz zu den meisten Lösungen (z.B. *Microsoft Active Server Pages*) völlig frei und kostenlos – und Dokumentationen sind in vielfältiger Form im Internet vorhanden.

PHP kann viele Vorteile für sich verbuchen:

- ✔ Es ist eine leicht zu erlernende Sprache, die sich in ihrer Syntax an vorhandene bekannte Sprachen (C, Perl, Java) anlehnt.
- ✔ Es ist schnell in der Ausführung und dazu noch sehr ressourcenschonend.
- ✔ Es ist weitestgehend portabel, d.h. ein PHP-Skript kann ohne irgendwelche Änderungen am Code auf allen unterstützten Webservern, Betriebssystemen und Rechner-Architekturen laufen.
- ✔ PHP wurde – im Gegensatz zu vielen anderen Sprachen – von Anfang an dafür entwickelt, Webseiten zu erstellen.
- ✔ PHP unterstützt von Haus aus eine große Auswahl von Internetprotokollen (u.a. HTTP, IMAP, SMTP, POP3 und FTP) und Datenbanken (u.a. MySQL, mSQL, ODBC, Oracle, PostgreSQL und Informix).
- ✔ PHP läuft auf Linux/UNIX, Windows 95/98/ME/XP, Windows NT und 2000 sowie auf dem Apple Macintosh.
- ✔ Als Webserver wird *Apache* bevorzugt, der am meisten verbreitete und schnellste Webserver. Dieser ist ebenfalls im Code verfügbar und völlig frei und kostenlos. PHP arbeitet aber auch mit den allermeisten, auf dem Markt sonst noch erhältlichen Webservern zusammen, u.a. mit dem *Internet Information Server* von Microsoft.

Welche Hard- und Software ist nötig?

Um PHP nutzen zu können, braucht man zuerst einen Rechner, der als Server verwendet werden kann bzw. auf dem schon ein Webserver läuft.

Sie brauchen also auf Ihrem Rechner neben einem Betriebssystem (Windows, Linux oder ein anderes UNIX-System) noch einen Webserver (Apache oder irgendeinen anderen, dem man den Umgang mit PHP beibringen kann) und natürlich PHP.

Ein Webserver braucht keine besonders große CPU-Leistung. Ein Pentium 100 genügt schon (wenn der Rechner als reiner Webserver genutzt wird). Allerdings sollte am Hauptspeicher (RAM) nicht gespart werden. 32 MB als unterste Grenze sind Pflicht für einen reibungslosen Einsatz eines Webservers. Hier gilt aber das alte Sprichwort: Viel hilft viel.

Ob Sie nun ein Linux/Unix-System oder Windows als Betriebssystem nutzen, ist unwichtig. Allerdings sollten Sie überlegen, für welche Zwecke Sie den Server nutzen wollen. Wenn Sie nur wenige Zugriffe auf Ihre Webseiten erwarten oder sogar nur selbst zugreifen, genügt Windows 9X/ME völlig. Sollte allerdings ein größerer Ansturm auf Ihren Webserver bevorstehen, sollten Sie auf alle Fälle zu Windows NT/2K/XP oder besser zu einem Linux/UNIX-System greifen.

Eine detaillierte Installationsanleitung für PHP unter Windows und Linux/UNIX finden Sie im Anhang B am Ende dieses Buches.

Wie sieht es mit der Sicherheit von Windows und Linux aus?

Windows NT/2K hat im Bezug auf Sicherheit und Stabilität ganz klar gegenüber Windows 9X/ME/XP die Nase vorn, kann aber auch keinem sauber konfigurierten Linux/UNIX-System das Wasser reichen.

Aus diesem Grund laufen auch fast alle großen und viel besuchten Webseiten auf Linux/UNIX-Systemen. Um PHP zu lernen, ist es aber völlig gleichgültig, welches (der unterstützten) Systeme Sie einsetzen.

Einen gravierenden Nachteil haben Windows-Systeme jedoch gegenüber Linux/UNIX-Systemen wenn es um PHP geht: Viele Funktionen, die mit Zeit, Datum und Dateizugriffen zu tun haben, funktionieren unter Windows nicht oder nicht korrekt.

Auch wenn es um PHP-externe Programmausführung und Befehle an die Shell geht, hat Windows natürlich keine Chance gegen ein Linux/UNIX-System.

Wenn Sie also alle Features von PHP nutzen wollen, dann brauchen Sie Linux oder ein anderes UNIX-System.

PHP-Skripte editieren

2

In diesem Kapitel

- Was ist das richtige Werkzeug?
- Editoren und Entwicklungsumgebungen
- Oasen im Netz
- Wie wird PHP-Code richtig eingebunden?

Ein *PHP-Skript* ist im Grunde eine ganz gewöhnliche Textdatei. Sie können sie genauso erzeugen und bearbeiten wie HTML- oder .txt-Dateien. Daher bleibt es Ihnen überlassen, ob Sie zu einem kleinen, schlanken Editor wie zum Beispiel *vi* unter Linux/UNIX oder *Notepad* unter Windows greifen oder ob Sie eines der neueren Entwicklungswerkzeuge (z.B. Macromedia Homesite) bevorzugen, die Ihnen viel Arbeit abnehmen. Der Vorteil dieser Werkzeuge ist ganz klar das Syntax Highlighting, bei dem die Schlüsselwörter von PHP farbig hervorgehoben werden.

Auf den nächsten Seiten habe ich eine Liste von Programmen, die zum Schreiben und Editieren von PHP-Skripten gut geeignet sind, zusammengestellt. Dabei habe ich versucht, eine repräsentative Auswahl an Editoren, die PHP unterstützen, und integrierten Entwicklungsumgebungen zu finden. Die Reihenfolge der Programme richtet sich nach dem Alphabet und nicht nach Betriebssystem oder Beliebtheit. Auch habe ich versucht, dabei alle Betriebssysteme, die vermutlich bei Ihnen zum Einsatz kommen, zu berücksichtigen. Das Augenmerk liegt vorwiegend auf Linux, Windows (2000/XP) und MacOS 9 bzw. MacOS X.

Einige dieser Werkzeuge sind Open-Source oder zumindest Freeware. Dadurch fallen für Sie keine Kosten an, was nicht nur in der Lernphase sehr angenehm ist. Für einige der Programme, insbesondere die integrierten Entwicklungsumgebungen (IDE's), können größere Anschaffungskosten fällig werden.

Entwicklungsumgebungen haben aber auch den Nachteil, dass Sie besonders von Anfängern in den allermeisten Fällen eine sehr große Einarbeitungszeit verlangen. Daher sollten Sie diese erst einsetzen, wenn Sie sich mit PHP schon etwas besser auskennen und zurechtfinden.

Ich will es mal so sagen: Ein Editor lenkt einfach nicht so sehr ab wie eine Entwicklungsumgebung, die dazu da ist, große Projekte zu realisieren. Wenn Sie kleinere Skripte schreiben (und das werden Sie am Anfang tun) macht es keinen Unterschied, ob Sie diese mit Wordpad oder mit Macromedia Homesite schreiben.

Da jedes der hier vorgestellten Werkzeuge seine Stärken und Schwächen hat, werden Sie nicht drum herum kommen, sich alles zumindest einmal anzusehen oder sich eingehender zu informieren, was die einzelnen Programme leisten können. Leider ist das an dieser Stelle nur in groben Zügen möglich. Alles andere würde den Rahmen dieses Buches sprengen.

Bevor wir aber mit den Programmen beginnen, stecken wir erst einmal die Kriterien ab, mit deren Hilfe Sie gute von weniger guten PHP-Entwicklungsumgebungen unterscheiden können.

Ein paar Gedanken zu OpenSource, Freie Software, Freeware und Freibier

Unter OpenSource versteht man ganz allgemein Software aller Art, deren Quellcode öffentlich zugänglich ist. Der Begriff OpenSource wurde Mitte der 90er Jahre populär und ist heute ein Modebegriff.

Die Vorteile von OpenSource Software gegenüber Software mit nicht öffentlich zugänglichem Quellcode wurde von Eric Raymond in seinem Essay »The Cathedral and the Bazaar« 1998 auf sehr anschauliche Weise beschrieben.

Entgegen der gängigen Meinung hat OpenSource nichts mit Freeware zu tun. Freeware ist jede Art von Software, die kostenlos benutzt und weitergegeben werden darf. Allerdings muss bei Freeware der Quellcode nicht öffentlich zugänglich sein.

Das größte Missverständnis ist, wenn von Freier Software oder OpenSource geredet wird, dass diese nichts kosten darf, also kostenlos sein muss. Das ist aber falsch. Selbstverständlich darf Software, die als Freie Software oder OpenSource erstellt wurde, auch verkauft werden. Linux-Distributoren wie SuSE oder Red Hat machen das jeden Tag.

Das Debian GNU/Linux Anwenderhandbuch schreibt hierzu ganz treffend: *Freie Software unterscheidet sich von Freibier in einem ganz entscheidenden Punkt: im Preis.*

Die Free Software Foundation (FSF) klärt auf, was unter Freier Software genau zu verstehen ist: Die Philosophie von Freier Software ist auf den Wunsch des freien Austauschs von Wissen zurückzuführen. Man stellt sein Wissen anderen zur Verfügung, um selbst wiederum vom Wissen anderer zu lernen.

Es wurden vier Freiheiten formuliert, die Freie Software beinhalten muss:

- ✔ Die Software darf nach eigenem Ermessen eingesetzt werden, das heißt egal wo und für was, zum Beispiel zu Hause und privat oder auf der Arbeit im Büro, egal zu welchem Zweck.
- ✔ Die Software darf in ihrer Funktionsweise studiert und verändert (angepasst) werden.
- ✔ Die Software darf kopiert werden.
- ✔ Die Software darf verändert und in veränderter Form veröffentlicht werden.

Nur wenn eine Software diesen vier Freiheiten/Prinzipien genügt, kann Sie als Freie Software gelten.

Um den Grundgedanken (die 4 Freiheiten) der Freien Software zu fördern, und eine rechtliche Grundlage zu schaffen, gründete Richard M. Stallman 1984 die »Free Software Foundation« (FSF) und das GNU-Projekt (GNU ist die rekursive Abkürzung von *GNU's Not Unix*). Die dabei entstandene *GNU General Public License* (GPL) soll die vier Freiheiten der Freien Software schützen. Dank dieses Schutzes ist die GPL heute die meistverwendete Lizenz für Freie Software.

Richard M. Stallman ist heute einer der bekanntesten Verfechter Freier Software. Mehr dazu können Sie auf den Seiten der Free Software Foundation unter den folgenden beiden Internetadressen erfahren:

```
http://www.fsfeurope.org/documents/freesoftware.de.html
http://www.fsf.org/gnu/thegnuproject.de.html
```

Eine deutsche Übersetzung der GPL (GNU General Public License) befindet sich unter:

```
http://www.gnu.de/gpl-ger.html
```

Mehr zur Definition von OpenSource können Sie unter folgender Adresse lesen:

```
http://www.opensource.org/docs/definition.php
```

Eine sehr informative Seite mit Erklärungen zu OpenSource, Freier Software, der OpenSource Initiative (OSI) und dem geschichtlichen Hintergrund können Sie auf folgender Webseite finden:

```
http://www.openoffice.de/linux/buch/freiesoftware.html
```

Was macht eine (gute) PHP-Entwicklungsumgebung aus?

Die Fähigkeiten (Features), die an eine Entwicklungsumgebung gestellt werden, sind von Anwender zu Anwender verschieden. Jeder hat andere Wünsche und Anforderungen an die Software, mit der er Tag (und Nacht?!) arbeitet.

Anhand der folgenden Schlagworte können Sie Ihre persönliche Lieblingsentwicklungsumgebung auf PHP-Tauglichkeit überprüfen:

Das persönliche Anpassen: Customizing

Die Möglichkeit, die Oberfläche der Software an die eigenen Bedürfnisse anzupassen, ist die mit Sicherheit wichtigste Eigenschaft, die Sie von einer Entwicklungsumgebung und von einem ordentlichen Editor erwarten können.

Es sollte möglich sein, Farben festzulegen, Hot-Keys zu definieren und die Anordnung von Fenstern und Kontrollleisten zu ändern. Gut ist auch, wenn Sie den Inhalt von Kontrollleisten an Ihre Bedürfnisse und Anforderungen anpassen können.

Zeigen, was zählt: Syntax Highlighting

Das Syntax Highlighting ist neben dem Anpassen an persönliche Bedürfnisse das Mindeste, was Sie von einer Entwicklungsumgebung erwarten können (sollten). Durch Syntax Highlighting wird Quellcode übersichtlicher.

Beim Syntax Highlighting werden bestimmte Schlüsselwörter wie Klassen und Funktionsnamen, Kommentare, Variablen und Konstanten in unterschiedlichen Farben und Textausrichtungen (zum Beispiel *kursiv*) dargestellt.

Machen Sie es sich einfach: Code Snippets

Wenn bestimmte Code-Teile immer wieder vorkommen, kann es hilfreich und zeitsparend sein, wenn die Entwicklungsumgebung Code Snippets anbietet, um diese Code-Teile schnell einzufügen. So erspart man sich die übliche Suchen-Kopieren-Suchen-Einfügen-Kette.

Machen Sie es sich doch noch einfacher: Code Completion

Die Code Completion ist nur dazu da, Tipparbeit zu sparen. Schon nach den ersten zwei bis drei Buchstaben einer Funktion erscheint eine Liste mit Vorschlägen, die die Entwicklungsumgebung erstellt, um den Funktionsnamen zu komplettieren.

Alles im Blick: Funktions- und Klassenbrowser

Funktions- und Klassenbrowser erhöhen die Übersicht über den geschriebenen Code, indem sie eine Übersicht der Funktionen und Klassen bereithalten.

Suchen und Ersetzen

Die Funktion Suchen muss in jedem Editor zu finden sein, Suchen und Ersetzen immerhin noch bei den meisten. Aber die absolute Krönung ist es, wenn Sie mithilfe von *Regular Expressions* (Regulären Ausdrücken) suchen können. Unter Regulären Ausdrücken können Sie sich Muster vorstellen, mit denen Sie in Texten oder sonstigen Zeichenketten nach Wörtern oder Wortteilen suchen können. Dabei werden bestimmte Zeichen als Variablen verwendet.

Alles richtig gemacht: Syntax Checking

Von Entwicklungsumgebungen für Programmiersprachen wie (Visual) C++ und JAVA her ist dieses Feature bekannt und beliebt. Beim Syntax Checking überprüft die Entwicklungsumgebung im Hintergrund den Code auf Korrektheit und bügelt so zumindest Tippfehler aus.

Nervige Arbeit? Das muss nicht sein: Mehrzeiliges Einrücken

Sicher haben Sie schon einmal vor dem Problem gestanden, einen ganzen Textblock um eine bestimmte Anzahl Leerzeichen einrücken zu müssen. Das kann sehr nervig und zeitaufwendig werden, besonders wenn es sich dabei um mehrere Seiten Text bzw. Quellcode handelt.

Hier ist die Fähigkeit des mehrzeiligen Einrückens eine große Erleichterung. Sie markieren einfach den gewünschten Textblock und rücken dann alle Zeilen gleichzeitig ein. Eine große Erleichterung.

Mehr Übersicht bitte: Smart Tabs

Jeder gute Editor bringt die Fähigkeit des Smart Tabs mit, was nichts anderes besagt, als dass Sie die Größe der Tabulatoren festlegen können. Noch besser ist es, wenn Sie auch festlegen können, ob statt der Tabulatoren Leerzeichen eingefügt werden.

Fehler finden leicht gemacht: Debugger

Ein Debugger für PHP ist eine feine Sache. Sie werden dieses Werkzeug zu schätzen wissen, wenn Sie vor dem Problem stehen, dass Ihr Code nicht das ausgibt, was Sie sich erhofft hatten, aber partout den Fehler nicht finden.

Darum sollte eine gute Entwicklungsumgebung zumindest die Fähigkeit haben einen Debugger in die Oberfläche zu integrieren.

Einige Entwicklungsumgebungen bringen einen eigenen Debugger mit. Besser ist es aber, wenn Sie selbst einen einbinden können. So sind Sie flexibler und unabhängiger.

Organisation ist das halbe Leben: Projektorganisation

Gute Entwicklungsumgebungen bieten die Möglichkeit Projekte anzulegen. Diese bestehen praktisch immer aus mehreren Dateien. Wenn Sie beim nächsten Start der Entwicklungsumgebung das Projekt wieder öffnen, dann werden damit auch alle beteiligten Dateien wieder eingebunden. Das erspart viel Arbeit und Zeit.

Aus den Augen, aus dem Sinn: Folding

Einige Entwicklungsumgebungen bieten das so genannte Folding an. Dabei haben Sie die Möglichkeit, Code-Blöcke zusammenzufalten und sich so mehr Überblick zu verschaffen.

Wenn Ihre Entwicklungsumgebung dieses Feature anbietet, dann sehen Sie am linken Rand des Quellcodes Minus- oder Plus-Symbole. Damit können Sie die Code-Blöcke zusammen- bzw. auffalten.

Hilfe anfordern: Integrierte Hilfe

Eine integrierte Hilfe kann viel Zeit und Arbeit sparen. Oft werden Sie erleben, dass Sie sich zwar an den Namen einer Funktion noch gut erinnern können, aber nicht mehr, mit welchen Argumenten man diese korrekt und sinnvoll aufruft.

»Probieren geht über Studieren« kann hier schnell nervig werden. Besser ist es da schon, wenn die integrierte Hilfe Rat weiß. Ansonsten haben Sie ja noch dieses Buch und das Web.

Editoren und Entwicklungsumgebungen

BBEdit

Benutzern eines Apple-Macintosh-Rechners kann BBEdit von Bare Bones Software (`http://www.barebones.com`) angeraten werden. BBEdit bringt Syntax-Hightlighting für alle wichtigen Websprachen mit. Natürlich auch für PHP.

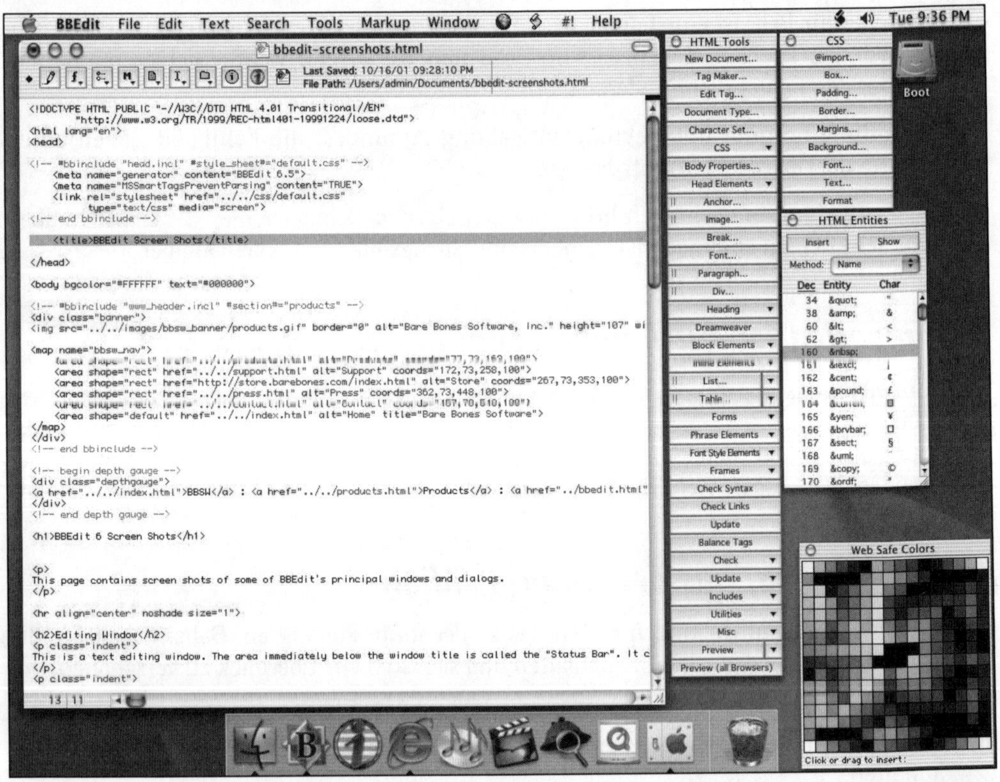

Abbildung 2.1: BBEdit, ein sehr ansehnlicher Editor für den Macintosh

Sicher werden aber in naher Zukunft noch einige Entwicklungsumgebungen für Mac OS erscheinen. Ansonsten kann ein PHP-Skript natürlich auch auf dem Mac mit jedem vorhandenen Text-Editor erstellt und bearbeitet werden.

Zum Zeitpunkt des Drucks war die Version 7.1.4 die aktuellste. BBEdit läuft unter MacOS 9 und MacOS X. Eine Demoversion ist auf der Homepage von Bare Bones Software verfügbar.

Eine Demoversion von BBEdit finden Sie auf der CD zum Buch.

Bluefish

Wenn Sie eine ausgewachsene Entwicklungsumgebung unter Linux suchen, wird *Bluefish* Sie begeistern. Mit diesem Programm haben Sie eine sehr mächtige Entwicklungsumgebung an der Hand, die sich auch als PHP-Entwicklungstool eignet.

Bluefish bietet vieles, was sich ein PHP-Entwickler nur wünschen kann, u.a. einen frei konfigurierbaren Dateifilter und eine Möglichkeit, alle PHP-Funktionen in alphabetischer Reihenfolge einfach durch Anklicken einzufügen. Natürlich steht auch ein Syntax-Highlighting zur Verfügung.

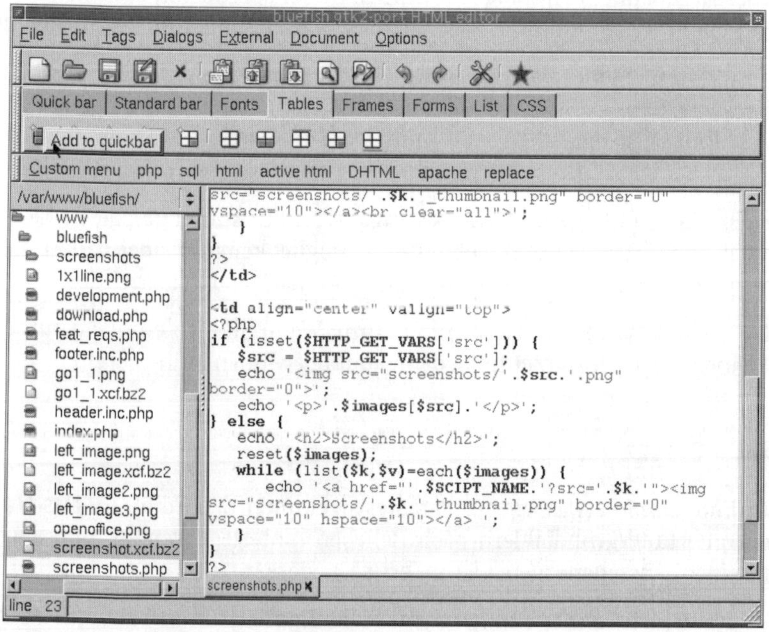

Abbildung 2.2: Bluefish in seiner ganzen Pracht

Die Oberfläche von Bluefish ist wirklich hübsch anzusehen und gut strukturiert. Schon nach kurzer Zeit findet man sich in dem Programm zurecht und kommt zu brauchbaren Ergebnissen.

Bluefish wird unter der GPL vertrieben und kann daher kostenlos benutzt und problemlos verändert werden. Wenn Sie mehr über Bluefish wissen wollen, sich über aktuelle Versionen oder Dokumentationen informieren wollen, dann ist natürlich die Website von Bluefish der erste Anlaufpunkt: `http://bluefish.openoffice.nl`.

Natürlich finden Sie die zum Zeitpunkt des Drucks aktuellste Version von Bluefish auch auf der CD in diesem Buch.

(X)Emacs

Emacs und XEmacs, sein Kollege mit GUI, sind ganz klar die »Eierlegenden Wollmilchsäue« unter den Editoren. Mit (X)Emacs können Sie fast alles machen: Im Web surfen, E-Mails schreiben und verwalten, News lesen und, ach ja, Dateien können Sie natürlich auch damit editieren.

Das, was Emacs und XEmacs als nützliche Werkzeuge zum Schreiben von PHP-Skripten qualifiziert, ist der so genannte PHP-Mode für Emacs. Dieser sorgt dafür, dass Sie die volle Unterstützung für PHP in beiden Editoren haben, d.h. Syntax Highlighting, Einrücken usw.

Beide Editoren sind für Windows und Linux/UNIX zu haben. Mehr darüber können Sie unter `http://www.gnu.org/software/emacs` und `http://www.xemacs.org` erfahren. Der PHP-Mode für Emacs ist unter `http://sourceforge.net/projects/php-mode` zu finden.

Was die Bedienung von Emacs und XEmacs angeht, sei nur so viel gesagt: Beide Programme sind sehr reich an Funktionen und bieten große Möglichkeiten. Leider dauert die Einarbeitungszeit recht lange, da sich die Bedienung an keinerlei Standards orientiert.

Dieser Editor ist im Grunde vergleichbar mit vi(m): Wenn Sie sich einmal damit auskennen, ist alles ein Kinderspiel. Wenn nicht, tja, dann könnte er Ihnen Mühe bereiten.

Glimmer

Glimmer für Linux ist so etwas wie der Paradiesvogel unter den Editoren. Das Hintergrundfenster kann mit Hintergrundbildern nach Belieben hinterlegt werden, und auch sonst ist Glimmer in seinem Aussehen irgendwie anders als andere.

Genau wie Bluefish bietet auch Glimmer Syntax Highlighting für eine riesige Anzahl von Programmier- und Skriptsprachen, u.a. für Ada, Bash/Sh, C/C++, DTML, HTML, Java, LaTeX, Perl, Python, Lisp, SGML, SQL, Tcl/Tk, WML, XML und natürlich auch PHP.

Die Oberfläche ist meiner Meinung nach sehr gewöhnungsbedürftig und auch sonst kann Glimmer dem wirklich guten Bluefish in Bedienerfreundlichkeit und Übersichtlichkeit nicht das Wasser reichen. Schauen Sie es sich einfach mal an. Vielleicht ist es ja etwas für Ihren Geschmack.

Auch Glimmer steht unter der GPL und ist daher kostenlos und lizenzrechtlich unbedenklich. Informationen finden Sie unter `http://glimmer.sourceforge.net/`.

Glimmer finden Sie auf der CD im Buch.

JaneBUILDER

Der Editor JaneBUILDER ist ein einfaches Werkzeug, das Ihnen schnell und einfach hilft PHP-Seiten zu bauen. Die Entwickler betonen, dass es sich bei JaneBUILDER nicht um einen Ersatz für Ihren HTML-Editor oder Ihren Text-Editor handeln soll, sondern nur um ein Werkzeug zum Schreiben von PHP-Code.

JaneBUILDER ist nur für MacOS 9 und X verfügbar. Eine Windows-Version ist in Planung. Ob und wann diese erscheinen wird, ist unklar.

Ein kleiner Wehrmutstropfen bleibt aber leider. Das Tool ist Shareware und es sind 49 Dollar für eine Lizenz fällig. Eine Demoversion können Sie auf der Web-Seite von JaneBUIDER `http://www.seejanecode.com` bekommen. Hier finden Sie auch viele Screenshots.

Wenn Sie unter MacOS arbeiten und ein einfaches Werkzeug suchen, das Ihnen viele Freiheiten lässt und nicht zu viele Systemressourcen verbraucht, dann ist JaneBUILDER vielleicht genau das Richtige für Sie. Am besten ist es, Sie schauen sich das Programm einmal selbst an.

Eine Demoversion von JaneBUILDER finden Sie auf der CD im Buch.

Komodo

Komodo von ActiveSTATE ist nach eigenem Bekunden eine professionelle integrierte Entwicklungsumgebung (IDE) für OpenSource-Skriptsprachen. Abgesehen von einer hervorragenden Unterstützung für PHP kann Komodo auch mit einer Unterstützung der Sprachen Perl, Python, Tcl und XSLT dienen.

Ein weiterer großer Vorteil von Komodo ist, dass es für die Betriebssysteme Windows und Linux angeboten wird. So ist man nicht auf eine Plattform festgelegt und extrem flexibel. Komodo für Linux und Windows unterscheiden sich in ihrem Funktionsumfang überhaupt nicht und im Aussehen nur sehr gering.

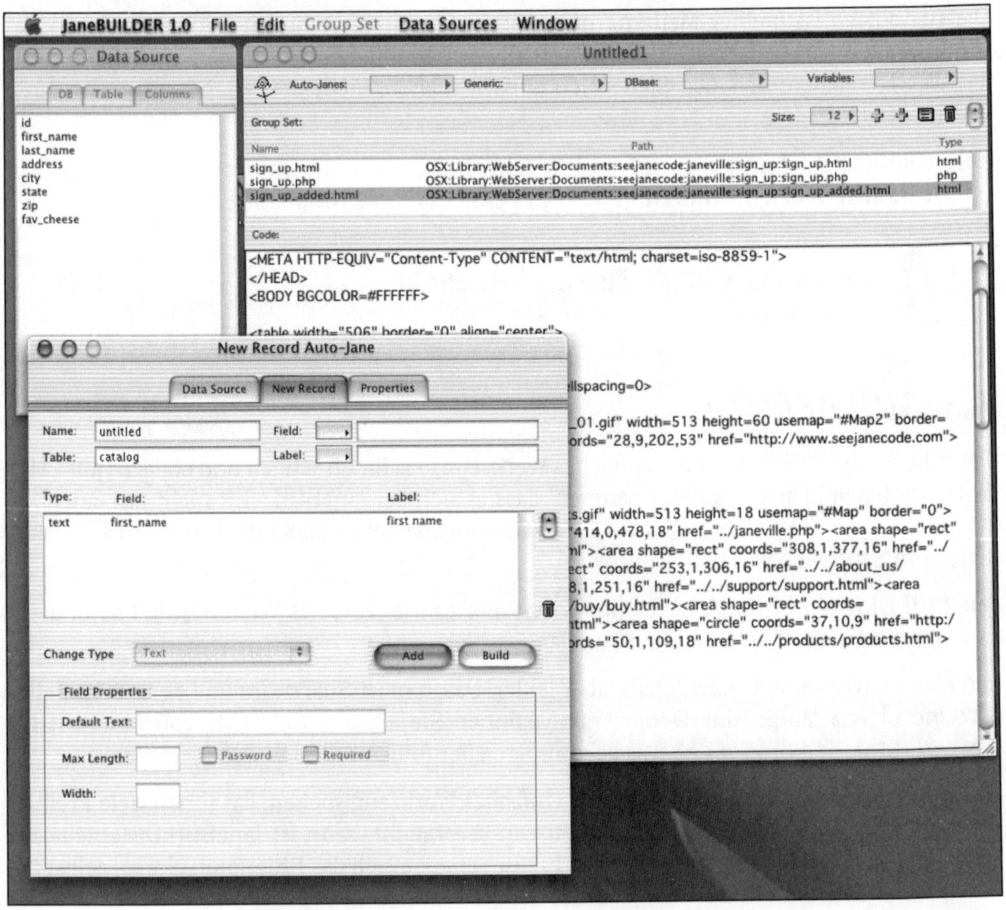

Abbildung 2.3: JaneBUILDER unter MacOS X in Aktion

Eines der vielleicht größten Features von Komodo ist der Debugger, der zwar nicht einfach zu installieren ist, dafür aber hervorragende Dienste leistet.

Einen weiteren Vorteil von Komodo werden Sie zu schätzen wissen, wenn Sie viel mit Regulären Ausdrücken arbeiten, denn Komodo bringt ein so genanntes Regular-Expression-Toolkit mit, mit dem Sie reguläre Ausdrücke einfach erzeugen und bequem anhand von Beispiel-Zeichenfolgen testen können.

Von allen PHP-Entwicklungsumgebungen hat Komodo sicherlich mit den größten (PHP-relevanten) Funktionsumfang und ist daher für alle, die viel und ständig mit PHP arbeiten, ein sehr wertvolles Werkzeug.

Wenn Sie nach der Lektüre dieses Buches richtig heiß auf PHP geworden sind und am liebsten gar nicht mehr aufhören wollen, in PHP Ihre Web-Applikationen zu entwickeln, dann ist eine

Komodo-Lizenz sicher eine sehr sinnvolle Investition. Für alle anderen wird ein Editor aus dem OpenSource- und Freeware-Lager gewiss ausreichen.

Mehr Informationen zu Komodo und eine Demoversion können Sie auf der Website des Herstellers unter `http://www.activestate.com` finden.

Macromedia HomeSite

Die Entwicklungsumgebung HomeSite von Macromedia wurde schon früh von vielen PHP-Entwicklern entdeckt. Noch vor einem Jahr war HomeSite eher unter dem Namen Allaire HomeSite bekannt, wurde dann aber nach der Übernahme von Allaire ein Teil der Macromedia-Produktfamilie.

Um es einmal ganz klar zu sagen, HomeSite ist keine Entwicklungsumgebung speziell für PHP, sondern für HTML, JSP (JavaServer Pages) und XML. Da diese Sprachen (besonders HTML) für die Arbeit mit PHP aber grundlegend sind, ist HomeSite für PHP-Entwickler dennoch ein sehr sinnvolles Werkzeug. Zumindest Syntax Highlighting ist für PHP standardmäßig vorhanden.

Hervorzuheben ist seine anpassbare Oberfläche, die Sie nach individuellen Anforderungen einrichten können. Für diejenigen, die jedoch vorwiegend mit PHP arbeiten, gibt es bessere, auf die Sprache abgestimmte Werkzeuge oder kostenlose Alternativen im OpenSource- und Freeware-Bereich, die nicht weniger leisten.

Da HomeSite nur für Windows verfügbar ist, haben Linux-Anwender von diesem Produkt nichts. Mehr zu HomeSite und den Werkzeugen, die Macromedia für Web-Designer und Web-Entwickler anbietet, finden Sie unter `http://www.macromedia.com`.

Die aktuellste Version von HomeSite ist übrigens in Dreamweaver MX enthalten und kein separates Programm mehr.

NEdit

Wenn Sie ein Linux/UNIX-System benutzen, dann kann ich *NEdit* empfehlen. Dieser schlanke, sehr schnelle Editor hat viele Vorzüge und ist vor allem für Umsteiger von Windows zu Linux sehr interessant.

Ein weiterer Vorteil von NEdit ist auch der geringe Speicherverbrauch und die Stabilität und Ausgereiftheit, die diesen Editor zu einem wertvollen Werkzeug bei der täglichen Arbeit machen.

NEdit bringt für viele Sprachen so genannte *Syntax Highlighting Patterns* mit. Syntax Highlighting Patterns sind nichts anderes als Erweiterungspakete, die NEdit das Syntax Highlighting bei Programmier- und Skriptsprachen beibringen. Von Haus aus bietet NEdit unter anderem Syntax Highlighting für die Sprachen Ada, C, C++, Fortran, Java, JavaScript, LaTeX, Pascal, Perl, Python, HTML, SQL und Yacc. Glücklicherweise ist es aber kein Problem,

NEdit um weitere Syntax Highlighting Patterns zu erweitern und so auch Syntax Highlighting für PHP zu ermöglichen.

Syntax Highlighting für PHP ist in NEdit folgendermaßen zu realisieren: Auf der Webseite von NEdit (`http://www.nedit.org`) sind zwei weitere Syntax Highlighting Patterns verfügbar. Dabei handelt es sich um `php4.pats` von Norbert Kolb und `php4_html.pats` von Norbert Kolb, Joseph Abrahamson und Ben Kosse.

Während `php4.pats` NEdit um Syntax Highlighting für PHP4 erweitert, ermöglicht `php4_html.pats` Syntax Highlighting für PHP3/4 und HTML, was natürlich (zumindest meiner Meinung nach) besser ist. Daher favorisiere ich `php4_html.pats`.

Ich will die Qual der Wahl aber Ihnen überlassen und daher liegen beide Erweiterungen auf der CD im Verzeichnis `/NEdit/contrib/` für Sie bereit. Mein Tipp: Probieren Sie einfach aus, was Ihnen am besten gefällt.

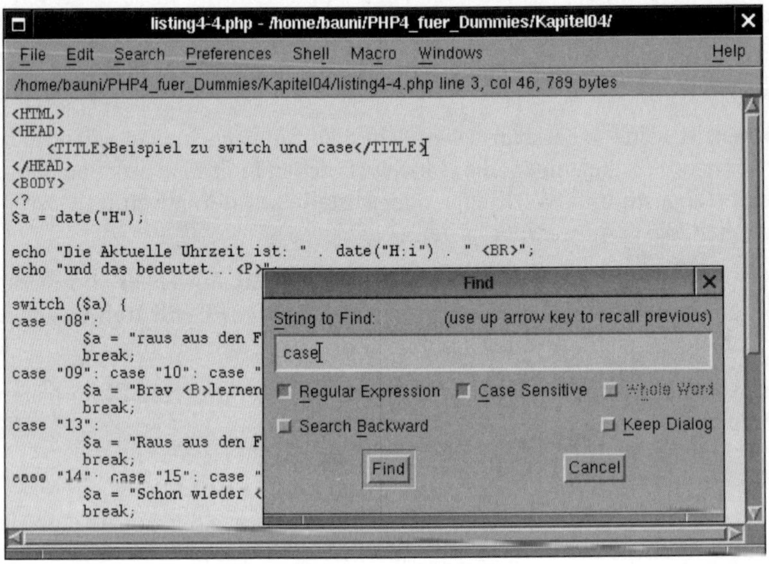

Abbildung 2.4: NEdit in Aktion

Die Syntax Highlighting Patterns, um NEdit das Syntax Highlighting für PHP beizubringen, und noch vieles mehr, bekommen Sie schnell und einfach auf der Webseite von NEdit: `http://www.nedit.org`.

Auf der CD zum Buch, im Verzeichnis `NEdit/contrib` finden Sie das Modul `php4_html.pats`. Kopieren Sie dieses in Ihr Home-Verzeichnis.

So, nun wissen Sie zwar, wie die Pakete heißen, die NEdit das Syntax Highlighting von PHP-Skripten beibringen, und wo Sie diese herbekommen, aber noch nicht wie Sie NEdit auch dazu bewegen können, diese zu benutzen.

Starten Sie NEdit, indem Sie den folgenden Befehl in einer Shell aufrufen:

```
nedit -import php4_html.pats zu_editierendes_file.php
```

oder alternativ:

```
nedit -import php4.pats zu_editierendes_file.php
```

Danach können Sie mittels der Option Save Defaults im PullDown-Menü Preferences Syntax Highlighting dauerhaft bereitstellen. Nun brauchen Sie nur noch das Syntax Highlighting zu aktivieren. Dies geschieht mittels Preferences|Language Mode|PHP und danach Preferences|Highlight Syntax.

Da NEdit unter der GPL (*General Public License*) vertrieben wird, kann der Editor von jedem kostenlos benutzt und im Quellcode verändert werden.

Zum Zeitpunkt des Drucks war die Version 5.4 von NEdit die aktuellste. Diese finden Sie auch auf der CD. Es kann aber nicht schaden wenn Sie dieses Buch in Händen halten und sich für NEdit interessieren, unter `http://www.nedit.org` nachzusehen, welche Version zur Zeit die aktuellste ist, und diese zu besorgen.

Pepper

Ein weiteres Tool das Ihnen beim Schreiben und Bearbeiten von PHP-Dateien hilfreich sein könnte, ist Pepper. Pepper ist ein Text-Editor für Windows 2000/XP, Linux, FreeBSD und MacOS 9 und X, der hervorragend für das Programmieren mit Skriptsprachen (darunter auch PHP) geeignet ist.

Pepper unterstützt unter anderem die Arbeit mit den Sprachen HTML, JavaScript, C/C++, Pascal, Perl, Python, TeX und natürlich PHP.

Eine der Besonderheiten, die Pepper von anderen Text-Editoren unterscheidet, ist die eingebaute Unterstützung für das FTP-Protokoll. Damit ist es ein Kinderspiel, schnell eigene Werke ins Netz zu stellen.

Pepper wird von der Firma Digital Wandering vertrieben. Auf der Homepage der Firma `http://www.digitalwandering.com` finden Sie alles Wissenswerte zu dem Programm.

PHPEd

PHPEd ist denjenigen, die sich schon etwas länger mit PHP beschäftigen sicher ein Begriff. Die Software war lange Zeit kostenlos zu haben und ist nun ein Produkt der Firma NuSphere (`http://www.nusphere.com`).

Der Nachteil bei dieser Geschichte ist ganz klar, dass die Entwicklungsumgebung nun eine ganze Menge Geld kostet. Der Vorteil hingegen ist, dass eine ganze Menge neuer Funktionen hinzugekommen ist.

Ein ganz großer Vorteil von PHPEd ist auf jeden Fall, dass es für Windows, Linux und das Sun Solaris-Betriebssystem zu haben ist. Und noch ein weiterer Vorteil ist die Integration eines CVS-Frontends, mit dem bequem mehrere Entwickler an einem Projekt arbeiten können.

Die kontextsensitive Hilfe und der Debugger zur Fehlersuche runden die Liste der Features ab. Das positive Bild von PHPEd wird eigentlich nur durch den hohen Preis und die Tatsache getrübt, dass das Paket einen eigenen Apache Webserver und eine MySQL-Datenbank mitbringt. Das schränkt Sie unnötig ein und macht Sie von der Update- und Patch-Unterstützung von NuSphere abhängig. Leider ist es alles andere als einfach PHPEd aus dieser Umgebung herauszulösen. Das hat den Nachteil, dass Sie früher oder später sowohl auf einem Webserver als auch auf einer Datenbank sitzen, die alles andere als taufrisch sind.

PHPEdit

Als PHPEdit das Licht der Welt erblickte, war es ein OpenSource-Programm. Dieses hat sich zwar (leider) schon seit einiger Zeit geändert, dafür ist PHPEdit im Gegensatz zu den anderen (recht zahlreichen) Entwicklungsumgebungen, die auch ursprünglich OpenSource waren, immer noch kostenlos zu haben.

Zu den Vorzügen von PHPEdit gehören besonders die extrem flexible und nach Ihren Wünschen und Vorlieben anpassbare Oberfläche, sowie die Browser für Funktionen und Klassen. Außerdem ist es besonders bei größeren Projekten angenehm, über die Oberfläche auf einen Debugger zuzugreifen.

Mein Tipp lautet ganz klar: Wenn Sie eine kostenlose Entwicklungsumgebung für den Einstieg in PHP suchen, dann könnte PHPEdit das Richtige für Sie sein. Nach einer relativ kurzen Einarbeitungszeit werden Sie mit dem Programm zurechtkommen.

Am besten ist es, Sie schauen sich PHPEdit einmal genauer unter `http://www.phpedit.net` an. Dort finden Sie auch die Dokumentation (Handbücher).

Leider kommen nur PHP-Entwickler unter Windows in den Genuss von PHPEdit.

UltraEdit

Sollten Sie Windows benutzen, dann haben Sie mit großer Sicherheit schon mal etwas von UltraEdit (auch bekannt unter dem Namen UltraEdit-32) von IDM Computer Sollutions gehört (`http://www.ultraedit.com`).

Dieser sehr schöne und im Gegensatz zu den großen Paketen auch sehr schnelle Editor hat sich in den letzten Jahren zu einem so beliebten und nützlichen Werkzeug gemausert, dass ich ihn nur empfehlen kann.

UltraEdit ist Shareware, ist aber sein Geld auf alle Fälle wert. Das Programm bietet eine FTO-Integration und Projektverwaltung. Der Editor bringt viele Features mit, die nicht auf PHP beschränkt, sehr wohl aber nützlich sein können. Zum Beispiel das Aufzeichnen von Makros.

Zusammenfassend kann man sagen, dass UltraEdit ein echtes Multitalent unter den Editoren für Windows darstellt, und kein reines PHP-Entwicklungstool. Andere Pakete bieten im Bezug auf PHP deutlich mehr. Sind dafür aber auch nicht so universell einsetzbar.

vi(m)

vi und vim (Vi IMproved) sind wirklich nur etwas für die ganz Hartgesottenen unter uns. Und eines kann ich Ihnen wirklich sagen: Besonders vi(m) ist äußerst gewöhnungsbedürftig in seiner Steuerung. Aber das werden Sie ja merken, wenn Sie eines der beiden Programme zum ersten Mal starten. Mal sehen, wie lange Sie brauchen, um das Programm wieder zu beenden.

Die größten Vorteile von vi(m) sind ganz klar der geringe Speicherverbrauch, die schnelle Bedienung, sobald Sie die Tastencodes im Kopf haben, und dass es für praktisch alle Betriebssysteme, u.a. Linux/UNIX, Windows und MacOS, zur Verfügung steht.

Der Name vim kommt (wie schon zu lesen war) von Vi IMproved, was auch sehr passend ist. Es ist ein um weitere Funktionen erweiterter und verbesserter vi-Editor. Wenn Sie vor einem Linux-/UNIX-System sitzen und glauben, Sie hätten keinen Editor zur Verfügung, dann irren Sie sich. vi oder vim sind immer mit von der Partie.

Wenn Sie nur mit der Tastatur arbeiten wollen oder können, dann ist vim genau das Richtige für Sie. Es bietet kaum Komfort, dafür viele Features (die Sie erst einmal entdecken müssen). Windows-Anwender werden beim Anblick und der Bedienung von vim vor Schreck aufschreien, und es gibt nicht wenige Linux-/UNIX-Anwender, die ebenfalls einen großen Bogen darum machen. Allerdings gibt es sicher auch genauso viele, die vim für das, was es ist, lieben und tagtäglich für alles Mögliche einsetzen.

Eine kleine Einführung in vi(m)

Sie haben vi oder vim gestartet und jetzt können Sie das Programm noch nicht einmal mehr beenden. Aber wie Sie produktiv etwas machen können, wissen Sie auch nicht. Vor diesem Problem haben bestimmt schon alle gestanden, die eines dieser beiden Programme zum ersten Mal gestartet haben.

Darum möchte ich Ihnen hier die wichtigsten Tastencodes zu vi und vim aufzeigen.

Zu allererst ist wichtig zu wissen, dass es drei Betriebsarten (so genannte Modi) gibt:

- ✔ Befehlsmodus
- ✔ Einfügemodus (auch Änderungsmodus genannt)
- ✔ Komplexbefehlsmodus

Um einen gewählten Modus wieder zu verlassen, genügt das Betätigen der ESC-Taste.

Befehle (Shortcuts) im Befehlsmodus:

`i`	Wechselt in den Eingabemodus (Zeichen werden an der aktuellen Cursorposition eingegeben)
`a`	Wechselt in den Eingabemodus (Zeichen werden nach der aktuellen Cursorposition eingegeben)
`A`	Wechselt in den Eingabemodus (Zeichen werden am Ende der Zeile angehängt)
`R`	Wechselt in den Eingabemodus (überschreibt den alten Text)
`r`	Wechselt zum Überschreiben eines *einzelnen* Zeichens in den Eingebemodus
`s`	Wechselt in den Eingabemodus (die aktuelle Zeile wird durch die Eingabe überschrieben)
`C`	Wechselt in den Eingabemodus (der Rest der aktuellen Zeile wird durch den neuen Text überschrieben)
`o`	Wechselt in den Eingabemodus (nach der aktuellen Zeile wird eine neue Zeile eingefügt)
`O`	Wechselt in den Eingabemodus (vor der aktuellen Zeile wird eine neue Zeile eingefügt)
`x`	Löscht das aktuelle Zeichen
`X`	Löscht das Zeichen links vom Cursor
`D`	Löscht alles bis zum Zeilenende
`dd`	Löscht die Zeile
`dw`	Löscht das Wort
`J`	Hängt die folgende Zeile an die aktuelle an
`.`	Wiederholt den letzten Befehl
`:`	Wechselt in den Komplexbefehlsmodus

Im Eingabemodus können Sie Änderungen im Dokument/Text eingeben. Durch Drücken der RETURN-Taste können Sie den Eingabemodus verlassen, und in den Befehlsmodus zurückkehren.

Befehle (Shortcuts) im Komplexbefehlsmodus:

`:q!`	Damit verlassen Sie vi(m) ohne Änderungen zu speichern
`:x`	Speichert die geänderte Datei und beendet das Programm
`:w`	Die Änderungen an der aktuellen Datei speichern
`:w Dateiname`	Unter dem Namen Dateiname die Datei speichern
`:r Dateiname`	Den Inhalt der Datei Dateiname in der aktuellen einfügen
`:e Dateiname`	Damit editieren (laden) Sie die Datei Dateiname
`:u`	Nimmt den letzten Editierbefehl zurück

Es gibt noch eine Menge weiterer Befehle, aber diese sind die nützlichsten und werden für den Anfang genügen.

Am Besten, Sie schauen sich vim einmal an. Sie finden das Programm, alle notwendigen Informationen und eine sehr gute Dokumentation unter `http://www.vim.org`.

Weaverslave

Weaverslave geht auf HTMLPad, einen quelltextorientierten HTML-Editor zurück, der um eine PHP-Unterstützung erweitert wurde. Heute ist Weaverslave eine hervorragende integrierte Entwicklungsumgebung für HTML und PHP.

Leider ist Weaverslave nur für Windows erhältlich, aber dafür ist es Freeware. Dadurch sind Sie berechtigt, die Software kostenlos und zeitlich uneingeschränkt zu nutzen.

Weaverslave ist für seine Flexibilität, was die Oberfläche angeht, berühmt und bietet Ihnen ein MDI (Multi-Document-Interface), das die einen lieben und die anderen hassen. Das Programm kann mit XML-Dateien umgehen und bietet eine Vorschau-Funktion für den Microsoft Internet Explorer und Mozilla an.

Auf der Homepage von Weaverslave (`http://www.weaverslave.ws`) können Sie nicht nur das eigentliche Programm finden, sondern auch PlugIns, um die Funktionsvielfalt noch zu vergrößern.

Weaverslave läuft von allen Freeware-Entwicklungsumgebungen mit am stabilsten. Was den Funktionsumfang angeht, kann sich Weaverslave mit vielen kommerziellen Softwareprodukten messen. Weaverslave ist genau das Richtige für die Leute, die unter Windows entwickeln, aber bei aller Liebe zu PHP auch gute HTML-Funktionalität wünschen.

Weaverslave ist laut Hersteller »subjective reality« die wortwörtliche englische Übersetzung von Weberknecht, einem Spinnentier, dass in unseren Breiten recht verbreitet ist. Weberknechte besitzen einen kleinen, sehr schlanken Körper mit extrem langen Beinen (wenn man die Größe des Körpers im Verhältnis sieht) und spinnen kein Netz. Dadurch sind diese Tierchen nicht nur sehr schnell, sondern auch unabhängig. Hinter »subjective reality« steht übrigens Thomas Weinert, der (Mit-)Autor mehrerer PHP-Bücher.

Zend Studio

Von den Entwicklern der Zend-Engine stammt auch das Zend Studio, früher besser bekannt unter dem Namen Zend IDE.

Zend bietet sein Produkt für Linux, Windows und MacOS X an und ist damit (außer Active-State mit Komodo) der einzige Anbieter von integrierten Entwicklungsumgebungen für PHP, der Windows und Linux bedient.

Das Zend Studio basiert auf JAVA und umgeht alle nur denkbaren Kompatibilitätsprobleme mit den gängigen Java-Runtime-Environments, indem es einfach sein eigenes Java-Runtime-Environment mitbringt.

Der vielleicht größte Vorteil von Zend Studio ist der mitgelieferte Debugger, der besonders bei größeren Projekten ein sehr mächtiges und hilfreiches Werkzeug darstellt. Dieser wird automatisch mit einer eigenen PHP-Version mitinstalliert, und ist damit gleich einsetzbar.

Die Installation von Zend Studio ist recht einfach und sollte keine Probleme bereiten.

Von Zend Studio gibt es eine kostenlose, in der Funktionalität nicht eingeschränkte Version für nichtkommerzielle Projekte. Diese nennt sich Zend Studio Personal Edition. Sie kann kostenlos auf der Seite von Zend (`http://www.zend.com`) besorgt werden und eignet sich damit vortrefflich zum Lernen und Üben. Upgrades und Support kann man hier aber leider nicht erwarten.

Eine Zend Studio-Lizenz mit Support ist hingegen kein billiger Spaß, und somit muss man sich überlegen, ob sich die Investition lohnt. Was den Funktionsumfang und die Stabilität angeht, ist das Produkt aber auf alle Fälle sein Geld wert.

Oasen im Netz

In der folgenden Tabelle habe ich eine kleine Übersicht über die von mir empfohlenen Programme und Software-Pakete zusammengetragen.

Programm	System	Quelle
BBEdit	MacOS 9 und MacOS X	`http://www.barebones.com`
Bluefish	Linux	`http://bluefish.openoffice.nl.`
Emacs	Alle Betriebssysteme	`http://www.gnu.org/software/emacs`
XEmacs	Alle Betriebssysteme	`http://www.xemacs.org`
Glimmer	Linux	`http://glimmer.sourceforge.net/`
JaneBUILDER	MacOS und Windows	`http://www.seejanecode.com`
Komodo	Linux und Windows	`http://www.activestate.com`
Macromedia HomeSite	Windows	`http://www.macromedia.com`
Macromedia Dreamweaver	Windows und MacOS X	`http://www.macromedia.com`
NEdit	Linux	`http://www.nedit.org/`
Pepper	Linux, Windows, FreeBSD, MacOS 9 und MacOS X	`http://www.digitalwandering.com/`
PHPEd	Windows	`http://www.nusphere.com/`
PHPEdit	Windows	`http://www.phpedit.net/`
UltraEdit	Windows	`http://www.ultraedit.com/`
vi(m)	Alle Betriebssysteme	`http://www.vim.org`
Weaverslave	Windows	`http://www.weaverslave.ws`
Zend Studio	Linux, Windows, Solaris	`http://www.zend.com`

Tabelle 1.1: Übersicht empfehlenswerter Programme und Quellen im Netz

Den endgültigen Rat, welches Programm nun das beste für die Bearbeitung Ihrer PHP-Skripte ist, kann ich Ihnen nicht geben. Probieren Sie einfach möglichst viele aus und nehmen Sie dann das, mit dem Sie am besten zurechtkommen.

Wenn Ihr Wissensdurst bezüglich Editoren und Entwicklungsumgebungen für PHP jetzt immer noch nicht gestillt ist, empfehle ich Ihnen den Artikel »Skriptfabriken – Entwicklungsumgebungen für die PHP-Programmierung« von Reto Kiefer, erschienen in der c't 8/2004.

Wie ein PHP-Skript aussieht

Wenn ein PHP-Skript in HTML eingebaut wird, dann sieht es auf den ersten Blick aus wie ein gewöhnliches HTML-Tag. Wie bei allen anderen HTML-Tags steht ganz am Anfang ein *Kleiner-Zeichen* (<) und am Ende ein *Größer-Zeichen* (>).

Der Code, der außerhalb des PHP-Tags steht, wird ganz normal vom Webserver an den Browser weitergegeben und von diesem interpretiert. Der Code innerhalb des PHP-Tags wird vom Webserver an den PHP-Parser weitergegeben und von diesem verarbeitet.

Dem Webserver muss klargemacht werden, dass es sich bei dem PHP-Code nicht um ein fehlerhaftes HTML-Tag handelt. Darum wird nach dem Kleiner-Zeichen und vor dem Größer-Zeichen jeweils ein Fragezeichen platziert.

Nach dem öffnenden `<?` sollte `php` stehen. Aber ohne Leerzeichen zwischen beidem.

Aus Gründen der Lesbarkeit empfehle ich, dass Sie nach dem `<?php` einen Absatz machen und den in den folgenden Zeilen eingegebenen PHP-Code um vier Zeichen einrücken. Dies erhöht die Lesbarkeit ungemein.

```
<?php
    echo "Willkommen in der Welt von PHP";
?>
```

Diese Schreibweise ist XML-konform und sollte heutzutage generell verwendet werden. Es ist auch die Schreibweise, die von den Entwicklern von PHP ausdrücklich empfohlen wird.

Die XML-konforme Schreibweise ist die einzige, die es gestattet, PHP-Tags in XML oder XHTML-Dokumenten zu verwenden. Darum sollten Sie immer nur auf die XML-konforme Schreibweise zurückgreifen!

Wenn Ihnen die XML-konforme Schreibweise aus irgendwelchen Gründen nicht gefällt, können Sie PHP-Code auch mit der SGML-Variante umschließen. Diese sieht so aus:

```
<?
    echo "Willkommen in der Welt von PHP";
?>
```

Allerdings kann ich von dieser SGML-Variante nur abraten, auch wenn Sie kürzer und dadurch einfacher (schneller) zu tippen ist, da sie wie schon erwähnt nicht XML-konform ist. Die SGML-Variante wird auch als *Short Tags* bezeichnet.

Es gibt mehrere Gründe für die Existenz der XML-konformen Schreibweise:

1. Erstens ist so für einen Leser des Quellcodes sofort ersichtlich, dass es sich um PHP-Code handelt. XML-Code wird nämlich so umschlossen:

   ```
   <?XML ... ?>
   ```

2. Ohne die XML-konforme Schreibweise kommt es zu Fehlermeldungen wenn sie XML- und PHP-Tags im gleichen Listing verwenden.
3. Nur die XML-konforme Schreibweise ist wirklich zukunftssicher.

Wenn Sie Ihre Webseiten mit einem Programm wie z.B. FrontPage von Microsoft gestalten oder bearbeiten, dann sollten Sie den PHP-Code mit der so genannten ASP-Variante umschließen.

```
<%
    echo "Willkommen in der Welt von PHP";
%>
```

Die ASP-Variante wurde mit der PHP-Version 3.0.4 eingeführt, um ASP-Entwicklungsumgebungen, allen voran FrontPage, den korrekten Umgang mit PHP-Code zu ermöglichen.

Empfehlenswert ist die ASP-Variante aber auf keinen Fall, da auf Linux- und UNIX-Webservern diese Schreibweise in den allermeisten Fällen nicht als Start- bzw. Ende eines PHP-Code-Blocks erkannt wird.

Zu guter Letzt gibt es noch eine weitere Möglichkeit, PHP-Code einzubinden. Dabei handelt es sich um die Skript-Variante.

```
<SCRIPT LANGUAGE="php">
    echo "Willkommen in der Welt von PHP";
</SCRIPT>
```

Um es kurz zu machen: Diese Variante funktioniert genauso gut wie die XML-konforme Schreibweise, ist aber deutlich länger, und der Tippaufwand kann schnell lästig werden.

Jetzt geht's los!

3

In diesem Kapitel

- Das erste Skript
- Der Umgang mit Werten und Schleifen
- Benutzereingaben in HTML-Formulare
- Datenbanken nutzen
- PHP-Code dokumentieren

So, halten Sie sich fest, nun geht's los. Anhand der folgenden Beispiele wird Ihnen die Arbeitsweise von PHP deutlich werden. Ich werde hier nicht allzu genau auf diese Beispiele eingehen, sie sollen nur einen kleinen Überblick bieten, was noch auf Sie zukommt.

Das erste Skript - Hallo Welt

Sie beginnen mit einem einfachen »Hallo Welt«-Listing. Öffnen Sie den Editor Ihrer Wahl und tippen Sie das folgende Programmlisting ein. Speichern Sie es ab unter `listing-3.1.php` oder einem anderen Namen Ihrer Wahl. Wichtig ist nur, dass die Dateiendung `.php` ist. Ansonsten weiß der Webserver nicht, was er mit diesem Code anfangen soll, und zeigt eine leere Seite an.

```
<HTML>
<HEAD>
    <TITLE>Hallo Welt</TITLE>
</HEAD>
<BODY>
<?php

/*
** Hier wird "Hallo Welt" ausgegeben.
*/

echo "Hallo Welt<BR>";

?>
</BODY>
</HTML>
```

Listing 3.1: Das obligatorische »Hallo Welt«-Programm

Abbildung 3.1: Einfaches »Hallo-Welt«-Programm

Wenn Sie sich den Code in Listing 3.1 anschauen, dann sehen Sie eine gewöhnliche HTML-Datei. Der einzige Unterschied ist der PHP-Code, der zwischen dem `<?php` und `?>` steht. Natürlich, diese Ausgabe wäre auch ohne PHP kein Problem gewesen. Aber so sehen Sie sofort, dass Ihr PHP richtig installiert ist und korrekt arbeitet.

Doch was geschieht in dem PHP-Teil dieses ersten Skripts? Nachdem der PHP-Parser den Kommentar (`/* Ein Kommentar */`) übersprungen hat, trifft er auf den Befehl `echo`. Mit diesem Befehl wird eine Ausgabe erzeugt. Der genaue Inhalt dieser Ausgabe ist zwischen den Anführungszeichen definiert und wird exakt so ausgegeben. Nach dem zweiten Anführungszeichen, das das Ende des auszugebenden Strings markiert, befindet sich das HTML-Tag `<BR>`. Dass dieses von PHP korrekt interpretiert wird, sehen Sie in Listing 3.2, in dem wir »Hallo Welt« in zwei Zeilen ausgeben lassen. Als Nächstes trifft der PHP-Parser auf ein Semikolon. Dieses wird verwendet, um dem Parser ein Zeilenende anzuzeigen.

```
<HTML>
<HEAD>
    <TITLE>Hallo Welt in zwei Zeilen ausgeben</TITLE>
</HEAD>
<BODY>
<?php

/*
 * "Hallo Welt" in zwei Zeilen ausgeben
 */

echo "Hallo<BR>";
echo "Welt";

?>
</BODY>
</HTML>
```

Listing 3.2: Zweizeiliges »Hallo Welt«

Wie ebenfalls zu sehen ist, ignoriert PHP (genau wie HTML) Leerräume im Quellcode jeder Art. Ganz gleich, ob es sich dabei um Leerzeichen oder Absätze handelt. Diese Eigenschaft ermöglicht es, den Code leserlicher zu machen, was dem Verständnis sehr entgegenkommt.

Abbildung 3.2: »Hallo Welt« in zwei Zeilen

Es ist empfehlenswert, auch nicht mit Kommentaren zu sparen, da sie eine spätere Überarbeitung oder Fehlersuche deutlich vereinfachen. Ein Kommentar ist alles, was zwischen `/*` und `*/` steht. Dieser Bereich wird vom PHP-Parser wie ein Leerraum behandelt und ignoriert.

Es gibt noch eine weitere, platzsparendere Möglichkeit, einen kurzen, einzeiligen Kommentar zu erzeugen: Durch einen doppelten Slash (`//`) wird alles bis zum Zeilenende ignoriert.

Datumsausgabe

Wenn Sie sich den folgenden Code im Zusammenhang mit dem Ergebnis ansehen, dann können Sie erahnen, welche Möglichkeiten PHP bietet. Auf einfachste Weise wird eine Ausgabe des aktuellen Datums erzeugt. So kann jeder Stubenhocker, der schon lange nicht mehr die Sonne gesehen hat, erfahren, ob gerade Sommer oder Winter ist.

```
<HTML>
<HEAD>
    <TITLE>Datumsausgabe</TITLE>
</HEAD>
<BODY>

Das heutige Datum ist:

<?php

echo(date("j.n Y"));

?>
</BODY>
</HTML>
```

Listing 3.3: Ausgabe des aktuellen Datums

Vielleicht haben Sie sich schon gewundert, warum bisher alle PHP-Befehle komplett kleingeschrieben waren und die HTML-Tags alle groß. Der Grund ist ganz einfach: Es gibt keinen. Genau wie bei HTML können PHP-Anweisungen in beliebiger Groß- und Kleinschreibung geschrieben werden. Die Kleinschreibung der PHP-Funktionen geschieht nur aus Gründen der

Lesbarkeit. Der Befehl `echo` beispielsweise könnte auch problemlos `ECHO`, `Echo` oder auch `EcHo` geschrieben werden. Im Grunde kann jeder machen was er will.

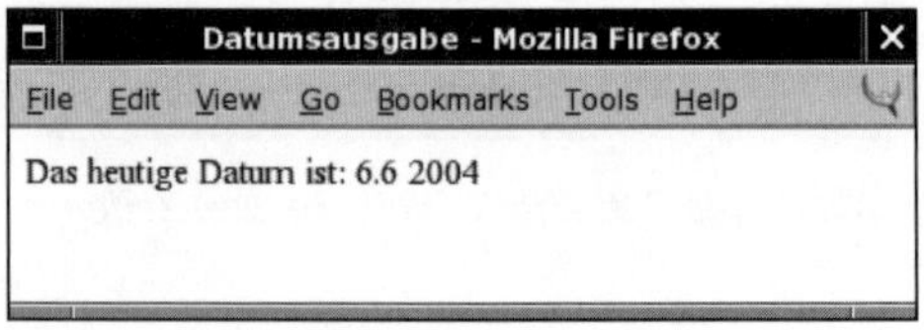

Abbildung 3.3: Ausgabe des aktuellen Datums

Werte zuweisen und Daten speichern

Mit einem Gleichheitszeichen (=) können Sie Variablen Werte zuweisen. Links vom Gleichheitszeichen steht der Name der Variablen mit vorangehendem Dollarzeichen (`$`), rechts vom Gleichheitszeichen steht der Wert oder die Zeichenkette, die zugewiesen werden soll.

Als Beispiel haben wir hier die Mathematikstudentin Katrin, die Nachhilfe an völlig hoffnungslose Wirtschaftswissenschaftler (WiWis) gibt. Diese bekommen so wenigstens den Hauch einer Chance, ihre Prüfungen zu bestehen, und Katrin kann ihre knappe Kasse aufbessern.

Nun, da der Euro gekommen ist, wollen ihre Schüler auch in Euro bezahlen. Als Preis für eine Stunde Nachhilfe mit den WiWis hat sie 15 € festgelegt (was im Grunde noch viel zu wenig ist). Nun möchte sie aber auch wissen, wie viel sie pro Woche in Schweizer Franken verdient, da Sie ihre Ersparnisse auf einem Nummernkonto in der Schweiz deponiert (sicher ist sicher). Der Umrechnungskurs ist zu unangenehm, um das im Kopf auszurechnen (Euro/Franken = 1.5567), und ihren Taschenrechner hat sie ihrer besten Freundin geliehen.

Daher hat sie sich folgendes Skript geschrieben, das ihr bei der Umrechnung helfen soll. Sie gibt zwei Stunden Nachhilfe pro Tag außer freitags, da gibt sie nur eine Stunde.

```
<HTML>
<HEAD>
    <TITLE>EURO/Franken-Umrechnung</TITLE>
</HEAD>
<BODY>
<?php

// Parameter festlegen
$name = "Katrin";
$kurs = 1.5567;
$lohn = 15;

// Lohn in Franken berechnen
$mo = (2 * $lohn);
$di = (2 * $lohn);
```

```
$mi = (2 * $lohn);
$do = (2 * $lohn);
$fr = $lohn;

$woche = ($mo + $di + $mi + $do + $fr);

$in_franken = ($woche * $kurs);

// Ergebnis ausgeben
echo "Hallo <B>$name</B>,<BR>";
echo "Du hast diese Woche <B>$in_franken</B> Schweizer Franken verdient!";

?>
</BODY>
</HTML>
```

Listing 3.4: Euro/Franken-Umrechnung

Das Ergebnis sollte, wenn alles geklappt hat, wie in Abbildung 3.4 aussehen:

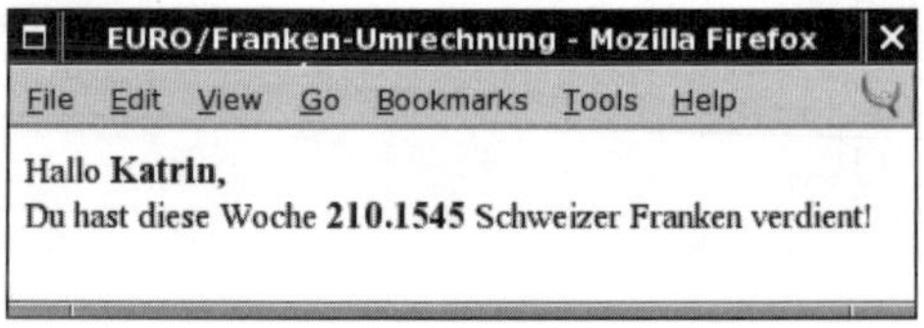

Abbildung 3.4: Ergebnis der Euro/Franken-Umrechnung

Wie am Anfang des Listings zu sehen ist, werden zuallererst grundlegende Informationen (Name, Lohn, Umrechnungskurs) festgelegt und in Variablen abgespeichert. Beachten Sie die überaus informative Namensgebung.

Als Nächstes wird für jeden Tag die Anzahl der verdienten Euro gespeichert, diese dann aufsummiert und mit dem Umrechnungskurs multipliziert.

Am Ende wird das Ergebnis ausgegeben. So einfach geht das!

Benutzereingaben in HTML-Formularen

Variablen Werte zuzuweisen, ist wirklich kein Problem. Interessanter, aber nicht wirklich schwerer, ist da schon die Arbeit mit HTML-Formularen. Jeder, der schon einmal so ein Formular im Web gesehen oder sogar ausgefüllt hat, wird wissen, wie nützlich diese Funktion ist. Im Übrigen ist die Auswertung solcher Formulare eines der Hauptanwendungsgebiete von PHP. Hier wollen wir uns ein kleines Beispiel ansehen, wie es möglich ist, mit Hilfe von PHP solche HTML-Formulare auszuwerten.

Als Beispiel nehmen wir ein Programm, das einem armen Informatik-Studenten, der ein kleines Zimmer in einer WG bewohnt, und der in seiner knappen Freizeit wie seine Freunde bei McBurger, Kleiner Wok und anderen gastronomischen Highlights arbeitet, helfen soll, seinen Verdienst zu berechnen.

Dafür ist PHP in Verbindung mit einem HTML-Formular wie geschaffen. Alles, was wir brauchen, ist ein HTML-Dokument mit dem benötigten Formular und ein PHP-Dokument, das die Eingaben berechnet.

```
<HTML>
<HEAD>
    <TITLE>Lohnberechnung eines Studenten</TITLE>
</HEAD>
<BODY>

<FORM ACTION="listing3-6.php" METHOD="POST">

Name:<BR>
<SELECT NAME="name[]">
    <OPTION>Alex</OPTION>
    <OPTION>Frank</OPTION>
    <OPTION>Katrin</OPTION>
    <OPTION>Steffen</OPTION>
    <OPTION>Denis</OPTION>
</SELECT><BR>

Anzahl Stunden:<BR>
<INPUT TYPE="text" NAME="stunden"><BR>

Lohn pro Stunde:<BR>
<INPUT TYPE="text" NAME="lohn"><BR>

Arbeitgeber:<BR>
<SELECT NAME="arbeitgeber[]">
    <OPTION>McBurger</OPTION>
    <OPTION>Kleiner Wok</OPTION>
    <OPTION>Mr.Pommes</OPTION>
    <OPTION>Brötchen de Luxe</OPTION>
    <OPTION>Pizza and More</OPTION>
</SELECT>
<BR><P>

<INPUT TYPE="submit" NAME="GO" VALUE="Berechnen">
</FORM>
</BODY>
</HTML>
```

Listing 3.5: Generierung der HTML-Felder zur Eingabe der Werte

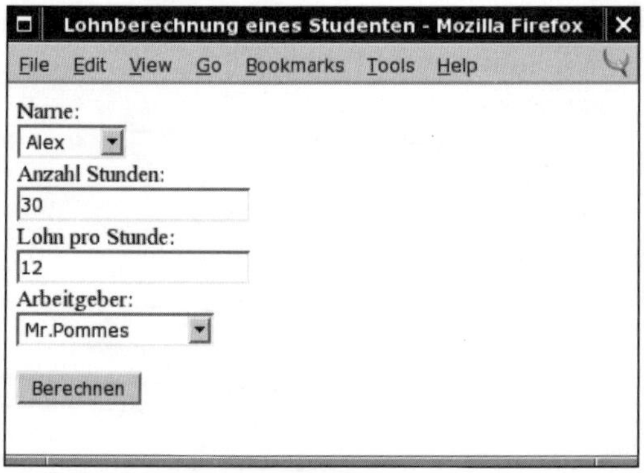

Abbildung 3.5: HTML-Eingabemaske zur Lohnberechnung

Mithilfe dieses Listings werden die HTML-Felder generiert. Jeder, der schon mal ein Formular in HTML geschrieben hat, wird mit dem Verständnis des Codes keine Probleme haben. Ich will die Funktion des Listings dennoch in Kürze zusammenfassen. Als Erstes wird eine Auswahlbox definiert, die die Werte »Alex«, »Frank«, »Katrin«, »Steffen« und »Denis« enthält. Sie können immer nur einen Wert auswählen. Dieser wird in ein Array namens `name[]` gespeichert. Danach werden zwei Felder zur Eingabe der Stundenzahl und des Lohns pro Stunde erzeugt. Die eingegebenen Werte werden in den Variablen `stunden` und `lohn` gespeichert. Als Letztes wird eine Auswahlbox definiert, die die Namen der potenziellen Arbeitgeber enthält. Auch hier kann immer nur einer ausgewählt werden und der Name des Arbeitgebers wird dann in einem Array mit Namen `arbeitgeber[]` gespeichert.

Das auffälligste Merkmal an diesem Code ist allerdings, dass bei der Initialisierung des `FORM`-Tags die Datei `listing3-6.php` genannt wird. Dieser Datei werden die Werte aus den HTML-Feldern übergeben. Sehen Sie sich nun den Code zu dieser Datei an:

```
<HTML>
<HEAD>
    <TITLE>Ergebnis der Lohnberechnung</TITLE>
</HEAD>
<BODY>
<?php

$name        = $_POST['name'];
$stunden     = $_POST['stunden'];
$lohn        = $_POST['lohn'];
$arbeitgeber = $_POST['arbeitgeber'];

foreach ($name as $person) {
    echo "Hallo <B>$person</B>,<BR><P>";
}

echo "Du hast <B>$stunden</B> Stunden bei ";
```

```
foreach ($arbeitgeber as $wo_denn) {
    echo "<B>$wo_denn</B> gearbeitet.<BR><P>";
}

$summe = ($lohn * $stunden);

echo "Dein Verdienst in dieser Zeit war: ";
echo "<B> $summe </B> EURO";

?>
</BODY>
</HEAD>
```

Listing 3.6: Berechnung des Lohns und Ausgabe des Ergebnisses

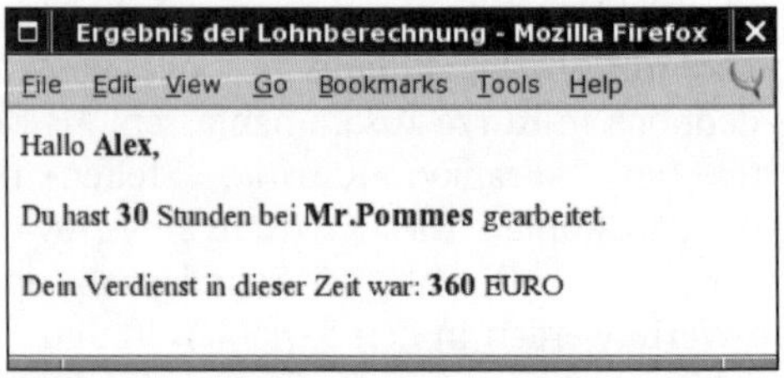

Abbildung 3.6: Ergebnis der Lohnberechnung

Nun wollen wir uns `listing3-6.php` ansehen. Dieses Skript bekommt die Werte aus `listing3-5.php` mit `POST` übergeben und sie werden direkt mithilfe der vordefinierten Variablen `$_POST[]` angesprochen. So kann `$stunden` direkt ausgegeben werden, und die Summe dieses Verdienstes als Ergebnis der Berechnung (`$summe * $lohn`) wird ebenfalls einfach ausgegeben.

Bei der Ausgabe des Namens unseres Studenten und dessen Arbeitgebers gestaltet es sich etwas schwieriger. Da in diesem Beispiel die Werte aus der Auswahlbox als Arrays abgespeichert wurden, müssen Sie diese nun auslesen und die Werte der Arrays in Variablen speichern. Auch wenn die Arrays nur jeweils ein Wort enthalten. Dies geschieht am einfachsten mit der `foreach`-Anweisung. Auf die Funktion von `foreach` wird in Kapitel 5 genauer eingegangen.

Viele Alternativen, viele Möglichkeiten

Ein junger Student, der sein Studium noch nicht so sonderlich ernst nimmt, weil die Prüfungen noch weit entfernt scheinen, hat das Problem, dass er fast jeden Tag verschläft.

Wenn er dann endlich mittags aufwacht, dann interessiert es ihn schon, welcher Tag heute eigentlich ist und wie weit das Wochenende noch entfernt liegt, an dem er ohne schlechtes

Gewissen ausschlafen kann. Außerdem gibt es am Wochenende nichts in der Mensa zu essen und er muss sich dann eine andere Essensquelle suchen.

```
<HTML>
<HEAD>
    <TITLE>Ausgabe des aktuellen Tages</TITLE>
</HEAD>
<BODY>
<?php

//Gibt den aktuellen Tag aus
$name = Steffen;
$a = date("l");

switch ($a) {
case "Monday":
    $und_nu = "so ein Mist, es ist Montag...";
break;
case "Tuesday":
    $und_nu = "leider erst Dienstag, noch ganze 3 Tage.";
break;
case "Wednesday":
    $und_nu = "die halbe Woche ist schon rum.";
break;
case "Thursday":
    $und_nu = "es ist fast geschafft, nur noch der Freitag liegt vor uns.
               Durchhalten!";
break;
case "Friday":
    $und_nu = "MORGEN ist WOCHENENDE !!!";
break;
default:
    //es muss Wochenende sein
    $und_nu = "endlich Wochenende. Heute solltest du nix machen! Aber wo
               bekommen wir was zu essen her?!";
}

//Ergebnis der Nachforschungen ausgeben
echo ("Guten Morgen <B>$name</B>,<P>");
echo ("$und_nu");

?>
</BODY>
</HTML>
```

Listing 3.7: Nachforschung, welcher Tag heute ist

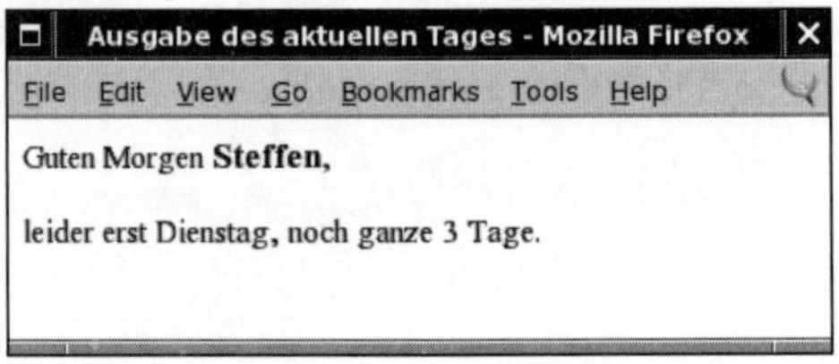

Abbildung 3.7: Ergebnis der Nachforschungen nach dem aktuellen Tag

Schleifen binden

Schleifen sind wichtige Kontrollstrukturen einer Programmiersprache. Mit Schleifen kann man alles machen und ohne sie nichts. Ich versuche das Prinzip der Schleifen mithilfe von zwei einfachen Beispielen zu erklären.

Folgendes Listing beinhaltet eine `for`-Schleife, die von 10 bis 0 herabzählt und bei jedem Durchlauf den aktuellen Wert ausgibt.

```
<HTML>
<HEAD>
    <TITLE>Die for-Schleife</TITLE>
</HEAD>
<BODY>
<?php

for ($i=10; $i>=0; $i--) {
    echo "Durchlauf Nr.$i<BR>";
}

?>
</BODY>
</HTML>
```

Listing 3.8: Erstes Beispiel einer `for`*-Schleife*

Als weiteres Beispiel haben wir folgendes Listing, das die Fakultät einer beliebigen Zahl (n!) mithilfe einer `while`-Schleife berechnet.

```
<HTML>
<HEAD>
    <TITLE>Die while-Schleife</TITLE>
</HEAD>
<BODY>
<?php

$n = 5;
$kopie = $n;
```

```
$fakult = 1;
while ($n > 0) {
    $fakult = ($n * $fakult);
    $n--;
}

echo "Die Fakultät von <B>$kopie</B> ist: ";
echo "<B>$fakult</B>.";

?>
</BODY>
</HTML>
```

Listing 3.9: Erstes Beispiel einer `while`*-Schleife*

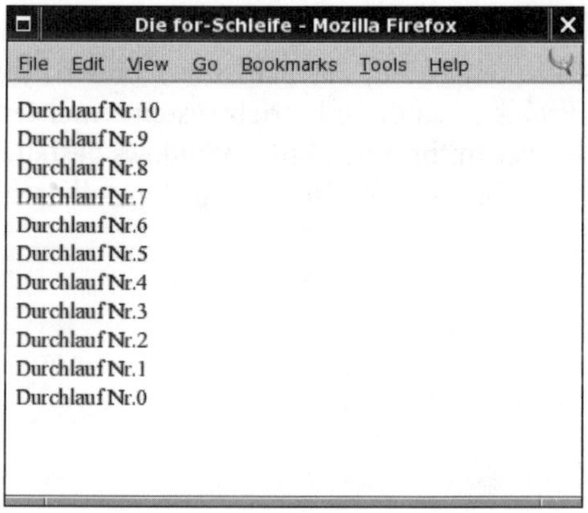

Abbildung 3.8: Ergebnis der `for`*-Schleife*

Abbildung 3.9: Ergebnis der `while`*-Schleife*

In diesem Fall berechnet das Programm die Fakultät der Zahl 5. Als Ergebnis bekommen Sie 120.

Eine ausführliche Dokumentation zu Schleifen und allen Arten von Kontrollstrukturen finden Sie in Kapitel 5.

E-Mails mit PHP schreiben

In diesem Beispiel möchte ich Ihnen zeigen, wie schnell und einfach Sie mithilfe von PHP E-Mails schreiben und versenden können. Alles, was das Versenden von E-Mails betrifft, erledigt die Funktion `mail()`.

E-Mails mit PHP generieren, verschicken und lesen ist eine praktische Sache. Bedenken Sie nur die Möglichkeiten. Sie können von Ihrer Webseite aus E-Mails schreiben oder mithilfe eines geeigneten Frontends von jedem Ort der Welt die Mails auf Ihrem Server lesen und bearbeiten. Sie können auch eine Mailingliste realisieren.

Mehr zu den Möglichkeiten, die Ihnen PHP im Bezug auf das Versenden von E-Mails bietet, sowie die Funktion `mail()` erfahren Sie in Kapitel 10.

Schauen Sie sich das Beispiel einmal an. Sie werden sicher überrascht sein, wie einfach Ihnen PHP die Arbeit mit E-Mails macht.

Um E-Mails mit PHP zu versenden, muss auf dem Rechner, auf dem Sie entsprechende PHP-Skripte starten, ein Mailserver laufen. Unter Linux/UNIX ist das zumeist kein Problem, da diese Betriebssysteme meistens einen Sendmail- oder Procmail-Mailserver mitbringen. Unter Windows gestaltet sich das schon schwieriger. Hier müssen Sie einen Mailserver selbst installieren, um mit PHP E-Mails zu verschicken.

```
<HTML>
<HEAD>
    <TITLE>Eine Mail mit PHP erzeugen und schicken</TITLE>
</HEAD>
<BODY>
<?php

// Sender-Daten festlegen
$sender_name          = "Name des Senders";
$sender_mail_adresse = "user@server.de";
$reply_adresse        = "user@server.de";

// Empfänger-Daten festlegen
$empfaenger_name          = "Name des Empfängers";
$empfaenger_mail_adresse = "bauni@localhost";

// Die eigentliche Nachricht
$nachricht = "Hallo, das ist eine kleine
Testmail, deren Inhalt über
mehr als eine Zeile geht.";

// Die Betreff-Zeile (Überschrift)
$betreff = "Schreib mal wieder mit PHP";
```

```
// Den Header zusammenbauen
$headers .= "From: ".$sender_name." <".$sender_mail_adresse.">\r\n";
$headers .= "Reply-To: ".$sender_name." <$reply_adresse>\r\n";

// Die mail-Funktion mit Werten füllen, um die E-Mail zu verschicken
if (mail($empfaenger_mail_adresse, $betreff, $nachricht, $headers)) {
    echo "Die EMail an <B>" . $empfaenger_name . "</B> wurde gesendet";
} else {
    echo "Die Email an <B>" . $empfaenger_name . "</B>
          konnte leider nicht gesendet werden!";
}

?>
</BODY>
</HTML>
```

Listing 3.10: Ihre erste E-Mail mit PHP

Wenn mit dem Versenden der E-Mail alles geklappt hat, bekommen Sie von Listing 3.10 eine Bestätigung ausgegeben (Abbildung 3.10).

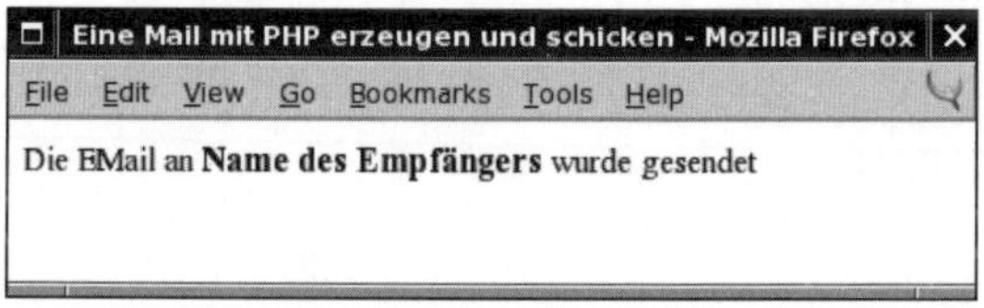

Abbildung 3.10: Die Bestätigung, dass mit dem E-Mail-Versand alles geklappt hat

Die fertige E-Mail sehen Sie in Abbildung 3.11.

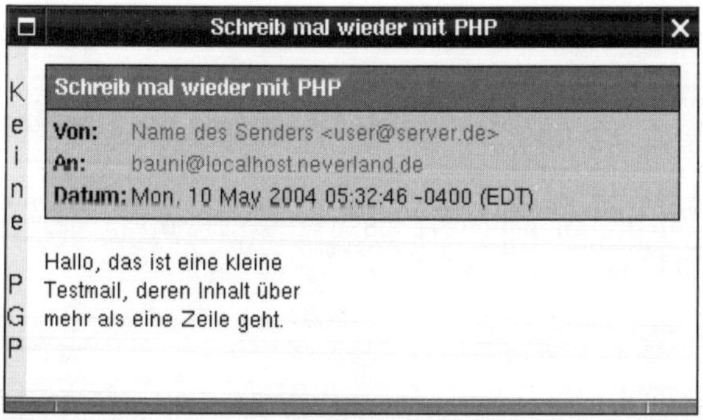

Abbildung 3.11: Das Ergebnis unseres Beispiels, eine kleine, aber feine Email

Datenbanken mit Inhalt füllen und ausgeben

Einer der Gründe, warum sich PHP immer größerer Beliebtheit erfreut, ist mit Sicherheit die Tatsache, dass PHP hervorragend mit Datenbanken zusammenarbeiten kann, und die Entwicklung und Pflege einer datenbankgestützten Webseite nach einer relativ kurzen Lernphase ermöglicht.

Im folgenden Beispiel (Listing 3.11) werden Sie in einer MySQL-Datenbank eine Datenbank mit dem Namen `Beispiele` erzeugen und in dieser eine Tabelle anlegen. Die Tabelle wird natürlich auch mit Werten gefüllt. Diese Werte werden dann abschließend in einer HTML-Tabelle sauber formatiert wieder ausgegeben. PHP kann übrigens nicht nur mit der MySQL-Datenbank zusammenarbeiten, sondern mit fast allen verfügbaren. Darunter auch PostgreSQL und Oracle.

```
<HTML>
<HEAD>
    <TITLE>Ein einfaches Datenbank-Beispiel</TITLE>
</HEAD>
<BODY>
<?php

// Versuchen die DB-Verbindung herzustellen
if (!($verbindung = mysql_pconnect ("Server", "User", "Passwort"))) {
    echo("Der Verbindungsversuch zur DB ist fehlgeschlagen!<P>");
    echo mysql_error();
    exit();
}

// Die Datenbank Beispiele anlegen, wenn Sie noch nicht existiert
$Query = "CREATE DATABASE IF NOT EXISTS beispiele";
if (!mysql_query ($Query, $verbindung)) {
    echo("Die Datenbank konnte nicht angelegt werden!<P>");
    echo mysql_error();
    exit();
}

// Versuchen, die DB auszuwählen
if (!mysql_select_db ("beispiele", $verbindung)) {
    echo("Sorry, aber ich kann die DB nicht auswählen!<P>");
    echo mysql_error();
    exit();
}

// Die Tabelle STUDENT löschen, wenn Sie schon existiert
$Query = "DROP TABLE IF EXISTS STUDENT";
if (!mysql_query ($Query, $verbindung)) {
    echo("Die Tabelle STUDENT konnte nicht gelöscht werden!<P>");
```

```
    echo mysql_error();
    exit();
}

// Die Tabelle STUDENT anlegen
$Query = "CREATE TABLE STUDENT (
              ID INT(5) NOT NULL AUTO_INCREMENT,
          NAME VARCHAR(20),
          MATRIKELNUMMER INT(6),
          PRIMARY KEY (ID)
      )";
if (!mysql_query ($Query, $verbindung)) {
    echo("Die Tabelle STUDENT konnte nicht angelegt werden!<P>");
    echo mysql_error();
    exit();
}

// Die Tabelle mit Inhalt füllen
mysql_query("INSERT INTO STUDENT (NAME, MATRIKELNUMMER) VALUES
           ('Denis', 338058);", $verbindung);
mysql_query("INSERT INTO STUDENT (NAME, MATRIKELNUMMER) VALUES
           ('Katrin', 338058)", $verbindung);
mysql_query("INSERT INTO STUDENT (NAME, MATRIKELNUMMER) VALUES
           ('Alex', 338734)", $verbindung);
mysql_query("INSERT INTO STUDENT (NAME, MATRIKELNUMMER) VALUES
           ('Steffen', 339134)", $verbindung);
mysql_query("INSERT INTO STUDENT (NAME, MATRIKELNUMMER) VALUES
           ('Johannes', 338666)", $verbindung);
mysql_query("INSERT INTO STUDENT (NAME, MATRIKELNUMMER) VALUES
           ('Bauni', 338921)", $verbindung);

// Die Tabelle STUDENT auslesen
$Query = "SELECT NAME, MATRIKELNUMMER FROM STUDENT";
if (!($ergebnis = mysql_query ($Query, $verbindung))) {
    echo("Ihre Anfrage $Query war nicht erfolgreich!<P>");
    echo mysql_error();
    exit();
}

// HTML-Tabelle beginnen
echo("<TABLE BORDER=\"1\">");
echo("<TR>");
echo("<TD BGCOLOR=\"#BBBBBB\"><B>Name</B></TD>");
echo("<TD BGCOLOR=\"#BBBBBB\"><B>Matrikelnummer</B></TD>");
echo("</TR>");
```

```
// Alle Zeilen aus der DB holen
// und in die HTML-Tabelle einfügen
while ($zeile = mysql_fetch_object ($ergebnis)) {
    echo("<TR>");
    echo("<TD>$zeile->NAME</TD>");
    echo("<TD>$zeile->MATRIKELNUMMER</TD>");
    echo("</TR>");
}

// Das Ende der HTML-Tabelle erzeugen
echo("</TABLE>");

// Die Verbindung zur DB schließen
mysql_close ($verbindung);

?>
</BODY>
</HTML>
```

Listing 3.11: Eine Tabelle anlegen, mit Werten füllen und als HTML-Tabelle ausgeben

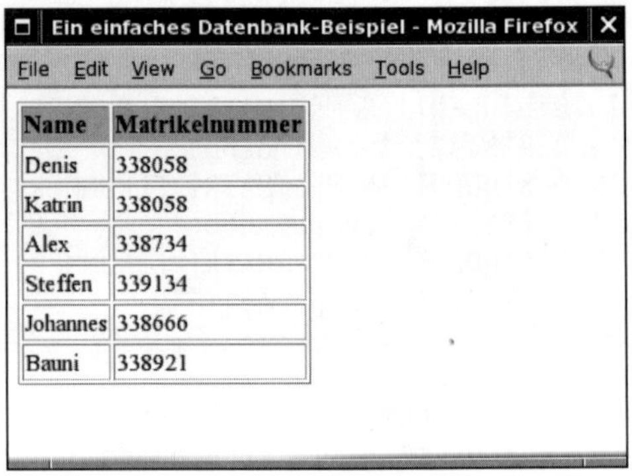

Abbildung 3.12: Die fertige HTML-Tabelle

PHP-Code richtig dokumentieren

Wenn Sie ein PHP-Skript schreiben, dann sollten Sie sich nicht nur mit dem eigentlichen Quellcode beschäftigen, sondern auch gleich möglichst viel kommentieren.

Der Grund, warum Quellcode, ganz gleich für welche Programmiersprache er geschrieben ist, ausgiebig kommentiert werden sollte, ist, dass nach kurzer Zeit kein Entwickler mehr weiß, was genau der Code macht. Schlimmer noch ist es, wenn mehrere Leute an einem Projekt arbeiten und es wird nicht sauber kommentiert. Dann ist Chaos die Folge.

Um es mal drastisch auszudrücken: Unkommentierter Code ist nicht zu gebrauchen!

Stellen Sie sich einmal vor, Sie wollen in einem Jahr eines Ihrer Programme erweitern oder von Fehlern (Bugs) befreien. Glauben Sie wirklich, Sie wissen dann noch, was welche Variable, Schleife oder Funktion tut und warum diese es tut?

Es gibt mehrere Möglichkeiten, PHP-Quellcode zu kommentieren. Meistens werden Kommentare mit `/* ... */` eingeschlossen. Die folgenden Zeilen PHP-Code zeigen, wie Sie einfach kommentieren können.

Alle Zeichen, die nach `/*` kommen sind Bestandteil eines Kommentars. Der Kommentar wird mit der Zeichenfolge `*/` beendet.

```
<?php
    /* Das ist ein Kommentar im PHP-Code */

    echo ("Das ist kein Kommentar mehr.");
?>
```

Mit dieser Variante können Sie auch ganz einfach mehrere Zeilen auf einmal kommentieren.

```
<?php
    /*
    Das ist ein Kommentar im PHP-Code,
    der über mehr als eine Zeile geht.
    */

    echo ("Das ist kein Kommentar mehr.");
?>
```

Wenn Sie nur eine Zeile auskommentieren möchten, dann ist es vielleicht angenehmer, wenn Sie auf eine schneller zu tippende Variante des Kommentierens zurückgreifen. Stellen Sie einfach vor jede Zeile, die ein Kommentar sein soll, zwei Slashs (Schrägstriche) `//`, so wie Sie es im folgenden Code sehen können.

```
<?php
    // Das ist ein Kommentar

    echo ("Das ist kein Kommentar mehr.");
?>
```

Die beiden Schrägstriche sorgen dafür, dass der Text bis zum Ende der Zeile auskommentiert wird. Wenn Sie jedoch mehr als eine Zeile auskommentieren wollen, dann müssen Sie vor jede Zeile zwei Schrägstriche schreiben.

```
<?php
    // Das ist ein Kommentar im Stil von C++
    // Und gleich noch einer.

    echo ("Das ist kein Kommentar mehr.");
?>
```

Es steht Ihnen frei, ab wo Sie eine Zeile kommentieren. Der Text vor den beiden Schrägstrichen ist dann aber nicht auskommentiert.

```
<?php
   echo ("Das ist kein Kommentar.");      // Das schon!
?>
```

Alternativ zu den beiden Schrägstrichen können Sie auch mit dem Raute-Symbol # alles bis zum Zeilenende auskommentieren. Die Funktionsweise der Raute ist absolut identisch mit den beiden Schrägstrichen.

```
<?php
   # Das ist ein Kommentar im Stil der UNIX-Shell
   echo ("Das ist kein Kommentar.");     # Das ist wieder einer.
?>
```

Wenn Sie schon in wenig programmiert haben, werden Ihnen die drei Alternativen des Auskommentierens sicher bekannt vorkommen. Das (mehrzeilige) Auskommentieren mit `/* ... */` kommt aus der Programmiersprache C. Die beiden Schrägstriche `//` sind ursprünglich aus der Programmiersprache C++ abgeleitet und die Raute # kommt aus der UNIX-Shell.

Abschließend möchte ich noch einmal betonen wie wichtig es ist, dass Sie auch kleinere Programme ausreichend kommentieren. Nicht nur um die Lesbarkeit zu erhöhen, sondern auch des Lerneffektes wegen. Nur den Code, dessen Sinn und Funktion Sie beschrieben haben, haben Sie auch wirklich verstanden.

Teil II

PHP und die Grundlagen

In diesem Teil ...

In diesem Teil lernen Sie die grundlegenden Elemente dieser Programmiersprache kennen. Variablen, Datentypen und Konstanten werden schon sehr bald kein Buch mit sieben Siegeln mehr für Sie sein. Leichtfüßig werden Sie durch die Welt der Operanden und Operatoren wandeln. Sehr bald schon werden Sie alle Ihre Probleme mit einer Hand voll einfacher Kontrollstrukturen zu lösen wissen.

Im weiteren Verlauf dieses Teils beschäftigen wir uns mit höheren Programmiertechniken. Die Arbeit mit Funktionen wird Ihnen richtig ans Herz wachsen, und Arrays in allen Dimensionen werden für Sie zum Kinderspiel. Natürlich darf hier auch die objektorientierte Programmierung nicht zu kurz kommen. Die Arbeit mit Funktionen und Arrays wird Sie fit machen für alle Projekte, die Sie mit PHP anpacken wollen.

Wie schon erwähnt, lernen Sie in diesem Teil die wirklich wichtigen Dinge, und die sollten Sie auf alle Fälle im Kopf haben. Das Schöne ist: was Sie hier lernen, brauchen Sie für jede richtige Programmiersprache. Also lohnt es sich auf alle Fälle, genau aufzupassen.

Am Ende dieses Teils werden wir auch ein paar Worte zur Sicherheit unter PHP verlieren.

Variablen und Operatoren in PHP

4

In diesem Kapitel

- Viele Arten von Variablen
- Datentypen und wie man sie umwandelt
- Variablen Werte zuweisen
- Mit Konstanten arbeiten
- Ausdrücke (expressions)
- Zusammenarbeit von Operanden und Operatoren bei PHP

Um Variablen kommen Sie auch bei PHP nicht herum, denn sie sind ein absolutes Kernstück. Kompliziert ausgedrückt ist eine Variable ein Paar bestehend aus einem Namen und einem Wert, zwischen denen eine Beziehung besteht. Diese Beziehung wird durch eine Zuweisung hergestellt und kann durch weitere Zuweisungen verändert werden.

Bildlich gesprochen ist eine Variable nichts weiter als ein Behälter mit einem Namen, in den man bestimmte Dinge hineintun kann. Was das für Dinge sind (Ziffern, Zeichen, Buchstaben, Wörter, Listen usw.), wird durch den Datentyp festgelegt.

```
<HTML>
<HEAD>
    <TITLE>Variablen Werte zuweisen</TITLE>
</HEAD>
<BODY>
<?php

// $var1 bekommt den Wert "PHP" zugewiesen.
$var1 = "PHP";

// $var2 bekommt den Wert "ist" zugewiesen.
$var2 = "ist";

// $var3 bekommt den Wert "wirklich nicht schwer!" zugewiesen.
$var3 = "wirklich nicht schwer!";

// Ausgabe: "PHP ist wirklich nicht schwer!"
echo "$var1 $var2 $var3";
```

```
?>
</BODY>
</HTML>
```

Listing 4.1: Ein einfaches Beispiel zum Umgang mit Variablen

Die Ausgabe von Listing 4.1 sehen Sie in Abbildung 4.1.

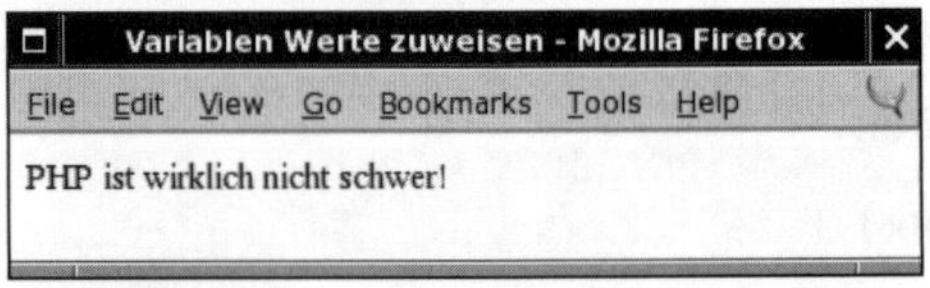

Abbildung 4.1: Variablen Werte zuweisen

Variablen richtig schreiben

Bei PHP können Sie Variablen schnell erkennen. Sie werden durch ein Dollar-Zeichen ($) gefolgt vom Namen der Variablen dargestellt. Bei den Namen der Variablen wird zwischen Groß- und Kleinschreibung unterschieden (case-sensitive).

Ein gültiger Variablenname muss entweder mit einem Buchstaben oder einem Unterstrich _ beginnen.

Der Rest des Variablennamens kann eine beliebige Folge von Zahlen, Buchstaben und Unterstrichen sein.

Weitere Beispiele für Variablen:

```
<?php
// Nicht erlaubt, da "ä" als erstes Zeichen nicht konform ist
$ärger = "so ein Ärger"

// Erlaubt, da "_" als Anfang konform ist
$_var123 = "treffer!"

// Erlaubt, da "ä" nicht der erste Buchstabe ist
$Währung = "Euro"

// Nicht erlaubt, da eine Zahl als erstes Zeichen nicht konform ist
$1erster = "Gewinner"
?>
```

Datentypen in PHP

PHP unterstützt sechs elementare Datentypen:

- ✔ Integer (Ganze Zahlen)
- ✔ Double (Gleitkommazahlen)
- ✔ String (Zeichenketten)
- ✔ Arrays (Listen)
- ✔ Objects (Objekte)
- ✔ Boolesche Werte (TRUE und FALSE)

Der Datentyp Integer

Ein *Integer* ist nichts anderes als eine ganze natürliche Zahl. Dabei besteht ein Integer aus einer oder mehreren Zahlen, die aber kein Komma enthalten. Beispiele sind:

- ✔ 9
- ✔ 23
- ✔ -162
- ✔ 1095

Die maximale Größe eines Integers ist von der jeweiligen Rechner-Architektur abhängig. Für gewöhnlich ist der Wertebereich ca. +/- 2 Milliarden, da ein Integer als (vorzeichenbehafteter) 32-Bit-Wert gespeichert wird. Dieser Bereich sollte fürs Erste reichen.

```
<HTML>
<HEAD>
    <TITLE>Erstes Beispiel zu Integern</TITLE>
</HEAD>
<BODY>
<?php

$integer1 = 1231;
echo "Ein Integer-Wert: $integer1";

?>
</BODY>
</HTML>
```

Listing 4.2: Beispiel zum Datentyp Integer

Abbildung 4.2: Ein erstes Beispiel zu Integer

Double - oder der Weg in die Tiefen der Genauigkeit

Der Datentyp *Double* ist für die Arbeit mit *Fließkommazahlen* zuständig. Unter einer Fließkommazahl versteht man nichts anderes als eine reelle Zahl. Also eine Zahl mit Komma und Nachkommastellen. Alle Zahlen, die unter diesem Datentyp gespeichert werden, haben ein Komma – auch wenn die Ziffer dahinter eine Null ist. Fließkommazahlen werden für Berechnungen benutzt, bei denen ein genaues Ergebnis wichtig ist und für die ganze Zahlen ungenügend sind. Beispiele sind:

- ✔ 5.0
- ✔ 29.3
- ✔ 19674.2543
- ✔ 0,999999999

Da es nicht möglich ist, alle Dezimalzahlen als Fließkommazahlen darzustellen – z.B. ⅓ ist 0,33333333..., weil einfach irgendwann die Genauigkeit der Nachkommastellen endet –, ist es wichtig, dass Sie einer Fließkommazahl, mit der Sie arbeiten und rechnen, nicht bis auf die letzte Nachkommastelle trauen. Im Zweifelsfall rechnen Sie lieber noch mal nach.

Die Wissenschaftler unter Ihnen (aber auch diejenigen, die das gerne werden möchten) können auch die wissenschaftliche Schreibweise verwenden, z.B. 1.3e4.

```
<HTML>
<HEAD>
    <TITLE>Erstes Beispiel zu Double</TITLE>
</HEAD>
<BODY>
<?php

$Double1 = 9127132984.1231;
echo "Ein Double-Wert: $Double1";

?>
</BODY>
</HTML>
```

Listing 4.3: Beispiel zu Double

Abbildung 4.3: Erstes Beispiel zu Double

Wie Sie sehen können, ist es mit Fließkommazahlen möglich, mit sehr großen und sehr kleinen Zahlen zu arbeiten. Die maximale Größe einer Fließkommazahl ist wie bei Integern von der verwendeten Rechner-Architektur abhängig. Da ein Double aber als 64-Bit-Wert gespeichert wird, ist eine maximale Größe von ~1.8e308 mit einer Genauigkeit von 14 Nachkommastellen kein Problem.

Strings - Zeichen ohne Ende

Ein *String* ist eine Zeichenkette. Dabei ist es völlig egal, um welche Zeichen es sich handelt. Ein String kann Buchstaben, Zahlen und Sonderzeichen aller Art enthalten, und diese auch noch gemischt. Diese in einem String enthaltenen Zeichen werden als ein Wort angesprochen und behandelt. Beispiele sind:

- ✔ abcxyz
- ✔ PHP_ist_super
- ✔ 20Euro
- ✔ #*/[}%$

Hier ein kleines Listing mit einem typischen String:

```
<HTML>
<HEAD>
    <TITLE>Erstes Beispiel zu Strings</TITLE>
</HEAD>
<BODY>
<?php

$String1 = "PHP ist toll";
echo "$String1";

?>
</BODY>
</HEAD>
```

Listing 4.4: Beispiel zu Strings

Abbildung 4.4: Erstes Beispiel zu Strings

Wenn Sie nun in einem String ein Anführungszeichen oder einen Zeilenumbruch definieren wollen, stoßen Sie automatisch auf Probleme, da der Parser nicht unterscheiden kann, ob Ihr Anführungszeichen nun als solches gewertet werden kann oder das Ende des Strings markiert.

Für diese Fälle gibt es folgende Lösung: Alle Zeichen, die sich in einem String befinden, werden wörtlich genommen – alle außer denen, die sich nach einem Backslash befinden. Tabelle 4.1 zeigt einige der wichtigsten Funktionen, die mit der Backslash-Kodierung (sog. *escaped characters*) möglich sind.

Code	Ergebnis
`\n`	»line feed« neue Zeile
`\r`	»carriage return« Zeilenumbruch
`\\`	Backslash-Zeichen
`\t`	Horizontaler Tabulator
`\"`	Doppeltes Anführungszeichen
`\$`	Dollar-Zeichen

Tabelle 4.1: Übersicht über die escaped characters

Der Datentyp Array

Ein *Array* ist eine Reihe von Elementen des gleichen Datentyps. Man kann es sich als eine Art Liste von Objekten vorstellen. Auf jedes dieser Objekte können Sie mittels eines Indexes zugreifen. Es gibt zwei verschiedene Arten von Arrays – eindimensionale und mehrdimensionale Arrays. Auf Arrays wird ausführlich in Kapitel 6 eingegangen.

Mit Object Objekte deklarieren

Viele, die sich dieses Buch gekauft haben, werden nicht wissen, was ein *Objekt* ist. Ein Objekt enthält immer eine Schnittstelle und besteht aus Daten. Das bedeutet nichts anderes als eine Liste von Operationen, die auf diesen Objekten ausgeführt werden können.

Der Datenaustausch zwischen einem Objekt und seiner Umwelt oder zwischen Objekten untereinander geschieht mit Hilfe der Schnittstelle, die jedes Objekt besitzt.

Objekte werden initialisiert. Dieses geschieht durch die Angabe von new. Dadurch wird ein Objekt einer Variableninstanz zugewiesen.

```
<HTML>
<HEAD>
    <TITLE>Der Datentyp Object</TITLE>
</HEAD>
<BODY>
<?php

class schwarz {
    function gib_schwarz() {
        echo "Gib die schwarzen Figuren!<BR>";
    }
}

$mischen = new schwarz;
$mischen->gib_schwarz();

?>
</BODY>
</HTML>
```

Listing 4.5: Beispiel zum Datentyp Object

Abbildung 4.5: Erstes Beispiel zu Object

Damit will ich es erst einmal mit Klassen und Objekten belassen. In Kapitel 7 finden Sie mehr darüber.

Wahr oder Falsch? Auf alle Fälle Boolean

Daten vom *booleschen Datentyp* können Sie sich eigentlich recht einfach merken, denn sie können entweder den Wert TRUE oder FALSE haben. Dieser Datentyp findet hauptsächlich bei Vergleichen und Schleifen Anwendung. Schauen Sie sich folgendes Beispiel an:

```
<?php
    if ($wert == 12): echo "es ist eine 12 !";
?>
```

Hier wird eine Variable mit Namen wert auf ihren Inhalt überprüft. Wenn dieser gleich 12 ist, dann werden die Anweisungen nach dem Doppelpunkt ausgeführt. Ansonsten wird im Code weitergegangen. Diese Abfrage wird intern von PHP mit einem booleschen Wert entschieden. Entweder ist der Wert in der Variable 12, dann wäre die Abfrage TRUE, ansonsten wäre sie FALSE. So einfach ist das.

Variablen können auch direkt auf TRUE oder FALSE gesetzt werden. Wie das geht und was man damit machen kann, verdeutlicht das folgende Beispiel:

```
<HTML>
<HEAD>
    <TITLE>"true" und "false" als Variableninhalt</TITLE>
</HEAD>
<BODY>
<?php

$schwarz = TRUE;

if ($schwarz == TRUE):
    echo "Heute habe ich die schwarzen Figuren!";
else:
    echo "Mist, schon wieder die weissen Figuren!";
endif;

?>
</BODY>
</HTML>
```

Listing 4.6: Beispiel zu TRUE und FALSE als Variableninhalt

Wie Sie sehen, bekommt die Variable $schwarz den Wert TRUE zugewiesen. Die darauf folgende if-Anweisung macht natürlich keinen Sinn, da in diesem Fall das Ergebnis natürlich immer die schwarzen Figuren sind. Aber Sie können sehen, welche Möglichkeiten die Werte TRUE und FALSE bieten.

```
<HTML>
<HEAD>
    <TITLE>"true" und "false" als Null und Eins</TITLE>
</HEAD>
<BODY>
<?php

$schwarz = 0;

if ($schwarz == TRUE):
    echo "Heute habe ich die schwarzen Figuren!";
```

```
else:
    echo "Mist, schon wieder die weissen Figuren!";
endif;

?>
</BODY>
</HTML>
```

Listing 4.7: Beispiel mit TRUE und FALSE als Null und Eins

Eine weitere Möglichkeit, `TRUE` und `FALSE` einer Variablen zu übergeben, ist die Verwendung der Zahlen 0 und 1. Die Eins steht dabei immer für den Wert `TRUE`, die Null für den Wert `FALSE`.

```
<HTML>
<HEAD>
    <TITLE>Einfachere Möglichkeit der Abfrage</TITLE>
</HEAD>
<BODY>
<?php

$schwarz = 0;

if ($schwarz):
    echo "Heute habe ich die schwarzen Figuren!";
else:
    echo "Mist, schon wieder die weissen Figuren!";
endif;

?>
</BODY>
</HTML>
```

Listing 4.8: Einfachere Möglichkeit der Abfrage

Wie Sie sicher bemerkt haben, habe ich die `if`-Bedingung verkürzt. Dies ist kein Problem, da ein `if ($schwarz)` die gleiche Bedeutung hat wie ein `if ($Schwarz == TRUE)`.

Typenumwandlung

Wer wollte nicht schon einmal seinen Typ ändern? In der realen Welt ist das nicht unbedingt einfach, aber in PHP ist das ganz leicht.

Vielleicht haben Sie sich schon gefragt, warum es in PHP anders als in den allermeisten Programmiersprachen nicht nötig ist, den Datentyp einer Variablen anzugeben. Dies ist einer der ganz großen Vorteile von PHP was die Einfachheit anbelangt. PHP erkennt an der Art der Zuweisung bzw. des Inhalts einer Variablen, welchen Datentyp sie innehat.

Das automatische Umwandeln des Datentyps einer Variablen wird *implizite Typumwandlung* genannt.

Wenn Sie z.B. eine Integer-Variable mit einem String verknüpfen wollen und in dem String ist eine Zahl enthalten, dann wird PHP korrekt die beiden Zahlen miteinander verknüpfen.

So ergibt folgendes Beispiel das Ergebnis 36:

```
<HTML>
<HEAD>
    <TITLE>Verknüpfung von zwei Integern</TITLE>
</HEAD>
<BODY>
<?php

$var1 = "13";
$var2 = "23";

$var3 = $var1 + $var2;
echo "Das Ergebnis ist: <B>$var3</B>";

?>
</BODY>
</HTML>
```

Listing 4.9: Einfachere Möglichkeit der Abfrage

Ein weiteres Beispiel verknüpft eine Integer-Variable mit einer Double-Variablen. Auch hier wird die Verknüpfung von PHP korrekt vorgenommen. Der Wert der Integer-Variablen wird in einen Double-Wert umgewandelt, bevor er mit der 15.83 addiert wird. So gehen die Nachkommastellen nicht verloren und die Genauigkeit des Ergebnisses bleibt erhalten. Das alles macht PHP völlig automatisch.

Abbildung 4.6: Verknüpfung von zwei Integern

```
<HTML>
<HEAD>
    <TITLE>Verknüpfung von Integer und Double</TITLE>
</HEAD>
<BODY>
<?php

$var1 = "15.83";
$var2 = "2";

$var3 = $var1 + $var2;
echo "Das Ergebnis ist: <B>$var3</B>";

?>
</BODY>
</HTML>
```

Listing 4.10: Addition eines Integer- und eines Double-Wertes

Abbildung 4.7: Ergebnis der Addition eines Integer- und eines Double-Wertes

Nun wird es richtig spaßig. Wenn Sie einen String, in dem zu Beginn eine Zahl steht, mit einem Integer-Wert (Double würde auch gehen) verknüpfen, dann werden die beiden Zahlen korrekt verknüpft.

```
<HTML>
<HEAD>
    <TITLE>Verknüpfung von Integer und String</TITLE>
</HEAD>
<BODY>
<?php

$var1 = "23";
$var2 = "8 Bier sind noch im Kasten";

$var3 = $var1 + $var2;

echo "Das Ergebnis ist: <B>$var3</B>";
```

```
?>
</BODY>
</HTML>
```

Listing 4.11: Addition eines Integer- und eines String-Wertes

Abbildung 4.8: Ergebnis der Addition eines Integer- und eines String-Wertes

Der Grund, warum das funktionieren kann, liegt darin, dass der Parser von PHP nur den ersten Teil des Strings nimmt und den Rest ignoriert. So kann 23 mit 8 addiert werden.

Wenn der String aber z.B. folgendermaßen aussehen würde, dann würde der Parser die 8 nicht erreichen und das Ergebnis wäre nur 23:

```
<HTML>
<HEAD>
    <TITLE>Verknüpfung von Integer und String</TITLE>
</HEAD>
<BODY>
<?php

$var1 = "23";
$var2 = "Es sind noch 8 Bier im Kasten";

$var3 = $var1 + $var2;
echo "Das Ergebnis ist: <B>$var3</B>";

?>
</BODY>
</HTML>
```

Listing 4.12: Addition eines Integer- und eines String-Wertes

Abbildung 4.9: Ergebnis der Addition eines Integer- und eines String-Wertes

Casting - nicht nur für angehende Filmstars

Sie kennen den Begriff *Casting* sicher aus dem Filmbereich (z.B. aus *Deutschland sucht den Superstar* oder *Star Search*). Dort werden Schauspieler ausgesucht, die einen ganz bestimmten Typ in einem Film verkörpern sollen. So wie ein Mensch im Film eine Rolle einnimmt, haben Sie beim Programmieren mit Casting (*explizite Typumwandlung*) die Möglichkeit, aktiv den Datentyp einer Variablen zu verändern.

Durch diese Methode kann der Datentyp einer Variablen festgelegt werden. Dafür muss nur einer der folgenden Operatoren vor die Variable in Klammern geschrieben werden.

Casting-Operatoren	Ergebnis
`(string)`	Umwandlung in String
`(int)` oder `(integer)`	Umwandlung in Integer
`(real)` oder `(double)` oder `(float)`	Umwandlung in Double
`(array)`	Umwandlung in Array
`(object)`	Umwandlung in Object

Tabelle 4.2: Übersicht über die verfügbaren Casting-Operatoren zur expliziten Typumwandlung

Auf den folgenden Seiten sehen Sie einige einfache Beispiele zur Arbeitsweise von Casting.

Im folgenden Beispiel bekommt die Variable `$var1` den Integer-Wert 23 zugewiesen. Danach wird der Integer-Wert in ein Double umgewandelt. Am Ende von Listing 4.13 testen wir mit der Funktion `is_double` zur Sicherheit noch einmal, ob alles auch wirklich geklappt hat.

```
<HTML>
<HEAD>
    <TITLE>Integer in Double umwandeln</TITLE>
</HEAD>
<BODY>
<?php

// Die Variable $var1 bekommt den Integer-Wert 23
$var1 = 23;

// Die Variable $var1 ist nun vom Typ double
$var1 = (double)$var1;

// $var1 ausgeben
echo "Der Wert der Variable ist: <B>$var1</B>";

echo "<P>";

if (is_double($var1)) {
    echo "Die Variable hat den Datentyp <B>double</B>.";
```

```
} else {
    echo "Die Variable hat nicht den Datentyp <B>double</B>.";
}

?>
</BODY>
</HTML>
```

Listing 4.13: Umwandlung eines Integer-Wertes in einen Double-Wert

Wenn Sie nun einen Double- und einen Integer-Wert verknüpfen, dann würde normalerweise das Ergebnis Double sein. Wenn Sie die Variable, die das Ergebnis enthält, aber als Integer speichern, dann werden die Nachkommastellen abgeschnitten und verworfen (es wird nicht aufgerundet!).

```
<HTML>
<HEAD>
    <TITLE>Double in Integer umwandeln</TITLE>
</HEAD>
<BODY>
<?php

// Die Variable $var1 bekommt den Integer-Wert 3
$var1 = 3;

// Die Variable $var1 bekommt den Double-Wert 3
$var2 = 12.56;

// Das Ergebnis ist 15
$ergebnis = $var1 + (int)$var2;

// Das Ergebnis ausgeben
echo "Das Ergebnis der Berechnung ist: <B>$ergebnis</B>";

echo "<P>";

if (is_integer($var1)) {
    echo "Die Variable hat den Datentyp <B>integer</B>.";
} else {
    echo "Die Variable hat nicht den Datentyp <B>integer</B>.";
}

?>
</BODY>
</HTML>
```

Listing 4.14: Umwandlung eines Double-Wertes in einen Integer-Wert

Zum Schluss möchte ich noch die Umwandlung eines Integers (es wäre auch jeder andere Dateityp möglich) in einen Array zeigen:

```
<HTML>
<HEAD>
    <TITLE>Integer in Array umwandeln</TITLE>
</HEAD>
<BODY>
<?php

// Die Variable $var1 bekommt den Integer-Wert 148
$var1 = 148;

// Im Array $array bekommt das erste
// Element den Wert 148 zugewiesen
$array = (array)$var1;

// Das Ergebnis ausgeben
echo "Das Ergebnis der Berechnung ist: <B>$array[0]</B>";

echo "<P>";

if (is_array($array)) {
    echo "Die Variable hat den Datentyp <B>array</B>.";
} else {
    echo "Die Variable hat nicht den Datentyp <B>array</B>.";
}

?>
</BODY>
</HTMl>
```

Listing 4.15: Umwandlung eines Integer-Wertes in einen Array-Wert

Datentypen von Variablen mit PHP überprüfen

Um zu erfahren, von welchem Datentyp eine Variable ist, gibt es die Funktionen `is_string`, `is_long`, `is_object`, `is_int`, `is_integer`, `is_double`, `is_float` und `is_real`. Jede dieser Funktion liefert `TRUE` zurück, wenn der Datentyp stimmt, und `FALSE` wenn nicht. Die Syntax der Funktionen ist:

```
int funktionsname (mixed variable)
```

Machen Sie Variablen in PHP wertvoll!

Es gibt zwei Möglichkeiten, einer Variablen etwas zuzuweisen. Wenn Sie eine gewisse Vorbildung in einer anderen Programmiersprache haben, wissen Sie sicher schon jetzt, was ich meine.

- ✔ Zuweisung durch Wert
- ✔ Zuweisung durch Referenzierung

Zuweisung durch Wert

Die einfachste und verständlichste Art, einer Variablen etwas zuzuweisen, ist, ihr direkt einen Wert zu übergeben. Das funktioniert folgendermaßen:

```
<?php
    // $var1 bekommt den Wert "Inhalt" zugewiesen.
    $var1 = "Inhalt";
?>
```

Folgendes kleine Beispiel mit einigen einfachen Zuweisungen demonstriert das Prinzip:

```
<?php
    $tier = Pinguin;
    $anzahl = 23;
    $groesse = 30.79;
?>
```

Wie Sie sehen, bekommt nun die Speicheradresse, die über den Variablennamen `$tier` angesprochen wird, den Inhalt `Pinguin` zugewiesen, die Speicheradresse, die über `$anzahl` angesprochen wird, den Inhalt `23` und so weiter.

Es ist aber auch möglich, statt eines festen Wertes den Inhalt einer anderen Variablen zuzuweisen.

```
<?php
    $var2 = $var1;
?>
```

Wenn Sie einer Variablen den Inhalt einer anderen Variablen zuweisen, dann hat die Ziel-Variable (`$var2`) den gleichen Inhalt wie die Quell-Variable (`$var1`). Eine Änderung der Quell-Variablen hätte dann keine Änderung der Ziel-Variablen zur Folge. Die Inhalte der Variablen sind also unabhängig.

Zuweisung durch Referenzierung

Eine weitere Möglichkeit, einer Variablen einen Wert zuzuweisen, die mit PHP 4.0 verfügbar wurde, ist die so genannte *Zuweisung durch Referenzierung*. Dies bedeutet, dass der Inhalt der Variablen, die den Wert einer andern referenziert, nicht wirklich in ihr gespeichert wird.

Die neue referenzierende Variable ist nur eine Art Zeiger auf den Wert der anderen. Beide Variablen greifen also auf die gleiche(n) Speicherstelle(n) zu. Wenn nun der Inhalt einer der beiden Variablen geändert wird, so gilt diese Änderung natürlich für beide Variablen.

Ein Vorteil dieser Art der Zuweisung ist ganz klar die Geschwindigkeit. Wenn der Inhalt einer Variablen von einer anderen referenziert wird, so muss der Inhalt nicht zu der referenzierenden Variablen kopiert werden. Dieser Geschwindigkeitsvorteil macht sich aber nur bei komplexen Schleifen oder bei sehr großen Arrays deutlich bemerkbar.

Um eine Zuweisung durch Referenz zu erzeugen, müssen Sie nur ein `&` der Quell-Variablen voranstellen, die Sie einer anderen Variablen referenzieren wollen. Das nachfolgende Code-Beispiel demonstriert die Vorgehensweise:

```
<HTML>
<HEAD>
    <TITLE>Zuweisung durch Referenzierung</TITLE>
</HEAD>
<BODY>
<?php

$var1 = "Inhalt";

// $var2 referenziert auf den Inhalt von $var1
$var2 = &$var1;

// Ausgabe: "Inhalt Inhalt"
echo "$var1 $var2<BR>";

$var2 = "neuer Inhalt";

// Ausgabe: "neuer Inhalt neuer Inhalt"
echo "$var1 $var2";

?>
</BODY>
</HTML>
```

Listing 4.16: Zuweisung durch Referenzierung

Bei der Zuweisung durch Referenzierung muss noch beachtet werden, dass nur Variablen referenziert werden dürfen – keine Funktionen und keine Werte wie z.B. `($var2 = &(99 + 1))`.

Nur gültige Variablen sind gute Variablen

Wo eine Variable ihren Geltungsbereich hat, hängt von der Platzierung ihrer Definition ab. Variablen, die außerhalb von Funktionen definiert werden, sind bis auf eventuelle Funktionen global (also im ganzen Skript) gültig.

Innerhalb von Funktionen sind nur Variablen gültig, die auch innerhalb der jeweiligen Funktion definiert wurden bzw. denen ein Wert zugewiesen wurde.

```
<HTML>
<HEAD>
    <TITLE>Gültigkeitsbereiche von Variablen</TITLE>
</HEAD>
<BODY>
<?php

// globaler Bereich
$var1 = 1;

function kleineFunktion() {
    // Funktionsinterne Variable $var1 definieren
    $var1 = 2;
    // Funktionsinterne Variable $var1 ausgeben
    echo "Funktionsinterner Bereich: <B>$var1</B>";
}

//Funktionsaufruf
kleineFunktion();

echo "<P>";
echo "Funktionsexterner Bereich: <B>$var1</B>";

?>
</BODY>
</HTML>
```

Listing 4.17: Beispiel zum Geltungsbereich von Variablen

Es ist aber auch möglich, global definierte Variablen innerhalb einer Funktion anzusprechen. Dies geschieht mit der `global`-Anweisung.

```
<HTML>
<HEAD>
    <TITLE>Der global-Konstruktor</TITLE>
</HEAD>
<BODY>
<?php
```

```
// Werte festlegen
$var1 = 98;
$var2 = 1;

// Funktion zur Summenberechnung definieren
function summe() {
    global $var1, $var2;
    $var2 = $var1 + $var2;
}

// Die Funktion aufrufen
summe();

// Das Ergebnis ausgeben
echo "Das Ergebnis ist: <B>$var2</B>";

?>
</BODY>
</HTML>
```

Listing 4.18: Beispiel des `global`-Konstruktors

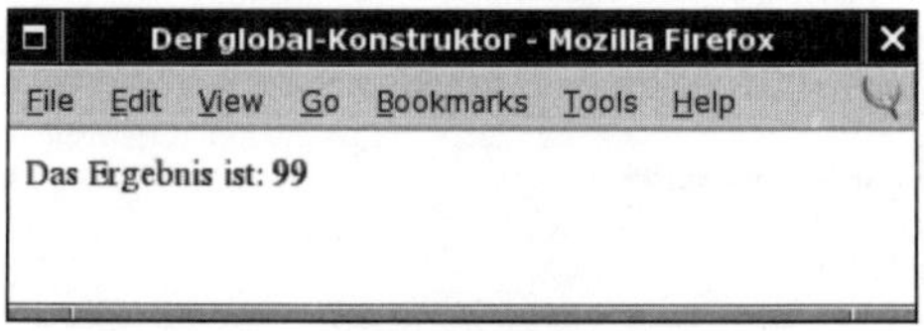

Abbildung 4.10: Ergebnis unserer Arbeit mit dem `global`-Konstruktor

Als Ausgabe bekommen Sie bei obigem Beispiel 99. Durch den `global`-Konstruktor werden die global definierten Variablen `$var1` und `$var2` für die Methode `summe()` zugänglich und ihr Inhalt (Wert) kann verändert werden. Wie Sie sehen, ist die Anwendung dieser Anweisung wirklich nicht schwer.

Eine weitere Möglichkeit, um innerhalb einer Funktion auf globale Variablen zugreifen zu können, stellt das `GLOBALS`-Array zur Verfügung:

```
<HTML>
<HEAD>
    <TITLE>Das GLOBALS-Array</TITLE>
</HEAD>
<BODY>
<?php
```

```
// Werte festlegen
$var1 = 98;
$var2 = 1;


// Funktion zur Summenberechnung definieren
function summe() {
    $GLOBALS["var2"] = $GLOBALS["var2"] + $GLOBALS["var1"];
}

// Die Funktion aufrufen
summe();

// Das Ergebnis ausgeben
echo "Das Ergebnis ist: <B>$var2</B>";

?>
</BODY>
</HTML>
```

Listing 4.19: Beispiel des `GLOBALS`-Arrays

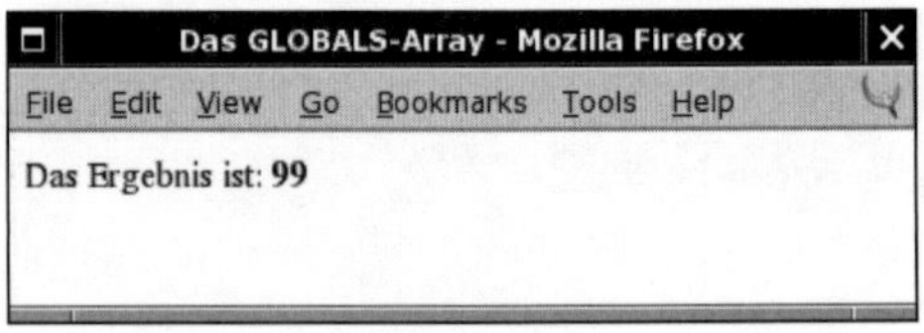

Abbildung 4.11: Ergebnis unserer Arbeit mit dem `GLOBALS`-Array

Das GLOBALS-Array ist nichts anderes als ein assoziatives Array. Die Schlüssel sind die Namen der globalen Variablen und die Elemente des Arrays sind der Inhalt dieser Variablen.

Es ist auch möglich, Variablen für Dateien verfügbar zu machen, die in ein Skript eingebunden werden. Dies geschieht mit dem `include`-Konstruktor oder dem `require`-Konstruktor.

Folgender Skript-Ausschnitt zeigt Ihnen, wie es geht:

```
<?php
    $var = Inhalt;
    include "datei.inc";
?>
```

Eine weitere, sehr wichtige Anwendungsmethode mit Variablen ist die Möglichkeit, Variablen als `static` zu bezeichnen.

Um dieses Vorgehen zu verstehen, sehen Sie sich die beiden folgenden Code-Abschnitte an.

```
<HTML>
<HEAD>
    <TITLE>Beispiel ohne static-Variablen</TITLE>
</HEAD>
<BODY>
<?php

function summe() {
   $var1 = 0;
   echo "$var1<BR>";
   $var1++;
}

// Die Funktion aufrufen
summe()

?>
</BODY>
</HTML>
```

Listing 4.20: Beispiel ohne `static`-Variablen

Diese Funktion wäre völlig sinnlos, da die Variable `$var1` nie über den Wert `0` hinaus kommt, den sie am Anfang der Funktion bei jedem Durchlauf zugewiesen bekommt.

Um die Funktion sinnvoll umzugestalten und ein »Hochzählen« der Variable zu ermöglichen, muss nur ein `static` vorn angestellt werden. Zu sehen ist das im folgenden Code-Abschnitt:

```
<HTML>
<HEAD>
    <TITLE>2.Beispiel mit "static-Variablen"</TITLE>
</HEAD>
<BODY>
<?php

function summe() {
   static $var1 = 0;
   echo "$var1<BR>";
   $var1++;
}

// Die Funktion aufrufen
summe ();
summe ();
summe ();
```

```
?>
</BODY>
</HTML>
```

Listing 4.21: Beispiel zur Verdeutlichung des Prinzips der `static`-Variablen

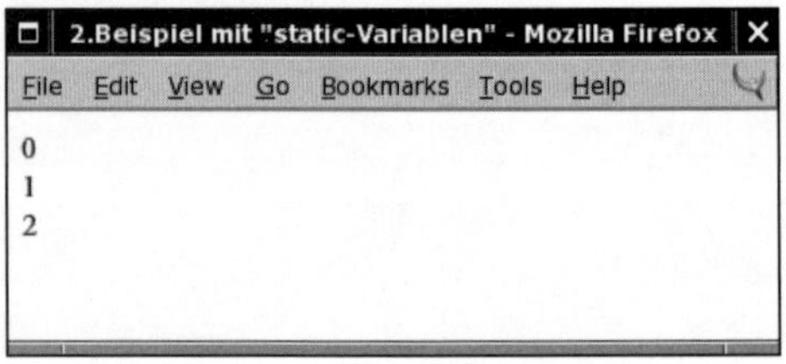

Abbildung 4.12: Ergebnis der Verwendung von `static`-Variablen

Die große Gefahr dabei ist die Entstehung so genannter Endlos-Schleifen. Sie dürfen auf keinen Fall vergessen, eine Abbruchbedingung in die Funktion einzubauen, die die Funktion garantiert irgendwann abbricht.

Nun wird bei jedem Aufruf der `summe()`-Funktion der aktuelle Wert von `$var1` ausgegeben und dann um 1 erhöht.

Mit `static`-Variablen ist es auch möglich, mit *rekursiven Funktionen* zu arbeiten. Darunter versteht man Funktionen, die sich selbst aufrufen.

Die folgende Funktion zählt rekursiv bis 25. Die Variable `$zaehler` beendet die Rekursion, sobald sie den Wert 25 erreicht hat.

```
<HTML>
<HEAD>
    <TITLE>Rekursion</TITLE>
</HEAD>
<BODY>
<?php

function beispiel() {
    static $zaehler = 0;
    $zaehler++;
    echo "$zaehler ";
        if ($zaehler < 25) {
            // Rekursiver Funktionsaufruf
            beispiel ();
        }
}
```

```
// Die Funktion aufrufen
beispiel ();

?>
</BODY>
</HTML>
```

Listing 4.22: Einfaches Beispiel zu Rekursion

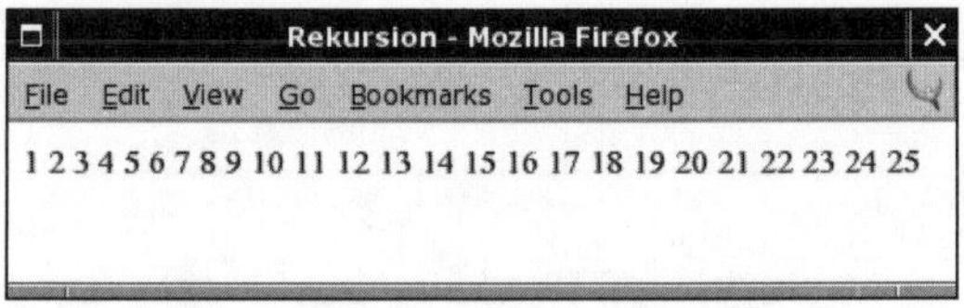

Abbildung 4.13: Ergebnis der Rekursion

Vordefinierte Umgebungsvariablen sind ein Quell steter Freude (und Informationen)

Eine interessante Möglichkeit, die PHP bietet, ist der Zugriff auf die so genannten Umgebungsvariablen. Diese Variablen bieten dem Anwender ein weites Feld an Informationen über die Umgebung, auf der er sich befindet bzw. von der er auf Ihre Webseite zugreift. Einige dieser Umgebungsvariablen werden von PHP erzeugt, andere vom Webserver und wieder andere von dem Betriebssystem, auf dem PHP läuft.

Die Ausführung des folgenden PHP-Skripts gibt Auskunft über die verfügbaren Umgebungsvariablen.

```
<HTML>
<HEAD>
    <TITLE>Liste aller Umgebungsvariablen</TITLE>
</HEAD>
<BODY>
<?php

phpinfo();

?>
</BODY>
</HTML>
```

Listing 4.23: Hier finden Sie eine Liste der Umgebungsvariablen

Das Skript führt einfach nur die Funktion `phpinfo()` aus, die Ihnen eine Übersicht der wichtigsten Daten zur laufenden PHP-Version generiert. Am Ende der Liste sehen Sie auch eine Übersicht der Umgebungsvariablen, die PHP kennt.

Mit diesen Umgebungsvariablen können Sie viele Informationen erlangen, zu denen Sie ansonsten nur schwerlich kommen würden. Nehmen Sie folgendes Skript als Beispiel:

```
<HTML>
<HEAD>
    <TITLE>Einige Umgebungsvariablen</TITLE>
</HEAD>
<BODY>
<?php

echo "Was ich alles über Sie weiß...</P>";
echo "Ihr Browser: <B>$_SERVER[HTTP_USER_AGENT]</B></BR>";
echo "Ihre IP-Adresse: <B>$_SERVER[REMOTE_ADDR]</B></BR>";
echo "Ihre Port-Nummer: <B>$_SERVER[REMOTE_PORT]</B>";

?>
</BODY>
</HTML>
```

Listing 4.24: Ein paar Informationen über die Besucher Ihrer Webseite

Abbildung 4.14: Ergebnis unseres Ausspähversuchs

Das war doch wirklich ein nettes kleines Skript, um die Besucher Ihrer Webseite ein bisschen zum Staunen zu bringen. Wer weiß schon, wie viele Spuren er beim Surfen im Netz hinterlässt und wie viele Informationen über ihn so leicht zu beschaffen sind. Denken Sie das nächste Mal darüber nach, wenn Sie im Internet surfen.

Variable Variablen

Eine weitere sehr interessante Möglichkeit, mit Variablen zu arbeiten, ist der Einsatz von *variablen Variablen*. Nein, ich stottere nicht. Diese Variablen heißen wirklich so, auch wenn der Name etwas komisch erscheint – irgendwie doppelt gemoppelt.

Eine gewöhnliche Variable wird, wie Sie in diesem Kapitel erfahren haben, folgendermaßen definiert.

```
<?php
    $var = "PHP";
?>
```

Eine variable Variable ist im Grunde das Gleiche, nur dass sie den Wert einer anderen Variablen als Bezeichner nimmt. Wenn Sie das obige Beispiel nun nehmen, kann `PHP` als Name einer Variablen genutzt werden. Alles, was dazu nötig, ist, dass Sie zwei (`$`)-Zeichen voranstellen.

```
<HTML>
<HEAD>
    <TITLE>Variable Variablen</TITLE>
</HEAD>
<BODY>
<?php

$Var1 = "Weiss";

//Variable Variable $$var1 definieren.
$$Var1 = "Schwarz";

//$var1 und Variable Variable $Weiss ausgeben.
Echo "$Var1 $Weiss<BR>";

//So geht es auch.
Echo "$Var1 ${$Var1}<BR>";

?>
</BODY>
</HTML>
```

Listing 4.25: Beispiel zu variablen Variablen

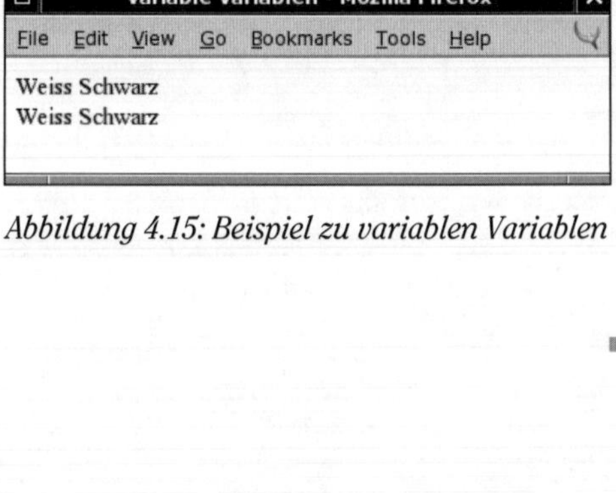

Abbildung 4.15: Beispiel zu variablen Variablen

Darf ich vorstellen: Konstanten

Einige Konstanten im Leben sind gar nicht so schlecht. Auch bei PHP spielen Konstanten eine große Rolle. Konstanten sind Variablen sehr ähnlich. Der einzige Unterschied ist, dass eine Konstante nur einmal gesetzt werden kann. Einige Konstanten werden von PHP automatisch erzeugt, ansonsten können Sie eine Konstante mit dem Befehl `define` erzeugen.

Was Sie noch wissen sollten, ist, dass eine Konstante immer im gesamten Programm sichtbar ist. Daher benötigen Sie bei Konstanten auch keine `global`-Anweisung.

Aus Gründen der Lesbarkeit ist es eine Konvention, dass Konstanten immer komplett mit Großbuchstaben geschrieben werden. Sie sollten auch versuchen, den Namen einer Konstante relativ kurz zu halten.

```
<HTML>
<HEAD>
    <TITLE>Einige Konstanten</TITLE>
</HEAD>
<BODY>
<?php

define ("SCHWER", "Konstanten sind super-easy!");
echo (SCHWER);
echo "<P>";
echo ("Das ist PHP-Version:<B> " .PHP_VERSION . "</B>");
echo "<P>";
echo ("Das Betriebssystem ist:<B> " .PHP_OS . "</B>");
echo "<P>";
echo ("TRUE hat den Wert:<B> " . TRUE . "</B>");
echo "<P>";
echo (__FILE__);
echo "<P>";
echo ("Aktuelle Zeile:<B> " . __LINE__ . "</B>");

?>
</BODY>
</HTML>
```

Listing 4.26: Beispiel zum Umgang mit Konstanten

up ...

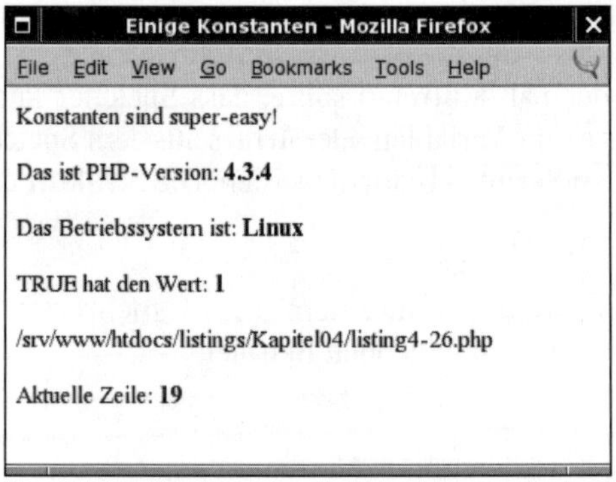

Abbildung 4.16: Beispiel zu Konstanten

Einige der Konstanten, die bei jedem Start von PHP erstellt werden, möchte ich Ihnen hier mit ihrem Inhalt aufzeigen.

Konstante	Inhalt
`PHP_VERSION`	Enthält die PHP-Versionsnummer
`PHP_OS`	Gibt Auskunft über das Betriebssystem
`TRUE`	Enthält den Wert 1
`__FILE__`	Enthält den Dateinamen und Pfad des aktuellen Skripts
`__LINE__`	Die aktuelle Zeilennummer
`__FUNCTION__`	Der Name der Funktion
`__CLASS__`	Der Name der Klasse

Tabelle 4.3: Konstanten von PHP und deren Inhalt

Die beiden Konstanten `__FUNCTION__` und `__CLASS__` stehen erst seit PHP-Version 4.3.0 zur Verfügung.

Den Speicher freigeben

Es kommt nur sehr selten vor, dass ein PHP-Skript im laufenden Betrieb den gesamten Speicher eines Webservers in Beschlag nimmt. Außerdem verfügt PHP ab Version 4 über einen so genannten Garbage-Collector, der ungenutzte Variablen aus dem Speicher entfernt.

unset

Wenn allerdings einmal der Fall auftreten sollte, dass Speicher knapp ist, dann sollte man mithilfe der Funktion `unset` die Variablen oder Arrays aus dem Speicher entfernen, die definitiv nicht mehr im laufenden Skript gebraucht werden. Die Struktur der Funktion ist folgende:

```
int unset (mixed variable)
```

Es ist auch kein Problem, wenn Sie in einem `unset` mehrere zu entfernende Variablen hintereinander angeben. So wie im folgenden Beispiel:

```
<?php
    //löscht $variable
    unset ($variable);

    //löscht $var1, $var2 und $var3
    unset ($var1, $var2, $var3);
?>
```

Bevor Sie eine Variable löschen, sollten Sie prüfen, ob sie wirklich nicht mehr gebraucht wird. Ansonsten löschen Sie vielleicht etwas, was Sie später bereuen, und den Fehler müssen Sie dann erst einmal suchen!

Auch das Löschen von Array-Elementen ist kein Problem:

```
<?php
    //löscht ein Element aus dem Array "leiste"
    unset ($leiste[element1]);
?>
```

empty

Eine gute Idee ist es, Variablen zu löschen, die gar nichts enthalten. Ob eine Variable leer ist, prüft man am einfachsten mit der Funktion `empty`.

```
int empty (mixed variable)
```

Das Listing gibt `TRUE` zurück, wenn eine Variable leer, nicht definiert oder ihr Wert gleich `0` ist. Ansonsten wird ein `FALSE` zurückgegeben.

Folgendes Beispiel überprüft, ob die Variable `$n` den Wert `0` enthält oder vielleicht gar nicht existiert. In diesem Fall existiert sie natürlich, aber sie enthält den Wert `0`.

```
<?php
    $n = 0;

    if (empty($n)) {
```

```
        echo "Die Variable ist 0 oder existiert nicht!";
    }
?>
```

isset

Eine weitere Möglichkeit, einer Variablen auf den Zahn zu fühlen, ist mit der Funktion `isset` gegeben.

```
bool isset (mixed variable)
```

Diese Funktion liefert `TRUE`, wenn die zu prüfende Variable oder das Array-Element existiert. Ansonsten liefert sie `FALSE` zurück.

Nachdem eine Variable mit `unset` aus dem Speicher entfernt wurde, liefert `isset` beim Ansetzen auf diese Variable natürlich auch `FALSE` zurück.

```
<HTML>
<HEAD>
    <TITLE>isset und unset</TITLE>
</HEAD>
<BODY>
<?php

//isset liefert FALSE zurück
if (isset($n)) {
    echo "Die Variable ist gesetzt.<P>";
} else {
    echo "Die Variable ist nicht gesetzt.<P>";
}

//$n erzeugen
$n = inhalt;

//nun liefert isset TRUE zurück
if (isset($n)) {
    echo "Die Variable ist gesetzt.<P>";
} else {
    echo "Die Variable ist nicht gesetzt.<P>";
}

//wenn wir nun $n entfernen...
unset($n);

//liefert isset wieder FALSE zurück
if (isset($n)) {
    echo "Die Variable ist gesetzt.<P>";
```

```
} else {
    echo "Die Variable ist nicht gesetzt.<P>";
}

?>
</BODY>
</HTML>
```

Listing 4.27: Beispiel zum Verhalten von `isset` in Verbindung mit `unset`

So einfach geht das mit den Speicherfreiräumen. Das sollten Sie am besten im Hinterkopf behalten – nur für alle Fälle.

Ausdrücke und Operatoren

Wahrscheinlich werden Sie mir jetzt nicht glauben, aber beim Programmieren ist ein *Ausdruck* (expression) eine Formel, die einen Wert berechnet und immer aus Operanden und Operatoren besteht. Mit *Operanden* sind Variablen, Konstanten oder auch Funktionen gemeint. Einfach gesagt ist ein Ausdruck »alles, was einen Wert hat«. So können Sie es sich sicher am besten merken.

Im Grunde ist es ganz einfach. Wenn man (`$var1 = 23`) schreibt, dann weist man damit der Variablen `$var1` den Ausdruck `23` zu, der den Wert `23` hat. Der Ausdruck, den wir zugewiesen haben, ist dabei eine (Integer-)Konstante.

Es ist auch kein Problem, einer Variablen `$var2` den Ausdruck `$var1` zuzuweisen (`$var2 = $var1`). Das Ergebnis ist das gleiche, wie wenn man (`$var2 = 23`) geschrieben hätte.

Operationen durchführen ...

Operanden sind ganz grob beschrieben passive Objekte, mit denen ein Programm etwas tut. Operanden können Zahlen (Integer oder Double), Buchstaben (Strings) oder alles Mögliche sein. Diese Objekte nennen wir Operanden. Diese Operanden sind zwingend notwendig, um Operationen durchzuführen. Ein Operand ist meistens eine Variable. Sehen Sie sich zur Verdeutlichung der Begriffe Operand und Operation folgendes Beispiel einmal genauer an:

```
$a + $b = $c
```

`$a`, `$b` und `$c` sind Operanden mit 2 Operationen. Zuerst einmal haben wir die Operation (`$a + $b`). Hier wird der Wert von `$a` mit dem Wert von `$b` addiert. Diese Addition ist die Operation. Danach folgt die zweite Operation. Hier wird das Ergebnis der ersten Operation (Addition) in den Operanden `$c` geschrieben.

... also realisieren

Operatoren sind im Grunde nur Symbole, mit deren Hilfe es möglich ist, mathematische oder logische Operationen durchzuführen. Die meisten dieser Operatoren brauchen zwei Argumente, manche aber auch nur eins. Auf Grund der großen Anzahl von Operatoren ist es sinnvoll, diese in sieben Gruppen zu unterteilen:

- ✔ Arithmetische Operatoren
- ✔ Inkrementierungs-/Dekrementierungsoperatoren
- ✔ Logische Operatoren
- ✔ Vergleichsoperatoren
- ✔ Bit-Operatoren
- ✔ Zuweisungsoperatoren
- ✔ Sonstige Operatoren

Arithmetische Operatoren

Die *arithmetischen Operatoren* sind die eingängigsten. Diese befassen sich mit den grundlegenden Rechenregeln und sollten jedem wohl vertraut sein, der schon einmal eine Schule von innen gesehen hat. Dabei handelt es sich um Addition, Subtraktion, Multiplikation und Division von Ganzzahlen (Integern) und Fließkommazahlen (Double). Diese Vorgänge sind mit diesen Operatoren kinderleicht. Eine Übersicht dieser Operatoren finden Sie in Tabelle 4.4.

Operator	Beispiel	Name	Ergebnis
+	`$a + $b`	Addition	Summe von `$a` und `$b`
-	`$a - $b`	Subtraktion	Differenz von `$a` und `$b`
*	`$a * $b`	Multiplikation	Produkt von `$a` und `$b`
/	`$a / $b`	Division	Quotient von `$a` und `$b`
%	`$a % $b`	Modulo (Division mit Rest)	Rest der Division von `$a` und `$b`

Tabelle 4.4: Arithmetische Operatoren

Folgendes Beispiel zu arithmetischen Operatoren wird Ihnen die Augen öffnen:

```
<HTML>
<HEAD>
    <TITLE>Arithmetische Operatoren</TITLE>
</HEAD>
<BODY>
<?php
```

```
$a = 5;
echo "<B>\$a</B> hat den Wert: " . $a . "<P>";

$b = 3 + $a;
echo "<B>\$b</B> hat den Wert: " . $b . "<P>";

$c = $b / $a;
echo "<B>\$c</B> hat den Wert: " . $c . "<P>";

$d = $b * $c;
echo "<B>\$d</B> hat den Wert: " . $d;

?>
</BODY>
</HTML>
```

Listing 4.28: Arithmetische Operatoren

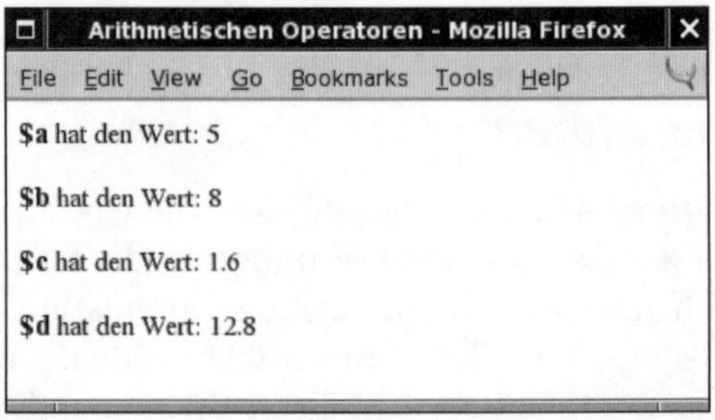

Abbildung 4.17: Der Umgang mit arithmetischen Operatoren

Inkrementierungs-/Dekrementierungsoperatoren

Eine weitere Gruppe von Operatoren sind die so genannten Inkrementierungs- und Dekrementierungsoperatoren. Diese werden von PHP als Vor- und Nach-Inkrementierungs- und -Dekrementierungsoperatoren unterstützt.

Beispiel	Name	Ergebnis
`++$a`	Vor-Inkrement	Erhöht den Wert von `$a` um eins und gibt danach den neuen Wert von `$a` zurück
`$a++`	Nach-Inkrement	Gibt zuerst den aktuellen Wert von `$a` zurück und erhöht dann den Wert von `$a` um eins
`--$a`	Vor-Dekrement	Vermindert den Wert von `$a` um eins und gibt danach den neuen Wert von `$a` zurück
`$a--`	Nach-Dekrement	Gibt zuerst den aktuellen Wert von `$a` zurück und erniedrigt dann den Wert von `$a` um eins

Tabelle 4.5: Inkrementierungs- und Dekrementierungsoperatoren

```
<?php
    $a++;
?>
```

hat demnach z.B. die gleiche Wirkung wie

```
<?php
    $a = $a + 1;
?>
```

Durch das folgende Beispiel-Listing wird Ihnen die Funktion der Operatoren und der Unterschied zwischen Vor(Pre)- und Nach(Post)-Inkrementierung sicher deutlich:

```
<HTML>
<HEAD>
    <TITLE>Inkrementierungs- und Dekrementierungsoperatoren</TITLE>
</HEAD>
<BODY>
<?php

echo "\$a = 23<P>";

echo "<B>Pre-Inkrementierung</B><P>";
$a = 23;
echo "\"++\$a\" ergibt: " . ++$a . "<BR>";
echo "Nach der Ausführung: " . $a . "<P>";

echo "<B>Post-Inkrementierung</B><P>";
$a = 23;
echo "\"\$a++\" ergibt: " . $a++ . "<BR>";
echo "Nach der Ausführung: " . $a . "<P>";

echo "<B>Pre-Dekrementierung</B><P>";
$a = 23;
echo "\"--\$a\" ergibt: " . --$a . "<BR>";
echo "Nach der Ausführung: " . $a . "<P>";

echo "<B>Post-Dekrementierung</B><P>";
$a = 23;
echo "\"\$a--\" ergibt: " . $a-- . "<BR>";
echo "Nach der Ausführung: " . $a . "<P>";

?>
</BODY>
</HTML>
```

Listing 4.29: Inkrementierungs- und Dekrementierungsoperatoren

Logische Operatoren – Denken Sie logisch!

Logische Operatoren (auch boolsche Operatoren genannt) führen logische Operationen mit den booleschen Werten (Wahrheitswerten) `TRUE` und `FALSE` durch. Dabei werden die Argumente der logischen Operatoren vor ihrer Auswertung in `TRUE` oder `FALSE` umgewandelt. Dieses geht folgendermaßen: Bei Zahlen-Werten (Integer oder Double) wird die Zahl Null als `FALSE` interpretiert und alle anderen Zahlen als `TRUE`. Bei Zeichenketten verhält es sich ähnlich. Leere Zeichenketten (Strings) werden als `FALSE` interpretiert und nicht-leere Zeichenketten als `TRUE`.

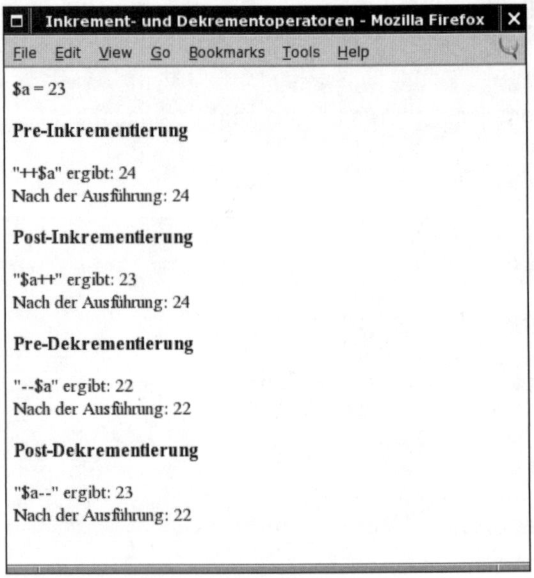

Abbildung 4.18: Inkrementierung und Dekrementierung

Operator	Beispiel	Name	Ergebnis
`AND`	`$a AND $b`	AND (und)	`TRUE`, wenn sowohl `$a` als auch `$b` `TRUE` sind
`&&`	`$a && $b`	AND (und)	`TRUE`, wenn sowohl `$a` als auch `$b` `TRUE` sind
`OR`	`$a OR $b`	OR (oder)	`TRUE`, wenn `$a` oder `$b` `TRUE` ist
`||`	`$a || $b`	OR (oder)	`TRUE`, wenn `$a` oder `$b` `TRUE` ist
`XOR`	`$a XOR $b`	XOR (ausschließliches oder)	`TRUE`, wenn genau einer, `$a` oder `$b`, `TRUE` sind
!	`!$a`	NOT (nicht)	`TRUE`, wenn `$a` `FALSE` ist

Tabelle 4.6: Logische Operatoren in PHP

Sollten Sie mit den logischen Operationen nicht sonderlich vertraut sein, wird Ihnen folgende Tabelle sicher hilfreich sein:

a	b	a AND b	a OR b	a XOR b	!a
0	0	0	0	0	1
0	1	0	1	1	1
1	0	0	1	1	0
1	1	1	1	0	0

Tabelle 4.7: Wahrheitstabelle für logische Operatoren

Der Wert `1` steht für `TRUE` und der Wert `0` steht für `FALSE`. Die Spalten der Tabelle 4.7 enthalten alle möglichen Kombinationsmöglichkeiten für `a` und `b`. In den darauf folgenden Spalten sehen Sie die Ergebnisse der darauf angewendeten Operationen. Eine `AND`-Operation liefert nur dann `1` (`TRUE`), wenn beide Operanden (`$a` und `$b`) auch `1` (`TRUE`) sind. Eine `OR`-Operation hingegen liefert `1`, wenn einer oder beide Operanden `TRUE` ist. Bei `XOR` hingegen, dem (ausschließenden `OR`), wird nur `1` geliefert, wenn einer der beiden Operanden `1` ist, aber nicht beide.

(`!a`) ist nur das Komplement und liefert `1`, wenn `0` gegeben ist, und `0`, wenn `1` gegeben ist.

Vergleiche ziehen

Dann gibt es noch Vergleichsoperatoren. Sie werden vorwiegend für die Realisierung von Bedingungen genutzt (z.B. als Bedingung einer `IF`-Anweisung). Auf die Frage, was Vergleichoperatoren machen, kann man ganz einfach sagen: Vergleichsoperatoren vergleichen Werte. Als Ergebnis geben sie `TRUE` und `FALSE` zurück.

Operator	Beispiel	Operation
`<`	`$a < $b`	Kleiner
`>`	`$a > $b`	Größer
`<=`	`$a <= $b`	Kleiner gleich (d.h. kleiner oder gleich)
`>=`	`$a >= $b`	Größer gleich (d.h. größer oder gleich)
`==`	`$a == $b`	Gleich
`===`	`$a === $b`	Gleich und vom selben Typ
`!`	`!$a`	Nicht
`!=`	`!=$a`	Ungleich
`!==`	`!==$a`	Nicht gleich oder nicht vom selben Typ

Tabelle 4.8: Vergleichsoperatoren in PHP

Sie müssen immer darauf achten, dass Sie bei einer Vergleichsoperation, in der auf Gleichheit geprüft wird, zwei Gleichheitszeichen (==) angeben müssen. Wenn Sie z.B. bei einer IF-Anweisung immer das gleiche Ergebnis bekommen, dann wird das mit Sicherheit daran liegen, dass Sie nur ein Gleichheitszeichen geschrieben haben (=) und damit eine Zuweisung machen.

Im Folgenden sehen Sie ein kleines Beispiel. Dieses erklärt auf einfache Weise den Einsatz von Vergleichsoperatoren.

```
<?php
if ($a == 12) {
    echo "ja, es ist 12!";
} else {
    echo "nein, es ist nicht 12.";
}
?>
```

Wenn $a vorher auf den Wert 12 gesetzt wäre, dann würde »ja, es ist 12« ausgegeben. Wenn die Variable $a aber nicht den Wert 12 hat, dann würde »nein, es ist nicht 12« ausgegeben.

Eine interessante Möglichkeit, die Vergleichsoperatoren auch bieten, ist die Verknüpfung mittels AND und OR. Damit ist es möglich, Bedingungen genauer zu definieren. Sehen Sie sich folgendes Beispiel an:

```
<?php
if (($a >= 8) and ($a <= 12)) {
    echo "es liegt zwischen 8 und 12.";
} else {
    echo "es ist entweder kleiner 8, ";
    echo "oder aber größer 12.";
}
?>
```

Das Programm sollte eigentlich selbsterklärend sein. Mehr zu if-Anweisungen und allen anderen möglichen Kontrollstrukturen finden Sie in Kapitel 5.

Bit-Operatoren

Darf ich Sie mit Bit-Operatoren bekannt machen? Mit Bit-Operatoren ist es möglich, bestimmte Bits in einer Integer-Variablen zu setzen (einzuschalten) oder zu verändern, was so viel bedeutet, wie sie auf Null oder 1 zu setzen.

In der nachfolgenden Tabelle sehen Sie die Bit-Operatoren, die PHP zur Verfügung stellt. Sie werden vielleicht Ähnlichkeiten mit einigen logischen Operatoren bemerken. Allerdings unterscheiden sich die Ergebnisse, die mit diesen Operatoren erzielt werden, dramatisch von denen mit anderen Operatoren, denn im Gegensatz zu den logischen Operatoren arbeiten diese hier nicht mit TRUE und FALSE, sondern nur mit Binärzahlen (also wieder mit Bits).

Operator	Beispiel	Operation	Ergebnis
&	`$a & $b`	AND (und)	Bits, die in `$a` und `$b` gesetzt sind, werden gesetzt
|	`$a | $b`	OR (or)	Bits, die in `$a` oder `$b` gesetzt sind, werden gesetzt
^	`$a ^ $b`	XOR (ausschließlich oder)	Bits, die in `$a` oder `$b` aber nicht in beiden gesetzt sind, werden gesetzt
~	`~$a`	NOT (Komplement)	Bits, die in `$a` gesetzt sind, werden umgekehrt gesetzt
>>	`$a >> $b`	Shift right (nach rechts verschieben)	Alle Bits von `$a` werden um `$b` Stellen nach rechts verschoben (jede Stelle ist gleich einer Division durch zwei)
<<	`$a << $b`	Shift left (nach links verschieben)	Alle Bits von `$a` werden um `$b` Stellen nach links verschoben (jede Stelle ist gleich einer Multiplikation mit zwei)

Tabelle 4.9: Bit-Operatoren

Betrachten Sie einmal die binären Operationen (`20 & 13`) und (`20 | 13`). Das Ergebnis dieser Operation wird Sie verblüffen.

Hier ist das Ergebnis der Bit-Operation (`20 AND 13 – 4`). Jetzt sagen Sie: »Das ergibt doch keinen Sinn! 20 + 13 ist doch nicht 4, sondern 33!« In diesem Fall aber schon!

	1	0	1	0	0	(20)
&	0	1	1	0	1	(13)
Ergebnis:	0	0	1	0	0	(4)

Tabelle 4.10: Die AND-Operation

Am einfachsten ist es, man schreibt die 20 und die 13 in separate Zeilen untereinander. Natürlich in Binärschreibweise. `20` ist dabei durch die Bitfolge `10100` repräsentiert und `13` durch die Bitfolge `01101`. Nun wird in jeder Spalte eine `AND`-Operation durchgeführt. Wenn eine Spalte zwei Einsen enthält, dann ist das Ergebnis `1`. Ansonsten ist es `0`. Als Ergebnis erhalten Sie die unterste Zeile mit der Bitfolge `00100` und das ist in Dezimalschreibweise eine `0`.

Zur Vertiefung schauen Sie sich noch einmal die gleiche Operation an, nur mit `OR`-Operation. Also (`20 | 13`). Das Ergebnis dieser Operation ist gleich 29. Wieder so ein Ergebnis, das gar nicht mit unserem Verständnis von Mathematik übereinstimmt. Hätten Sie gedacht, dass man beim Programmieren die Welt auf den Kopf stellen kann?

	1	0	1	0	0	(20)
|	0	1	1	0	1	(13)
Ergebnis:	1	1	1	0	1	(29)

Tabelle 4.11: Die OR-Operation

Bit-Operatoren werden in PHP kaum verwendet. In anderen Programmiersprachen mögen sie nützlich sein, aber in PHP-Skripten werden sie nur sehr selten verwendet. Ich rate Ihnen aus Gründen der Einfachheit und der Nachvollziehbarkeit des Codes davon ab, Bit-Operatoren zu verwenden.

Aber auch hier liegt die Lösung auf der Hand. Bei einer `OR`-Operation wird das Ergebnis jeder Zeile `1`, es sei denn, in der Zeile sind nur Nullen. Dann wird es auch Null. Als Ergebnis erhalten Sie so die Bitfolge `11101`, die in Dezimalschreibweise der 29 entspricht.

Mit Bits arbeiten - keine Kunst

Um dieses Vorgehen zu verstehen, werde ich Ihnen in aller Kürze das Grundlegende über die Speicherung von Daten erklären. Zuerst einmal wollen wir festhalten, dass alle Daten in Einsen und Nullen gespeichert werden (Bits). Jede dieser Einsen und Nullen ist dabei ein Bit. So ein Bit können Sie sich wie einen Kippschalter Ihrer Wohnzimmerlampe vorstellen, der immer genau zwei Positionen einnehmen kann. Nämlich oben und unten (Null und Eins). Acht solcher Schalter hintereinander sind ein sog. Byte. 1024 Byte sind ein Kilobyte und 1024 Kilobyte sind ein Megabyte usw. Sehen wir uns nun folgende Tabelle an, in der einige Dezimalzahlen mit ihrer Darstellung im Binärformat angegeben sind:

Dezimalzahl	Binäre Schreibweise	Dezimalzahl	Binäre Schreibweise
0	0	41	101001
1	1	42	101010
5	101	128	10000000
10	1010	180	10110100
11	1011	200	11001000
18	10010	201	11001001
40	101000	255	11111111

Tabelle 4.12: Dezimalzahlen (Integer) und ihre Darstellung im Binärformat

Wie Sie sehen können, füllt sich ein Byte immer von rechts mit Einsen. Bei 255 ist ein Byte »voll«.

Zuweisungsoperatoren

Mit den folgenden Zuweisungsoperatoren ist es möglich, eine Zuweisung mit einem anderen Operator zu kombinieren. Zuweisungsoperatoren stellen eine Art Schnellschreibweise dar. In der folgenden Tabelle sind alle Zuweisungsoperatoren von PHP aufgelistet:

Operator	Beispiel	Operation
`=`	`$a = $b`	Rechte Seite der linken zuweisen
`+=`	`$a += $b`	Rechte Seite zur linken addieren
`-=`	`$a -= $b`	Rechte Seite von der linken subtrahieren
`*=`	`$a *= $b`	Rechte Seite mit der linken multiplizieren
`/=`	`$a /= $b`	Linke Seite durch die rechte dividieren
`%=`	`$a %= $b`	Der linken Seite das Ergebnis von modulo rechte Seite zuweisen
`&=`	`$a &= $b`	Der linken Seite das Ergebnis von bitweisem `AND` der beiden Seiten zuweisen
`|=`	`$a |= $b`	Der linken Seite das Ergebnis von bitweisem `OR` der beiden Seiten zuweisen
`^=`	`$a ^= $b`	Der linken Seite das Ergebnis von bitweisem `XOR` der beiden Seiten zuweisen
`.=`	`$a .= $b`	Der linken Seite das Ergebnis der Verkettung von beiden Seiten zuweisen

Tabelle 4.13: Zuweisungsoperatoren

Wie man sieht, sind diese Operatoren in ihrem Aussehen alle sehr ähnlich. Ihre Funktion ist leicht zu verstehen.

```
<?php
    // Diese Zuweisung:
    $a = $a + 1;

    // hat das gleiche Ergebnis wie folgende:
    $a += 1;
?>
```

Ein Zuweisungsoperator verschiebt einen Wert in eine Variable. Dabei wird immer der Wert, der rechts vom Operator steht, bzw. das Ergebnis einer Operation mit beiden Seiten in die Variable, die links von dem Operator steht, geschrieben. Diese Reihenfolge ist fest vorgegeben.

Und noch mehr Operatoren - nimmt das denn gar kein Ende

Hier finden Sie eine Tabelle mit PHP-Operatoren, die in keine der vorhergegangenen Gruppen von Operatoren gepasst haben. Einige dieser Operatoren, vor allem die Verkettung (`.`), werden Ihnen in den folgenden Teilen dieses Buches sehr oft begegnen. Andere sind eher selten und stehen hier nur der Vollständigkeit halber. Daher will ich auch im Folgenden nicht auf alle tiefer eingehen, um Sie nicht unnötig zu verwirren.

Operator	Name	Ergebnis
.	Verkettung (Konkatenation)	Die Zeichenketten (Strings) links und rechts vom Operator werden miteinander verknüpft.
@	Fehlerkontrolle	Eventuell auftretende Fehlermeldungen werden unterdrückt und damit nicht ausgegeben.
?	Dreistelliger ?-Operator	Verkürzte Variante einer IF-Anweisung
->	Bezug auf Klasse	Referenziert Methoden und Eigenschaften von Klassen
=>	Defaultoperator	Weist einem Array-Element einen Index zu oder setzt ein Argument des Operators auf einen Default-Wert
$	Bezug auf Variable	Verwendet den Wert einer Variablen
&	Bezug auf Speicher	Verwendet den Speicher einer Variablen
{}	Zusammenfassung	Ermöglicht die Einbettung von Variablen in Strings

Tabelle 4.14: Sonstige Operatoren

Der Verkettungs-Operator

Der vorhin schon erwähnte Verkettungs-Operator (.) dient der Verknüpfung von zwei Zeichenketten (Strings). Dabei werden die beiden Strings links und rechts von dem Operator miteinander verknüpft (zusammengehängt). Das funktioniert folgendermaßen:

```
<HTML>
<HEAD>
    <TITLE>Der Verkettungs-Operator</TITLE>
</HEAD>
<BODY>
<?php

$string1 = "PHP ist ";
$string2 = "einfach super";

$a = "$string1" . "$string2";

// Ausgabe von "PHP ist einfach super"
echo "$a";

?>
</BODY>
</HTML>
```

Listing 4.30: Der Verkettungs-Operator

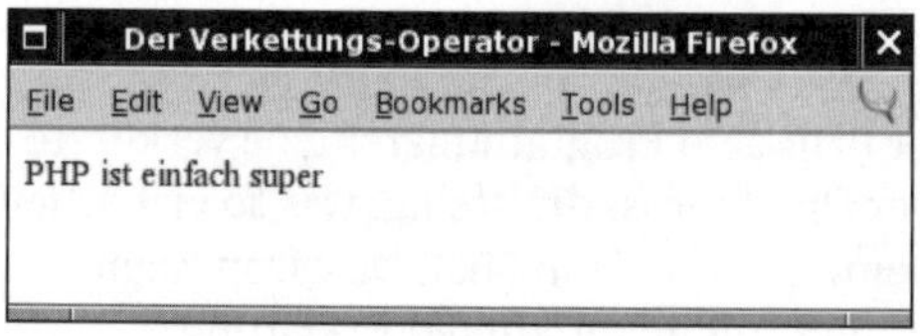

Abbildung 4.19: Ergebnis des Verkettungs-Operators bei zwei Strings

Um sich nun den Unterschied zwischen dem Verkettungs-Operator (`.`) und dem Vereinigungs-Zuweisungsoperator (`.=`) zu verdeutlichen, sehen Sie sich folgendes Beispiel an:

```
<?php
    $a = "Computer ";
    $b = $a . "sind echt doof";

    //$b enthält nun: "Computer sind echt doof"
    echo "$b";

    $a = "Computer ";
    $a .= "sind echt doof";

    //$a enthält nun: "Computer sind echt doof"
    echo "$a";
?>
```

Wie Sie sehen können, führen beide Wege zum Ziel. Welcher Weg besser ist, kommt auf die Situation und auf Ihre Vorlieben an.

Der Fehler-Kontroll-Operator

Einen ganz anderen Zweck erfüllt der @-Operator. Mit diesem Operator ist unter PHP die Fehlerkontrolle möglich. Die Anwendung ist nicht schwer. Wird der @-Operator vor einen Ausdruck gestellt, werden alle eventuell auftretenden Fehlermeldungen unterdrückt und damit einfach ignoriert.

Wer nicht ordentlich klammert, der wird es bereuen

Setzen Sie immer Klammern, wenn Sie mit Operatoren arbeiten. Nur dann können Sie sicher sein, dass die Dinge so miteinander verknüpft werden, wie Sie es wollen.

Wie sich jeder denken kann, liefert `($a * $b + $c)` ein anderes Ergebnis als `($a * ($b + $c))`, da der Operator für Multiplikation (*) in der Rangfolge höher bewertet ist als der Operator für Addition (+).

PHP verhält sich also nicht anders als jeder Taschenrechner (auch der, den Sie als Werbegeschenk von Ihrer Autoversicherung zu Weihnachten bekommen haben).

Der ?-Operator

Mit dem ?-Operator bietet PHP dem Programmierer eine verkürzte Variante einer IF-Anweisung. Praktisch, nicht? Der Operator ist dreistellig, was so viel bedeutet, dass er drei Parameter, also eben so viele wie eine IF-Anweisung hat. Da wir in Kapitel 5 sehr genau darauf eingehen werden, belasse ich es hier mit dieser kurzen Erklärung.

PHP-Operator-Rangfolge

Wie an Ihrem Arbeitsplatz gibt es auch unter den Operatoren eine Hierarchie. Nichts läuft ohne Chef! So ist auch unter den Operatoren geregelt, wer das Sagen hat. Jeder Operator hat eine bestimmte Rangfolge (Priorität) gegenüber den anderen Operatoren. Diese legt den Zeitpunkt seiner Abarbeitung fest, wenn noch andere Operatoren im Spiel sind. Ich habe für Sie alle Operatoren nach ihrer Rangfolge in einer Tabelle zusammengefasst. Sie kann Ihnen eine nützliche Hilfe sein, wenn Sie mehrere Operationen zusammenfassen wollen.

<table>
<tr><td>Höchste Rangfolge</td><td>[]</td></tr>
<tr><td></td><td>() {}</td></tr>
<tr><td></td><td>~ ++ -- - ! $ @ (double) (integer) (string) (array) (object)</td></tr>
<tr><td></td><td>* / %</td></tr>
<tr><td></td><td>+ - .</td></tr>
<tr><td></td><td><< >></td></tr>
<tr><td></td><td>< > <= =></td></tr>
<tr><td></td><td>== === != !==</td></tr>
<tr><td></td><td>&</td></tr>
<tr><td></td><td>^</td></tr>
<tr><td></td><td>|</td></tr>
<tr><td></td><td>&&</td></tr>
<tr><td></td><td>||</td></tr>
<tr><td></td><td>?:</td></tr>
<tr><td></td><td>= += -= *= /= %= &= |= ^= .= ~= <<= >>=</td></tr>
<tr><td></td><td>AND</td></tr>
<tr><td></td><td>XOR</td></tr>
<tr><td></td><td>OR</td></tr>
<tr><td>Geringste Rangfolge</td><td>,</td></tr>
</table>

Tabelle 4.15: Rangfolge der PHP-Operatoren

Folgendes Beispiel zeigt Ihnen, wie die einfachen Rechenarten aus der Grundschule in PHP zu übertragen sind, und dass die grundlegenden Rechenoperatoren unter PHP genauso funktionieren wie in jedem Taschenrechner.

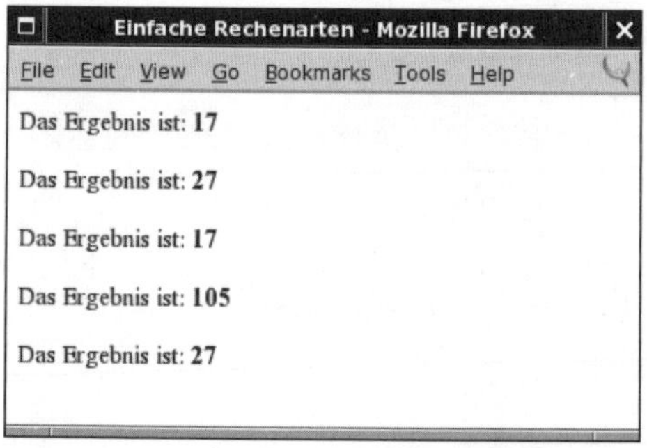

Abbildung 4.20: Ergebnis der Demonstration einiger Rechenregeln in PHP

```
<HTML>
<HEAD>
    <TITLE>Einfache Rechenarten</TITLE>
</HEAD>
<BODY>
<?php

//Variablen Werte zuweisen
$a = 3;
$b = 4;
$c = 5;

//das Ergebnis ist 17
$ergebnis = ($a * $b + $c);
//Ergebnis ausgeben
echo ("Das Ergebnis ist: <B>$ergebnis</B><P>");

//das Ergebnis ist 27
$ergebnis = ($a * ($b + $c));
//Ergebnis ausgeben
echo ("Das Ergebnis ist: <B>$ergebnis</B><P>");

//das Ergebnis ist 17
$ergebnis = (($a * $b) + $c);
//Ergebnis ausgeben
echo ("Das Ergebnis ist: <B>$ergebnis</B><P>");

//das Ergebnis ist 105
$ergebnis ? ($a * (($b + $a) * $c));
//Ergebnis ausgeben
echo ("Das Ergebnis ist: <B>$ergebnis</B><P>");

//das Ergebnis ist 27
$ergebnis ? ($a * $b) + ($a * $c);
```

```
//Ergebnis ausgeben
echo ("Das Ergebnis ist: <B>$ergebnis</B><P>");

?>
</BODY>
</HTML>
```

Listing 4.31: Ein paar einfache Rechenregeln kombiniert

Mit Strings arbeiten

Wenn Sie mit PHP arbeiten, werden Sie ständig mit Strings zu tun haben. In diesem und den folgenden Abschnitten möchte ich Ihnen ein paar PHP-Funktionen vorstellen, die Ihre Arbeit mit Strings erleichtern und beschleunigen können.

Funktion	Bedeutung
`strlen`	Ermittelt die Länge eines Strings
`strstr`	Sucht das erste Auftreten eines Suchstrings in einem String und liefert den Reststring zurück unter Beachtung der Groß- und Kleinschreibung
`stristr`	Sucht das erste Auftreten eines Suchstrings in einem String und liefert den Reststring zurück. Ignoriert dabei aber Groß- und Kleinschreibung
`strpos`	Sucht das erste Auftreten eines Suchstrings in einem String und liefert die Position
`substr`	Gibt einen Teil eines Strings zurück
`Strrchr`	Sucht das letzte Auftreten eines Suchstrings in einem String und liefert den Reststring zurück unter Beachtung der Groß- und Kleinschreibung
`Strrev`	Dreht einen String um
`str_shuffle`	Mischt den Inhalt eines Strings
`strtolower`	Gibt einen übergebenen String in Kleinbuchstaben zurück
`strtoupper`	Gibt einen übergebenen String in Großbuchstaben zurück
`Strchr`	Sucht das erste Auftreten eines Suchstrings in einem String und liefert den Reststring zurück unter Beachtung der Groß- und Kleinschreibung

Tabelle 4.16: PHP-Funktionen zum Arbeiten mit Strings

Auf die Länge kommt es an

Die Länge eines Strings können Sie mit der Funktion `strlen` herausfinden. Dafür müssen Sie der Funktion nur den String übergeben, dessen Länge Sie wissen möchten.

```
int strlen (string string)
```

In Listing 4.32 sehen Sie, wie Sie mit der Funktion `strlen` die Länge eines Strings ermitteln können.

```
<HTML>
<HEAD>
   <TITLE>Die Länge eines Strings herausfinden</TITLE>
</HEAD>
<BODY>
<?php

// Einen String definieren
$string = "Das ist ein String";

// Den String ausgeben
echo "Der String: <B>$string</B><P>";

// Die Länge des Strings $string mit strlen() ermitteln
$laenge = strlen($string);

// Die Länge des Strings ausgeben
echo "Die Länge des Strings ist: <B>$laenge</B>";

?>
</BODY>
</HTML>
```

Listing 4.32: Die Länge eines Strings mit `strlen` herausfinden

Das Ergebnis der Zählung mit `strlen` sehen Sie in Abbildung 4.21.

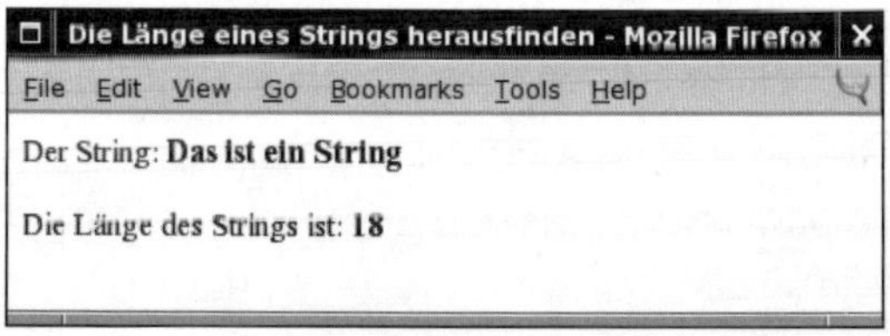

Abbildung 4.21: Die Länge des Strings ist ermittelt.

Den Inhalt eines Strings umdrehen

Wenn Sie den Inhalt eines Strings umdrehen möchten, steht Ihnen mit der Funktion `strrev` ein einfaches Werkzeug zur Verfügung.

```
string strrev (string string)
```

Übergeben Sie der Funktion `strrev` einfach den String, den Sie umdrehen möchten, und schon haben Sie das Ergebnis. In Listing 4.33 sehen Sie ein Beispiel zu `strrev`.

```
<HTML>
<HEAD>
   <TITLE>Den Inhalt eines Strings umdrehen</TITLE>
</HEAD>
<BODY>
<?php

// Einen String definieren
$string = "Das ist ein String";

// Den String ausgeben
echo "Originaler String: <B>$string</B><P>";

// Den String $string mit strrev() umdrehen
$umgedreht = strrev($string);

// Den mit strrev() umgedrehten String ausgeben
echo "Umgedrehter String: <B>$umgedreht</B>";

?>
</BODY>
</HTML>
```

Listing 4.33: Einen String mit `strrev` *umdrehen*

Die Ausgabe von Listing 4.33 sehen Sie in Abbildung 4.22

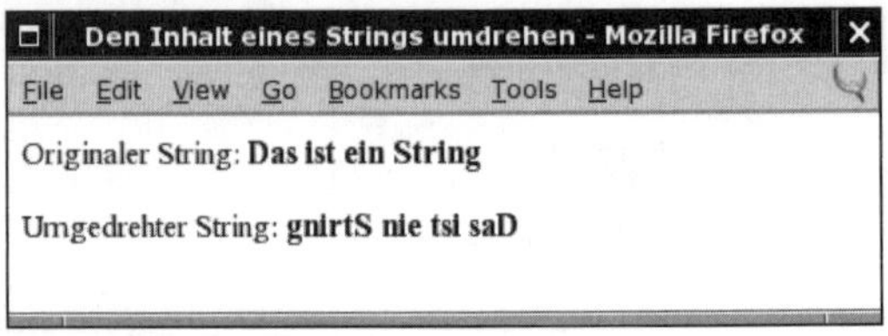

Abbildung 4.22: Strings einfach umdrehen

Die Buchstaben eines Strings umwandeln

Mit den Funktionen `strtolower` und `strtoupper` können Sie die Buchstaben eines Strings in Klein- bzw. Großbuchstaben umwandeln.

```
string strtolower (string string)
```

bzw.

```
string strtoupper (string string)
```

In Listing 4.34 habe ich die beiden Funktionen auf einen String angewendet.

```
<HTML>
<HEAD>
    <TITLE>Die Buchstaben eines Strings umwandeln</TITLE>
</HEAD>
<BODY>
<?php

// Einen String definieren
$string = "Das ist ein String";

// Den String ausgeben
echo "Originaler String: <B>$string</B><P>";

// Den String mit strtolower() in Kleinbuchstaben umwandeln
$klein = strtolower($string);

echo "In Kleinbuchstaben: <B>$klein</B><P>";

// Den String mit strtoupper() in Großbuchstaben umwandeln
$gross = strtoupper($string);

echo "In Großbuchstaben: <B>$gross</B>";

?>
</BODY>
</HTML>
```

Listing 4.34: Die Buchstaben eines Strings mit `strtolower` *und* `strtoupper` *in Klein- bzw. Großbuchstaben umwandeln*

In Abbildung 4.23 sehen Sie das Ergebnis der Umwandlung des Strings in der Variable `$string` mit den Funktionen `strtolower` und `strtoupper`.

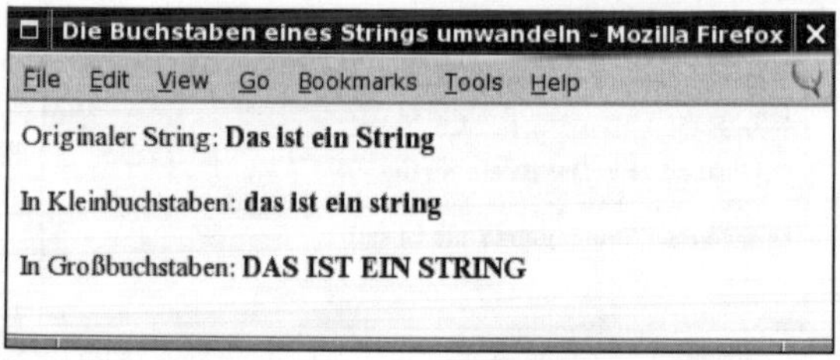

Abbildung 4.23: Die Buchstaben eines Strings umwandeln

Strings mischen

Um den Inhalt eines Strings zu mischen brauchen Sie keinen Zauberkünstler, sondern nur die Funktion `str_shuffle`. Diese mischt den Inhalt eines Strings.

```
string str_shuffle (string string)
```

Wie Sie mit `str_shuffle` den Inhalt eines Strings mischen können, sehen Sie in Listing 4.35.

```
<HTML>
<HEAD>
    <TITLE>Den Inhalt eines Strings mischen</TITLE>
</HEAD>
<BODY>
<?php

// Einen String definieren
$string = "Das ist ein String";

// Den String ausgeben
echo "Originaler String: <B>$string</B><P>";

// Den String mit str_shuffle() mischen
$mischen = str_shuffle($string);

// Den gemischte String ausgeben
echo "Der gemischte String: <B>$mischen</B>";

?>
</BODY>
</HTML>
```

Listing 4.35: Den Inhalt eines Strings mit `str_shuffle` mischen

In Abbildung 4.24 sehen Sie den originalen String und das Ergebnis des Mischens mit `str_shuffle`.

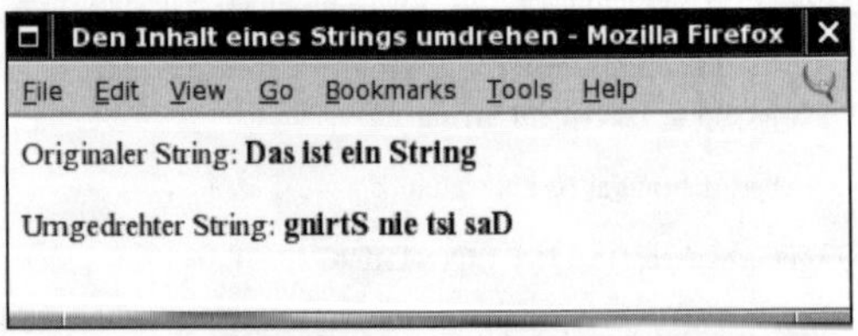

Abbildung 4.24: Den String mit `str_shuffle` mischen

In Strings suchen

Um in einem String das erste Vorkommen eines Suchstrings zu finden, konsultieren Sie am besten die beiden Funktionen `strstr` und `stristr`.

```
string strstr (string string, string suchstring)
```

bzw.

```
string stristr (string string, string suchstring)
```

Beide Funktionen suchen vom Anfang bis zum Ende des Strings nach dem Vorkommen des Suchstrings. Wenn der Suchstring nicht gefunden wird, geben beide Funktionen `FALSE` zurück.

Der Unterschied zwischen `strstr` und `stristr` ist, dass `strstr` die Groß- und Kleinschreibung beachtet und `stristr` die Groß- und Kleinschreibung ignoriert.

```
<HTML>
<HEAD>
    <TITLE>Das erste Auftreten eines Suchstrings finden</TITLE>
</HEAD>
<BODY>
<?php

// Einen String definieren
$string = "Das ist ein String mit dem Namen String";

// Den String ausgeben
echo "Originaler String: <B>$string</B><P>";

// Den String mit strstr() durchsuchen und
// den Reststring bekommen
if ($neuer_string = strstr($string, "string")) {
    // Den Reststring ausgeben
    echo "Der Reststring ist: <B>$neuer_string</B><P>";
} else {
    echo "<B>Der Suchstrings wurde nicht gefunden</B><P>";
};

// Den String mit stristr() durchsuchen und
// den Reststring bekommen
if ($neuer_string = stristr($string, "string")) {
    // Den Reststring ausgeben
    echo "Der Reststring ist: <B>$neuer_string</B><P>";
} else {
    echo "<B>Der Suchstrings wurde nicht gefunden</B><P>";
};
```

```
?>
</BODY>
</HTML>
```

Listing 4.36: Das erste Auftreten eines Suchstrings in einem String suchen und den Reststring ausgeben

In Listing 4.36 haben Sie nach dem Suchstring `string` gesucht. Mit der Funktion `stristr` führt das zum Erfolg, da diese Funktion die Groß- und Kleinschreibung ignoriert. Die Funktion `strstr` führt hingegen nicht zum Erfolg.

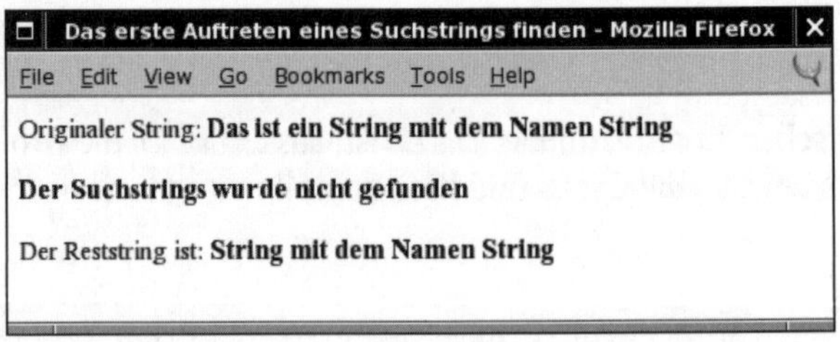

Abbildung 4.25: Nach dem ersten Vorkommen eines Suchstrings fahnden

Die Funktion `strchr` funktioniert exakt so wie die Funktion `strstr`. Sie sucht das erste Vorkommen eines Zeichens in einem String und liefert den Reststring zurück. Die Groß- und Kleinschreibung wird beachtet.

```
string strchr (string string, string suchstring)
```

Wie Sie das erste Vorkommen eines Suchstrings in einem String finden können, wissen Sie jetzt. Da könnte es Sie ja vielleicht auch interessieren, wie Sie das letzte Vorkommen eines Suchstrings in einem String finden können. Hierfür steht Ihnen die Funktion `strrchr` zur Verfügung.

```
string strrchr (string string, string zeichen)
```

Wenn die Funktion `strrchr` den Suchstring nicht im String finden kann, wird `FALSE` zurückgegeben.

Wenn Sie im Attribut `zeichen` mehr als ein Zeichen angeben, wird nur nach dem ersten gesucht und die anderen werden ignoriert.

Die Funktion funktioniert ganz ähnlich wie `strstr` und `stristr`. Wenn das Zeichen, nach dem gesucht wird, im String gefunden wird, gibt die Funktion den Reststring von dem Suchzeichen bis zum Ende des Strings zurück.

Einen Suchstring suchen und die Position im String erfahren

Um die Position des ersten Vorkommens eines Suchstrings in einem String zu finden, verwenden Sie die Funktion `strpos`.

```
int strpos (string string, string suchstring [, int startwert])
```

In Listing 4.37 sehen Sie wie `strpos` funktioniert.

```
<HTML>
<HEAD>
   <TITLE>Die Position eines Suchstrings erfahren</TITLE>
</HEAD>
<BODY>
<?php

// Einen String definieren
$string = "Das ist ein String";

// Den String ausgeben
echo "Originaler String: <B>$string</B><P>";

// Die Position des Suchstrings ermitteln
$pos = strpos($string, "ein");

// Die Position des Suchstrings ausgeben
echo "Die Position ist: <B>$pos</B>";

?>
</BODY>
</HTML>
```

Listing 4.37: Die Position eines Suchstrings in einem String suchen und ausgeben

In Abbildung 4.26 sehen Sie die Ausgabe von Listing 4.37. Keine Sorge, das Ergebnis ist richtig. Das erste Element eines Strings ist das Element mit der Nummer 0.

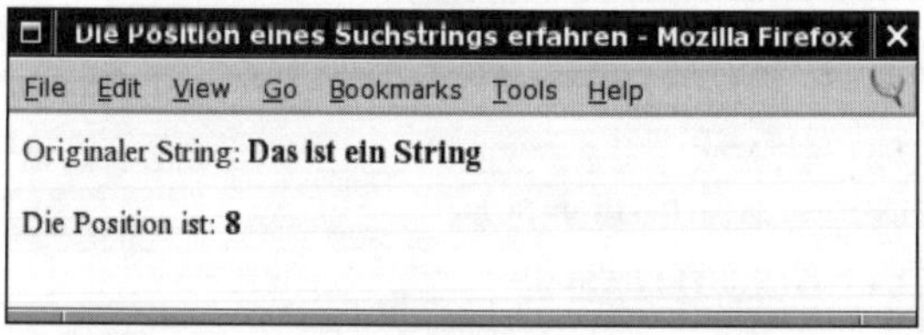

Abbildung 4.26: Die Position des ersten Vorkommens eines Suchstrings erfahren

Einen Teil aus einem Strings herausholen

Die letzte PHP-Funktion zum Arbeiten mit Strings, die ich Ihnen hier vorstellen möchte, ist die Funktion `substr`. Mit dieser Funktion können Sie sich einen Teil eines Strings ausgeben lassen.

```
string substr (string string, int begin [, int laenge])
```

Beachten Sie bei der Angabe der Startposition `begin`, dass das erste Element eines Strings die Nummer 0 ist.

```
<HTML>
<HEAD>
   <TITLE>Einen Teil eines Strings herausholen</TITLE>
</HEAD>
<BODY>
<?php

// Einen String definieren
$string = "Das ist ein String";

// Den String ausgeben
echo "Originaler String: <B>$string</B><P>";

// Einen Teil aus dem String herausholen
$teil = substr($string, "2", "12");

// Den Teil des Strings ausgeben
// Das Ergebnis ist: "s ist ein St"
echo "Die Position ist: <B>$teil</B>";

?>
</BODY>
</HTML>
```

Listing 4.38: Einen Teil eines Strings mit einer festzulegenden Startposition und Länge erhalten

Das Ergebnis unseres Arbeit mit `substr` sehen Sie in Abbildung 4.27.

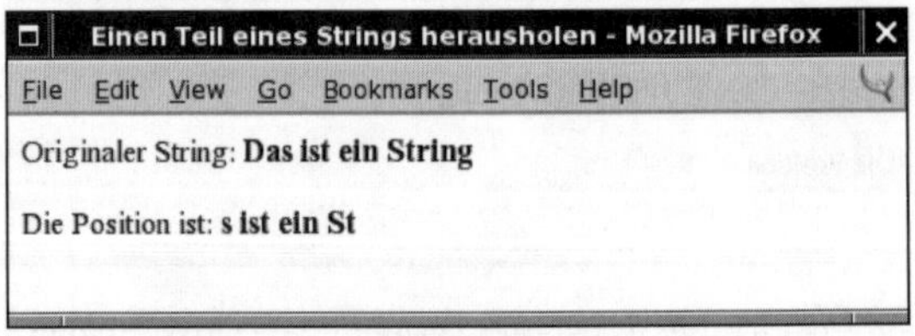

Abbildung 4.27: Der Teil des Strings, den wir mit `substr` erhalten haben

Keine Panik – alles unter Kontrolle mit PHP

5

In diesem Kapitel

- Kontrollstrukturen
- Schleifen und ihre Funktionen
- Einen Algorithmus mit diesen Kontrollstrukturen darstellen

»Vertrauen ist gut, Kontrolle ist besser.« Dieser alte Kalenderspruch trifft nicht nur zu, wenn Sie sich einen Gebrauchtwagen kaufen wollen oder Ihre Mitarbeiter beaufsichtigen, sondern auch auf die Arbeit mit Aktionen.

Die Reihenfolge, in der Aktionen ausgeführt werden, wird mithilfe von Kontrollstrukturen festgelegt. Mithilfe von lediglich drei dieser Kontrollstrukturen, nämlich der Sequenz (Aktionssequenz = Folge von Aktionen), Alternative (bedingte Aktion (`if`, `if/else`)) und Repetition (abweisende Schleife (`while`)), lassen sich alle nur denkbaren Algorithmen realisieren. Dies ist auch mathematisch bewiesen. Alle Probleme lassen sich also mithilfe dieser drei Kontrollstrukturen lösen – natürlich nur algorithmisch gesehen.

Alle weiteren Kontrollstrukturen (`elseif`, `for`, `foreach`, `do-while`, `switch`, `break` usw.) sind auf diese ersten drei zurückführbar und stellen eine Erweiterung dar, die zur Steigerung der Verständlichkeit des Codes und einer besseren Struktur beitragen. Außerdem kann mit ihnen die Qualität und Produktivität eines Programms gesteigert werden. Die Ausdrucksfähigkeit der Sprache beeinflussen sie allerdings nicht.

Alternativen können unter PHP sehr einseitig sein

Die `if`-*Abfrage* ist bei vielen Programmiersprachen eine der wichtigsten Möglichkeiten, um den Programmfluss zu definieren. Die `if`-Abfrage von PHP ist der von anderen Programmiersprachen sehr ähnlich. Am nächsten kommt sie der von C. Genau genommen ist die `if`-Abfrage eine *einseitige Alternative*.

Die prinzipielle Funktion einer `if`-Abfrage ist folgende:

```
if (logischer Ausdruck) {
    Anweisungsblock
}
```

Der logische Ausdruck (expression) wird ausgewertet, und wenn die Anweisung TRUE entspricht, dann wird der Block mit der Anweisung ausgeführt. Ansonsten wird dieser Teil des Codes übersprungen.

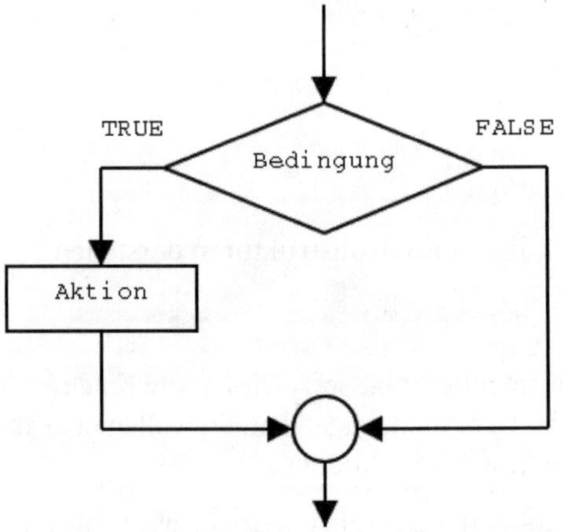

Abbildung 5.1: Flussdiagramm einer `if`*-Abfrage*

Ein fast schon rituelles Beispiel, um die `if`-Anweisung zu verdeutlichen, ist das »größer-kleiner«-Beispiel:

```
<?php
if ($a > $b) {
    echo "a ist größer b";
}
?>
```

Natürlich ist es kein Problem, in den Code-Block, der nach einer erfolgreichen `if`-Abfrage kommt, mehrere Befehle einzufügen. Schauen Sie selbst:

```
<?php
if ($a > $b) {
    echo "a ist größer b<BR>";
    echo "und das ist auch gut so. ;-)";
}
?>
```

Eine weitere Möglichkeit ist die Verschachtelung von `if`-Abfragen. Das ist nicht weiter schwer und gibt Ihnen unendlich viele Möglichkeiten, um den Programmfluss zu kontrollieren.

```
<?php
if ($a > $b) {
    echo "a ist größer b<BR>");
    if ($a < $c) {
```

```
        echo "aber a ist kleiner als c<BR>";
    }
}
?>
```

Schleife oder nicht? Das ist hier die Frage!

Auch wenn manche Menschen es nicht wahrhaben wollen, ist die `if`-Abfrage (oder auch `if`-Anweisung) *keine* Schleife, auch wenn sie fälschlicherweise immer wieder als solche bezeichnet wird.

Im Grunde ist es aber egal, ob Sie `if` eine Schleife, Anweisung oder Bedingung nennen. Wichtig ist nur, dass Sie damit arbeiten können.

Eine zweiseitige Alternative: if-else

Die Kombination von `if` und `else` ist eine Erweiterung der gewöhnlichen `if`-Abfrage. Mithilfe von `else` ist es möglich, eine zweiseitige Alternative zu realisieren.

Die prinzipielle Funktion einer `if-else`-Abfrage ist folgende:

```
if (logischer Ausdruck) {
    Anweisungsblock
} else {
    Anweisungsblock
}
```

Der logische Ausdruck wird wie bei der `if`-Anweisung ausgewertet. Wenn die Auswertung `TRUE` ergibt, dann wird der erste Anweisungsblock ausgeführt. Wenn die Auswertung hingegen `FALSE` ergibt, dann wird der zweite Anweisungsblock ausgeführt.

Ein einfaches `if-else`-Beispiel macht Ihnen die `if-else`-Anweisung sicher klarer:

```
<?php
if ($a > $b) {
    echo "a ist größer b";
} else {
    echo "anscheinend ist b größer a";
}
?>
```

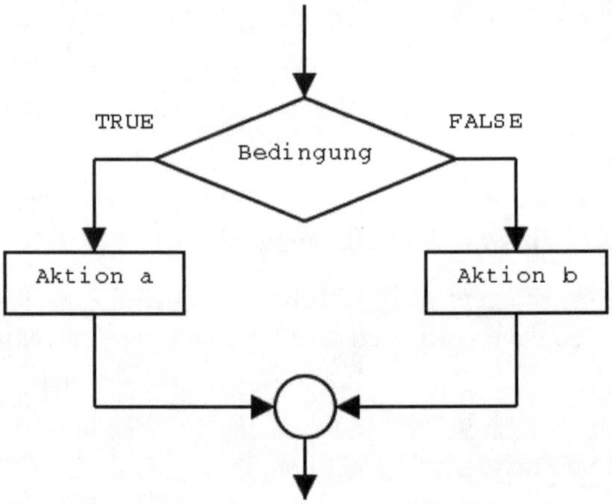

Abbildung 5.2: Flussdiagramm einer `if-else`-Abfrage

Das Fragezeichen in PHP

Mit dem *?-Operator* bietet PHP eine verkürzte Variante einer `if`-Anweisung an. Der Operator hat drei Parameter und ist daher dreistellig. Damit ist eine `if`-Anweisung auf einfache Weise zu realisieren. Die formale Struktur ist dabei folgendermaßen:

```
logischer Ausdruck ? true-Ausdruck : false-Ausdruck;
```

Jeder logische Ausdruck (auch bedingter Ausdruck genannt) gibt nach seiner Auswertung ein `TRUE` oder ein `FALSE` zurück. Bei einem `TRUE` wird der `TRUE`-Ausdruck nach dem Fragezeichen ausgewertet. Bei einem `FALSE` wird der `FALSE`-Ausdruck nach dem Doppelpunkt ausgeführt.

In der Praxis führt beispielsweise

```
<?php
($a > 13) ? istGrößer() : istKleiner();
?>
```

zu demselben Ergebnis wie folgender Code:

```
<?php
if ($a > 13) {
   istGrößer();
} else {
   istKleiner();
}
?>
```

Nun werden Sie denken, der ?-Operator und die if-else-Anweisung wären ein und dasselbe. Aber das ist so nicht korrekt. Der ?-Operator ist keine Anweisung, sondern ein Operator. Das bedeutet, dass das Ergebnis des Ausdrucks den ?-Operator ersetzt. Bei einer Anweisung ist dem nicht so. Da wird höchstens ein berechnetes Ergebnis einer anderen Variable abgelegt.

Auch wenn die Schreibweise mit dem ?-Operator einfacher und bequemer aussieht, rate ich einem PHP-Einsteiger von dem ?-Operator ab, denn durch seine Verwendung kann ein Skript schnell unübersichtlich und verwirrend werden, und außerdem ist er nicht unbedingt notwendig. Wenn man ihn aber beherrscht, dann kann er helfen, kurzen und kompakten Code zu schreiben.

Mit if-elseif abfragen

Das if-elseif-*Konstrukt* bietet eine weitere Möglichkeit der Auswertung. Mit if-elseif ist es möglich, auf relativ einfache Art und Weise noch genauer Werte zu unterscheiden.

Die prinzipielle Funktion einer if-elseif-Abfrage ist folgendermaßen:

```
if (logischer Ausdruck) {
    Anweisungsblock
} elseif (logischer Ausdruck) {
    Anweisungsblock
}
```

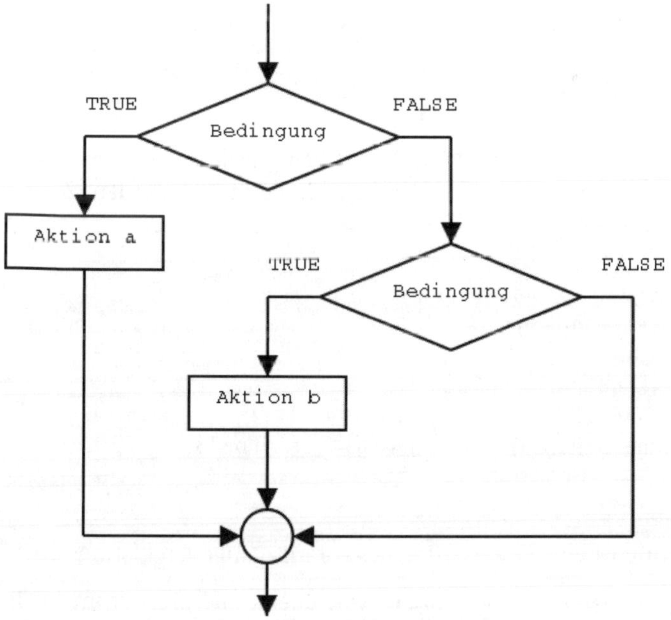

Abbildung 5.3: Flussdiagramm eines if-elseif-Konstrukts

```
<?php
if ($a > $b) {
    echo "a ist größer b";
} elseif ($b > $a) {
    echo "b ist größer a";
}
?>
```

Wie Sie bei obigem Code-Beispiel sehen können, wird zuerst im `if`-Teil überprüft, ob der Inhalt von `$a` größer ist als der Inhalt von `$b`. Ist dies der Fall, wird »a ist größer b« ausgegeben. Ansonsten wird zu dem `elseif`-Block gegangen. Hier wird überprüft, ob der Inhalt von `$b` größer als der Inhalt von `$a` ist. Ist dies der Fall, wird »b ist größer a« ausgegeben. Wenn dies auch nicht der Fall ist, dann sind `$a` und `$b` gleich groß, und es geschieht nichts. Wenn dem so ist, wird im Code weitergegangen.

if-elseif-else

PHP erlaubt noch eine weitere Möglichkeit: Das so genannte `if-elseif-else`-*Konstrukt*. So ist es möglich, die Auswahl noch weiter zu verfeinern. Die prinzipielle Funktion einer solchen `if-elseif-else`-Abfrage ist folgendermaßen:

```
if (logischer Ausdruck) {
    Anweisungsblock
} elseif (logischer Ausdruck) {
    Anweisungsblock
} else {
    Anweisungsblock
}
```

Das Interessante bei dieser Lösung ist, dass beliebig viele `elseif`-Blöcke möglich sind. So kann auch die Verfeinerung der Abfragen beliebig gesteigert werden. Zum Verständnis hilft folgendes Code-Beispiel:

```
<?php
if ($a > $b) {
    echo "a ist größer b";
} elseif ($b > $a) {
    echo "b ist größer a";
} else {
    echo "anscheinend sind a und b gleich groß";
}
?>
```

Dieses Code-Listing ist eine Erweiterung des vorangegangenen Listings zu `if-elseif`.

Auch hier geht der Parser folgendermaßen vor: Zuerst überprüft er im `if`-Teil, ob der Inhalt von `$a` größer ist als der Inhalt von `$b`. Ist dies der Fall, gibt er »a ist größer b« aus. Ansonsten geht er zu dem `elseif`-Block. Hier wird überprüft, ob der Inhalt von `$b` größer als der Inhalt von `$a` ist. Ist dies der Fall, wird »b ist größer a« ausgegeben. Wenn dies auch nicht der Fall ist, dann können Sie mit Sicherheit davon ausgehen, dass die Inhalte von `$a` und `$b` gleich groß sind. Folglich wird im `else`-Block »anscheinend sind a und b gleich groß« ausgegeben. Es passiert also auf alle Fälle etwas in Folge des `if-else-if`-Konstrukts.

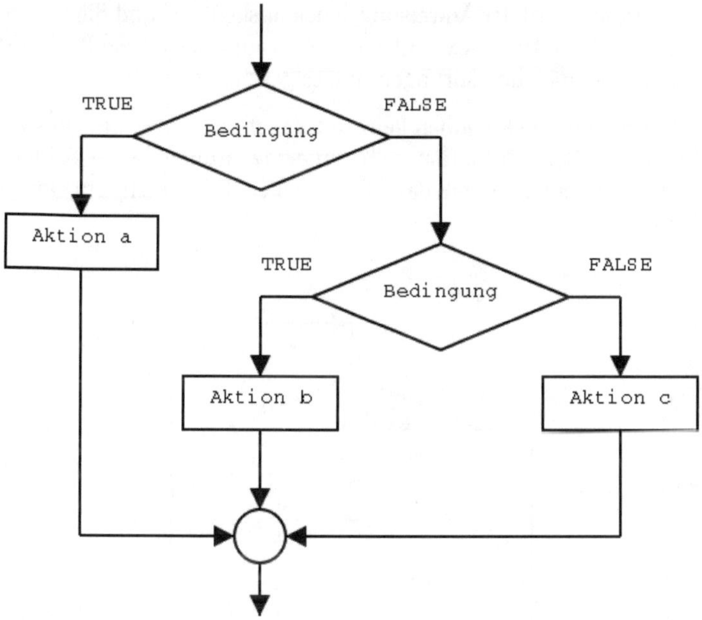

Abbildung 5.4: Flussdiagramm eines `if-elseif-else`*-Konstrukts*

Eine sehr abweisende Schleife in PHP: while

Nun kommt mal wieder etwas Einfaches. Die `while`-Schleife wird von vielen als die am einfachsten zu verstehende und zu realisierende Art der Schleife angesehen. Genau genommen ist die `while`-Schleife eine *abweisende Schleife*.

Eine abweisende Schleife (z.B. `while`-Schleife) wiederholt eine Anweisung genau so lange, bis eine vorher festzulegende Bedingung erfüllt ist. Bei abweisenden Schleifen ist es im Gegensatz zu nichtabweisenden Schleifen durchaus möglich, dass die Anweisung nie ausgeführt wird, weil zuerst die Bedingung überprüft wird. Bei nichtabweisenden Schleifen wird immer erst die Anweisung ausgeführt, und dann die Bedingung überprüft, ob die Schleife wiederholt wird.

Wie die Struktur der `while`-Schleife funktioniert, zeige ich Ihnen im Folgenden:

```
while (logischer Ausdruck) {
    Anweisungsblock
}
```

Wenn die `while`-Schleife erreicht wird, dann wird als Erstes der Ausdruck ausgewertet. Wenn die Prüfung `TRUE` ergibt, wird der Anweisungsblock ausgeführt, und die Steuerung geht zurück zum Ausdruck und der Ausdruck wird von neuem ausgewertet. Sollte die Prüfung `FALSE` ergeben, wird der Code-Block übersprungen und es geschieht nichts.

Im Anweisungsblock können keine oder mehrere Anweisungen stehen. Jede Ausführung der Schleifenaktion steht unter der Kontrolle der Schleifenbedingung. Daher ist es auch möglich, dass die Schleifenaktion nicht ein einziges Mal ausgeführt wird.

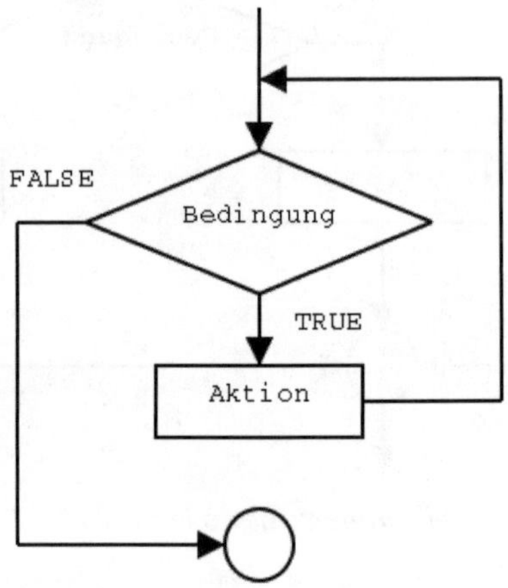

Abbildung 5.5: Flussdiagramm einer `while`-Schleife

Das folgende Code-Beispiel demonstriert die Funktion einer `while`-Schleife. Es werden alle Zahlen im Zahlenraum von 1 bis 1000 ausgegeben, die durch 13 teilbar sind.

```
<HTML>
<HEAD>
    <TITLE>Vielfache von 13 bestimmen</TITLE>
</HEAD>
<BODY>
<?php

$n = 0;
echo "Ausgabe aller ganzen Zahlen, im Bereich ";
echo "von <B>1...1000</B>, die durch <B>13</B> ";
echo "teilbar sind.<P>";
```

```
while ($n <= 1000) {
    if ($n % 13 == 0) {
        echo "$n ";
    }

    // Äquivalente Anweisungen wären auch:
    // $n += 1;
    // $n++;
    // ++$n;

    $n = $n + 1;
}

?>
</BODY>
</HTML>
```

Listing 5.1: Die `while`-Schleife

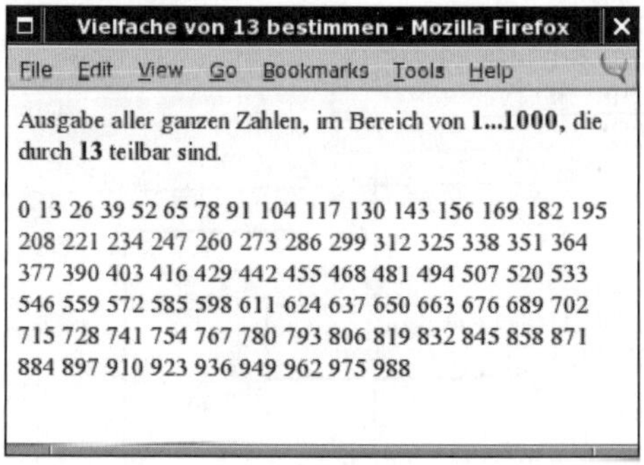

Abbildung 5.6: Ergebnis des Listings zur `while`-Schleife

Wie Sie in dem Code Beispiel sehen können, wird als Erstes die Variable `$n` mit null initialisiert. Danach wird die `while`-Schleife mit ihrem logischen Ausdruck definiert. Nachdem der Ausdruck ausgewertet wurde und `$n` immer noch kleiner 1000 ist, wird der Anweisungsblock ausgeführt. Bei jeder Ausführung wird `$n` durch 13 geteilt. Wenn der Rest null ist, dann ist `$n` durch 13 teilbar und wird auf dem Bildschirm ausgegeben. Wenn nicht, dann wird nichts ausgegeben. Danach wird `$n` um eins erhöht. Dann wird zum Beginn der `while`-Schleife zurückgesprungen. Diese wird so oft durchlaufen wie die Bedingung `$n` kleiner gleich 1000 erfüllt ist.

do-while

Die `do-while`-Schleife ist eine nichtabweisende Schleife. Im Gegensatz zur gewöhnlichen `while`-Schleife steht hier die Aktion vor dem auszuwertenden Ausdruck.

Wenn Sie sich ein wenig mit den Programmiersprachen Pascal oder Delphi auskennen, dann wird es Ihnen vielleicht hilfreich sein zu wissen, dass die `do-while`-Schleife vom Prinzip her identisch ist mit `repeat until`.

Die Aktionen im Aktionsblock werden mindestens einmal ausgeführt. Erst nach der ersten Ausführung der Aktionen wird der Ausdruck ausgewertet. Hier ist das Verhalten wieder gleich zur `while`-Schleife. Wenn die Prüfung `TRUE` ergibt, wird zur Aktion zurückgesprungen und die Aktion wird ein weiteres Mal ausgeführt. Sollte die Prüfung `FALSE` ergeben, wird die `do-while`-Schleife beendet und es kann im Code weitergegangen werden.

Die Struktur der `do-while`-Schleife ist folgendermaßen:

```
do {
    Anweisungsblock
}
while (logischer Ausdruck);
```

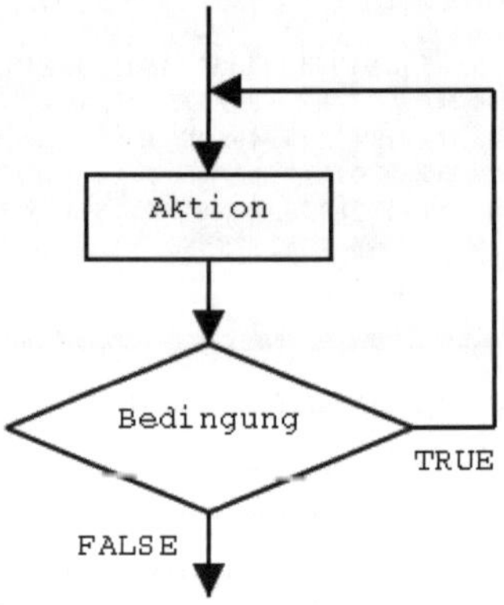

Abbildung 5.7: Flussdiagramm einer `do-while`-Schleife

Am folgenden Code-Beispiel sieht man die Gemeinsamkeiten und Unterschiede der `while`- und der `do-while`-Schleife. Auch in diesem Listing werden alle Zahlen im Zahlenraum von 1 bis 1000 ausgegeben, die durch 13 teilbar sind.

```
<HIML>
<HEAD>
    <TITLE>Vielfache von 13 bestimmen</TITLE>
</HEAD>
```

```
<BODY>
<?php

$n = 0;
echo "Ausgabe aller ganzen Zahlen, im Bereich ";
echo "von <B>1...1000</B>, die durch <B>13</B> ";
echo "teilbar sind.<P>";

do {
    if ($n % 13 == 0) {
        echo "$n ";
    }

    /* Äquivalente Anweisungen wären:
    * 1) ++$n;
    * 2) $n++;
    * 3) $n += 1;
    * 4) $n = $n + 1;
    */

    $n += 1;
}
while ($n <= 1000)

?>
</BODY>
</HTML>
```

Listing 5.2: Die `do-while`*-Schleife*

In diesem Programm wird ebenfalls als Erstes die Variable `$n` mit `0` initialisiert. Danach wird die `do-while`-Schleife gestartet. Auf alle Fälle wird einmal der Anweisungsblock ausgeführt und `$n` durch 13 geteilt. Wenn der Rest `0` ist, dann ist `$n` durch 13 teilbar und wird auf dem Bildschirm ausgegeben. Wenn nicht, dann wird nichts ausgegeben. `$n` wird um eins erhöht. Danach wird der logische Ausdruck des `while` ausgewertet. Solange `$n` kleiner 1000 ist, wird der `do`-Block ein weiteres Mal durchlaufen. Dies geschieht so lange, bis die Abbruchbedingung `$n` größer 1000 erreicht ist und die Schleife endet. Das Ergebnis im Browser ist natürlich identisch mit dem von Listing 5.1.

Der zähe Zähler: for

Eine `for`-Schleife, auch Zählschleife genannt, enthält einen Zähler und eine Aktion, die so lange wiederholt wird, wie die Zählerbedingung erfüllt ist und in der der Zähler am Ende modifiziert wird.

Das prinzipielle Aussehen einer `for`-Schleife ist folgendermaßen:

```
for (Zähler initialisieren; Zählerbedingung; Zähler modifizieren) {
    Anweisungsblock
}
```

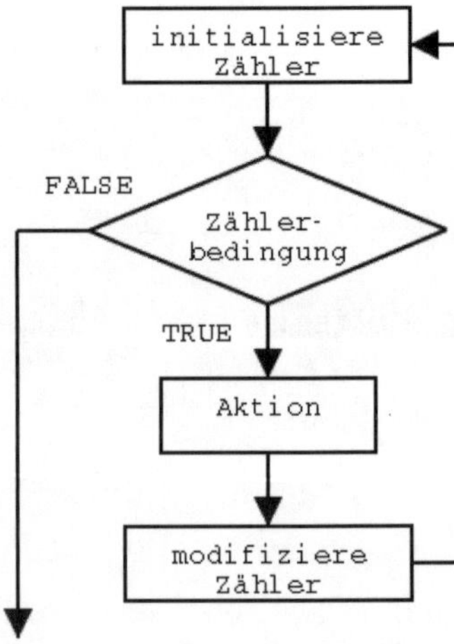

Abbildung 5.8: Flussdiagramm einer `for`-Schleife

```
<HTML>
<HEAD>
    <TITLE>Mit einer for-Schleife bis 10 zählen</TITLE>
</HEAD>
<BODY>
<?php

for ($zaehler=1; $zaehler<=10; $zaehler++) {
    echo "Dies ist Durchlauf Nr. $zaehler<BR>";
}

?>
</BODY>
</HTML>
```

Listing 5.3: Beispiel einer einfachen `for`-Schleife

Ich kann Ihnen nur raten, sicherzugehen, dass die Zählerbedingung auch irgendwann nicht mehr erfüllt wird. Ansonsten ist es möglich, dass die Schleife unendlich oft durchläuft und niemals terminiert. In diesem Fall haben wir eine so genannte Endlosschleife. Das Gleiche gilt natürlich auch für die `while`-Schleife.

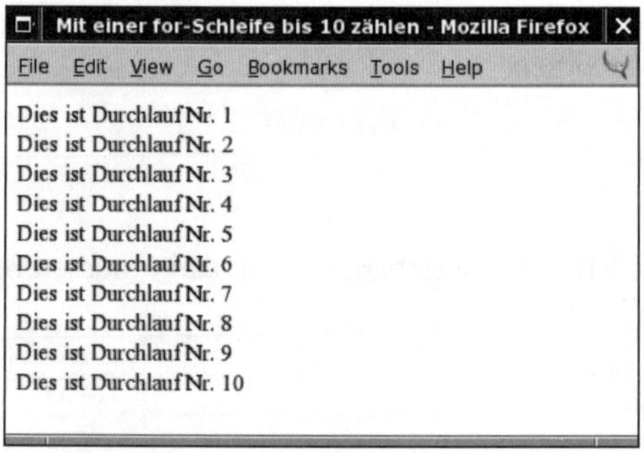

Abbildung 5.9: Ergebnis der einfachen `for`-Schleife

foreach

Die `foreach`-Anweisung wird vorwiegend im Zusammenspiel mit Arrays behandelt. Dennoch möchte ich an dieser Stelle auf sie eingehen. Wie Sie schon im Abschnitt *Der Datentyp Array* erfahren haben, ist ein Array eine Ansammlung von Daten (Werten), denen Indizes zugeordnet sind. Mehr über Arrays erfahren Sie in Kapitel 6.

Über diese Indizes werden die Werte in einem Array angesprochen. Mit der `foreach`-Anweisung ist es nun möglich, auf diese Werte zuzugreifen. Dabei geht der Parser/Server folgendermaßen vor: `foreach` ruft einfach nacheinander alle Werte eines Arrays auf.

Für `foreach` gib es zwei Syntax-Formen, wobei die erste die gebräuchlichste ist. Die zweite stellt eine Erweiterung zu der ersten dar.

Die `foreach`-Anweisung muss

- ✔ ein Array
- ✔ das Schlüsselwort `as`
- ✔ eine Definition der Variablen

enthalten.

Wenn `as` von einem einfachen Wert gefolgt wird, weist der Parser/Server der Variablen mit dem Namen `$wert` bei jedem Schleifendurchlauf den Wert des aktuellen Array-Elements im Array zu und erhöht den Array-Zeiger um eins. So wird beim nächsten Durchgang durch die Schleife automatisch das nächste Element genommen.

```
foreach (array as $wert) {
    Anweisungsblock
}
```

Bei der zweiten Syntax-Form wird bei jedem Durchlauf auch der aktuelle Schlüssel der Variablen `$schluessel` zugewiesen.

```
foreach (array as §schluessel => $wert) {
    Anweisungsblock
}
```

Wenn Sie den Index des Elements speichern wollen, dann müssen Sie die `foreach`-Anweisung folgendermaßen bilden:

```
foreach ($array as $key)  {
    Anweisungsblock
}
```

Eine nützliche Eigenschaft von `foreach` ist, dass bei jedem erstmaligen Durchlauf von `foreach` der interne Pointer des zu bearbeitenden Arrays automatisch auf null gesetzt wird. Dadurch wird immer zuerst auf das erste Element des Arrays zugegriffen.

Hier ein einfaches Beispiel, um alle Werte eines Arrays auszugeben:

```
<?php
foreach ($array as $wert) {
    echo "Der aktuelle Wert ist: $wert";
}
?>
```

Und hier noch ein Beispiel nach der zweiten Syntax-Form:

```
<?php
foreach ($array as $schluessel => $wert) {
    echo "Schlüssel $schluessel hat den Wert: $wert";
}
?>
```

Wie Sie an diesen Beispielen sehen können, ist es nicht schwer, mit den Werten eines Arrays zu arbeiten. Darauf wird in Kapitel 6 noch genauer eingegangen.

switch – von Fall zu Fall

Die Fallunterscheidung ist eine Folge von Aktionen, denen jeweils eine Bedingung vorangestellt ist. Alle Bedingungen haben dabei die Form *Ausdruck = Konstante*, wobei der Ausdruck in allen Bedingungen identisch ist und als Wert eine ganze Zahl oder ein Zeichen liefern muss. In jeder Aktion ist eine Verzweigung zum Ende der Fallunterscheidung erlaubt.

Für die Pascal- oder Delphi-Kenner unter Ihnen wird es vielleicht interessant sein zu wissen, dass die `switch`-Anweisung identisch ist mit der `case of`-Anweisung.

Einfach gesagt, ist die `switch`-Anweisung eine recht simple Alternative zu den gängigen Konstrukten aus `if`, `else` und `elseif`, denn die `switch`-Anweisung führt zu dem gleichen Ergebnis wie eine Reihe von `if`-Anweisungen mit dem gleichen logischen Ausdruck (oder der gleichen Bedingung).

Dies ist vor allem dann sinnvoll, wenn Sie den Inhalt einer Variablen auf mehrere verschiedene Werte überprüfen möchten und abhängig vom Ergebnis dieser Überprüfung ein jeweils anderer Code-Block ausgeführt werden soll.

Die formale Struktur einer `switch`-Anweisung ist folgendermaßen:

```
switch (zu prüfender Ausdruck) {
    case "möglicher Inhalt des Ausdrucks";
    default;
}
```

Zu allererst wird der zu prüfende Ausdruck in der `switch`-Anweisung ausgewertet und mit jedem Ausdruck nach jedem `case` verglichen. Dabei sind unendlich viele `case`-Blöcke möglich. Wenn ein Ausdruck übereinstimmt, wird der Code-Block nach dem Ausdruck ausgewertet. Wenn kein Ausdruck übereinstimmt, dann wird der Code-Block nach der `default`-Anweisung am Ende des `switch` ausgeführt.

Die Angabe einer `default`-Anweisung ist nicht zwingend nötig. Wenn Sie keine angeben, dann wird auch nichts ausgeführt, wenn keiner der `case`-Ausdrücke mit dem zu prüfenden übereinstimmt.

Wenn eine `case`-Anweisung gefunden wird, die mit dem zu prüfenden Ausdruck übereinstimmt, dann wird der Code nach dem `case` ausgeführt und alle weiteren `case`-Anweisungen werden ignoriert. Wenn in dem `case`-Block kein Code enthalten ist, dann wird auch nichts ausgeführt.

Im Folgenden sehen Sie ein kleines Beispiel einer `switch`-Anweisung. Dieses Programm kann einem orientierungslosen Studenten, der neu an der Uni ist, helfen sich zurechtzufinden. Denn so kann ihm sein Rechner (den er über alles liebt) immer sagen, was er gerade zu tun hat.

```
<HTML>
<HEAD>
    <TITLE>Beispiel zu switch und case</TITLE>
</HEAD>
<BODY>
<?php
```

```
$a = date("H");

echo "Die Aktuelle Uhrzeit ist: " . date("H:i") . " <BR>";
echo "und das bedeutet...<P>";

switch ($a) {
case "08":
   $a = "raus aus den Federn. Los zur <B>UNI</B>!";
   break;
case "09": case "10": case "11": case "12":
   $a = "Brav <B>lernen</B> und <B>arbeiten</B>!";
   break;
case "13":
   $a = "Raus aus den Federn. Los zur <B>UNI</B>!";
   break;
case "14": case "15": case "16": case "17":
   $a = "Schon wieder <B>lernen</B>...";
   break;
case "18":
   $a = "<B>Abendessen</B> (endlich)";
   break;
case "19": case "20": case "21": case "22":
   $a = "Besprechung mit Freunden in <B>Kneipe</B>";
   break;
default:
   $a = "Leg dich hin und <B>schlaf</B>. Aber schnell!";
}

echo "$a";

?>
</BODY>
</HTML>
```

Listing 5.4: Beispiel einer `switch`*-Anweisung*

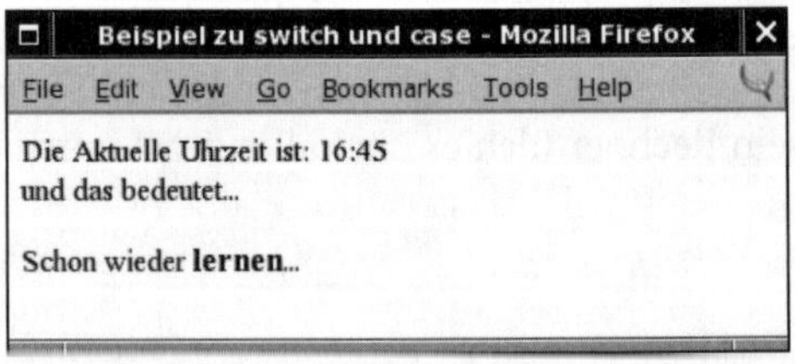

Abbildung 5.10: Ergebnis unseres rechnergesteuerten Vormunds mit `switch` *und* `case`

Wie Sie anhand dieses Code-Beispiels sehen, sind `switch`-Anweisungen wirklich sehr einfach. Außerdem erhöhen sie die Lesbarkeit eines Programms beträchtlich. Wenn Sie sich jetzt noch fragen, wofür das `break` zuständig ist: Mit `break` brechen Sie die Ausführung einer Schleife oder einer `switch`-Anweisung ab.

Eine Anweisung zum Pausemachen

Dieses Kapitel können Sie ruhig zum Anlass nehmen, erst einmal einen Break einzulegen. Machen Sie eine Pause und verdauen Sie das Gelernte. Wenn Sie allerdings noch ein kleines bisschen Durchhaltevermögen besitzen, dann lesen Sie noch bis zum Ende von Kapitel 5 weiter.

Mithilfe der `break`-Anweisung ist es möglich, aus einer `for`- oder `while`- Schleife oder einer `switch`-Anweisung zu springen. Durch das Anhängen einer Zahl als Argument kann die Anzahl der abzubrechenden Befehls-Sequenzen festgelegt werden.

Das folgende Beispiel demonstriert die Fähigkeiten von `break`:

```
<HTML>
<HEAD>
    <TITLE>Beispiel zu break</TITLE>
</HEAD>
<BODY>
<?php

$n = 0;
while (++$n) {
    echo "$n ";
    switch ($n) {
        case 10: {
            echo "<P>Wir sind bei <B>10</B> angekommen<P>";
            break 1;
        }
        case 20: {
            echo "<P>Wir sind bei <B>20</B> angekommen<P>";
            break 2;
        }
    }
}

?>
</BODY>
</HTML>
```

Listing 5.5: Beispiel zu `break`

Abbildung 5.11: Ausgabe das Beispiels zu `break`

Und so läuft der ganze Vorgang nun ab: Nachdem in diesem Beispiel die Variable `$n` mit null initialisiert wird, wird die `while`-Schleife behandelt. Diese zählt die Variable `$n` nach oben. Bei jedem Durchlauf der Schleife wird `$n` um eins erhöht. In der `switch`-Anweisung, die sich nach `$n` richtet, wird bei jedem Schleifendurchlauf überprüft, ob `$n` den Wert 10 oder den Wert 20 angenommen hat.

Wenn `$n` den Wert 10 erreicht hat, wird der Anweisungsblock von `case 10` behandelt. In diesem wird eine Meldung ausgegeben und mittels eines `break 1` aus dem `case`-Block ausgestiegen.

Danach wird die Schleife weiter abgearbeitet. Sobald `$n` den Wert 20 erreicht hat, wird der Anweisungsblock von `case 20` behandelt. In diesem wird ebenfalls eine Meldung ausgegeben und mittels eines `break 2` aus dem `case`-Block und der `while`-Schleife ausgestiegen. Damit ist das Programm beendet. War doch gar nicht so schwer.

Weiter geht's mit continue

Die `continue`-Anweisung hat im Grunde die gleiche Funktion wie die `break`-Anweisung. Nur das bei ihr die Schleife nicht vollständig abgebrochen wird. Es wird nur der aktuelle Durchlauf der Schleife abgebrochen. Danach wird der nächste Durchlauf der Schleife begonnen.

Es ist auch möglich, bei `continue` durch Anhängen einer Zahl als Argument die Anzahl der zu überspringenden Schleifendurchläufe festzulegen.

Mit `continue 5` beispielsweise würden die nächsten fünf Schleifendurchläufe übersprungen.

Auf zum Ausgang mit exit und PHP

Mithilfe der `exit`-Anweisung kann ebenso wie mit der `break`-Anweisung die Ausführung beendet werden. Allerdings wird im Gegensatz zu `break` nicht nur eine Schleife beendet oder aus einer `switch`-Anweisung gesprungen, sondern das ganze Programm wird beendet. Es wird nichts mehr an den Browser geschickt. Auch alle Befehle außerhalb des PHP-Tags werden nicht mehr an den Browser geschickt. Die Übertragung wird vollständig beendet.

In manchen Fällen kann dieses rigorose Verhalten sehr hilfreich sein, um Schaden (z.B. an einer Datenbank) fernzuhalten, wenn es zu Fehlfunktionen gekommen ist. Allerdings ist `exit` kein schönes Stilmittel und wird unter richtigen Programmierern nur im äußersten Notfall angewendet.

PHP und das sterbende Programm

Die `die`-Anweisung hat im Grunde die gleiche Funktion wie die `exit`-Anweisung. Allerdings kann bei der `die`-Anweisung noch eine Nachricht an den Browser geschickt werden, um den Benutzer auf das Beenden des Programms aufmerksam zu machen und über das aufgetauchte Problem zu informieren.

Hier ein kleines Code-Beispiel zum Umgang mit `die`:

```
<?php

    $datei = "datei.txt";

    $zugriff = fopen($datei, "a+") or die ("Die Datei <B>$datei</B> konnte
nicht geöffnet werden!");

?>
```

Damit legen Sie eine Datei fest, auf die zugegriffen werden soll. Nennen wir die Datei einfachheitshalber mal `datei.txt`. Der Name der Datei wird in der Variablen `$datei` gespeichert. Nun soll auf die Datei lesend und schreibend zugegriffen werden, und der Pointer (die Stelle, an der geschrieben werden soll) ist ganz am Ende der Datei. Dies wird mit `a+` festgelegt. Sollte die Datei allerdings nicht vorhanden sein, wird das Skript abgebrochen und als letzte Handlung »Die Datei datei.txt konnte nicht geöffnet werden!« ausgegeben.

Arrays

6

In diesem Kapitel

- Arrays und wozu sie taugen
- Der Unterschied zwischen eindimensionalen und mehrdimensionalen Arrays
- Arrays füllen, auslesen und leeren
- Arrays sortieren
- Möglichkeiten von PHP zum einfachen Umgang mit Arrays

Arrays gehören zu den wichtigsten Werkzeugen eines Programmierers und sind daher Pflicht. Zumindest die Grundzüge sollten Sie verstanden haben und am Ende dieses Kapitels in der Lage sein, zumindest ein einfaches Array schnell zu realisieren.

Was Arrays sind

Ein Array ist eine aneinander hängende Reihe (Kette) von Objekten, alle von gleicher Größe und vom gleichen Typ. Jedes dieser Objekte ist ein Element eines Arrays.

Arrays stellen die einfachste und auch schnellste Möglichkeit dar, solche Daten zu speichern, für die einzelne Variablen zu platzraubend und auch zu unbequem wären.

Daten, die in einem Array abgelegt sind, können mit Leichtigkeit ausgegeben, durchsucht und sortiert werden. Ein Array bietet alle nur denkbaren Freiheiten und ist dabei genauso einfach anzusprechen wie eine Variable.

Eindimensionale Arrays in PHP

Arrays in PHP zu erzeugen, ist kein großes Problem. Im Grunde müssen nur zwei eckige Klammern hinter einen Variablennamen geschrieben werden und schon hat man ein Array erzeugt.

```
<?php
    $os[] = "Linux";
?>
```

Wenn Sie zusätzliche Elemente in ein Array einfügen, ist es nicht nötig, in den eckigen Klammern die Nummer des Array-Elements anzugeben. Durch die Verwendung eines leeren Array-Operators wird ein Element an ein Array angehängt.

```
<HTML>
<HEAD>
    <TITLE>Ein einfaches Beispiel zu Arrays</TITLE>
</HEAD>
<BODY>
<?php

$os[] = "Linux";          // $os[0] = Linux
$os[] = "Windows";        // $os[1] = Windows
$os[] = "BeOS";           // $os[2] = BeOS
$os[] = "OS/2 Warp";      // $os[3] = OS/2 Warp

echo "Heute ist mal <B>$os[2]</B> dran.";

?>
</BODY>
</HTML>
```

Listing 6.1: Einfaches Beispiel zu Arrays

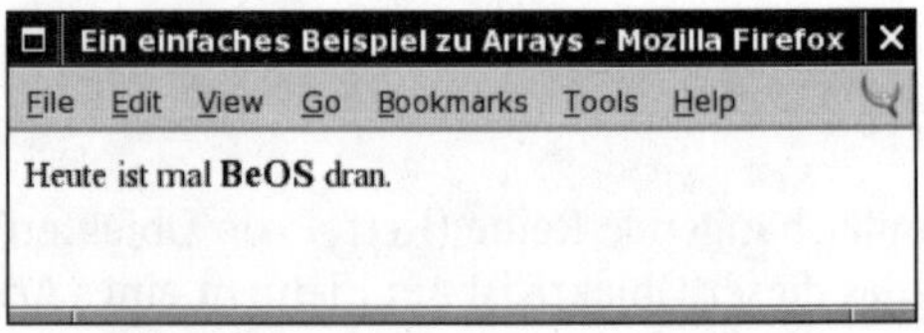

Abbildung 6.1: Erstes kleines Beispiel zu Arrays

Natürlich ist es auch möglich, den Array-Index eines neuen Elements selbst festzulegen.

```
<?php
    $os[10] = "Win NT";
    $os[43] = "BSD UNIX";
?>
```

Für gewöhnlich werden Arrays immer nur mit Zahlen (Integern) referenziert. Wenn Ihnen das aber zu unübersichtlich oder zu verwirrend ist, dann können Sie die Indizes Ihrer Array-Elemente auch mit Zeichenketten benennen. Ein solches Array heißt *assoziatives Array*.

```
<?php
    $os[windows] = "Win NT";
    $os[unix]    = "Linux";
?>
```

Es liegt also an Ihnen, ob Sie einen Index angeben und ob dieser eine Zahl oder ein String ist.

Die Elemente eines Arrays zählen - count

Wenn Sie wissen wollen, wie viele Elemente ein Array hat, dann wird Ihnen die Funktion `count` gute Dienste leisten. `count` gibt die Anzahl der Elemente eines von Ihnen bestimmten Arrays aus.

```
int count (variable)
```

Natürlich ist mit `variable` in diesem Fall ein Array gemeint. Denn alles andere als eine Liste hat ja naturgemäß nicht mehr als ein Element, und es ist daher sinnlos, so etwas abzuzählen.

- ✔ Wenn `variable` nicht auf ein Array zeigt (z.B. auf eine gewöhnliche Variable), wird eine 1 zurückgegeben.
- ✔ Wenn `variable` auf ein leeres Array zeigt oder auf etwas, das gar nicht existiert, wird eine 0 als Fehlermeldung zurückgegeben.

Folgendes Beispiel zählt die Elemente eines Arrays:

```
<HTML>
<HEAD>
    <TITLE>Die Elemente eines Arrays zählen</TITLE>
</HEAD>
<BODY>
<?php

$n[] = "45";                 // $n[0] = 45
$n[] = "12";                 // $n[1] = 12
$n[] = "23";                 // $n[2] = 23
$n[] = "140";                // $n[3] = 140

$anzahl = count($n);

echo "Es sind $anzahl Elemente in dem Array.";

?>
</BODY>
</HTML>
```

Listing 6.2: Einfaches Beispiel zu Arrays

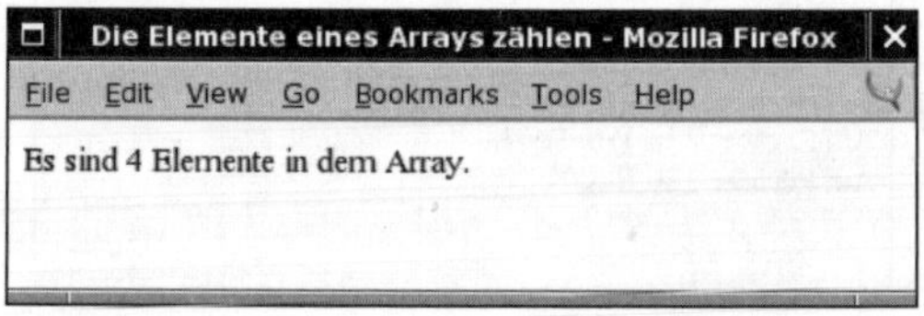

Abbildung 6.2: Erstes kleines Beispiel zu Arrays

Die Elemente eines Arrays ausgeben

Im Folgenden geben Sie den Inhalt eines Arrays `$os` mithilfe einer `for`-Schleife aus. Sie durchlaufen mit der Schleife das Array Element für Element und geben bei jedem Durchlauf einfach das aktuelle Element aus.

Wie oft die `for`-Schleife durchlaufen werden muss, wissen Sie dank `count`.

```
<HTML>
<HEAD>
    <TITLE>Ein Array durchlaufen</TITLE>
</HEAD>
<BODY>
<?php

$os[] = "Linux";              // $os[0] = Linux
$os[] = "FreeBSD ";           // $os[2] = FreeBSD
$os[] = "Windows";            // $os[3] = Windows
$os[] = "BeOS";               // $os[4] = BeOS

// Elemente des Arrays zählen
$anzahl = count($os);

echo "Es sind $anzahl Elemente in dem Array.<P>";

// Jedes Element des Arrays ausgeben
for ($i=0; $i < $anzahl; $i++){
    echo "Auf Rechner $i ist <B>$os[$i]</B>.<BR>";
}

?>
</BODY>
</HTML>
```

Listing 6.3: Durchlauf eines Arrays mithilfe einer `for`-Schleife

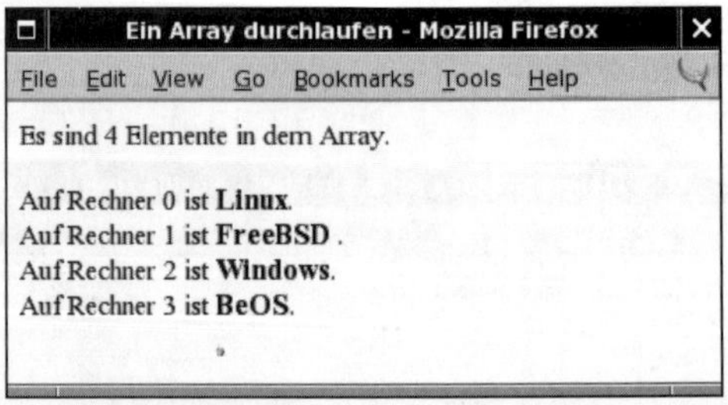

Abbildung 6.3: Ausgabe der Elemente eines Arrays

Mehrdimensionale Arrays in PHP

Bisher haben Sie gesehen, dass ein Array-Element Zahlen und Zeichenketten enthalten kann. Was Sie aber vielleicht nicht wussten, ist, dass ein Array auch Arrays enthalten kann. Ein solches Array wird als *mehrdimensionales Array* bezeichnet.

Ein einfaches mehrdimensionales Array können Sie sich wie ein Schachbrett vorstellen. Die oberste Reihe der 8 mal 8 Felder sind wie ein eindimensionales Array. Jedes der 8 Elemente dieses Arrays enthält ein weiteres Array mit 8 Elementen für die senkrechten Linien des Schachbretts. So haben Sie alle Felder des Bretts untergebracht und können darauf zugreifen. So haben Sie ein zweidimensionales Feld (Array).

Sie können so viele Dimensionen realisieren, wie Sie in Ihrem Kopf nachvollziehen können. Die Grenze ist nur Ihre Speicherkapazität.

Die Arbeit mit mehrdimensionalen Arrays ist keine Schwerstarbeit. Wenn Sie ein bestimmtes Element in einem mehrdimensionalen Array ansprechen wollen, dann müssen Sie nur die Koordinaten des Elements in eckigen Klammern hinter den Array-Namen schreiben.

Wenn Sie sich das Beispiel mit dem Schachbrett verdeutlichen, wäre

```
$schachbrett [3] [2]
```

das Feld in Zeile 3 und Spalte 2. Für jede Dimension brauchen Sie ein Paar aus eckigen Klammern.

```
<HTML>
<HEAD>
    <TITLE>Ein mehrdimensionales Array</TITLE>
</HEAD>
<BODY>
<?php

$stadt = array(
    "Rheinland-Pfalz" => array(
        "Mainz",
        "Kaiserslautern",
        "Worms",
        "Trier"
    ),
    "Bayern" => array(
        "München",
        "Regensburg",
        "Augsburg",
        "Passau"
    ),
    "NRW" => array(
        "Dortmund",
```

```
        "Bochum",
        "Düsseldorf",
        "Gelsenkirchen",
        "Bonn",
        "Aachen"
    )
);

// Kaiserslautern ausgeben
echo "Die gewünschte Stadt ist: ";
echo "<B>" . $stadt["Rheinland-Pfalz"][1] . "</B>.";

?>
</BODY>
</HTML>
```

Listing 6.4: Mehrdimensionales Array mit Bundesländern und bedeutenden Städten füllen und auf eine Stadt als Beispiel zugreifen

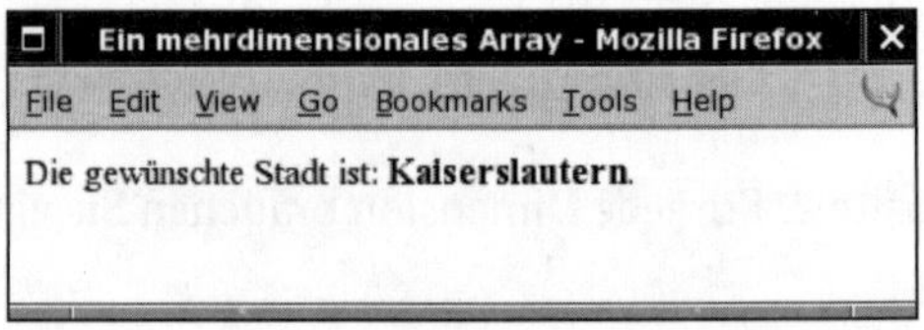

Abbildung 6.4: Ausgabe des Beispiels zu mehrdimensionalen Arrays

Mehrdimensionale Arrays in Strings referenzieren

Sie können sich sicher vorstellen, dass es nicht ganz so einfach ist, auf ein mehrdimensionales Array zu referenzieren wie auf andere Daten (z.B. Variablen, Konstanten usw.).

Hier gibt es die Möglichkeit, den Verkettungs-(Punkt)-Operator (Konkatenation) wie in Listing 6.4 zu benutzen.

```
<?php
    echo("Die Stadt ist " . $stadt["Rheinland-Pfalz"][1]);
?>
```

Allerdings leidet bei Benutzung des Verkettungs-Operators die Lesbarkeit des Programmcodes ein wenig. Daher rate ich zur nächsten Möglichkeit: den Array-Aufruf in geschweiften Klammern zu schreiben.

```
<?php
    echo("Die Stadt ist {$stadt["Rheinland-Pfalz"][1]}");
?>
```

Beide Möglichkeiten führen zu identischen Ergebnissen. Da aber die Geschmäcker bekanntlich verschieden sind, habe ich sie hier beide erwähnt.

Arrays sortieren

Es gibt bei PHP einige Funktionen, die sich mit dem Sortieren von Arrays beschäftigen. Ich werde im Folgenden diese Funktionen erklären und habe zu den wichtigsten und gebräuchlichsten ein Beispiel erstellt. Sie müssen aber auf keinen Fall all diese Funktionen kennen.

Funktion	Sortiert nach	Reihenfolge	Ergebnis
`sort`	Wert	normal	Sortiert ein Array
`rsort`	Wert	umgekehrt	Sortiert ein Array in umgekehrter (absteigender) Reihenfolge
`asort`	Wert	normal	Sortiert ein Array, behält aber die Indexverbindungen bei
`arsort`	Wert	umgekehrt	Sortiert ein Array in umgekehrter (absteigender) Reihenfolge und behält die Indexverbindungen bei
`ksort`	Schlüssel	normal	Sortiert ein Array nach den Schlüsseln (Indizes)
`krsort`	Schlüssel	umgekehrt	Sortiert ein Array nach den Schlüsseln in absteigender Reihenfolge
`usort`	Wert		Sortiert ein Array mittels einer Vergleichsfunktion nach Werten
`uasort`	Wert		Sortiert ein Array mittels einer Vergleichsfunktion. Die Indexverbindungen werden beibehalten
`uksort`	Schlüssel		Sortiert ein Array mittels einer Vergleichsfunktion nach Schlüsseln

Tabelle 6.1: Funktionen zum Sortieren von Arrays aufgeschlüsselt nach Name, Sortierreihenfolge und der Art des Sortierens

Ob die Werte in auf- oder absteigender Reihenfolge sortiert werden, hängt bei `usort`, `uasort` und `uksort` von der vom Entwickler anzugebenden Vergleichsfunktion ab.

Nach Werten sortieren

Die Funktionen `sort`, `asort`, `rsort`, `arsort`, `usort` und `uasort` sortieren ein Array nach seinen Werten. Dabei sortieren `sort` und `asort` in aufsteigender, `rsort` und `arsort` in absteigender Reihenfolge.

Bei den Funktionen `usort` und `uasort` ist die Reihenfolge, nach der die Werte sortiert werden, von einer Vergleichsfunktion abhängig, die Sie angeben müssen. Dazu erfahren Sie aber mehr in dem Abschnitt *Völlig freie Hand beim Sortieren*.

Die Syntax ist bei allen diesen Funktionen identisch. Als Beispiel soll `sort` herhalten:

```
void sort (array array)
```

Folgendes Beispiel demonstriert, wie einfach die Handhabung von `sort` ist. Dies geschieht anhand eines Arrays, das mit deutschen Städtenamen gefüllt ist. Diese sollen nach alphabetischer Reihenfolge aufsteigend sortiert werden.

```
<HTML>
<HEAD>
    <TITLE>Ein Array mit "sort" sortieren</TITLE>
</HEAD>
<BODY>
<?php

// Array mit Städtenamen füllen
$stadt = array ("Bonn", "Zittau", "Dresden", "Aachen", "Bremen", "Berlin",
                "Hamburg", "Kaiserslautern", "Mannheim");

// Array aufsteigend nach Werten sortieren
sort($stadt);

// Elemente des Arrays zählen
$anzahl = count($stadt);

// Alle Elemente des Arrays ausgeben
for ($i=0; $i < $anzahl; $i++) {
    echo "stadt[$i] = <B>$stadt[$i]</B><BR>";
}

?>
</BODY>
</HTML>
```

Listing 6.5: Ein Array mithilfe der Funktion `sort` aufsteigend sortieren

Abbildung 6.5: Ergebnis der aufsteigenden Sortierung der Städtenamen mithilfe von `sort`

Natürlich ist es auch möglich, mit `sort` Zahlen zu sortieren. Im nächsten Beispiel werden Integer- und Double-Werte sortiert.

```
<HTML>
<HEAD>
    <TITLE>Ein Array mit "sort" sortieren</TITLE>
</HEAD>
<BODY>
<?php


// Array mit Zahlen füllen
$zahl = array ("1024", "23.21", "0", "191919", "128", "569", "3847.21",
               "542.98123", "24");

// Array aufsteigend nach Werten sortieren
sort($zahl);

// Elemente des Arrays zählen
$anzahl = count($zahl);

// Alle Elemente des Arrays ausgeben
for ($i=0; $i < $anzahl; $i++) {
    echo "zahl[$i] = <B>$zahl[$i]</B><BR>";
}

?>
</BODY>
</HTML>
```

Listing 6.6: Ein Array, bestehend aus Integer-Werten mithilfe der Funktion `sort` aufsteigend sortieren

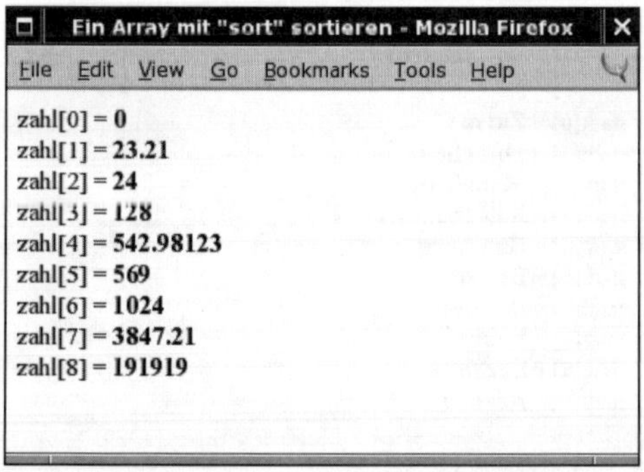

Abbildung 6.6: Ergebnis der aufsteigenden Sortierung der Städtenamen mithilfe von `sort`

Wenn Sie Ihr Array in absteigender Reihenfolge sortieren möchten, dann empfiehlt sich der Einsatz von `rsort`. Das Ergebnis des Einsatzes von `rsort` anstelle von `sort` in Listing 6.5 wäre folgendes.

```
<HTML>
<HEAD>
    <TITLE>Ein Array mit "rsort" sortieren</TITLE>
</HEAD>
<BODY>
<?php

// Array mit Städtenamen füllen
$stadt = array("Bonn", "Berlin", "Zittau", "München", "Kaiserslautern",
               "Mannheim", "Hamburg", "Bremen", "Aachen", "Dresden");

// Array absteigend nach Werten sortieren
rsort($stadt);

// Elemente des Arrays zählen
$anzahl = count($stadt);

// Alle Elemente des Arrays ausgeben
for ($i=0; $i < $anzahl; $i++){
    echo "stadt[$i] = <B>$stadt[$i]</B> <BR>";
}

?>
</BODY>
</HTML>
```

Listing 6.7: Ein Array, bestehend aus Städtenamen mithilfe der Funktion `rsort` aufsteigend sortieren

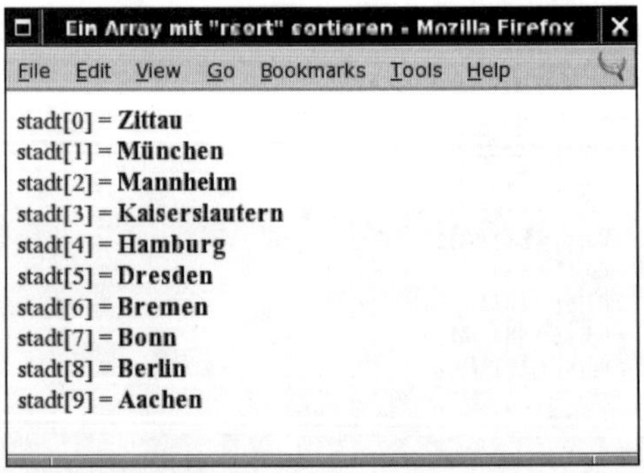

Abbildung 6.7: Ergebnis der absteigenden Sortierung der Städtenamen mithilfe von `rsort`

Als Nächstes sehen Sie sich folgendes Beispiel zu `asort` an. Diese Funktion arbeitet fast genauso wie die Funktion `sort`. `asort` sortiert ein Array nach Werten, behält dabei aber die Indexverbindungen der Elemente bei. Dabei ist die neue Position der Elemente unerheblich.

So wird ein Array sortiert, aber jedes Element kann nach wie vor einzeln mit seinem alten Schlüssel (Index) angesprochen werden.

Als Beispiel bleiben wir bei unserem nun schon bekannten Städteproblem.

```
<HTML>
<HEAD>
    <TITLE>Ein Array mit "asort" sortieren</TITLE>
</HEAD>
<BODY>
<?php

// Array mit Städtenamen füllen
$stadt[] = ("Bonn");
$stadt[] = ("Berlin");
$stadt[] = ("Zittau");
$stadt[] = ("München");
$stadt[] = ("Kaiserslautern");
$stadt[] = ("Mannheim");
$stadt[] = ("Hamburg");
$stadt[] = ("Bremen");
$stadt[] = ("Aachen");
$stadt[] = ("Dresden");

// Array aufsteigend nach Werten sortieren.
// Indexverbindungen bleiben aber erhalten
asort($stadt);

// Den Pointer des Arrays auf das erste Element setzen
reset($stadt);

// Alle Elemente des Arrays ausgeben
while (list ($key, $wert) = each ($stadt)) {
    echo "stadt[$key] = <B>$wert</B><BR>";
}

?>
</BODY>
</HTML>
```

Listing 6.8: Ein Array mithilfe von `asort` aufsteigend sortieren

Abbildung 6.8: Ergebnis der aufsteigenden Sortierung der Städtenamen mithilfe von `asort`

Wenn Sie ein Array nach Werten absteigend sortieren möchten und dabei sichergehen wollen, dass jedes Element seinen alten Index beibehält, dann ist `arsort` die Funktion Ihrer Wahl.

Um dies zu zeigen, habe ich in Listing 6.8 einfach anstatt `asort` die Funktion `arsort` eingefügt. Das Ergebnis ist folgendes.

```
<HTML>
<HEAD>
    <TITLE>Ein Array mit "arsort" sortieren</TITLE>
</HEAD>
<BODY>
<?php

// Array mit Städtenamen füllen
$stadt[] = ("Bonn");
$stadt[] = ("Berlin");
$stadt[] = ("Zittau");
$stadt[] = ("München");
$stadt[] = ("Kaiserslautern");
$stadt[] = ("Mannheim");
$stadt[] = ("Hamburg");
$stadt[] = ("Bremen");
$stadt[] = ("Aachen");
$stadt[] = ("Dresden");

// Array aufsteigend nach Werten sortieren.
// Indexverbindungen bleiben aber erhalten
arsort($stadt);

// Den Pointer des Arrays auf das erste Element setzen
reset($stadt);
```

```
// Alle Elemente des Arrays ausgeben
while (list ($key, $wert) = each ($stadt)) {
    echo "stadt[$key] = <B>$wert</B><BR>";
}

?>
</BODY>
</HTML>
```

Listing 6.9: Ein Array mithilfe von `arsort` *absteigend sortieren*

Abbildung 6.9: Ergebnis der absteigenden Sortierung der Städtenamen mithilfe von `arsort`

Nach Schlüsseln sortieren

Nun, nachdem Sie das Sortieren eines Arrays nach seinen Werten perfekt beherrschen, möchte ich Ihnen noch zeigen, wie Sie ein Array nach seinen Schlüsseln sortieren. Dabei stehen Ihnen die Funktionen `ksort` und `krsort` zur Verfügung.

Mit `ksort` sortieren Sie ein Array nach seinen Schlüsseln. Dabei wird die originale Verbindung (Zuordnung) zwischen den Elementen des Arrays und seinen Schlüsseln erhalten.

```
int ksort (array array)
```

Als Beispiel haben wir hier mal wieder ein Array mit mehreren deutschen Städten. Das verwendete Array ist ein *assoziatives Array*, was bedeutet, dass die Indexierung nicht über Zahlen vorgenommen wird, sondern über Strings. Die Schlüssel sind in diesem Fall die Kfz-Nummernschilder der Städte.

Diese Schlüssel sollen in alphabetischer Reihenfolge aufsteigend geordnet werden. Natürlich müssen die Verknüpfungen mit den Elementen des Arrays hier unbedingt erhalten bleiben. Darum ist `ksort` die Funktion unserer Wahl.

```
<HTML>
<HEAD>
   <TITLE>Ein Array mit "ksort" sortieren</TITLE>
</HEAD>
<BODY>
<?php

// Assoziatives Array mit Städtenamen füllen.
// Die Schlüssel sind die Nummernschilder der Städte
$stadt = array("KL"=>"Kaiserslautern", "HH"=>"Hamburg",
               "MZ"=>"Mainz", "B"=>"Berlin",
               "M"=>"München", "MA" => "Mannheim");

// Array aufsteigend nach Schlüsseln sortieren.
// Indexverbindungen bleiben aber erhalten
ksort($stadt);

// Den Pointer des Arrays auf das erste Element setzen
reset($stadt);

// Alle Elemente des Arrays mit Schlüsseln ausgeben
while (list ($key, $wert) = each ($stadt)) {
   echo "$key => <B>$wert</B><BR>";
}

?>
</BODY>
</HTML>
```

Listing 6.10: Ein assoziatives Array aufsteigend nach Schlüsseln sortieren

Abbildung 6.10: Ergebnis der aufsteigenden Sortierung nach Schlüsseln mithilfe von `ksort`

Wenn Sie nun das Array aus obigem Beispiel nach seinen Schlüsseln in absteigender Reihenfolge sortieren möchten, dann greifen Sie ganz einfach zu `krsort`. Die Syntax ist die gleich wie bei `ksort` und auch hier bleibt die originale Verbindung (Zuordnung) zwischen den Elementen des Arrays und seinen Schlüsseln erhalten.

Sehen Sie selbst das Ergebnis von Listing 6.11, nachdem `ksort` durch `krsort` ersetzt wurde.

```
<HTML>
<HEAD>
    <TITLE>Ein Array mit "krsort" sortieren</TITLE>
</HEAD>
<BODY>
<?php

// Assoziatives Array mit Städtenamen füllen.
// Die Schlüssel sind die Nummernschilder der Städte
$stadt = array("KL"=>"Kaiserslautern", "HH"=>"Hamburg",
               "MZ"=>"Mainz", "B"=>"Berlin",
               "M"=>"München", "MA" => "Mannheim");

// Array absteigend nach Schlüsseln sortieren.
// Indexverbindungen bleiben aber erhalten
krsort ($stadt);

// Den Pointer des Arrays auf das erste Element setzen
reset($stadt);

// Alle Elemente des Arrays mit Schlüsseln ausgeben
while (list ($key, $wert) = each ($stadt)) {
    echo "$key => <B>$wert</B><BR>";
}

?>
</BODY>
</HTML>
```

Listing 6.11: Ein assoziatives Array absteigend nach Schlüsseln sortieren

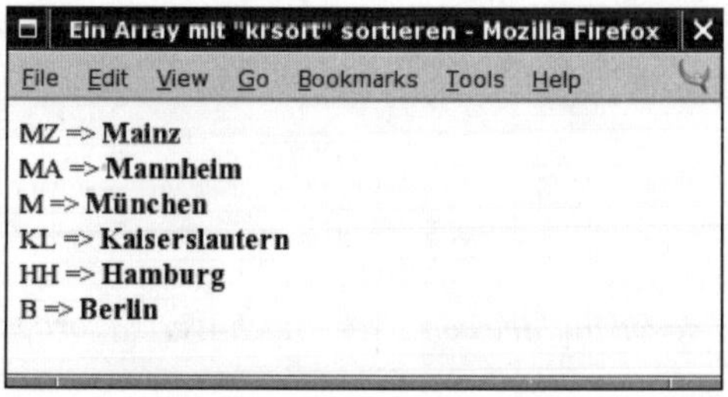

Abbildung 6.11: Ergebnis der absteigenden Sortierung nach Schlüsseln mithilfe von `krsort`

Völlig freie Hand beim Sortieren

Die Funktionen `usort`, `uasort` und `uksort` sortieren ein Array mithilfe einer von Ihnen anzugebenden Vergleichsfunktion. Dabei sortieren `usort` und `uasort` nach Werten, `uksort` nach Schlüsseln.

```
void usort (array array, string funktions_name)
```

Sehen Sie sich folgendes Beispiel zu `usort` an und Sie werden verstehen, wie Sie mit einer Vergleichsfunktion arbeiten.

```
<HTML>
<HEAD>
    <TITLE>Ein Array mit "usort" sortieren</TITLE>
</HEAD>
<BODY>
<?php

// Funktion "sortieren" definieren
function sortieren ($zahlen, $n) {
    if ($zahlen == $n) return 0;
    return ($zahlen < $n) ? -1 : 1;
}

// Array mit Zahlen füllen
$zahlen = array(3.232, 5.54, 0.0011, 10.231, 2.32, 13);

// Das Array mithilfe der Funktion "sortieren"
// nach Werten aufsteigend sortieren
usort($zahlen, "sortieren");


// Alle Elemente des Arrays mit Schlüsseln ausgeben
while (list ($key, $wert) = each ($zahlen)) {
    echo "zahl[$key] => $wert <BR>";
}

?>
</BODY>
</HEAD>
```

Listing 6.12: Ein Array aufsteigend mithilfe von `usort` nach Werten sortieren

Bei `uasort` und `uksort` werden die Indexverbindungen beibehalten. Das bedeutet, dass die Verbindungen zwischen Schlüsseln und Array-Elementen bestehen bleiben. Daher sind diese Funktionen besonders bei assoziativen Arrays interessant. Die Syntax ist dabei folgende:

```
void uasort (array array, function funktions_name)
```

und bei `uksort`:

```
void uksort (array array, function funktions_name)
```

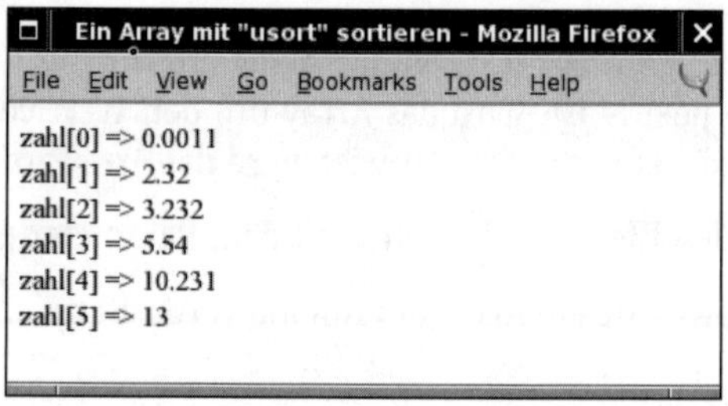

Abbildung 6.12: Ergebnis der Sortierung nach Werten mittels einer benutzerdefinierten Funktion mithilfe von `usort`

Elemente einem Array hinzufügen oder entnehmen

Die Möglichkeit, Elemente aus einem Array einzeln oder als Gruppen hinzuzufügen oder zu löschen, ist ein sehr wichtiges Feature, das PHP Ihnen für die Arbeit mit Arrays an die Hand gibt.

In Tabelle 6.2 finden Sie die Funktionen, die PHP für diesen Zweck bereitstellt.

Funktion	Ergebnis
`array_pad`	Vergrößert ein Array am Anfang oder Ende und füllt die neuen Elemente mit einem vom Benutzer festzulegenden Wert.
`array_pop`	Liefert das letzte Element eines Arrays zurück und verkürzt es dann um ein Element
`array_push`	Hängt ein oder mehrere Elemente am Ende eines Arrays an
`array_shift`	Gibt das erste Element eines Arrays zurück und entfernt es aus dem Array
`array_slice`	Entfernt einen Teil eines Arrays
`array_splice`	Entfernt einen Teil eines Arrays und ersetzt ihn durch etwas anderes
`array_unique`	Entfernt doppelte Werte aus einem Array
`array_unshift`	Fügt ein oder mehrere Elemente am Anfang eines Arrays ein

Tabelle 6.2: Übersicht über Funktionen zum Hinzufügen und Entfernen von Elementen in Arrays

Arrays vergrößern, von hinten und von vorn – kein Problem!

Sie haben ein Array und wollen, dass es größer wird. Das ist kein Problem mit der Funktion `array_pad`. Diese Funktion fügt einem Array Werte hinzu, bis es die vom Benutzer angegebene Größe (Parameter size) erreicht hat. Dann kann das Array keine Elemente mehr aufnehmen.

```
array array_pad (array input_array, int size, mixed pad_value)
```

Mit dem Parameter size legen Sie fest, ob das Array am Anfang oder am Ende vergrößert werden soll. Wenn size positiv ist, wird das Array um den Wert von size nach rechts mit Elementen aufgefüllt, und wenn size negativ ist, wird das Array am Anfang erweitert.

Was der Inhalt dieser neuen Elemente ist, wird mit dem Parameter pad_value festgelegt.

Im Folgenden sehen Sie, wie Sie ein Array am Anfang vergrößern.

```
<?php
    // Array mit Zahlen füllen
    $zahlen = array(405, 12, 4, 85);

    // Ergebnis ist: (405, 12, 4, 85, 0, 0)
    $ergebnis = array_pad($zahlen, 6, 0);

    // Ergebnis ist: (1, 1, 1, 1, 405, 12, 4, 85)
    $ergebnis = array_pad($zahlen, -8, 1);
?>
```

Wenn der Wert von size kleiner oder gleich der ursprünglichen Länge des Arrays ist, dann passiert nichts. Sie sehen also, mit array_pad kann man wunderbar einfach ein Array an seinem Anfang oder Ende vergrößern.

Das Erste oder das Letzte? - Das ist hier die Frage

Sie wollen das erste Element aus einem Array haben und aus dem Array herausholen. Nur, wie macht man das? Kein Problem. Die Funktion array_shift gibt Ihnen das letzte Element eines Arrays zurück und entfernt es danach aus dem Array.

```
mixed array_shift(array array_name)
```

Die anderen Elemente des Arrays werden alle um eine Position nach vorne geschoben. Danach wird das Array um ein Element verkleinert.

```
<HTML>
<HEAD>
    <TITLE>Das erste Elemente eines Arrays löschen</TITLE>
</HEAD>
<BODY>
<?php

// Array mit Jahreszeiten füllen
$zeiten = array("Frühling", "Sommer", "Herbst", "Winter");
```

```
// Das erste Zeichen des Arrays entfernen
array_shift($zeiten);

// Das restliche Array ausgeben.
// Ausgabe wird sein: (Sommer, Herbst, Winter)
echo "<PRE>";
print_r ($zeiten);
echo "</PRE>";

?>
</BODY>
</HTML>
```

Listing 6.13: Ein Element am Anfang des Arrays löschen

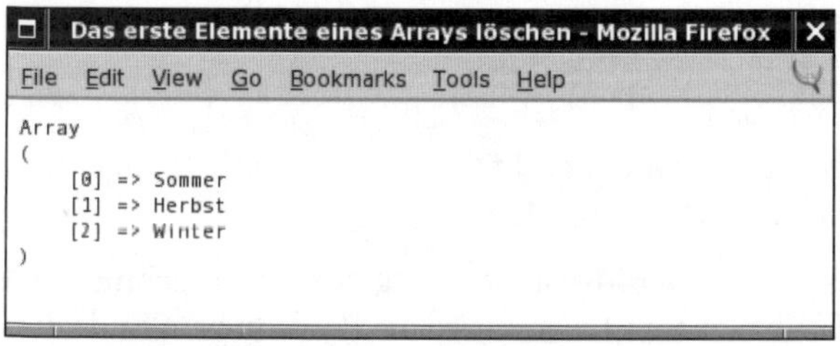

Abbildung 6.13: Den Inhalt des Arrays nach dem Löschen des ersten Elements am Anfang des Arrays mithilfe von `array_shift` *ausgeben*

Wenn Sie jedoch nicht wie bei `array_shift` das erste Element Ihres Array haben wollen, sondern das letzte Element Ihres Arrays, dann greifen Sie zu `array_pop`.

```
mixed array_pop(array array_name)
```

Diese Funktion gibt Ihnen das letzte Array-Element zurück und verkürzt das Array danach um ein Element. So wie im folgenden Beispiel:

Wenn das Array gar kein Array oder leer ist, wird `NULL` zurückgegeben. Das Gleiche gilt auch für `array_shift`.

```
<?php
    // Array mit Jahreszeiten füllen
    $zeiten = array("Frühling", "Sommer", "Herbst", "Winter");

    // das letzte Element des Arrays holen
    $winter = array_pop($zeiten);
?>
```

Nach Ausführung des Skripts enthält das Array `$zeiten` nur noch die 3 Elemente `Frühling`, `Sommer` und `Herbst`. Das Element mit dem Wert `Winter` wird in `$winter` gespeichert und danach von dem Array `$zeiten` abgeschnitten.

Wenn Sie ein oder mehrere Elemente am Anfang eines Arrays entfernen möchten, dann wird die Funktion `array_unshift` das Werkzeug sein, das Sie suchen.

Jetzt aber mal ordentlich ausmisten im Array

Wenn Sie der Meinung sind, in Ihrem Array ist viel zu viel Zeugs und das muss raus, oder Sie wollen einen bestimmten Bereich von Elementen aus Ihrem Array zurückgeben, dann fahren Sie mit `array_slice` goldrichtig.

Mit dieser Funktion schneiden Sie einen Teil Ihres Arrays aus und bekommen ihn zurück. Wo der auszuschneidende Teil anfängt und aufhört, wird mit dem Parameter `offset` und dem optionalen Parameter `length` festgelegt.

```
array array_slice (array array_name, int offset [, int length])
```

Dabei können durch den Parameter `offset` und `length` (Länge des auszuschneidenden Teils) vielfältige Ergebnisse erzielt werden.

Wenn der Parameter `offset` positiv ist, dann beginnt der Ausschnitt aus dem Array an dieser Position. Wenn `offset` negativ ist, dann wird die Position vom Ende des Arrays gerechnet.

Wenn `length` positiv ist, dann ist der Ausschnitt aus dem Array die Position ab `offset`, und die Länge dieses Ausschnitts ist mit `length` angegeben. Wenn `length` negativ ist, dann wird der Ausschnitt so viele Elemente groß, wie der Wert von `length` ist.

```
<?php
    // Array mit Zahlen füllen
    $zahlen = array(14, 2, 76, 3, 87, 45, 23);

    // ergibt (87, 45, 23)
    $ausgabe = array_slice($zahlen, 4)

    // ergibt (2, 76, 3, 87)
    $ausgabe = array_slice($zahlen, 1, 4)

    // ergibt (3, 87, 45)
    $ausgabe = array_slice($zahlen, 3, -1)

    // ergibt (3, 87)
    $ausgabe = array_slice($zahlen, -4, 2)
?>
```

Es kann aber auch vorkommen, dass Sie einen Teil eines Arrays durch etwas anderes ersetzen wollen. Dann wäre es zu nervig, Element für Element auszuschneiden und ein neues einzufügen. Hier hilft Ihnen `array_splice`.

Mit dieser Funktion schneiden Sie einen Teil eines Arrays aus und können diesen durch etwas anderes ersetzen.

```
array_splice (array input_array, it offset [, int length [, array
replacement_array]]
```

Ich will jetzt nicht auf alle Möglichkeiten, die `array_splice` bietet, eingehen, aber ein paar kleine Beispiele, die im Alltag nützlich sein können, finden Sie im folgenden Beispiel.

```
<?php
    // Array mit Zahlen füllen
    $zahlen = array(14, 2, 76, 3, 87, 45, 23);

    // alle Zahlen ab 76 entfernen
    $ausgabe = array_splice($zahlen, 2);

    // Zahlen ab 76 und 3 entfernen
    $ausgabe = array_splice($zahlen, 2, 2);

    // nach der 87 eine 12 einfügen
    $ausgabe = array_splice($zahlen, 4, 0, 12);

    // zwischen 87 und 45 eine 12, 13 und 14 einfügen
    $ausgabe = array_splice($zahlen, 4, 0, array("12, 13, 14"));
?>
```

Zum Teufel mit den Doppelten

Wenn Sie vor dem Problem stehen, dass Sie viele doppelte Werte in Ihrem Array haben und diese daraus entfernen wollen, dann brauchen Sie sich nicht damit aufzuhalten, diese doppelten Elemente einzeln herauszupicken, indem Sie eine Funktion schreiben, die jedes Element mit jedem vergleicht. Sie brauchen nur die Funktion `array_unique`. Diese Funktion entfernt schnell und problemlos alle doppelt vorkommenden Werte aus einem Array. Übrigens müssen die Elemente in einem Array nicht bereits sortiert sein, um die Doppelten zu entfernen.

```
array array_unique (array array_name)
```

Sie sollten darauf achten, dass die Werte des Arrays alle vom gleichen Typ sind. Sonst kann es zu merkwürdigen Ergebnissen kommen.

Dabei wird ein Input-Array von allen Duplikaten gesäubert und ein neues Array ausgegeben.

Wenn Sie z.B. ein Array mit den Werten (`"8"`, `8`) haben, also einmal die 8 als String und einmal als Integer-Zahl, dann wird das von `array_unique` nicht als Dublette angesehen. Es bleiben beide erhalten.

Elemente an ein Array vorne oder hinten anhängen

Mit der Funktion `array_unshift` fügen Sie ein oder mehrere Elemente am Anfang eines Arrays an. Das sieht dann syntaktisch richtig so aus:

```
mixed array_unshift(array array_name)
```

Um es anders auszudrücken, fügt die Funktion `array_unshift` dem Array die Variablen als neue Elemente hinzu, die als Argumente angegeben wurden.

```
<HTML>
<HEAD>
    <TITLE>Elemente am Anfang eines Arrays anfügen</TITLE>
</HEAD>
<BODY>
<?php

// Array mit Zahlen füllen
$zahlen = array(405, 12, 4, 85);

// array_reverse dreht die Reihenfolge um
array_unshift ($zahlen, "73", "97");

// das neue Array ausgeben.
// der Inhalt des Arrays ist (73, 97, 405, 12, 4, 85)
echo "<PRE>";
print_r ($zahlen);
echo "</PRE>";

?>
</BODY>
</HEAD>
```

Listing 6.14: Zwei Elemente am Anfang eines Arrays anfügen

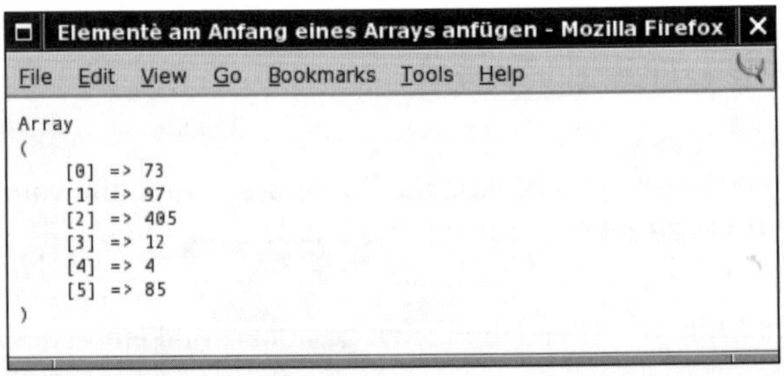

Abbildung 6.14: Den Inhalt des Arrays nach dem Anfügen von zwei weiteren Elementen am Anfang des Arrays mithilfe von `array_unshift` ausgeben

Wenn Sie nun aber Elemente am Ende Ihres Arrays hinzufügen möchten, dann greifen Sie zu array_push. Das ist auch nicht weiter schwer. Die Funktion array_push fügt ein oder mehrere Elemente am Ende eines Arrays hinzu.

```
int array_push (array array_name, mixed variable [, mixed ...])
```

Natürlich darf auch hier ein kurzes Beispiel nicht fehlen. Im folgenden Listing werden einem Array mit Städtenamen zwei neue Elemente hinzugefügt. Der neue Inhalt des Arrays ist dann "München", "Berlin", "Aachen", "Kaiserslautern", "Mainz".

```
<HTML>
<HEAD>
   <TITLE>Elemente am Ende anfügen mit "array_push"</TITLE>
</HEAD>
<BODY>
<?php

// Array mit Städtenamen füllen
$stadt = array("München", "Berlin", "Aachen");

// zwei weitere Namen am Ende des Arrays anfügen
array_push($stadt, "Kaiserslautern", "Mainz");

// Den Inhalt des Arrays ausgeben
echo "<PRE>";
print_r ($stadt);
echo "</PRE>";

?>
</BODY>
</HTML>
```

Listing 6.15: Zwei Elemente am Ende eines Arrays anfügen

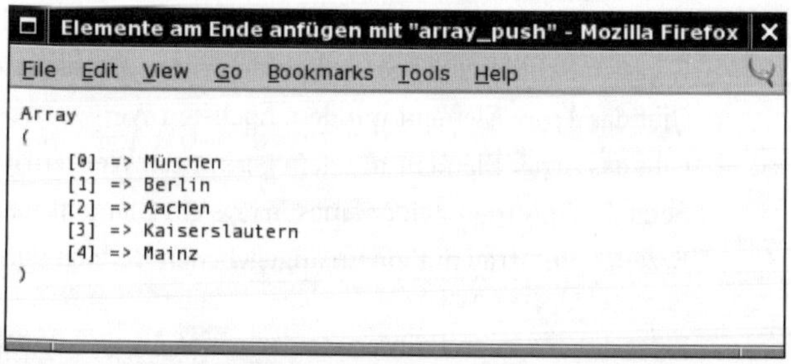

Abbildung 6.15: Den Inhalt des Arrays nach dem Anfügen von zwei weiteren Elementen am Ende des Arrays, mithilfe von array_push *ausgeben*

Nützliche Array-Funktionen

PHP stellt eine Vielzahl von Funktionen bereit, die viel Arbeit im Umgang mit Arrays sparen. Es liegt ja schließlich auf der Hand, dass Sie alles, was als fertige Funktion bereitgestellt wird, im Bedarfsfall nicht mehr schreiben müssen. Ich denke da zum Beispiel an Sortier-Funktionen. Eine Funktion aufzurufen, ist kein Vergleich gegen den Aufwand, einen Sortier-Algorithmus selbst zu implementieren.

Mithilfe dieser Funktionen wird Ihr Code weniger fehleranfällig und deutlich lesbarer und kompakter – von der Zeitersparnis ganz zu schweigen.

In Tabelle 6.3 finden Sie eine Übersicht der Funktionen, die PHP für die Arbeit mit Arrays bereitstellt. Diese Übersicht ist zwar nicht vollständig, aber dennoch sicher ganz hilfreich.

Funktion	Ergebnis
`array_count_values`	Zählt die Werte eines Arrays
`array_diff`	Vergleicht zwei oder mehr Arrays und gibt die Unterschiede in ein neues Array aus
`array_flip`	Vertauscht die Werte und Schlüssel eines Arrays
`array_intersect`	Ermittelt die Schnittmenge von zwei oder mehr Arrays
`array_merge`	Verknüpft zwei oder mehr Arrays
`array_reverse`	Dreht die Elemente eines Arrays um
`array_values`	Gibt nur die Elemente eines Arrays zurück
`array_walk`	Wendet eine vom Benutzer angegebene Funktion an jedem Element eines Arrays an
`Count`	Zählt die Elemente eines Arrays
`Current`	Gibt das aktuelle Element eines Arrays aus
`Each`	Gibt den Schlüssel und den Wert des nächsten Elements eines Arrays aus
`End`	Bewegt den internen Pointer eines Arrays zum letzten Element des Arrays
`in_array`	Überprüft, ob ein Wert in einem Array vorhanden ist
`Join`	Wandelt ein Array in eine Zeichenkette um
`Key`	Gibt den Schlüssel des aktuellen Elements eines assoziativen Arrays aus
`Max`	Gibt das Array-Element mit dem höchsten Wert zurück
`Min`	Gibt das Array-Element mit dem geringsten Wert zurück
`Next`	Setzt den internen Zeiger eines Arrays ein Element nach vorne
`Range`	Erzeugt ein Array mit einem angegebenen Bereich von Elementen mit Unter- und Obergrenze
`Reset`	Setzt den internen Pointer (Zeiger) eines Arrays auf das erste Element zurück und gibt dieses aus
`Prev`	Setzt den internen Zeiger eines Arrays ein Element nach hinten

Funktion	Ergebnis
`Pos`	Liefert das aktuelle Element eines Arrays
`Shuffle`	Bringt die Elemente eines Arrays in eine zufällige Ordnung
`Sizeof`	Liefert die Anzahl der Elemente einer Variablen

Tabelle 6.3: Funktionen, die die Arbeit mit Arrays unterstützen und erleichtern

Ja, wie viele sind es denn nun?

Sie haben ein Array und keine Ahnung, wie oft welches Element nun schon enthalten ist? Würden es aber gerne wissen, z.B., um eine Statistik zu generieren oder sich nur mal einen kleinen Überblick über Ihre gesammelten Daten zu verschaffen. Nur, wie stellen Sie das an? Ganz einfach. Eine Lösungsmöglichkeit bietet die Funktion `array_count_values`.

Diese gibt als Ausgabe ein Array zurück, in dem die Werte des Input-Arrays als Schlüssel angegeben sind. Die Werte des neuen Arrays sind die Häufigkeiten des Vorkommens der Werte im Input-Array. So können Sie ganz einfach die Verteilung der Werte eines Arrays darstellen und Werte, die mehrfach vorkommen, herausfinden.

```
array array_count_values (array array)
```

Sehen Sie sich folgendes Beispiel an.

Ein junger Erstsemestler, der sich noch nicht über die Schwere seine Studiums bewusst ist, steht am Fenster seinen Studentenwohnheims. Weil ihm langweilig ist, schreibt er sich die Nummernschilder der Autos auf, die in zehn Minuten an seinem Fenster vorbeigefahren sind. Diese schreibt er in ein Array.

Dieses Array will er nun nach der Häufigkeit der Nummernschilder auswerten, um zu sehen, ob die Stadt, in der er wohnt und studiert, wirklich so weltgewandt ist, wie immer behauptet wird. Sehen wir uns die Auswertung mal an:

```
<HTML>
<HEAD>
    <TITLE>Häufigkeiten ermitteln</TITLE>
</HEAD>
<BODY>
<?php

// Array mit Nummerschildern füllen
$nummern = array("KL", "MZ", "ZW", "M", "MA", "KL", "KL", "MZ");

// Werte mit array_count_values zählen
$neu = array_count_values($nummern);
```

```
// Alle Werte des Arrays mit Schlüsseln ausgeben
while (list ($key, $wert) = each ($neu)) {
    echo "array($wert) = <B>$key</B><BR>";
}
?>

</BODY>
</HTML>
```

Listing 6.16: Häufigkeiten von Nummernschildern mithilfe von `array_count_values` *herausfinden*

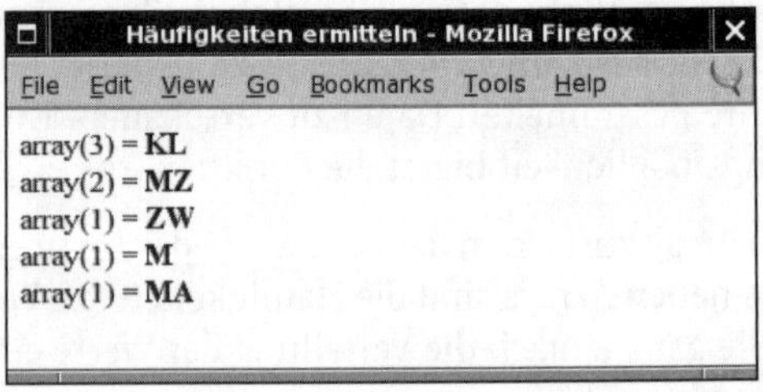

Abbildung 6.16: Ergebnis des Beispiels zu `array_count_values`

Wenn Sie an einer Statistik, oder besser ausgedrückt Verteilungsanzeige, von Werten kein Interesse haben, sondern einfach nur wissen wollen, wie viele Elemente denn nun in Ihrem Array sind, dann liegen Sie mit der Funktion `count` goldrichtig.

Die Funktion `count` gibt die Anzahl der Elemente eines Arrays zurück.

```
int count (variable)
```

`count` wird im Abschnitt *Die Elemente eines Arrays zählen – count* genau vorgestellt.

Es gibt noch eine Funktion, die die Elemente eines Arrays zählt und das Ergebnis zurückliefert. Diese Funktion heißt `sizeof` und ist in ihrer Syntax und Funktion absolut gleich mit der Funktion `count`. Sie ist ein so genanntes Alias für `count`.

Auf den Schnitt kommt es an

Sie haben zwei oder mehr Arrays und würden gerne die Schnittmenge dieser Arrays erfahren. Das machen Sie mit der Funktion `array_intersect`. Diese liefert die Schnittmenge von zwei oder mehr Arrays zurück. In der Praxis heißt das, dass alle Elemente, die in `array1` und allen anderen Arrays vorkommen, ausgegeben werden und in das Ergebnis-Array gespeichert werden.

```
array array_intersect (array array1, array array2 [, array ...]
```

Folgendes Beispiel zeigt, wie das geht.

```
<HTML>
<HEAD>
    <TITLE>Schnittmenge zweier Arrays bestimmen</TITLE>
</HEAD>
<BODY>
<?php

// Arrays mit Jahreszeiten füllen
$array1 = array("Frühling", "Winter", "Herbst");
$array2 = array("Sommer", "Winter", "Frühling");

// Schnittmenge feststellen
$ergebnis = array_intersect($array1, $array2);

// Ergebnis-Array ausgeben.
// Das Ergebnis ist: (Frühling, Winter)
echo "<PRE>";
print_r ($ergebnis);
echo "</PRE>";

?>
</BODY>
</HTML>
```

Listing 6.17: Die Schnittmenge von zwei Arrays bestimmen mit `array_intersect`

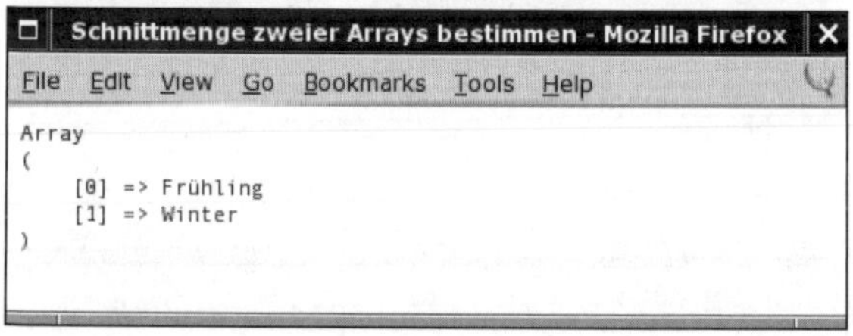

Abbildung 6.17: Die Schnittmenge der beiden Arrays

So einfach, wie Sie mit `array_intersect` die Schnittmenge zweier oder mehrerer Arrays ermitteln können, können Sie auch überprüfen, welche Elemente eines Arrays in keinem anderen Array vorkommen.

Die Funktion `array_diff` vergleicht zwei oder mehr Arrays und gibt ein neues Array aus, das die Elemente aus `array1` enthält, die in keinem der zu vergleichenden Arrays vorkommen.

```
array array_diff (array array1, array array2 [array ...])
```

Folgendes Beispiel vergleicht zwei Arrays, die Nummernschilder enthalten.

```
<HTML>
<HEAD>
    <TITLE>Zwei Arrays vergleichen mit "array_diff"</TITLE>
</HEAD>
<BODY>
<?php

// array1 und array2 mit Nummernschildern füllen
$array1 = array ("a" => "KL", "MZ", "KIB", "M", "F", "KL");
$array2 = array ("b" => "KL", "KL", "MZ", "KL", "MZ", "HH");

// array1 und array2 mithilfe von array_diff vergleichen
$ergebnis = array_diff ($array1, $array2);

// Ergebnis ausgeben
while (list ($key, $wert) = each ($ergebnis)) {
    echo "$key = <B>$wert</B><BR>";
}

?>
</BODY>
</HTML>
```

Listing 6.18: Zwei Arrays mit `array_diff` *vergleichen*

Abbildung 6.18: Ergebnis des Vergleichs von zwei Arrays mithilfe von `array_diff`

Wenn in dem zu transformierenden Array doppelte Werte vorkommen, dann kommt es bei `array_flip` zu Problemen und es gehen Wertepaare verloren.

Aus zwei (oder mehr) mach eins

Sie haben zwei oder mehr Arrays und wollen diese gerne zu einem großen verknüpfen. Nichts leichter als das. Auch für diesen Fall stellt PHP eine einfache Funktion bereit. Die Funktion `array_merge`. Diese verknüpft zwei oder mehr Arrays und gibt als Ergebnis ein neues Array zurück, das dann alle Elemente aus den zu verknüpfenden Arrays enthält.

```
array array_merge (array array1, array array2 [, array ...]
```

Die Funktionsweise von `array_merge` kann man sich so vorstellen: Das erste Array wird genommen, und dann werden die Elemente des zweiten Arrays an das erste gehängt. Wenn mehr Arrays da sind, werden deren Elemente dann auch noch dran gehängt. Ganz einfach also. So wie im folgenden Beispiel:

```
<HTML>
<HEAD>
    <TITLE>Zwei Arrays verknüpfen</TITLE>
</HEAD>
<BODY>
<?php

// Arrays mit Jahreszeiten füllen
$zeiten1 = array("Frühling", "Sommer");
$zeiten2 = array("Herbst", "Winter");

// die beiden Arrays verknüpfen
$jahr = array_merge($zeiten1, $zeiten2);

// Das Array-Ergebnis ausgeben.
// Ausgabe: (Frühling, Sommer, Herbst, Winter)
echo "<PRE>";
print_r ($jahr);
echo "</PRE>";

?>
</BODY>
</HTML>
```

Listing 6.19: Zwei Arrays mit `array_merge` verknüpfen

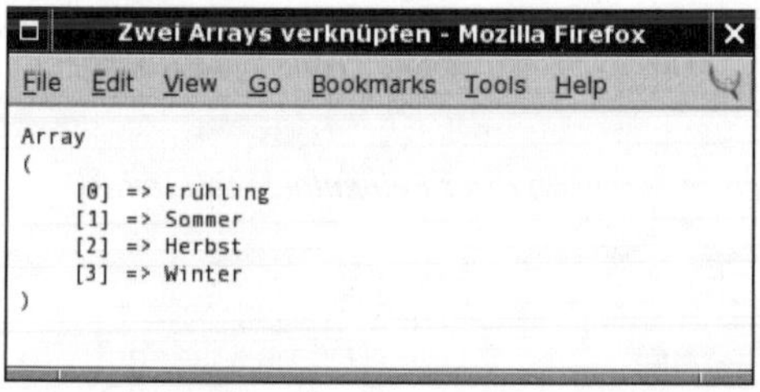

Abbildung 6.19: Das Ergebnis der Verknüpfung der beiden Arrays

Bei array_merge kann eigentlich nichts schief gehen, es sei denn, Sie verknüpfen assoziative Arrays, bei denen einige Arrays identische Schlüssel (in String-Form) haben. Dann gehen auf alle Fälle Daten verloren.

Die Letzten werden die Ersten sein

Sicher haben Sie diesen Spruch schon mal irgendwo gehört. Zumindest bei einem Array ist die Realisierung dieser Prophezeiung kein Problem und schnell erledigt. Sie brauchen nur die Funktion array_reverse. Diese liefert als Ergebnis ein Array mit umgekehrter Reihenfolge der Elemente aus dem Original-Array zurück.

```
array array_reverse (array array_name [, boolean preserve_keys])
```

Durch ein Setzen des optionalen Parameters preserve_keys auf TRUE wird die originale Reihenfolge der Schlüssel nicht verändert.

```
<HTML>
<HEAD>
   <TITLE>Die Reihenfolge der Array-Elemente umdrehen</TITLE>
</HEAD>
<BODY>
<?php

// Array mit Zahlen füllen
$zahlen = array(5, 1, 7, 3, 6);

// array_reverse dreht die Reihenfolge um
$zahlen = array_reverse($zahlen);

// das neue, umgedrehte Array ausgeben.
// der Inhalt des Arrays ist (6, 3, 7, 1, 5)
echo "<PRE>";
print_r ($zahlen);
echo "</PRE>";

?>
</BODY>
</HTML>
```

Listing 6.20: Die Elemente eines Arrays in ihrer Reihenfolge umdrehen

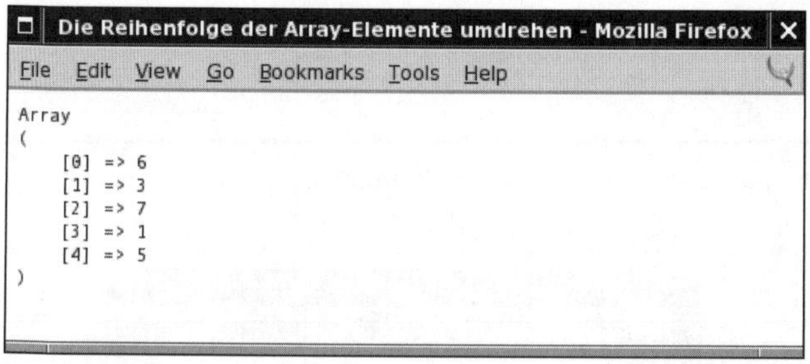

Abbildung 6.20: Ergebnis der Anwendung von `array_reverse` *auf ein Array*

Wenn Sie, anstatt einfach nur die Reihenfolge der Werte eines Arrays zu vertauschen, die Schlüssel mit den Werten eines Arrays vertauschen wollen, dann erledigt das die Funktion `array_flip`, denn diese vertauscht die Werte und Schlüssel eines Arrays.

```
array array_flip (array array)
```

Am Ende dieser Aktion sind die Werte des Arrays in Klammern zu Schlüsseln geworden und die ehemaligen Schlüssel wurden zu deren Werten. Das folgende Beispiel zeigt die Verhaltensweise:

```
<HTML>
<HEAD>
   <TITLE>Transformation eines Arrays</TITLE>
</HEAD>
<BODY>
<?php

// Array mit Werten füllen
$nummern = array("KL", "MZ", "M", "B");

// Ursprüngliches Array ausgeben
echo "<PRE>";
print_r ($nummern);
echo "</PRE>";

// Array transformieren mit array_flip
$nummern= array_flip($nummern);

echo "Array nach der Transformation durch <B>array_flip</B>";

// Array nach Transformation ausgeben
echo "<PRE>";
print_r ($nummern);
echo "</PRE>";
```

```
?>
</BODY>
</HTML>
```

Listing 6.21: Ein Array durch `array_flip` *transformieren*

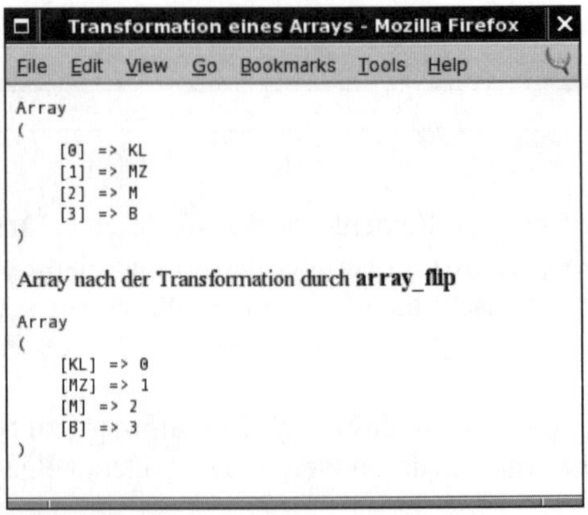

Abbildung 6.21: Ergebnis der Array-Transformation durch `array_flip`

Die Funktion `array_flip` arbeitet nur mit Integer- und String-Werten. Wenn in dem zu transformierenden Array Werte vom Typ Boolean, Object oder Double festgestellt werden, dann gibt die Funktion als Fehlermeldung ein `FALSE` zurück.

Auf die Werte kommt es an – zum Teufel mit den Schlüsseln!

Sie sind der Meinung, dass die Schlüssel Ihres Arrays unintelligent und verwirrend sind. Dann werden Sie mit der Funktion `array_values` Ihr Glück finden.

Diese Funktion liefert alle Werte eines Arrays. Die Schlüssel werden verworfen und die Werte werden mit Integer-Zahlen neu indiziert. Dabei bleibt aber die ursprüngliche Reihenfolge der Elemente des Arrays erhalten.

```
array array_values (array_name)
```

Eine Funktion auf jedes Element anwenden

Sie haben eine Funktion geschrieben und möchten diese auf jedes Element eines Arrays anwenden. Sparen Sie sich komplizierte Schleifen und Funktionen. Die Funktion `array_walk` macht genau das, was Sie wollen. Sie wendet eine vom Benutzer angegebene Funktion an jedem Element eines Arrays an.

Das heißt, `array_walk` läuft einmal durch das gesamte Array und macht mit jedem Element, was Sie vorher festgelegt haben.

```
int array_walk (array, array_name, string function [, mixed userdata]
```

Im folgenden Beispiel wird der Inhalt eines Arrays mithilfe von `array_walk` ausgegeben.

```
<HTML>
<HEAD>
   <TITLE>Ein Beispiel zu "array-walk"</TITLE>
</HEAD>
<BODY>
<?php

// Funktion festlegen
function elementeAusgeben ($element) {
    echo "$element<BR>";
}

// Array mit Städtenamen füllen
$stadt = array("München", "Berlin", "Aachen");

// Mit array_walk durch das Array laufen
array_walk ($stadt, "elementeAusgeben");

?>
</BODY>
</HTML>
```

Listing 6.22: Beispiel zu `array_walk`

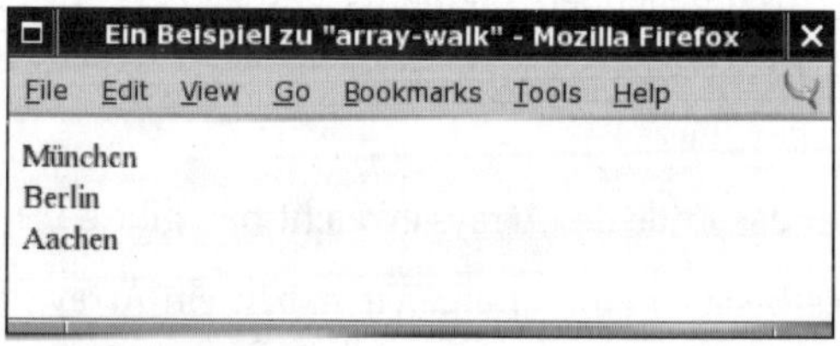

Abbildung 6.22: Ausgabe jedes Elements im Array mithilfe einer Funktion, angewendet auf jedes Element des Arrays durch `array_walk`

Bevor Sie durch ein Array laufen, sollten Sie den internen Pointer mithilfe von `reset` auf das erste Element des Arrays setzen, da `array_walk` das nicht automatisch macht. Ansonsten kann es zu merkwürdigen Ergebnissen kommen. (Sie bekommen auf einmal Elemente und Ergebnisse, die Sie sich nicht erklären können.)

Das aktuelle Element oder den Schlüssel erfahren

Mit der Funktion `current` wird das aktuelle Element eines Arrays (also das Element, auf das der interne Pointer des Arrays zeigt) zurückgegeben. Die Position des Zeigers (Pointers) wird dabei nicht verändert.

```
mixed current (array array_name)
```

Wenn Sie versuchen, mit `current` ein leeres Array-Element oder ein Element mit dem Wert 0 auszugeben, wird ein `FALSE` zurückgegeben.

Als Beispiel zu `current` kann das Beispiel zur Funktion `next` (in Listing 6.23) herhalten.

Als Alias zu `current` existiert die Funktion `pos`. Sie hat die gleiche Syntax und Funktion (die Funktion liefert das aktuelle Element des Arrays) wie `current`. Der einzige Unterschied ist, dass sie `pos` heißt.

Wenn Sie sich allerdings mehr für den Schlüssel des aktuellen Elements interessieren, dann wird die Funktion `key` Sie glücklich machen.

```
mixed key (array array_name)
```

Weitblick ermöglichen

Vorausschauendes Handeln ist immer gut. Das haben sich vielleicht auch die Entwickler von PHP gedacht, als sie die Funktion `each` implementierten.

Mit `each` wird das nächste Element und der nächste Schlüssel des Arrays zurückgegeben. Dabei liefert `each` ein Array als Ausgabe zurück, das vier Elemente enthält. Die Elemente haben die Schlüssel `0`, `1`, `key` und `value`. In den Elementen mit den Schlüsseln `0` und `key` wird der Schlüssel des auszugebenden Elements gespeichert. In den Elementen mit den Schlüsseln `1` und `value` wird der Wert des auszugebenden Elements gespeichert.

```
array each (array array_name)
```

Wenn der interne Pointer das Ende des Arrays erreicht hat, gibt `each` ein `FALSE` zurück.

Sehen Sie sich folgendes Beispiel einmal an. Wir haben ein Array mit ein paar Namen und wenden `each` darauf an.

```
<HTML>
<HEAD>
    <TITLE>Beispiel zu "each"</TITLE>
</HEAD>
<BODY>
<?php

// Array mit Namen füllen.
$namen = array("Sven", "Manu", "Anke", "Ingo");
```

```
// Zeiger des Arrays ein Element weitersetzen
next($namen);

// "each" anwenden auf das aktuelle Element
$ergebnis = each($namen);

// Ergebnis ausgeben
echo "<PRE>";
print_r ($ergebnis);
echo "<PRE>";

?>
</BODY>
</HTML>
```

Listing 6.23: Beispiel zu `each`

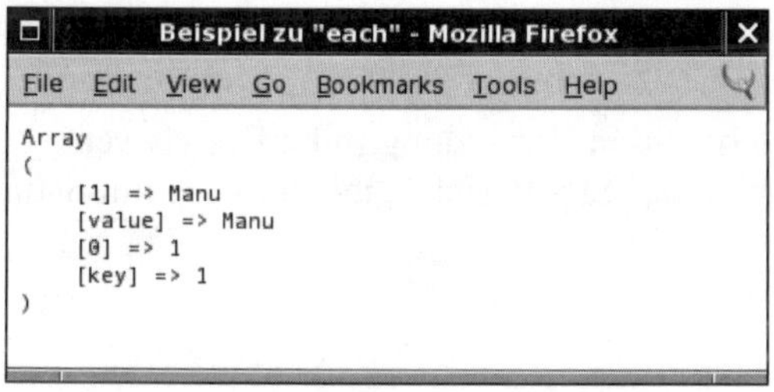

Abbildung 6.23: Ergebnis des ersten Beispiels zu `each`

Folgendes Beispiel soll die Funktion von `each` noch mehr verdeutlichen. Bei einem assoziativen Array ist die Ausgabe deutlich aussagekräftiger.

```
<HTML>
<HEAD>
    <TITLE>Beispiel zu "each" mit assoziativem Array</TITLE>
</HEAD>
<BODY>
<?php

// Array mit Namen füllen.
$namen = array ("Sven" => "Gündi", "Manuel", "Manu");

// "each" anwenden auf das aktuelle Element
$ergebnis = each($namen);

// Ergebnis ausgeben
echo "<PRE>";
print_r ($ergebnis);
```

```
echo "<PRE>";

?>
</BODY>
</HTML>
```

Listing 6.24: Beispiel zu `each` *mit assoziativem Array*

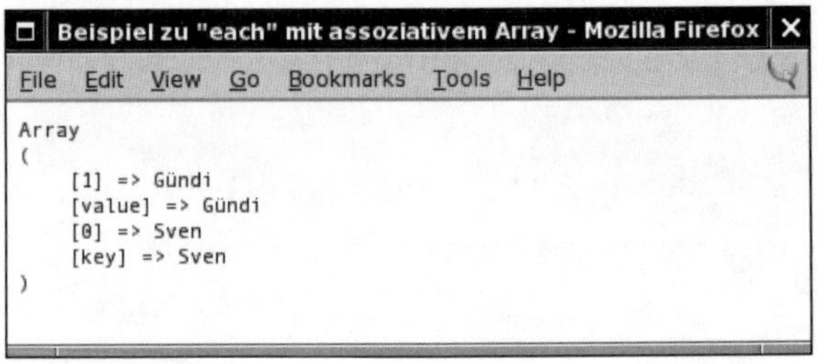

Abbildung 6.24: Ergebnis des Beispiels zu `each` *mit einem assoziativen Array*

Die Funktion `each` wird häufig in Verbindung mit `list` verwendet, um durch ein Array zu laufen und es auszugeben. Folgendes Beispiel gibt ein Array mit Schlüsseln und Werten aus.

```
<HTML>
<HEAD>
    <TITLE>Ein Array mit "each" und "list" ausgeben</TITLE>
</HEAD>
<BODY>
<?php

// Array mit Namen füllen.
$namen = array ("1" => "Sven", "2" => "Manu", "3" => "Stivi");

// Zeiger des Arrays auf das erste Element setzen
reset($namen);

// Das Array mithilfe von each und list ausgeben
while (list ($key, $wert) = each ($namen)) {
    echo "$key => <B>$wert</B><BR>";
}

?>
</BODY>
</HTML>
```

Listing 6.25: Beispiel zu each in Verbindung mit `list`

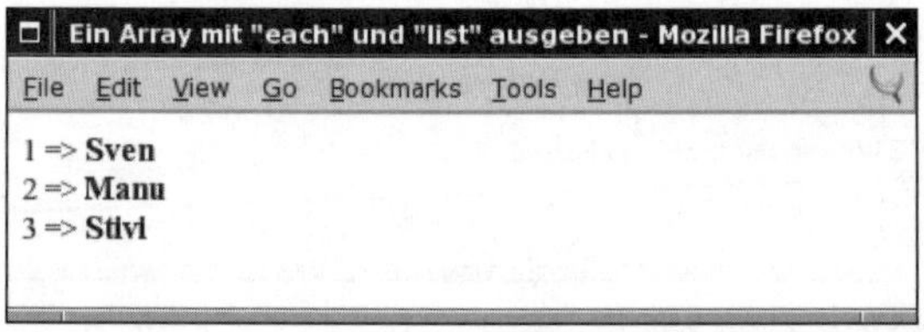

Abbildung 6.25: Ergebnis des Beispiels zur Ausgabe eines Arrays mit `each` *und* `list`

Mit detektivischem Spürsinn

Manchmal kommt es vor, dass man ein Array hat und nun gerne wissen will, ob ein bestimmter Wert darin vorkommt. Hier hilft die Funktion `in_array`. Mit ihr prüfen Sie, ob ein von Ihnen anzugebender Wert in einem bestimmten Array vorkommt.

```
bool in_array (mixed zu_suchender_wert, array array_name [, bool strict]
```

Wenn die Suche erfolgreich ist, wird `TRUE` ausgegeben. Ansonsten natürlich `FALSE`. Sollten Sie den Parameter `boolean strict` auf den Wert `TRUE` gesetzt haben, dann wird auch der Datentyp des zu suchenden Wertes mit denen des Arrays verglichen.

Im folgenden kleinen Beispiel wird in einem Array voller Namen ein bestimmter Name gesucht.

```
<HTML>
<HEAD>
    <TITLE>Nach einem bestimmten Element suchen</TITLE>
</HEAD>
<BODY>
<?php

// Array mit Namen füllen.
$namen = array("Katrin", "Manu", "Alex", "Steffen", "Frank");

// Den zu suchenden Namen festlegen
$name = "Thomas";

// Nach dem Namen suchen und Ergebnis ausgeben
if (in_array($name, $namen)) {
    echo "<B>$name</B> wurde gefunden!";
} else {
    echo "<B>$name</B> wurde nicht gefunden!";
}

?>
</BODY>
</HTML>
```

Listing 6.26: Nach einem bestimmten Element suchen mit `in_array`

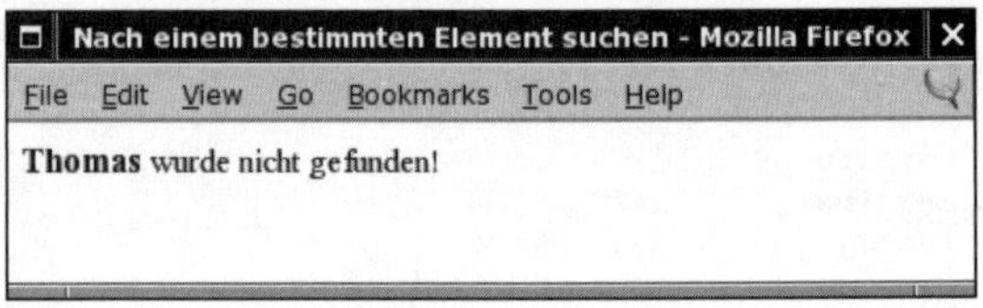

Abbildung 6.26: Mit `in_array` *nach einem Element gesucht, aber nicht gefunden*

Ein Array in eine Zeichenkette umwandeln

Wenn Sie ein Array ausgeben möchten, dann ist eine Zeichenkette (String) in manchen Fällen einfach praktischer als ein Array. Hier helfen Ihnen die Funktionen `join` und `implode`. Beide sind absolut gleich in Aussehen und Funktion. Die formale Struktur ist folgende:

```
string implode (array daten, string delimiter)
```

Die Suche nach dem Extremen - max und min

Sie wollten schon immer mal wissen, wer der Größte oder der Kleinste ist. Dann sind die beiden Funktionen `max` und `min` genau das Richtige für Sie.

Die Funktion `max` gibt das Array-Element mit dem höchsten Wert zurück. Was Sie als Argument angeben, ist Ihnen überlassen. Sie können `max` mit Arrays oder Variablen benutzen.

```
mixed max (mixed arg1 [, mixed arg2 [, mixed arg3 ...]])
```

Hier nun ein paar Beispiele zu `max`:

```
<?php
    // gibt 12345 aus
    echo (max(23, 1, 98, 12345, 999) . "<P>");

    // gibt 32 aus
    echo (max("PHP", 8, 32) . "<P>");

    // Mehrdimensionales Array füllen
    $stadt = array (
        "Rheinland-Pfalz" => "Mainz",
        "Bayern" => "München",
        "Sachsen" => "Leipzig"
    );

    // gibt "München" aus
    echo (max($stadt));
?>
```

Wenn Sie den kleinsten Wert eines Array-Elements suchen, dann sollten Sie zu `min` greifen. Die Funktion `min` gibt das Array-Element mit dem geringsten Wert zurück. Auch hier können Sie wieder die Elemente eines anzugebenden Arrays oder zwei und mehr Variablen vergleichen.

```
mixed min (mixed arg1 [, mixed arg2 [, mixed arg3 ...]])
```

Wie das mit `min` funktioniert, sehen Sie in den folgenden Beispielen:

```
<?php
    // gibt 1 aus
    echo (min(23, 1, 98, 12345, 999) . "<P>");

    // gibt 8 aus
    echo (min("PHP", 8, 32) . "<P>");

    // Mehrdimensionales Array füllen
    $stadt = array (
        "Rheinland-Pfalz" => "Mainz",
        "Bayern" => "München",
        "Sachsen" => "Leipzig"
    );

    // gibt "Leipzig" aus
    echo (min($stadt));
?>
```

Ein Array mit einem bestimmten Bereich eines anderen Arrays erzeugen

Mit der Funktion `range` erstellen Sie schnell und einfach ein Array, dessen Inhalt der angegebene Zahlenbereich zwischen der oberen und der unteren Grenze ist. Dafür muss nur die untere und obere Grenze des Bereichs und der Name des neuen Arrays angegeben werden.

```
array range (untere_grenze, obere_grenze)
```

Die Arbeitsweise von `range` wird sofort klar, wenn Sie sich folgendes Beispiel ansehen:

```
<HTML>
<HEAD>
    <TITLE>Ein Array füllen mit "range"</TITLE>
</HEAD>
<BODY>
<?php
    // Array mit den Zahlen von 0 bis 13 füllen
    $zahlen = range(0,13);

    // Anzahl der Elemente in dem Array zählen
    $anzahl = count($zahlen);
```

```
    // Array durchlaufen und alle Elemente ausgeben
    for ($i=0; $i < $anzahl; $i++) {
        echo "$zahlen[$i] ";
    }
?>
</BODY>
</HTML>
```

Listing 6.27: Ein Array durch `range` *mit den Zahlen von 0 bis 13 füllen*

Abbildung 6.27: Ergebnis der Füllung des Arrays durch `range`

Zeigerrücken leicht gemacht

Ein Array hat immer einen internen Pointer (Zeiger). Dieser zeigt immer auf das aktuelle Element. PHP stellt einige Funktionen bereit, um diesen Pointer manuell zu verschieben. Es sind die Funktionen `end`, `next`, `reset` und `prev`.

Mit der Funktion `reset` setzen Sie den internen Pointer (Zeiger) eines Arrays auf das erste Element zurück.

```
mixed reset (array array_name)
```

Der Inhalt dieses ersten Array-Elements wird dann ausgegeben.

Ganz ähnlich, aber doch andersherum ist es mit der Funktion `end`. Sie setzt den internen Zeiger eines Arrays auf das letzte Element zurück.

```
end (array array_name)
```

Folgendes Beispiel zeigt den trivialen Einsatz von `end`:

```
<HTML>
<HEAD>
    <TITLE>Den Pointer auf das letzte Element setzen</TITLE>
</HEAD>
<BODY>
<?php
    // Array mit Jahreszeiten füllen.
    $zeiten = array("Frühling", "Sommer", "Herbst", "Winter");
```

```
    // Zeiger des Arrays auf das letzte Element setzen
    end($zeiten);

    // Aktuelles Element ausgeben.
    // Ausgabe ist "Winter"
    echo (current($zeiten));
?>
</BODY>
</HTML>
```

Listing 6.28: Den Pointer eines Arrays mithilfe von `end` *auf das letzte Element setzen*

Abbildung 6.28: Das letzte Element eines Arrays

Zuallererst wird ein Array (`$zeiten`) mit den Namen der Jahreszeiten gefüllt. Danach wird der interne Pointer mithilfe von `end` auf das letzte Element des Arrays gesetzt. Am Ende des Skripts wird dieses Element ausgegeben. Es ist natürlich das letzte Element des Arrays (`Winter`).

Wenn Sie den Pointer aber einfach nur eine Position im Array nach vorne oder hinten bewegen wollen, dann greifen Sie zu `next` oder `prev`.

Mit der Funktion `next` rücken Sie mit dem Pointer ein Element weiter und bekommen den Wert des neuen Elements zurück. Wenn kein Element mehr vorhanden ist, wird ein `FALSE` zurückgegeben.

```
mixed next (array array_name)
```

Wenn in Ihrem Array Elemente mit dem Wert 0 vorkommen oder Elemente, die leer sind, wird bei der Funktion `next` ein `FALSE` zurückgegeben. Wenn solche Elemente korrekt angezeigt werden sollen, dann sollten Sie die Funktion `current` verwenden.

Wenn Sie nun aber eine Position zurückgehen wollen, dann greifen Sie zu `prev`. Mit der Funktion `prev` rücken Sie mit dem Pointer ein Element zurück. Auch hier wird dann das neue aktuelle Element zurückgegeben.

```
mixed prev (array array_name)
```

Wenn kein Element mehr vorhanden ist, d.h., wenn das letzte Element schon das erste Element des Arrays war, wird ein `FALSE` zurückgegeben.

Wie der Zufall so will

Zufall hat schon etwas Verlockendes. Wenn Sie die Ordnung der Elemente eines Arrays mal so richtig durcheinander bringen wollen, dann ist die Funktion `shuffle` Ihr Ding. Mit `shuffle` bringen Sie die Elemente eines Arrays in eine zufällige Ordnung.

```
void shuffle (array array_name)
```

Das folgende Beispiel erzeugt ein Array, dessen Elemente die Zahlen von 1 bis 20 sind. Diese Elemente sind nach ihrer Größe aufsteigend sortiert. Nach dem Einsatz von `shuffle` ist die Ordnung der Elemente absolut willkürlich. So einfach geht das.

```
<HTML>
<HEAD>
    <TITLE>Die Elemente eines Arrays mischen</TITLE>
</HEAD>
<BODY>
<?php
    // Array mit den Zahlen von 0 bis 20 füllen
    $zahlen = range(0,20);

    // Elemente in willkürliche Ordnung bringen
    shuffle($zahlen);

    // Array durchlaufen und alle Elemente ausgeben
    foreach ($zahlen as $wert) {
        echo "$wert ";
    }
?>
</BODY>
</HTML>
```

Listing 6.29: Die Elemente eines Arrays mit `shuffle` in eine zufällige Reihenfolge bringen

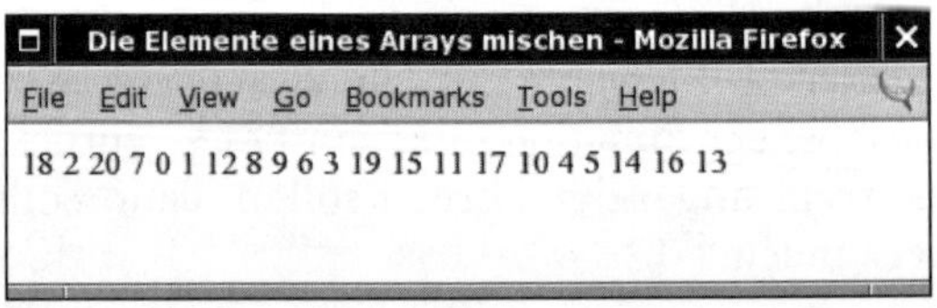

Abbildung 6.29: Die Elemente eines Arrays mit `shuffle` gemischt

Wenn das Ergebnis von Listing 6.29 bei Ihnen anders aussieht, dann handelt es sich dabei nicht um einen Fehler. Die Funktion `shuffle` mischt die Zahlen bei jedem Aufruf neu und zufällig.

Höhere Programmiertechniken mit PHP

7

In diesem Kapitel

- Warum Funktionen wichtig sind
- Was man mit Funktionen anstellen kann
- Einer Funktion Werte übergeben
- Werte (Ergebnisse) von einer Funktion zurückbekommen
- Rekursive Funktionen
- Dynamische Funktionsaufrufe
- Der Sinn von Funktionsbibliotheken
- Die Grundbegriffe der objektorientierten Entwicklung
- Klassen, Methoden und Objekte

Nachdem Sie sich in den letzten Kapiteln mit Variablen, Konstanten, Arrays und Kontrollstrukturen vertraut gemacht haben, können wir jetzt in etwas höhere Sphären vorstoßen. Damit meine ich fortgeschrittenere Programmiertechniken.

Mit dem, was Sie bis hier gelernt haben, können Sie alle nur denkbaren Algorithmen in PHP realisieren, und für kleinere Listings ist das Gelernte völlig ausreichend. Aber wenn Sie sich auch an größere Projekte heranwagen wollen, dann brauchen Sie zumindest ein gewisses Grundwissen über Funktionen und die objektorientierte Programmierung. Dieses Wissen möchte ich Ihnen in diesem Kapitel vermitteln.

Funktionen

Funktionen müssen funktionieren. Aber so einfach ist es nun auch wieder nicht. Wenn Sie sich jetzt fragen, was eine Funktion denn nun überhaupt ist, in diesem Kapitel finden Sie die Antwort.

Jede Funktion hat einen eindeutigen Namen und kann mit diesem so oft aufgerufen werden, wie es sich der Entwickler wünscht. Eine Funktion kann außerdem an jeder Stelle im Code aufgerufen werden.

Was eine Funktion ist

Eine *Funktion* ist grob gesagt ein abgegrenzter Code-Abschnitt, der mithilfe von Eingabewerten in der Funktion definierte Aktionen oder Berechnungen durchführt und dann ein Ergebnis zurückliefert.

Der Gedanke hinter dem Prinzip von Funktionen ist, einen bestimmten Code-Abschnitt, der immer wieder gebraucht wird, nur einmal zu realisieren und dann, wann immer nötig, mit seinem Funktionsnamen aufzurufen. Eventuelle Änderungen am Code müssen so auch nur an einer Stelle durchgeführt werden.

Ein weiterer unschlagbarer Vorteil von Funktionen ist, dass Ihr Code einfach kürzer, übersichtlicher und verständlicher wird. Diese Kompaktheit wird spätestens bei der Fehlersuche und dem nachträglichen Einbau von Features belohnt.

Funktionen definieren - kein Problem

Eine Funktion beginnt immer mit der Anweisung `function`. Nach dieser Anweisung kommt der Name der Funktion. Nach dem Funktionsnamen stehen in Klammern eine oder mehrere, durch Kommas getrennte Argumente, die der Funktion als Eingabe übergeben werden.

```
function funktionsName ($arg_1, ..., $arg_n) {
    funktionsinterner Code-Block
}
```

Der Name einer Funktion sollte in Kleinbuchstaben geschrieben werden. Wenn der Name aus mehreren Wörtern besteht, dann sollten diese zwar direkt hintereinander geschrieben werden (ohne trennende Unterstriche), aber dafür sollte jedes neue Wort (bis auf das erste) mit einem Großbuchstaben beginnen. So sind Funktionsnamen auf einen Blick von Variablennamen oder Klassennamen unterscheidbar, was die Lesbarkeit Ihres Codes erhöht.

Sie können jeden beliebigen PHP-Code in eine Funktion stecken und natürlich können Sie auch aus einer Funktion andere Funktionen aufrufen und Klassen definieren.

In PHP4 und PHP5 müssen Funktionen nicht vor dem Aufruf definiert werden, was die Arbeitsweise mit Funktionen stark vereinfacht. Nun können Sie eine Funktion auch vor ihrer Definition aufrufen.

Bei einem Funktionsaufruf müssen Sie nur den Namen der Funktion schreiben und danach in Klammern die zu übergebenden Argumente setzen.

Auch wenn Sie keine Argumente bei einem Funktionsaufruf haben, dürfen Sie die öffnende und die schließende Klammer nach dem Funktionsnamen nicht weglassen!

Nehmen wir einmal an, Sie möchten eine Homepage erstellen, die aus mehreren Seiten besteht und am Ende jeder Seite soll eine kleine Übersicht über die Seiten Ihrer Homepage stehen, sowie Ihr Name mit E-Mail-Adresse und das Datum.

Mit einer Funktion ist das kein Problem. Sehen Sie sich hierzu folgendes Beispiel an:

```
<HTML>
<HEAD>
    <TITLE>Funktionsinterne Variablen</TITLE>
</HEAD>
<BODY>
<?php

// Definition der Funktion
function homepageFooter() {

    // Definition der funktionsinternen Variablen
    $name_mit_email = ("<A HREF=\"MAILTO:alex@mailserver.de\">Alex</A>");
    $home  = ("<A HREF=\"index.html\">home</A>");
    $infos = ("<A HREF=\"infos.html\">infos</A>");
    $links = ("<A HREF=\"links.html\">links</A>");

    // Funktionsinterne Ausgaben an den Browser
    echo "<CENTER>";
    echo "<HR>";
    echo "$home | $infos | $links<BR>";
    echo "Diese Seite wurde erstellt von $name_mit_email<BR>";
    echo "&copy; " . date("d.F Y");
    echo "</CENTER>";
}

// Aufruf der Funktion
homepageFooter();

?>
</BODY>
</HTML>
```

Listing 7.1: Funktion mit funktionsinternen Variablen zur Erzeugung eines Homepage-Footers

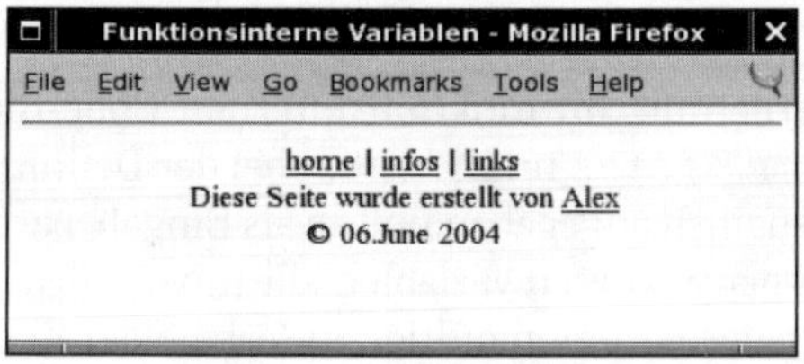

Abbildung 7.1: Erstes kleines Beispiel zu Funktionen

Folgendes Beispiel zeigt, wie einfach es ist, einer Funktion eine (oder auch mehrere) Variable(n) zu übergeben, damit sie im funktionsinternen Code-Block ausführbar ist.

```
<HTML>
<HEAD>
    <TITLE>Funktionsexterne Variablen</TITLE>
</HEAD>
<BODY>
<?php

// Definition der Funktion
function homepageFooter($name_mit_email, $home, $infos, $links) {

    // Funktionsinterne Ausgaben an den Browser
    echo "<CENTER>";
    echo "<HR>";
    echo "$home | $infos | $links<BR>";
    echo "Diese Seite wurde erstellt von $name_mit_email<BR>";
    echo "&copy; " . date("d.F Y");
    echo "</CENTER>";
}

// Definition der funktionsexternen Variablen
$name_mit_email = ("<A HREF=\"MAILTO:alex@mailserver.de\">Alex</A>");
$home =  ("<A HREF=\"index.html\">home</A>");
$infos = ("<A HREF=\"infos.html\">infos</A>");
$links = ("<A HREF=\"links.html\">links</A>");

// Aufruf der Funktion
homepageFooter($name_mit_email, $home, $infos, $links);

?>
</BODY>
</HTML>
```

Listing 7.2: Funktion mit Zugriff auf funktionsexterne Variablen zur Erzeugung eines Homepage-Footers

Das Ergebnis nach Ausführung dieses Listings ist natürlich absolut identisch mit dem von Listing 7.1, wie Sie in Abbildung 7.2 sehen können.

Wie man sehen kann, werden die im funktionsinternen Code-Block benötigten Variablen (`$name_mit_email`, `$home`, `$infos` und `$links`) bei der Definition der Funktion in Klammern nach dem Funktionsnamen angegeben und so als Eingabeparameter der Funktion übergeben. Eventuelle Änderungen an diesen Variablen, die innerhalb der Funktion vorgenommen werden, sind nur innerhalb der Funktion gültig. Außerhalb der Funktion haben sie keine Bedeutung.

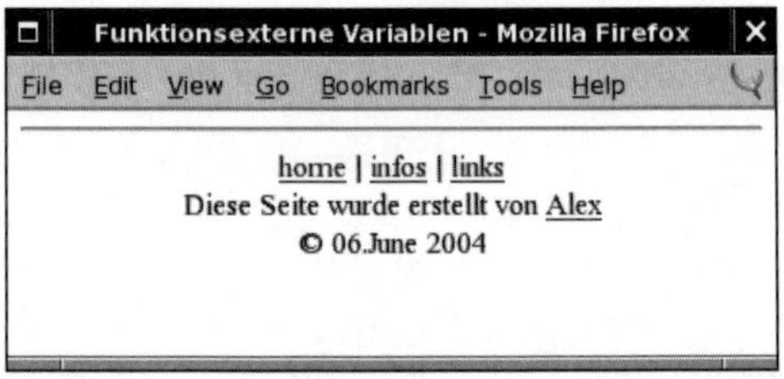

Abbildung 7.2: Ein Beispiel zu Funktionen mit funktionsexternen Variablen

Rückgabewerte - die return-Anweisung

Da funktionsexterne Variablen zwar innerhalb einer Funktion angesprochen werden können, aber Änderungen an ihnen nicht außerhalb der Funktion Gültigkeit haben, ist die `return`-Anweisung eine große Hilfe, wenn es darum geht, einen Wert aus einer Funktion herauszubekommen.

Dabei ist ganz gleich, ob es sich um eine Variable (ganz gleich welchen Typs), ein Array oder ein Objekt handelt.

Die `return`-Anweisung beendet auch gleichzeitig eine Funktion in ihrer Ausführung und springt wieder zum Ort des Funktionsaufrufs zurück. Daher sollten Sie `return` nur am Ende einer Funktion schreiben. Ansonsten werden alle Anweisungen innerhalb der Funktion, die nach dem `return` kommen, ignoriert. Mehrere `return`-Anweisungen innerhalb einer Funktion stehen immer in Verbindung mit einer oder mehreren Kontrollstrukturen (`if`, `while`, `for` usw.).

Als einfaches Beispiel sehen Sie eine Funktion `summe()`, die zwei Zahlen als Variablen `$zahl1` und `$zahl2` übergeben bekommt, die Summe dieser beiden Zahlen berechnet und zurückgibt.

```
<HTML>
<HEAD>
    <TITLE>Rückgaben mit der "return"-Anweisung</TITLE>
</HEAD>
<BODY>
<?php

// Deklaration der Funktion "summe"
function summe($zahl1, $zahl2) {
    return $zahl1 + $zahl2;
}

// Aufruf der Funktion "summe" mit Übergabe der beiden Zahlen
$ergebnis = summe(9,15);
```

```
// Das Ergebnis ausgeben (ist natürlich 24)
echo "Das Ergebnis der Funktion ist: <B>$ergebnis</B>";

?>
</BODY>
</HTML>
```

Listing 7.3: Funktion mit funktionsinternen Variablen zur Erzeugung eines Homepage-Footers

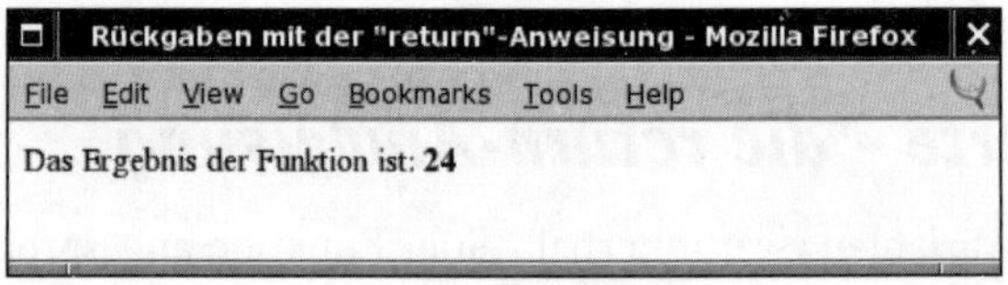

Abbildung 7.3: Aufruf einer Funktion zur Berechnung von zwei Werten und Rückgabe des Ergebnisses mit `return`*. Sie sehen das Ergebnis dieser Aktion.*

Es ist auch möglich, dem letzten Parameter einen Default-Wert (Standard-Wert) schon bei der Deklaration der Funktion zuzuweisen.

```
<?php
   // Deklaration der Funktion "summe"
   function summe($zahl1, $zahl2 = 15) {
      return $zahl1+ $zahl2;
   }

   // Aufruf der Funktion "summe" mit Übergabe der beiden Zahlen
   $ergebnis = summe(9);

   // Das Ergebnis ausgeben (ist natürlich 24)
   echo "Das Ergebnis der Funktion ist: <B>$ergebnis</B>";
?>
```

Eine Funktion, die keine Werte zurückgibt, wird *Prozedur* genannt.

Nun genügt es, einen Parameter zu übergeben. Das Ergebnis wäre nach wie vor 24. Natürlich kann man auch zwei Zahlen übergeben, dann würde der Default-Wert überschrieben.

Auch in Funktionen sind nur gültige Variablen gute Variablen

Wie wir schon in Kapitel 4 ausführlich dargestellt haben, sind Variablen, die innerhalb einer Funktion definiert werden, außerhalb dieser Funktion nicht gültig. Oder anders ausgedrückt, sie werden von außen einfach nicht gesehen und daher kann auch nicht von außen auf sie zugegriffen werden.

Ich will noch einmal in Kürze die zwei Möglichkeiten erwähnen, mit denen man außerhalb einer Funktion (im globalen Bereich) auf funktionsinterne Variablen zugreifen kann.

Die global-Anweisung

Mithilfe der `global`-Anweisung bringen Sie eine globale Variable in den Namensraum einer Funktion, das heißt im Klartext, dass Sie die Variable auch innerhalb einer Funktion benutzen können. Das heißt, Sie können sie auslesen und verändern. Nachdem die Funktion beendet wurde, bleiben die in der Funktion gemachten Änderungen erhalten und sind außerhalb der Funktion gültig.

```
<HTML>
<HEAD>
    <TITLE>Die "global"-Anweisung</TITLE>
</HEAD>
<BODY>
<?php

// Werte festlegen
$var1 = 3;
$var2 = 4;

// Funktion für Summenberechung erzeugen
function summe() {
    global $var1, $var2;
    $var1 = $var1 + $var2;
}

// Funktion für Summenberechung erzeugen
summe();

// Das Ergebnis der Berechnung ausgeben
// Das Ergebnis ist 7
echo "Das Ergebnis ist: <B>$var1</B>";
```

```
?>
</BODY>
</HTML>
```

Listing 7.4: Funktionsinterne Berechnung einer Summe mit Hilfe der `global`-Anweisung

Kapitel 7.4: Das Ergebnis des Beispiels zur `global`-Anweisung

Das GLOBALS-Array

Die andere Möglichkeit, globale Variablen innerhalb einer Funktion anzusprechen, ist das GLOBALS-Array. Es ist ein assoziatives Array, das die Namen der globalen Variablen als Schlüssel enthält. Die Werte des Arrays sind die Inhalte der globalen Variablen.

Wie Sie an dem folgenden Beispiel sehen können, ist die Anwendung des GLOBALS-Arrays sehr ähnlich wie die der `global`-Anweisung. Sehen Sie sich das Beispiel einfach mal an.

```
<HTML>
<HEAD>
    <TITLE>Das "GLOBALS"-Array</TITLE>
</HEAD>
<BODY>
<?php

// Werte festlegen
$var1 = 4;
$var2 = 5;

// Funktion für Summenberechnung erzeugen
function summe() {
    $GLOBALS["var2"] = $GLOBALS["var2"] + $GLOBALS["var1"];
}

// Funktionsaufruf
summe();

// Das Ergebnis der Berechnung ausgeben.
// Das Ergebnis ist 9
echo "Das Ergebnis ist: <B>$var2</B>";
```

```
?>
</BODY>
</HTML>
```

Listing 7.5: Funktionsinterne Berechnung einer Summe mit Hilfe des GLOBALS-Arrays

Kapitel 7.5: Das Ergebnis des Beispiels zum GLOBALS-Arrays

Mehr zu Gültigkeitsbereichen von Variablen finden Sie im Abschnitt *Gültigkeitsbereiche von Variablen* in Kapitel 4.

Es genügt völlig, wenn Sie sich entweder die Anwendung der `global`-Anweisung oder die des GLOBALS-Arrays aneignen, da beide ja exakt das Gleiche machen. Mein persönlicher Favorit ist die `global`-Anweisung. Warum? Ganz einfach, weil sie so kurz ist.

Rekursive Funktionen – wirklich Teufelszeug?

Viele Menschen, die schon mal etwas von Rekursion gehört haben, sagen allzu leicht »Rekursion ist vom Teufel persönlich auf die Welt gebracht worden!« Aber das stimmt nicht. Die Rekursion ist ein mächtiges Werkzeug für Entwickler.

Unter einer *rekursiven Funktion* versteht man eine Funktion, die sich selbst aufruft. Richtig eingesetzt, können rekursive Funktionen den Code kompakter und übersichtlicher machen.

Besonders wenn es darum geht, viele, immer gleiche Rechenschritte zu unternehmen oder Dateien/Arrays zu durchsuchen oder zu sortieren, kommt man um rekursive Funktionen nur schwer herum.

Allerdings sollte man bei rekursiven Funktionen auch genau wissen, was man tut. Sie sind nicht einfach zu verstehen, und als Entwickler sollte man sich schon genau Gedanken machen, was dabei herauskommt. Fehlersuche in solchen verzweigten Strukturen ist nicht gerade einfach.

Um Ihnen die Schönheit der Rekursion ein wenig näher zu bringen (mein alter Professor in Theoretischer Informatik würde jetzt weinen vor Glück), möchte ich Ihnen zwei Möglichkeiten nahe bringen, die Fakultät zu berechnen. Einerseits eine iterative Variante, also nur mit

Schleifen, und andererseits eine rekursive Variante. Der Grund, warum ich als Beispiel für Rekursion die Berechnung der Fakultät nehme, ist nicht, weil ich meinem alten Professor imponieren möchte, sondern weil die Fakultät das klassische Beispiel für Rekursion ist.

Wie berechnet man eigentlich die Fakultät?

Sie wissen nicht, was eine Fakultät ist und denken dabei nur an Universität? Irrtum, es ist die Fakultät einer Zahl gemeint. Die Fakultät der Zahl 1 (geschrieben: 1!) wäre z.B. als Ergebnis 1. Die Fakultät einer Zahl n ist die Zahl n, multipliziert mit der Fakultät der um eins kleineren Zahl.

Mathematisch korrekt geschrieben wäre das: $n! = n * (n-1)!$

Nehmen Sie als Beispiel die Fakultät der Zahl 5.

Bei der Berechnung wird also Schritt für Schritt folgendermaßen vorgegangen:

$5! = 5 * 4!$

$4! = 4 * 3!$

$3! = 3 * 2!$

$2! = 2 * 1!$

$1! = 1$

Das Ergebnis ist demzufolge $5 * 4 * 3 * 2 * 1 = 120$.

Zuallererst zeige ich Ihnen eine iterative Version der Berechnung der Fakultät. Diese basiert auf einer `while`-Schleife.

Sehen Sie sich das Beispiel genau an, damit Sie auch wirklich verstehen, wie es funktioniert. So berechnen Sie die Fakultät von 5 mit Hilfe einer `while`-Schleife:

```
<HTML>
<HEAD>
    <TITLE>Iterative Berechnung der Fakultät</TITLE>
</HEAD>
<BODY>
<?php

// Werte festlegen
$n = 5;
$kopie = $n;
$fakultaet = 1;

// Berechnung der Fakultät mit einer while-Schleife
while ($n > 0) {
```

```
    $fakultaet = ($n * $fakultaet);
    $n--;
}

// Das Ergebnis ausgeben
echo "Die Fakultät von <B>$kopie</B> ist: <B>$fakultaet<B>";
?>

</BODY>
</HTML>
```

Listing 7.6: Berechnung der Fakultät mit iterativer Methode

Abbildung 7. 6: Iterative Berechnung der Fakultät

Nach diesem recht einfachen Beispiel sehen wir uns nun das folgende Beispiel an. Es berechnet exakt das Gleiche, aber mit Hilfe einer rekursiven Funktion. Wie Sie sehen können, ruft sich die Funktion `fakultaet` selbst auf.

```
<HTML>
<HEAD>
   <TITLE>Rekursive Berechnung der Fakultät</TITLE>
</HEAD>
<BODY>
<?php

$n = 5;

// Funktion zur Berechnung der Fakultät erstellen
function fakultaet($n){
    if ($n == 0) {
        return 1;
    } else {
        return fakultaet($n-1)*$n;
    }
}

// Die Funktion aufrufen
$ergebnis = fakultaet($n);
```

```
// Das Ergebnis ausgeben
echo "Die Fakultät von <B>$n</B> ist <B>$ergebnis</B>";

?>
</BODY>
</HTML>
```

Listing 7.7: Berechnung der Fakultät nach einer rekursiven Methode

Abbildung 7.7: Rekursive Berechnung der Fakultät

Abbildung 7.7 ist natürlich bis auf die Überschrift im Browser exakt identisch mit Abbildung 7.6.

So, jetzt haben Sie gelernt, wie man eine Fakultät rekursiv berechnet. Ich sollte Ihnen aber vielleicht noch sagen, dass die iterative Methode schneller ist als die rekursive.

Im Umgang mit rekursiven Funktionen sollten Sie sehr vorsichtig sein. Schnell haben Sie einen kleinen Fehler in der Abbruchbedingung gemacht oder diese vielleicht komplett vergessen und ganz schnell haben Sie eine *Endlosschleife*. Das bedeutet, dass die Funktion sich immer wieder selbst aufruft und nie zu einem Ende kommt. Das ist schlecht!

Dynamische Funktionsaufrufe

Das Konzept des dynamischen Funktionsaufrufs wird nur sehr selten benötigt. Ich erwähne es nur der Vollständigkeit halber. Da die wenigsten Programmierer sich mit dynamischen Funktionsaufrufen auskennen, macht es auch nur wenig Sinn diese in Listings, die Sie anderen zur Verfügung stellen wollen, zu verwenden.

Mit *dynamischen Funktionsaufrufen*, auch *Variablenfunktionen* genannt, haben Sie eine gute Möglichkeit, Ihren Code absolut unleserlich zu machen.

Das Ganze funktioniert folgendermaßen: Wenn Sie an das Ende einer Variablen Klammern hängen, dann wird PHP versuchen, eine Funktion aufzurufen, deren Name der Wert der Variablen ist.

Dieses Konzept wird vor allem dann genutzt, wenn Sie beim Schreiben eines Programms noch nicht wissen, welche Funktion an einer bestimmten Stelle aufgerufen wird. Also setzen Sie eine Variable mit Klammern dahinter und der Wert dieser Variablen ist vom Verlauf des Programms abhängig.

Ein Beispiel für eine sinnvolle Anwendung wäre das Vorhandensein von verschiedenen Sortier- oder Suchalgorithmen, die allesamt als Funktionen zur Verfügung stehen. Anhand der Daten, die mit Hilfe dieser Funktionen bearbeitet werden sollen, kann dann dynamisch ausgewählt werden, welche dieser Funktionen aufgerufen werden soll.

Folgendes Beispiel wird versuchen, Ihnen das Prinzip der dynamischen Funktionsaufrufe näher zu bringen.

```
<HTML>
<HEAD>
   <TITLE>Dynamische Funktionsaufrufe</TITLE>
</HEAD>
<BODY>
<?php

function ausgabe() {
    echo "Funktion <B>ausgabe</B> aufgerufen.<P>";
}

function mitArgument( $argument = '' ) {
    echo "Funktion <B>mitArgument</B> mit Parameter ";
    echo "<B>'$argument'</B> aufgerufen.";
}

// $var1 Name der Funktion zuweisen und aufrufen
$var1 = (ausgabe);
$var1();

// $var2 Name der Funktion zuweisen
// und mit Argument "param" aufrufen
$var2 = (mitArgument);
$var2('param');

?>
</BODY>
</HTML>
```

Listing 7.8: Dynamische Funktionsaufrufe mit und ohne Argument

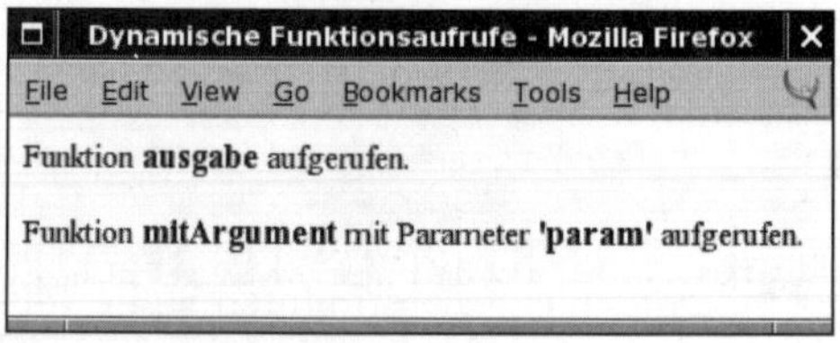

Abbildung 7.8: Ergebnis unserer dynamischen Funktionsaufrufe

Funktionsbibliotheken

Funktionsbibliotheken stellen die effizienteste Lösung dar, wenn es darum geht, mit Funktionen zu arbeiten. Eine Funktionsbibliothek ist eine Datei, die alle Funktionen enthält, die man in Code einbaut.

So ist es möglich, alle Funktionen, die man (in allen seinen Code-Listings) braucht, in einer Datei zu sammeln, und alle Listings greifen bei Bedarf darauf zu.

Die meisten Probleme treten im Laufe Ihres Programmiererlebens mehr als einmal auf. Es wird vorkommen, dass Sie ein Problem sehen und genau wissen, dass Sie dazu schon mal eine Funktion geschrieben haben. Ganz egal, ob es sich dabei um eine Umrechnung von Euro in Franken handelt, um eine komplizierte Berechnung oder Ähnliches. Wenn Sie eine Funktionsbibliothek haben, dann brauchen Sie Ihre Funktionen nicht in vorhandenen Code-Listings zu suchen, markieren, kopieren, einfügen, anpassen ...

Die Vorgehensweise ist ganz einfach. Sie listen Ihre Funktionen in einer zentralen `Include`-Datei auf und wenn Sie in einem Ihrer Code-Listings eine dieser Funktionen brauchen, binden Sie diese Datei ein mittels

```
include "pfad_zu_der_datei/dateiname";
```

Ein üblicher Name für so eine `Include`-Datei wäre z.B. `lib.inc.php`.

Nehmen wir mal an, Sie haben sich eine Funktionsbibliothek für Funktionen angelegt, die sich mit Sortierverfahren beschäftigen. Diese Funktionsbibliothek würde dann in etwa folgendermaßen aussehen:

```
<?
// Dateiname: sortieren.inc
// Inhalt: Funktionsbibliothek mit Sortieralgorithmen
// Datum: 22.11.2003
// Autor: Christian Baun [cray@unix-ag.uni-kl.de]

    function bubblcSort($cingabc_array) {
        ...
    }

    function quickSort($eingabe_array, $linke_grenze, $rechte_grenze) {
        ...
    }

    function heapSort($eingabe_array) {
        ...
    }

    function mergeSort($eingabe_array, $links, $rechts, $splitten) {
        ...
    }
?>
```

Wie Sie sehen, enthält die Datei `sortieren.inc` alle Funktionen, die ich zum Sortieren für wichtig halten würde.

Die Einbindung der Funktionen in ein Listing ist nun ein Kinderspiel. Die Datei `sortieren.inc` muss einfach nur mittels `include`- oder `require`-Anweisung importiert werden.

Die Syntax ist dabei folgendermaßen.

```
include "pfad_zu_der_datei/sortieren.inc";
require "pfad_zu_der_datei/sortieren.inc";
```

Es ist auch möglich, anstatt der Anführungszeichen Klammern zu setzen.

Wenn eine Datei mit `include` oder `require` in ein Listing/Programm eingebunden wird, dann steht der gesamte Inhalt der Datei innerhalb des Listings zur Verfügung.

Sehen Sie sich dazu folgendes Beispiel an. Es wird ein Array mit Werten erzeugt und dieses soll mit Hilfe des Bubble-Sort-Algorithmus sortiert werden.

```
<?
    // Die Funktionsbibliothek importieren
    include(sortieren.inc);

    // Array mit zu sortierenden Werten füllen
    $eingabe_array = (76, 23, 12, 7, 2, 90, 49);

    // Bubble-Sort-Algortihmus auf das Array anwenden
    $ergebnis = bubbleSort($eingabe_array);

    // Ergebnis ausgeben
    echo "<PRE>";
    print_r ($ergebnis);
    echo "<PRE>";
?>
```

Nachdem Sie nun das Prinzip der Funktionsbibliotheken verstanden haben, werde ich Ihnen noch ein weiteres Beispiel geben, um Ihnen zu zeigen, dass wirklich alles als Funktion realisiert werden kann und mithilfe von Funktionsbibliotheken auch alles übersichtlicher wird.

Hier haben wir eine Funktionsbibliothek für Funktionen, die das Aussehen von auszugebendem Text festlegen und diesen Text dann ausgeben.

```
<?php

// Dateiname: listing7-9.inc

// Inhalt: Funktionsbibliothek zur Ausgabe von Text

// Datum: 23.5.2003

// Autor: Christian Baun [cray@unix-ag.uni-kl.de]
```

```
    // Funktion zur Ausgabe von fettem Text
    function dickSchreiben($text) {
        echo "<B>$text</B><P>";
    }

    // Funktion zur Ausgabe von ganz normalem Text
    function normalSchreiben($text) {
        echo "$text<P>";
    }

    // Funktion zur Ausgabe von kursivem Text
    function kursivSchreiben($text) {
        echo "<I>$text</I><P>";
    }
?>
```

Listing 7.9: Funktionsbibliothek mit Funktionen, um das Aussehen einer Ausgabe an den Browser zu bestimmen (auf der CD als listing7-9.inc zu finden)

Nun brauchen wir nur noch ein Programm, das mit dieser Funktionsbibliothek etwas (Sinnvolles) anfängt. Sehen Sie sich mal Folgendes an:

```
<HTML>
<HEAD>
    <TITLE>Textausgabe mit einer Funktionsbibliothek</TITLE>
</HEAD>
<BODY>
<?php

// Die Funktionsbibliothek importieren
include "listing7-9.inc";

// Text zentrieren
echo "<CENTER>";

$text = ("PHP");
normalSchreiben($text);

$text = ("rockt");
kursivSchreiben($text);

$text = ("total");
dickSchreiben($text);

echo "</CENTER>";
```

```
?>
</BODY>
</HTML>
```

Listing 7.10: Programm zum Zugriff auf die Funktionsbibliothek, mit sinnvoller Ausgabe

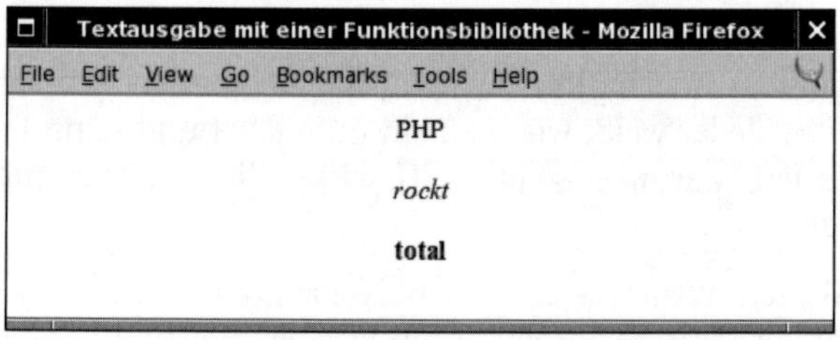

Abbildung 7.9: Ausgabe von formatiertem Text unter Zuhilfenahme einer Funktionsbibliothek

Das Beispiel ist nicht wirklich geistreich, aber Hauptsache, Sie haben verstanden, was man mit Funktionen und Funktionsbibliotheken machen kann.

Klassen und Objekte

Klassen und Objekte sind in aller Munde, wenn es um Programmiersprachen geht. Es gibt kaum noch Entwickler, die sich nicht zumindest ansatzweise mit objektorientierter Programmierung auskennen.

Objektorientierte Programmierung zu verstehen, ist keine Kleinigkeit und setzt einiges an Erfahrung im Umgang mit den Begriffen und Möglichkeiten dieser Technik voraus. Ich möchte Ihnen auf den folgenden Seiten einen Einblick in die objektorientierte Programmierung ermöglichen, damit Sie die Grundbegriffe verstehen lernen und einen Einstieg in diese Technik finden können.

Als Erstes werde ich ein paar Begriffe erklären und Sie an die Prinzipien der Objektorientierung heranführen.

Wenn Sie bereits Tag für Tag mit Objektorientierung arbeiten und Klassen für Sie das Normalste auf der Welt sind, dann können Sie die folgenden Abschnitte getrost überspringen. Wenn nicht, werden Sie am Ende dieses Kapitels das Programmieren in einem etwas anderen Licht sehen.

Kleiner Ausflug in die Objektorientierung

Software-Entwickler, die objektorientiert programmieren sehen alles als Objekte. Die modulare Entwicklung, die die objektorientierte Programmierung ermöglicht, birgt viele Vorteile in sich:

- Durch den modularen Aufbau wird ein hohes Maß an Wiederverwendbarkeit des Quellcodes erreicht.
- Die Lesbarkeit (Übersichtlichkeit) des Codes erhöht sich.
- Klassen vereinfachen eine Veränderung in der Zukunft und machen Erweiterungen zum Kinderspiel.

Diese Vorteile sind ein Ergebnis der Kapselung und des Geheimnisprinzips. Das bedeutet, dass man nur das wissen muss, was wirklich wichtig ist. Sie können sich das vorstellen wie die Bedienung eines Autos: Jeder weiß, wie man ein Auto fährt und seine Technik bedient. Was aber dabei genau passiert (warum es so passiert), wissen die wenigsten (und es ist heute auch nicht mehr notwendig).

So ist es auch bei Klassen. Wenn Sie auf eine Klasse zugreifen, dann müssen Sie nur wissen, was die Klasse macht (also was sie ausgibt, wenn Sie etwas Bestimmtes eingeben). Warum sie das macht oder wie es in ihrem Inneren aussieht, ist dabei eigentlich völlig egal.

Klassen sind im Grunde nichts anderes als Abbilder von irgendetwas aus der realen Welt.

PHP ist heute mehr als nur eine Skriptsprache. Dass sie mit Klassen umgehen kann, macht sie schon fast zu einer ausgewachsenen Hochsprache, so wie Java oder C++.

Man braucht für ein kleines Programm aber nicht wirklich in die Abgründe der objektorientierten Programmierung abzutauchen. Das wäre wirklich zu viel. Allerdings sollte man schon wissen, was Klassen sind und wie man damit arbeitet. Sicher wollen Sie nicht für den Rest Ihres Lebens nur mit PHP programmieren. Oder?

Klassen, Objekte und Methodendeklarationen

In den letzten zehn Jahren hat sich in der Software-Entwicklung immer mehr der objektorientierte Ansatz als der Bessere herausgestellt.

Während es sich bei den Programmiersprachen BASIC, PASCAL und C um nicht-objektorientierte Programmiersprachen handelt, sind die Sprachen C++ und JAVA objektorientiert.

Lange Zeit war PHP die Objektorientierung fremd und noch heute fragen viele, warum eine Skriptsprache unbedingt mit Klassen arbeiten soll.

Aber fangen wir einfach mal an.

Eine Klasse ist eine Ansammlung von Variablen, die Eigenschaften oder Attribute genannt werden, und Funktionen, die mit eben diesen arbeiten. Die Funktionen werden als Methoden bezeichnet.

Innerhalb der geschweiften Klammern können Sie Variablen nur mit der `var`-Anweisung deklarieren.

Objekte sind die Ergebnisse, die aus Klassen gebildet werden. Eine Klasse ist wie ein Kochrezept. Die Attribute und Methoden legen fest, was ein Objekt macht, das aus dieser Klasse gebildet wird. Man kann also sagen: Eine Klasse ist ein Rezept, und das daraus resultierende Objekt ist das Essen, das nach den Regeln der Klasse erzeugt wurde.

Hier sehen Sie, wie eine Klassendefinition auszusehen hat.

```
class Klassen_name {
    var $attribut_name_1;
    var $attribut_name_n;

    function funktions_name_1 {
    }
    function funktions_name_n {
    }
}
```

Wie Sie sehen, muss jede Deklaration einer Klasse mit dem Schlüsselwort `class` beginnen. Jedes Attribut muss mit dem Schlüsselwort `var` deklariert werden. Ein Attribut kann von jedem nur möglichen Datentyp sein und Sie können es sich wie eine Variable vorstellen.

Nach den Attributen sehen Sie die Methodendeklarationen. Diese beginnen mit dem Schlüsselwort `function` und Sie können sich diese wie ganz gewöhnliche Funktionen vorstellen.

Die Schlüsselwörter der objektorientierten Programmierung

- ✔ Objekt

  Ein Objekt ist eine Instanz einer Klasse. Das ist die formelle Definition. Einfacher gesagt, kann man ein Objekt auch als ein konkretes Exemplar einer Klasse bezeichnen. Die Klassen werden von Ihnen definiert. Mit den Objekten, die Sie von Klassen ableiten, arbeiten Sie.

- ✔ Klasse

  In Klassen wird definiert, welche Attribute und Fähigkeiten ein von dieser Klasse abgeleitetes Objekt haben soll. Klassen sind Abbilder von irgendetwas aus der realen Welt.

- ✔ Methode

  Mit Methoden bezeichnet man die Funktionen in einer Klasse.

- ✔ Attribut

  Mit Attributen bezeichnet man die Variablen in einer Klasse. Attribute werden in diesem Zusammenhang auch Eigenschaften genannt.

- ✔ Konstruktor

  Ein Konstruktor ist eine Methode (Funktion), die automatisch einmal aufgerufen wird, wenn Sie ein Objekt instanzieren.

- ✔ Destruktor

  Destruktoren sind das genaue Gegenteil von Konstruktoren. Auch ein Destruktor ist eine Methode. Diese wird verwendet, um Objekte zu löschen. PHP kennt erst seit Version 5 Destruktoren.

Vor PHP 5 wurde ein Konstruktor dadurch definiert, dass er (die Konstruktor-Methode) den gleichen Namen wie die Klasse hat, in der er sich befindet. Seit PHP 5 definieren Sie einen Konstruktor mit dem Schlüsselwort `__construct()` und einen Destruktor mit dem Schlüsselwort `__deconstruct()`. Das ist deutlich ressourcenschonender und eleganter.

Um Ihnen die Arbeitsweise mit Klassen, Objekten, Attributen und Methoden ein wenig näher zu bringen, machen wir erst einmal ein ganz einfaches Beispiel.

```
<HTML>
<HEAD>
   <TITLE>Ein einfaches Beispiel zu Klassen und Objekten</TITLE>
</HEAD>
<BODY>
<?php

// Die Klasse "begruessung" definieren
class begruessung {

    // Eint Attribut festlegen
    var $wen_begruessen;

    // Die Methode "servus" definieren
    function servus() {
        echo "<B>Servus $this->wen_begruessen</B>";
    }
}

// Eine neue Instanz (ein neues Objekt) der Klasse
// "begruessung" mit "new" erzeugen
$ausgabe = new begruessung;
```

```
// Dem Attribut "wen_begruessen" des Objekts einen Wert zuweisen
$ausgabe->wen_begruessen = "Katrin";

// Die Methode "servus" aufrufen
$ausgabe->servus()

?>
</BODY>
</HTML>
```

Listing 7.11: Ein einfaches Beispiel zu Klassen und Objekten

Die Ausgabe von Listing 7.11 ist zugegebenermaßen nur wenig spektakulär, aber das ist nicht wichtig. Hauptsache, Sie haben die Arbeitsweise des Beispiels verstanden.

Abbildung 7.10: Die Ausgabe des ersten Beispiels zu Klassen und Objekten

Zuallererst haben wir die Klasse `begruessung` definiert. Diese beinhaltet ein Attribut (Eigenschaft) und eine Methode (Funktion). Mit `$this->` legen Sie innerhalb der Methode fest, dass der Inhalt des Attributs ausgegeben werden soll. Sie verweisen darauf.

Mit `new` erzeugen Sie ein neues Objekt der Klasse `begruessung`. Das Objekt hat den Namen `$ausgabe`.

Mit `->` verweisen Sie auf eine Eigenschaft eines konkreten Objekts, um beispielsweise dem Objekt den Namen `Katrin` zuzuweisen.

Als Letztes rufen Sie noch die Methode (Funktion) `servus()` in dem Objekt (der Instanz der Klasse) auf und Sie bekommen eine Ausgabe, so wie es innerhalb der Klasse festgelegt ist.

Wie Ihnen vielleicht aufgefallen ist, enthalten die Methoden die Variable `$this`. Diese stellt eine ganz bestimmte Instanz der Klasse dar und spricht die Eigenschaften und Methoden der Objekte an. Die Eigenschaften, die Sie mit `$this` ansprechen, werden aber ohne Dollarzeichen geschrieben.

Sehen Sie sich das folgende Beispiel einmal an. Es unterscheidet sich von Listing 7.11 nur im Umfang. Es wird Ihnen aber vielleicht helfen, im Umgang mit Objekten, Klassen, Attributen und Methoden sicherer zu werden.

In Listing 7.12 sehen Sie die Definition einer Klasse mit vier Eigenschaften und eine Methode.

```
<HTML>
<HEAD>
   <TITLE>Klassen und Objekte</TITLE>
</HEAD>
<BODY>
<?php

// Die Klasse "auto" definieren
class auto {
   // Vier Eigenschaften (Attribute) festlegen
   var $hersteller;
   var $modell;
   var $farbe;
   var $geschwindigkeit;
}

// Zwei neue Instanzen (Objekte) der Klasse "auto" mit "new" erzeugen
$wagen1 = new auto;
$wagen2 = new auto;

// Den Attributen der beiden Objekte Werte zuweisen
$wagen1->hersteller      = ("Porsche");
$wagen1->modell          = ("911");
$wagen1->farbe           = ("Schwarz");
$wagen1->geschwindigkeit = ("schnell");

$wagen2->hersteller      = ("Trabbi");
$wagen2->modell          = ("Coupe");
$wagen2->farbe           = ("Grau");
$wagen2->geschwindigkeit = ("nicht besonders");

// Den Inhalt der Attribute der beiden Objekte ausgeben
echo "<B>Hersteller:</B> "      . $wagen1->hersteller      . "<BR>";
echo "<B>Modell:</B> "          . $wagen1->modell          . "<BR>";
echo "<B>Farbe:</B> "           . $wagen1->farbe           . "<BR>";
echo "<B>Geschwindigkeit:</B> " . $wagen1->geschwindigkeit . "<BR>";

echo "<P>";

echo "<B>Hersteller:</B> "      . $wagen2->hersteller      . "<BR>";
echo "<B>Modell:</B> "          . $wagen2->modell          . "<BR>";
echo "<B>Farbe:</B> "           . $wagen2->farbe           . "<BR>";
echo "<B>Geschwindigkeit:</B> " . $wagen2->geschwindigkeit . "<BR>";

?>
</BODY>
</HTML>
```

Listing 7.12: Erstes einfaches Beispiel zu Klassen und wie man mit ihnen arbeitet

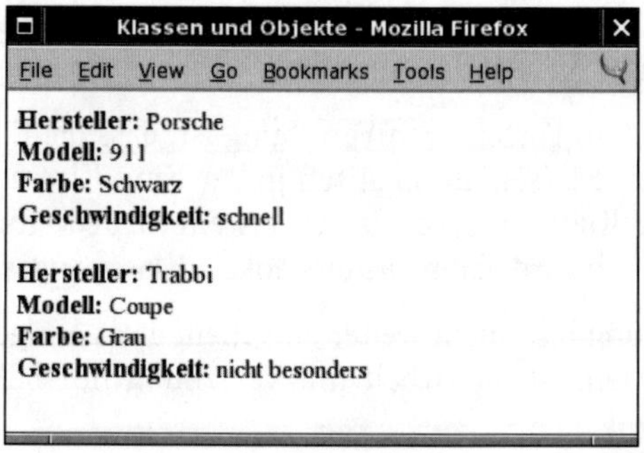

Abbildung 7.11: Ergebnis des Klassen-Beispiels anhand eines kleinen Fuhrparks

Nach diesen beiden Beispielen sollten Ihnen die grundlegenden Begriffe und die Arbeitsweise der Objektorientierung nicht mehr fremd sein. Ich möchte im nächsten Abschnitt noch ein wenig auf die Vererbung eingehen. Die Vererbung ist ebenfalls ein grundlegender Teil der objektorientierten Programmierung.

Eine Klasse als Verfeinerung einer anderen

Eine Klasse kann auch eine Verfeinerung einer anderen Klasse sein. In diesem Fall enthält die verfeinerte Klasse – man kann auch sagen: die abgeleitete Klasse – alle Funktionen der ursprünglichen Klasse, auch Super- oder Oberklasse genannt.

Dieser Vorgang wird *Vererbung* genannt. Vererbung bedeutet, dass jedes Objekt einer abgeleiteten Klasse dieselben Methoden und Attribute beinhaltet wie ein Objekt der Oberklasse. Die abgeleitete Klasse hat die Methoden und Attribute von der Oberklasse geerbt.

Zusätzlich zu den geerbten Methoden und Attributen kann eine erbende Klasse aber noch eigene Methoden und Attribute definieren oder geerbte Methoden überschreiben (also neu definieren).

Eine abgeleitete Klasse können Sie in PHP mithilfe von `extends` erzeugen. Das sieht so aus:

```
class oberklasse {
    ...
}
class erbende_klasse extends oberklasse {
    ...
}
```

Ein *Konstruktor* ist eine Funktion einer Klasse, die den gleichen Namen wie die Klasse trägt.

Genau wie bei Variablen brauchen Sie bei Objekten keinen Datentyp anzugeben. Sie müssen einfach nur den Operator -> verwenden und schon wird aus einer Variablen ein Objekt.

Einer der großen Vorteile von Vererbung ist, dass die Eigenschaften und Methoden der Eltern-Klassen automatisch in der Kind-Klasse verfügbar werden, wenn Sie mit einer Klasse andere Klassen erweitern. Jede Eigenschaft, die per Vererbung zugänglich wird, kann wie eine lokale Klasse angesprochen werden.

Ich werde auf die Vererbung hier nicht weiter eingehen, da es einige Zeit braucht, damit zurechtzukommen. Außerdem ist die Arbeit mit Vererbung nur bei sehr großen Softwareprojekten wirklich sinnvoll.

Der lange Marsch durch die Instanzen

Wenn Sie eine Klasse definiert haben, können Sie mit dem Operator `new` eine oder mehrere *Instanzen* dieser Klasse erschaffen. Diese Instanz ist nichts anderes als eine Variable und wird *Objekt* genannt.

Die Eigenschaften einer Instanz sind Variablen. Diese sind absolut identisch mit allen anderen PHP-Variablen. Wenn Sie auf so eine Variable zugreifen wollen, brauchen Sie kein Dollarzeichen vor den Namen der Eigenschaft zu schreiben. Sie brauchen nur als Operator den ->.

Wenn die Eigenschaft eines Objekts keine Variable, sondern ein anderes Objekt ist, dann können Sie den Operator -> zweimal verwenden, um die Eigenschaft des zweiten Objekts zu erhalten. So etwas ist aber erst seit PHP 4 möglich, da dies der alte Parser von PHP 3 nicht zuließ.

Folgendes Beispiel zeigt ein Objekt, das ein zweites Objekt enthält.

```
<HTML>
<HEAD>
    <TITLE>Ein Objekt, das ein zweites enthält</TITLE>
</HEAD>
<BODY>
<?php

// Die Klasse "system" definieren
class system {

    // Eigenschaft "name" definieren
    var $name;

    // DIe Methode "system" definieren
    function system($name="leer") {
        $this->name = $name;
    }
}
```

```
class rechner {
    // ein Array für mehrere Betriebssysteme
    var $system;
}

//  Rechner mit mehreren Betriebssystemen erzeugen
$computer = new rechner;

// Welche Betriebssysteme wollen Sie denn?
$computer->system[] = new system("Linux");
$computer->system[] = new system("FreeBSD");
$computer->system[] = new system("WinXP");
$computer->system[] = new system("AmigaOS");
$computer->system[] = new system("MacOS");

// Alle Betriebssysteme ausgeben
for ($i=0; $i<5; $i++) {
    echo($computer->system[$i]->name . "<BR>");
}

?>
</BODY>
</HTML>
```

Listing 7.13: Ein einfaches Beispiel zu Objekten, die Objekte enthalten

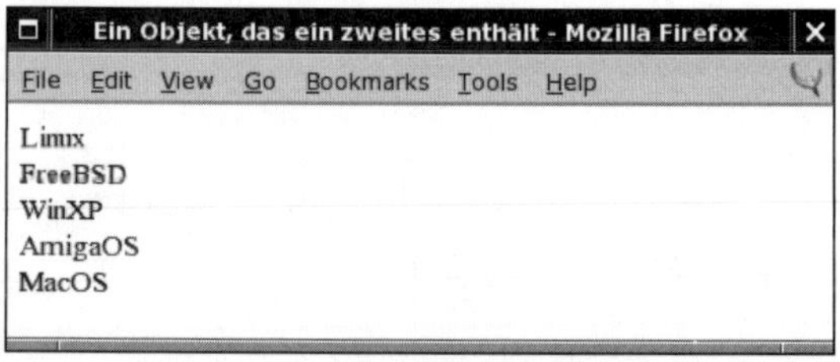

Abbildung 7.12: Ausgabe des Klassen-Beispiels mit Objekten, die Objekte enthalten

Die Ausgabe dieses kleinen Beispiels ist klar. Die fünf Betriebssysteme werden nacheinander ausgegeben.

Es gäbe noch unendlich viel zum Thema Objektorientierung und seine Möglichkeiten zu sagen, aber ich denke, das würde den Rahmen dieses Buches sprengen. Für das, was ich Ihnen vermitteln möchte, braucht man Klassen und Objekte ja auch nicht unbedingt.

Sicherheit geht vor

8

In diesem Kapitel

- Warum Sicherheit so wichtig ist
- Wie Sie Ihren Rechner/Server sicher machen
- Wie Sicherheitslücken in PHP-Programmen entstehen können
- Was Sie machen können, wenn etwas schief gelaufen ist

PHP hat sich in den letzten Jahren von einem kleinen Tool zum Generieren von HTML-Seiten zu einer ausgewachsenen Programmiersprache entwickelt, die Ihnen vielfältige Möglichkeiten gibt. Sie können unter anderem auf Datenbanken, Dateien und Verzeichnisse zugreifen. Sie können sogar externe Programme ausführen.

Allein schon diese ganzen Fähigkeiten machen PHP zu einer potentiell unsicheren Sache und den Einsatz eines Webservers mit PHP zu einem Risiko. Auch wenn es absolute Sicherheit bei einem Rechnersystem – ganz besonders, wenn es über das Internet erreichbar ist – nie geben kann, so können Sie das Risiko eines Einbruchs mit einigen wenigen Grundsätzen deutlich minimieren.

Warum soll ich mich überhaupt mit Sicherheit beschäftigen?

Nun, wenn Ihr Rechner/Webserver gehackt wird, ist das immer eine unangenehme Sache. Möglicherweise wird der Eindringling nur Ihren Internetauftritt ein wenig verunstalten. Möglicherweise werden aber auch die Daten Ihrer Datenbank geändert oder gelöscht.

Wenn es der Eindringling geschafft hat, die Kontrolle über Ihr System zu erlangen (Root-Rechte auf einem UNIX-/Linux-System), dann wird er mit Sicherheit Hintertüren in Ihrem System einbauen, um immer wieder in das System zu gelangen. Vielleicht wird Ihr Rechner dann in Zukunft zum Versenden von Spam-Mails oder für Angriffe auf andere Rechner missbraucht. Außerdem wäre es Ihnen doch sicher auch sehr unangenehm, wenn Ihre persönlichen Daten irgendwann im Web die Runde machen und sich andere Leute über Ihre E-Mails und Dokumente amüsieren oder sich Ihre Arbeit unerlaubterweise zu Nutze machen.

Alles in allem sind die Aussichten alles andere als rosig. Aber soweit muss es ja nicht kommen. Was ich Ihnen nur mit auf den Weg geben will: Sicherheit ist wichtig. Auch für Ihren Rechner.

Wie können Sicherheitslücken überhaupt entstehen?

Es sind unter PHP einige potentielle Sicherheitslücken bekannt, die alle weitestgehend vermieden werden können. Diese Sicherheitsrisiken kommen praktisch alle durch unsauberes oder ungeschicktes Programmieren zustande und können, wenn Sie denn bekannt sind, recht einfach umgangen werden.

Dieser und die folgenden Abschnitte sollen Ihnen einige Tipps geben, wie Sie die bekanntesten und sicher auch gefährlichsten Sicherheitslücken vermeiden können.

Alle Benutzereingaben überprüfen

Ein großes Problem sind PHP-Skripte, die Benutzereingaben (z.B. aus Formularen) einfach annehmen und nicht deren Inhalt überprüfen. Jede Benutzereingabe oder von außen zu tätigende Aktion, sollte von Ihren PHP-Skripten auch überprüft werden.

Wenn Sie beispielsweise die Möglichkeit bereitstellen, Daten auf den Server hochzuladen, dann sollten Sie bei jedem Upload von PHP das Dateiformat und die Dateigröße kontrollieren lassen.

Benutzereingaben in Formularen sollten von PHP immer überprüft werden, um sicher zu gehen, dass es sich dabei nicht um einen Einbruchsversuch handelt.

Keine wichtigen oder geheimen Daten im Webserver-Verzeichnis ablegen

Ein gern gemachter Fehler ist, dass sensible (wichtige) Daten im von außen zugänglichen und einsehbaren Bereich des Webservers liegen. Wenn Sie Daten aller Art (z.B. Dokumente) zum Download anbieten, die nur einer bestimmten Benutzergruppe zugänglich sein sollen, dann legen Sie diese Daten in ein Verzeichnis außerhalb des über den Webserver erreichbaren Bereichs.

Die Globalen Variablen abschalten

Seit PHP-Version 4.2.0 ist in der PHP-Konfigurationsdatei `php.ini` die Variable `register_globals` standardmäßig abgeschaltet.

```
register_globals = off
```

Damit wird festgelegt, dass die Umgebungs-, GET-, POST-, Server-Variablen und Cookies nicht mehr als globale Variablen gehalten werden, was einen wirklichen Schritt zu mehr Sicherheit darstellt. Der Nachteil dabei ist der etwas erhöhte Programmieraufwand.

Natürlich können Sie in der `php.ini` den Wert von `register_globals` auch wieder auf `on` setzen, das kann ich Ihnen aber nicht empfehlen. Die Vorteile dieser Lösung sind auf jeden Fall ein wenig mehr Aufwand wert.

Um eine Arbeit mit PHP ohne globale Variablen möglich zu machen, wurden mit PHP Version 4.1.0 einige so genannte Superglobale Variablen eingeführt. Eine Übersicht dieser Arrays finden Sie in Tabelle 8.1:

Superglobale Variable	Bedeutung
`$_COOKIE`	HTTP COOKIE-Variablen
`$_ENV`	Umgebungsvariablen
`$_GET`	HTTP GET-Variablen aus Eingabeformularen
`$_FILES`	HTTP Datei-Uploads
`$_POST`	HTTP POST-Variablen aus Eingabeformularen
`$_REQUEST`	Cookie-, GET- und POST-Variablen, eigentlich alles, was auf Benutzereingaben zurückzuführen und daher potentiell unsicher ist
`$_SERVER`	Server-Variablen, diese werden vom Webserver gesetzt
`$_SESSION`	HTTP-Session-Variablen

Tabelle 8.1: Die Superglobalen Variablen von PHP

Superglobale Variablen können nicht als variable Variablen verwendet werden.

Im Folgenden sehen Sie eine Überprüfung nach der alten Variante mit `register_globals = on`.

```
if($username) {
    $erfolgreich_eingeloggt = true;
}
```

Die Gefahr ist, dass der Wert der Variable `$username` von außerhalb leicht mit GET, POST oder COOKIES gesetzt werden kann. Die sicherere Variante mit `register_globals = off` sehen Sie im folgenden Beispiel:

```
if(!isset($_SESSION["username"])) {
    $erfolgreich_eingeloggt = true;
}
```

Hier kann der Wert der Variable `$username` nur von einer HTTP-Session kommen.

Wenn Sie noch einmal zu Listing 3.6 zurückblättern, dann sehen Sie, wie Sie mit superglobalen Variablen Werte aus einem Formular in einer PHP-Datei verwenden können.

Mehr über superglobale Variablen können Sie in der PHP-Dokumentation unter den folgenden Adressen erfahren:

- ✔ `http://de3.php.net/manual/de/security.registerglobals.php`
- ✔ `http://de3.php.net/manual/de/configuration.directives.php`
- ✔ `http://de3.php.net/manual/de/language.variables.predefined.php`

Wie kann ein Rechner/Server sicher gemacht werden?

Mal ganz abgesehen vom Webserver und PHP selbst, stellt jeder Dienst, der einen Port nach außen öffnet, also Verbindungen aus dem Internet zulässt, ein potentielles Sicherheitsrisiko dar.

Um zu sehen, welche Ports auf Ihrem System offen sind, verwenden Sie am besten unter Linux- oder UNIX-Systemen das Werkzeug `nmap`.

Ein Aufruf von `nmap localhost` sollte zu einer ähnlichen Ausgabe wie in Abbildung 8.1 führen.

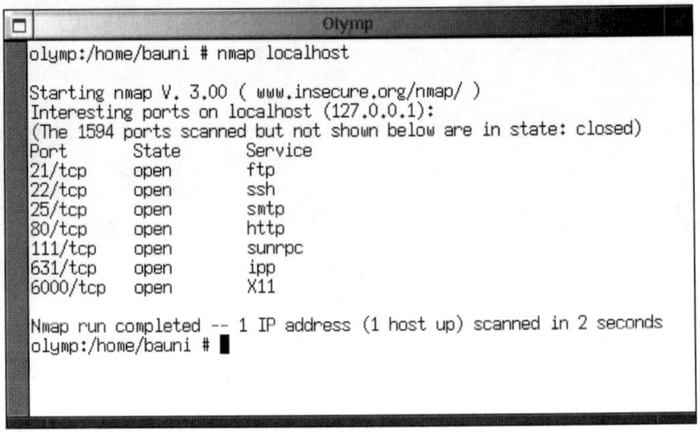

Abbildung 8.1: Das Werkzeug `nmap`

Anhand der Ausgabe von `nmap` können Sie sehen, welche Internetdienste auf Ihrem Rechner laufen und welche Ports von außen sichtbar sind. Als Faustregel gilt: Je weniger Ports offen sind und je weniger Internetdienste laufen, desto sicherer ist der Rechner. Aber absolute Sicherheit kann es nie geben. Nur wenn Sie mit Ihrem Rechner nie online sind, sind Sie wirklich sicher und das kann ja wohl nicht Sinn der Sache sein.

Um einen Rechner möglichst dicht für potentielle Einbrecher zu machen, sollten Sie zuallererst überlegen, welche Internetdienste Sie überhaupt brauchen und ob diese immer gestartet sein müssen oder auch nur bei Bedarf gestartet werden können.

Als höchst unsichere Dienste gelten Telnet und FTP-Server. Auf Telnet (üblicherweise Port 23) sollten Sie auf alle Fälle verzichten. Einen FTP-Server (üblicherweise Port 21) sollten Sie nur starten, wenn Sie ihn auch wirklich brauchen.

Aktuelle Versionen von SSH (Port 22), des Webservers (Port 80) und von Mail-Server können als relativ sicher gelten.

Es ist natürlich ratsam, alle paar Wochen oder zumindest Monate die wichtigsten Internetdienste auf den aktuellsten Stand zu bringen, um die in der Zwischenzeit gefundenen und geschlossenen Sicherheitslücken auch auf Ihrem Rechner zu schließen.

Außerdem ist es nicht schlecht, die von den Linux-Distributoren und Microsoft bereitgestellten Sicherheitsupdates in das eigene System einzuspielen.

Fehler, die schlimme Folgen haben können

Ein besonders bei Anfängern im Linux-Bereich recht häufig gemachter Fehler ist es, die Benutzerrechte des Apache-Webservers auf ROOT zu setzten. Für gewöhnlich hat der Apache die Benutzerrechte des Users <<nobody>>, und das ist auch gut so.

Die Ausweitung der Benutzerrechte des Webservers ist eine gefährliche Sache und kann schlimme Folgen haben. Darum sollten Sie nur an den Rechten des Webservers etwas verändern, wenn Sie genau wissen, was Sie tun.

Ist die Datenbank auch sicher?

Ein anderer grober Fehler ist der Betrieb einer Datenbank ohne ROOT-Passwort auf einem Rechner/Server, der über das Netz erreichbar ist. Nach der Installation und dem Start einer Datenbank sollten Sie als erstes das ROOT-Passwort für diese setzen. Um das Passwort zu setzen, geben Sie auf einer Shell/Konsole folgenden Befehl ein:

```
mysql -u root mysql
```

Danach sollten Sie in der Datenbank eingeloggt sein. Geben Sie nun folgenden Befehl ein:

```
SET PASSWORD FOR root=PASSWORD('passwort_neu');
```

Nicht das Semikolon am Ende vergessen! Danach haben Sie das ROOT-Passwort gesetzt und Ihre Datenbank mit einem Passwort versehen. Vorausgesetzt, dass das Passwort sicher ist. Es sollte aus mehreren verschiedenen Zeichen bestehen, am besten Groß- und Kleinschreibung und ein paar Zahlen enthalten.

Eine weitere Möglichkeit, das ROOT-Passwort für die Datenbank zu setzen, bietet der Befehl `mysqladmin`. Geben Sie auf einer Shell Folgendes ein:

```
mysqladmin -u root password passwort_neu
```

Der Fall der Fälle: der Rechner wurde gehackt

Ein gehacktes System, in dem womöglich Hintertüren versteckt wurden, ist nur sehr schwer wieder zu säubern. Am effektivsten und sichersten ist auf alle Fälle eine Neuinstallation.

Spätestens ab diesem Zeitpunkt wird jeder, der in regelmäßigen Abständen ein Backup seiner Daten macht, erleichtert durchatmen, und jeder, der schon immer mal seine Daten sichern wollte, aber nie die Zeit oder Lust dazu hatte, hektisch werden.

Darum lautet mein Rat an Sie: Ganz gleich ob Ihr Rechner nur sporadisch am Netz hängt oder als Webserver ständig online ist: ein Backup der persönlichen und wichtigen Daten alle paar Tage oder Wochen, sollte immer Pflicht sein. Ein Datenverlust, ganz gleich aus welchem Grund (Festplatte für immer ausgefallen, Prozessor durchgeschmort, Rechner gehackt oder Ähnliches), ist immer möglich.

Sicherheitslücken vermeiden

Ein absolut sicheres System kann es mit großer Sicherheit niemals geben. Dennoch kann mit einem recht geringen Aufwand sichergestellt werden, dass ein System sehr sicher ist.

Um dieses Ziel zu erreichen, ist es ratsam, dass Sie versuchen, immer eine aktuelle Version des Betriebssystems, Webservers und von PHP im Einsatz zu haben. Ein Update alle 3 bis 6 Monate ist auf jeden Fall ratsam. Mit jeder neuen Version werden schließlich alle bekannten Sicherheitslücken geschlossen.

Was das Betriebssystem angeht, empfehle ich die verfügbaren Sicherheitsupdates einzuspielen. Das sollten Sie einmal pro Woche machen. Der Zeitaufwand dürfe dann weniger als 15 Minuten pro Woche betragen.

Um Sicherheitslücken beim Programmieren zu vermeiden, empfehle ich Ihnen, jedes größere Softwareprojekt im Vorfeld sorgfältig zu planen. Datenbanken sollten Sie erst einmal auf Papier designen, bevor Sie anfangen die ersten Tabellen anzulegen. Versuchen Sie auch, die superglobalen Variablen von PHP zu verwenden.

Wenn es mir durch dieses Kapitel gelungen ist, Sie für das Thema *Sicherheit und PHP* zu begeistern, dann empfehle ich Ihnen den Online-Artikel *Secure Programming in PHP* von Thomas Oertli auf `http://www.zend.com/zend/art/art-oertli.php` sowie einen Blick in die PHP-Dokumentation `http://de3.php.net/manual/de/security.index.php`.

Teil III

Eine Sprache – Tausend Möglichkeiten: Zugriff auf Dateien, FTP, E-Mail-Programmierung, PDF und mehr

Echte Programmierer fahren VW-Busse oder Autos, die vor 1968 hergestellt wurden.

In diesem Teil ...

PHP bietet Tausend Möglichkeiten. Hier werden Sie nicht alle kennen lernen, aber hoffentlich die nützlichsten. Sie werden erfahren, wie Sie mit Ein- und Ausgaben arbeiten (und danach werden Sie Dateien hoffentlich nie mehr als gottgegeben ansehen). Mathematische Funktionen und die Möglichkeiten von PHP, mit Zeit und Datum zu arbeiten, werden Ihnen in Fleisch und Blut übergehen. Alle diejenigen, die Wahrscheinlichkeitsrechnung in der Schule nie mochten, können sich beruhigen: Die Arbeit mit Zufallszahlen ist mit PHP ganz einfach.

Wenn Sie viel mit dem Internet zu tun haben (warum würden Sie sonst dieses Buch kaufen), werden Sie sich sicher für die Möglichkeiten interessieren, die PHP bietet, um das File-Transfer-Protokoll (FTP) zu bedienen. Hier erfahren Sie auch, wie Sie E-Mails mit PHP erzeugen und versenden können.

Im weiteren Verlauf dieses Teils werden Sie auch erfahren, wie Sie Bilder und PDF-Dokumente mit PHP generieren und verändern können.

Wie bereits gesagt: In diesem Teil werden sich Ihnen Tausend Möglichkeiten eröffnen. Und das Schöne ist, Sie müssen nicht mal alles im Kopf behalten – Sie sollten nur wissen, wo Sie es nachlesen können.

Input/Output und Zugriff auf Dateien

9

In diesem Kapitel

- Daten im Browser ausgeben
- Möglichkeiten, mit Dateien zu arbeiten
- Die Existenz einer Datei überprüfen und alle möglichen Informationen über sie bekommen
- Eine Datei öffnen und schließen
- Aus einer Datei lesen und in eine schreiben
- Die Merkmale einer Datei verändern
- Mit Verzeichnissen arbeiten
- Befehle an die Shell weiterleiten und so z.B. PHP-externe Programme starten

Die Fähigkeit zur Ein- und Ausgabe ist eines der wichtigsten Merkmale von PHP. Dabei kann PHP aber viel mehr als nur Dateien öffnen und schließen, aus ihnen lesen und in sie schreiben. Mit PHP ist es auch kein Problem, andere Programme zu starten und sich z.B. deren Ausgabe im Browser anzeigen zu lassen.

Mit PHP an den Browser schreiben

PHP gibt Ihnen drei Möglichkeiten an die Hand, mit denen Sie Texte an den Browser schicken können:

- ✔ das Sprachkonstrukt `echo`
- ✔ die Funktion `print`
- ✔ die Funktion `printf`

Diese drei Funktionen bieten im Grunde alle das Gleiche, aber jede auf eine etwas eigene Weise.

Die einfachste Form der Ausgabe - echo

```
echo erster string, zweiter string, ..., letzter string
```

Mit `echo` haben Sie eine einfache Möglichkeit zur Ausgabe, die zwar keine großartigen Formatierungsfeatures mitbringt, aber dafür für Einsteiger sehr einfach zu verstehen ist. Einige Beispiele folgen:

```
<?php
    echo ("PHP ist super");
?>
```

Variablen innerhalb eines `echo` sind kein Problem:

```
<?php
    $var1 = "schwer";
    echo "PHP ist wirklich nicht $var1";
?>
```

Wenn Sie Variablennamen ausgeben wollen und nicht den Wert der Variablen, dann müssen Sie auf einfache Anführungszeichen zurückgreifen:

```
echo 'Gibt den Namen der $Variable aus';
```

Wenn Sie nur den Wert einer Variablen ausgeben wollen, dann brauchen Sie keine Anführungszeichen:

```
echo $var1;
```

Mit `echo` können Sie auch beliebig viele Argumente angeben, die durch Kommata voneinander getrennt sind. Diese werde dann alle nacheinander an den Browser geschickt.

```
<?php
    echo "PHP ", "ist ", "echt ", "einfach.";
?>
```

Auch nicht schwerer - print

```
int print (string ausgabe)
```

Mit `print` werden genauso wie mit `echo` Strings ausgegeben. Aber im Gegensatz zu `echo` ist `print` kein internes Sprachkonstrukt, sondern ein Ausdruck (Expression). `print` kann immer nur ein Argument haben. Ganz im Gegensatz zu `echo`, das mehrere Argumente haben darf. Die Syntax ist dabei recht einfach:

```
<?php
    print "Das ist ja einfach...";
?>
```

Ausgabe von Variablen(-Werten):

```
<?php
    $var1 = 3;
    $var2 = 4;
    $summe = $var1 + $var2;
    print "Die Summe von $var1 und $var2 ist $summe.";
?>
```

Jetzt wird's heftig - printf

```
printf (string format [,mixed args...])
```

Mit der Funktion `printf` haben Sie die Möglichkeit, die Form der Ausgabe genau zu definieren. Die Argumente werden entsprechend den Steuerzeichen in der Formatzeichenkette umgewandelt. In Tabelle 9.1 sehen Sie die verfügbaren Steuerzeichen.

Steuerzeichen	Ergebnis
`S`	Das Argument wird als String behandelt.
`F`	Das Argument wird als Double behandelt.
`E`	Das Argument wird als Double in wissenschaftlicher Schreibweise behandelt (z.B. 1.4e7).
`B`	Das Argument wird als Integer, die Darstellung als Binärzahl behandelt.
`D`	Das Argument wird als Integer, die Darstellung als Dezimalzahl behandelt.
`0`	Das Argument wird als Integer, die Darstellung als Oktalzahl behandelt.
`X`	Das Argument wird als Integer, die Darstellung als Hexadezimalzahl mit Kleinbuchstaben behandelt.
`X`	Das Argument wird als Integer, die Darstellung als Hexadezimalzahl mit Großbuchstaben behandelt.
`C`	Das Argument wird als Integer, die Darstellung als ASCII-Zeichen behandelt.
`%`	Ein Prozentzeichen ohne Argument wird ausgegeben.

Tabelle 9.1: Steuerzeichen in `printf`

Jedes Argument zur Kodierung beginnt mit einem Prozentzeichen (`%`) und endet mit einem Buchstaben aus der Steuerzeichentabelle. Dieser gibt einen Datentyp an. Zwischen Prozentzeichen und Buchstabe befindet sich ein Wert, der den Grad der Veränderung angibt.Es gibt auch noch zusätzliche Steuerzeichen (Flags), die die Ausrichtung und Füllung steuern. Diese werden ebenfalls nach einem Prozentzeichen angegeben. Eine Übersicht dieser Steuerzeichen finden Sie in Tabelle 9.2.

Steuerzeichen (Flags)	Ergebnis
`-`	Text nach rechts ausrichten
`0`	Ausgabe mit Nullen auffüllen
LEERZEICHEN	Ausgabe mit Leerzeichen auffüllen (Standard)
' und bel. Zeichen	Ausgabe mit dem angegebenen Zeichen auffüllen

Tabelle 9.2: Steuerzeichen in `printf` zur Beeinflussung der Ausrichtung und der Füllung

Nach einem solchen Flag ist es möglich, die Mindestlänge des auszugebenden Strings festzulegen. In diesen String wird die umgewandelte Ausgabe geschrieben und wenn diese kürzer ist als der String, wird dieser mit Füllzeichen aufgefüllt. Wenn nichts anderes definiert ist, sind diese Füllzeichen Leerzeichen. Diese Füllzeichen stehen für gewöhnlich links. Wenn allerdings ein »-« angegeben ist, stehen die Füllzeichen rechts.

Eine weitere Einstellungsmöglichkeit, die `printf` bietet, ist die Definition der Genauigkeit. Die Genauigkeit wird mittels eines Punktes von der Mindestlänge des auszugebenden Strings abgegrenzt.

Die Auswirkungen, die mit der Genauigkeit erreicht werden, sind vom Datentyp abhängig. Bei Strings gibt die Genauigkeit die maximale Länge des Strings an. Bei Integern ist die Genauigkeit ohne Bedeutung und bei Double legt die Genauigkeit die Anzahl der Nachkommastellen fest.

```
<HTML>
<HEAD>
    <TITLE>Ein Beispiel zu den Steuerzeichen von "printf"</TITLE>
</HEAD>
<BODY>
<?php

$anzahl = 23;
$ort    = Box;
$format = "Die <B>%s</B> enthält <B>%d</B> Affen.";

printf($format,$ort,$anzahl);

?>
</BODY>
</HTML>
```

Listing 9.1: Einfaches Beispiel zum Einsatz der Steuerzeichen von `printf`

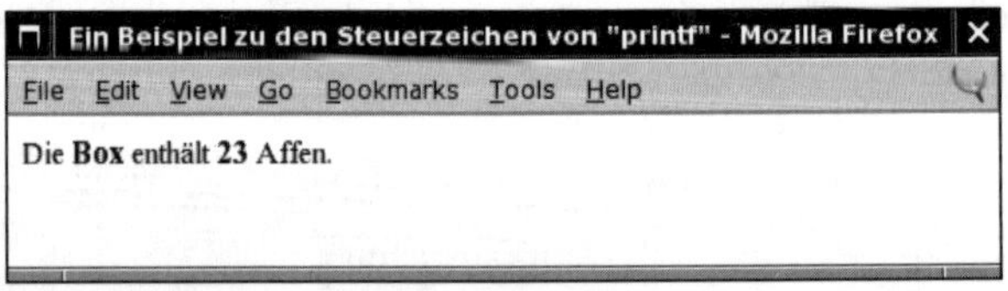

Abbildung 9.1: Ergebnis dieses »affigen« Beispiels zu `printf` *und seinen Steuerzeichen*

Folgendes Beispiel demonstriert den Umgang mit Nachkommastellen:

```
<HTML>
<HEAD>
    <TITLE>Ein weiteres Beispiel zu "printf"</TITLE>
</HEAD>
```

```
<BODY>
<?php

$lohn1 = 84.74;
$lohn2 = 13.36;
$lohn = $lohn1 + $lohn2;

// Das Ergebnis ist 98.1
echo "Ergebnis ist: $lohn<P>";

// Das Ergebnis ohne Nachkommastellen:
$ungenau = printf("Ungenau: "."%1.0f", $lohn);
echo "<P>";

// Das Ergebnis mir 3 Nachkommastellen:
$genauer = printf("Genauer: "."%1.3f", $lohn);
echo "<P>";

// Das Ergebnis mir 5 Nachkommastellen:
$noch_genauer = printf("Noch Genauer: "."%1.5f", $lohn);

?>
</BODY>
</HTML>
```

Listing 9.2: Beispiel zum Einsatz der Steuerzeichen von `printf` mit Double-Werten ...

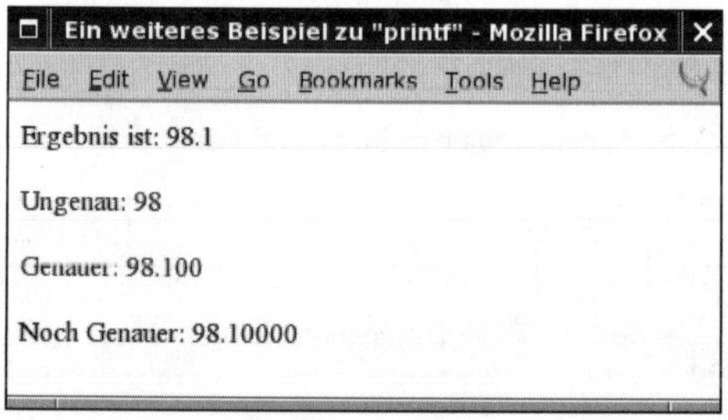

Abbildung 9.2: ... und das Ergebnis

Summa Summarum

Auf die Frage, welche dieser drei Möglichkeiten die bessere ist, muss ich sagen: Egal. Jede dieser Methoden hat ihre Vor- und Nachteile. Man sollte immer die Lösung nehmen, die am kürzesten, einfachsten und leichtesten zu verstehen ist, dabei aber alle Erwartungen komfortabel erfüllen kann.

Mit Dateien arbeiten

Wenn Sie mit Dateien arbeiten wollen, dann sollten Sie sich erst einmal verdeutlichen, wie die Kommunikation mit Dateien funktioniert. Um aus einer Datei zu lesen oder in sie zu schreiben, wird ein sog. *Datenstrom* (Stream) geöffnet. Dieser Stream öffnet eine Datei, liest daraus oder schreibt etwas hinein und schließt sie dann wieder.

Die Existenz einer Datei überprüfen

Mit nichts kann man auch nicht arbeiten. Wenn Sie mit einer Datei arbeiten wollen, ganz gleich, was Sie mit ihr vorhaben (auslesen, Merkmale verändern usw.), sollten Sie zuallererst einmal die Existenz dieser Datei überprüfen. Denn wenn nichts da ist, dann kann Ihr Skript auch nichts machen.

Ich möchte Ihnen zwei Funktionen, um die Existenz einer Datei zu überprüfen, vorstellen:

- die Funktion `file_exists`
- die Funktion `is_file`

Die Funktion `file_exists` überprüft, ob die gewünschte Datei wirklich existiert, und liefert nach einer erfolgreichen Überprüfung ein `TRUE` zurück. Wenn die Datei nicht existiert, wird `FALSE` zurückgegeben.

```
bool file_exists (string dateiname)
```

Das folgende Beispiel demonstriert die Arbeitsweise von `file_exists`. Es wird überprüft, ob eine Datei `irgendeine.txt` existiert.

```
<HTML>
<HEAD>
    <TITLE>Die Existenz einer Datei überprüfen</TITLE>
</HEAD>
<BODY>
<?php

$datei = "irgendeine.txt";

if (file_exists($datei)) {
    echo "Die Datei <B>$datei</B> ist vorhanden";
} else {
    echo "Die Datei <B>$datei</B> ist nicht aufzufinden";
}

?>
</BODY>
</HTML>
```

Listing 9.3: Die Existenz einer Datei überprüfen mit `file_exists`

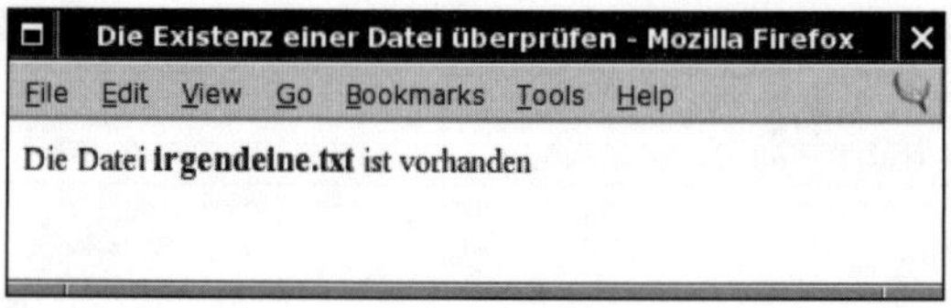

Abbildung 9.3: Die Existenz einer Datei prüfen

Ganz ähnlich funktioniert das Ganze mit `is_file`. Diese Funktion ist `file_exists` sehr ähnlich und überprüft ebenfalls, ob die gewünschte Datei wirklich existiert. Aber nicht nur das. Es wird gleichzeitig noch überprüft, ob die Datei eine sog. *reguläre Datei* ist, also eine Datei, die einfache Daten enthält (z.B. Bilder, Texte, Musik, usw.)

Auch hier wird nach einer erfolgreichen Überprüfung ein `TRUE` ansonsten ein `FALSE` zurückgeliefert, aber nur, wenn beide Kriterien (Existenz und Datei ist regulär) erfüllt sind.

Die formale Schreibweise ist:

```
bool is_file (string dateiname)
```

Das folgende Beispiel demonstriert die Arbeitsweise von `is_file` und überprüft, ob die Datei `eineandere.txt` existiert und außerdem lesbar und beschreibbar ist.

```
<HTML>
<HEAD>
    <TITLE>Überprüfen, ob eine Datei wirklich existiert</TITLE>
</HEAD>
<BODY>
<?php

$datei = "irgendeine.txt";

if (is_file($datei)) {
    echo "Die Datei <B>$datei</B> ist vorhanden und regulär";
} else {
    echo "Die Datei <B>$datei</B> ist nicht da, oder nicht regulär";
}

?>
</BODY>
</HTML>
```

Listing 9.4: Prüfen, ob eine Datei vorhanden und regulär ist

Da es viele Informationen über eine Datei zu erfahren gibt (z.B. die Größe) und die menschliche Neugier ja bekanntlich unendlich ist, möchte ich Sie nicht länger auf die Folter spannen. Aber bevor es losgeht, erhalten Sie mit Tabelle 9.3 eine kleine Übersicht über die Funktionen, die uns PHP dafür zur Verfügung stellt.

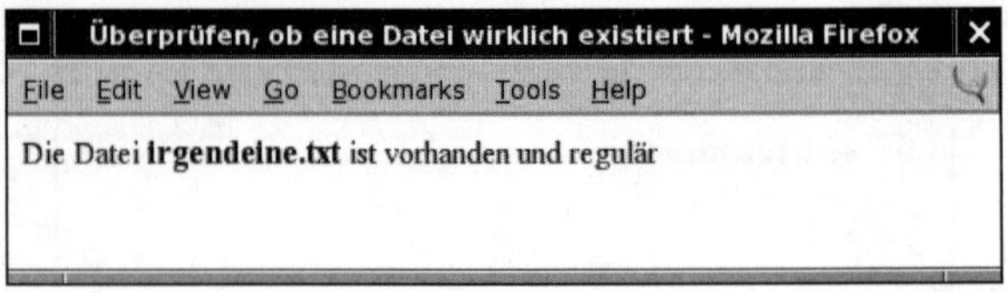

Abbildung 9.4: Die Merkmale einer Datei erfahren und verändern

Funktionsname	Ergebnis
`chgrp`	Ändert die Gruppenzugehörigkeit einer Datei
`chown`	Ändert den Benutzer (Besitzer) einer Datei
`fileatime`	Liefert Datum und Uhrzeit des letzten Zugriffs auf eine Datei zurück
`filectime`	Liefert Datum und Uhrzeit der letzten Veränderung an einer Datei zurück
`filegroup`	Liefert die Gruppenzugehörigkeit einer Datei zurück
`filemtime`	Gibt Datum und Uhrzeit der letzten Änderung an einer Datei zurück
`fileowner`	Gibt den Eigentümer einer Datei zurück
`fileperms`	Gibt die Zugriffsrechte einer Datei zurück
`filesize`	Gibt die Größe einer Datei in Bytes zurück
`filetype`	Gibt den Typ einer Datei zurück
`is_executable`	Überprüft, ob eine Datei ausführbar ist
`is_link`	Überprüft, ob eine Datei in Wirklichkeit ein symbolischer Link ist
`is_readable`	Überprüft, ob eine Datei lesbar ist
`is_writable`	Überprüft, ob eine Datei beschreibbar ist
`is_writeable`	Überprüft, ob eine Datei beschreibbar ist
`readlink`	Gibt den Pfad zurück, auf den ein symbolischer Link zeigt

Tabelle 9.3: Übersicht über die Funktionen, die PHP zur Verfügung stellt, um Informationen über Dateien zu erhalten

Dies ist keine vollständige Liste, da eine solche Liste den Rahmen diese Buches sprengen würde.

Zeit ohne Ende - schön wär's

Was wäre eine Datei ohne ihre Zeitangaben: Zeit des letzten Zugriffs, Zeit der letzten Veränderung. All das können Sie mit Funktionen, die PHP von Haus aus mitbringt, schnell und einfach erfahren. Wie das geht, erfahren Sie auf den folgenden Seiten.

Wenn Sie sich für den Zeitpunkt, oder besser ausgedrückt, das Datum und die Uhrzeit des letzten Zugriffs auf eine Datei interessieren, dann ist die Funktion `fileatime` genau das, was Sie suchen. Die Zeit wird von dieser Funktion in Sekunden seit dem 1.1.1970 angegeben. Darum sollten Sie nicht erschrecken, wenn Sie eine Zahlenkolonne zurückgeliefert bekommen, die auf den ersten Blick nun wirklich nicht nach einer Zeitangabe aussieht.

```
int fileatime (string dateiname)
```

Wenn es bei der Ausführung von `fileatime`, `filectime` oder `filemtime` zu einem Fehler kommen sollte, wird von der Funktion ein `FALSE` zurückgegeben. Dann wissen Sie, dass die Datei, von der Sie den Zeitpunkt des letzten Zugriffs erfahren wollten, vielleicht gar nicht existiert oder in einem Verzeichnis liegt, für das Sie keine Zugriffsrechte haben. Vielleicht haben Sie sich aber auch nur bei der Eingabe des Dateinamens vertippt.

Das folgende Beispiel zeigt, wie einfach die Anwendung von `fileatime` ist.

```
<HTML>
<HEAD>
    <TITLE>Uhrzeit und Datum des letzten Zugriffs</TITLE>
</HEAD
<BODY>
<?php

// Datei festlegen
$datei = "irgendeine.txt";

// Überprüft das Datum des letzten Zugriffs
$zugriff = fileatime($datei);
echo "Der letzte Zugriff auf <B>$datei</B> war am: ";
echo (date("d.F.Y", $zugriff));

?>
</BODY>
</HTML>
```

Listing 9.5: Uhrzeit und Datum des letzten Zugriffs auf eine Datei durch `fileatime` erfahren

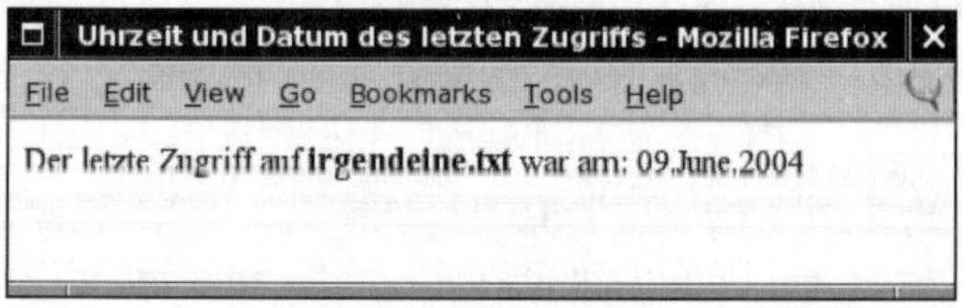

Abbildung 9.5: Uhrzeit und Datum des letzten Zugriffs mit `fileatime` erfahren

Die Funktionen `fileatime`, `filectime` und `filemtime` können nur Dateien überprüfen, die sich auf dem lokalen Dateisystem des Servers befinden. Dateien, die über ein Netzwerk erreicht werden, können nicht überprüft werden, außer wenn sie in das Dateisystem eingebunden sind.

Wenn allerdings nicht der Zeitpunkt des letzten Zugriffs auf eine Datei das ist, was Sie wissen wollen, sondern Datum und Uhrzeit der letzten Veränderung an einer Datei (das ist ein kleiner, aber feiner Unterschied!), dann benutzen Sie die Funktion `filectime` dazu. Diese Funktion liefert Datum und Uhrzeit der letzten Veränderung an einer Datei zurück. Die Zeit wird auch hier in Sekunden seit dem 1.1.1970 angegeben.

```
int filectime (string dateiname)
```

Auch hier habe ich wieder ein Beispiel geschrieben, das Ihnen die korrekte Anwendung von `filectime` zeigt.

```
<HTML>
<HEAD>
   <TITLE>Uhrzeit und Datum der letzten Veränderung</TITLE>
</HEAD>
<BODY>
<?php

// Datei festlegen
$datei = "irgendeine.txt";

// Überprüft das Datum der letzten Veränderung
$zugriff = filectime($datei);
echo "Die letzte Veränderung an <B>$datei</B> war am: ";
echo (date("d.F.Y", $zugriff));

?>
</BODY>
</HTML>
```

Listing 9.6: Uhrzeit und Datum der letzten Veränderung einer Datei durch `filectime` erfahren

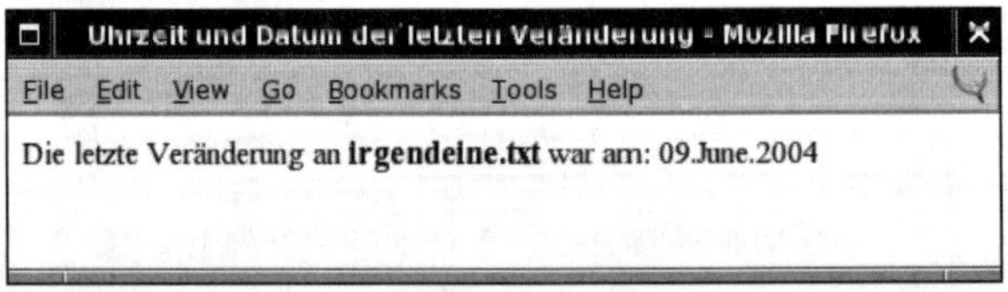

Abbildung 9.6: Uhrzeit und Datum der letzten Veränderung mit `filectime` erfahren

Unter Windows liefert die Funktion `filectime` das Datum der Erstellung der Datei zurück.

Wenn Sie nun von Zeit und Datum im Bezug auf Dateien gar nicht mehr genug bekommen können, habe ich hier noch einen wahren Leckerbissen.

Mit `filemtime` stellt Ihnen PHP eine Funktion bereit, die das Datum und die Uhrzeit der letzten Änderung einer Datei zurückliefert. Dabei werden aber nur solche Änderungen gezählt, bei denen Daten in eine Datei geschrieben werden. Also anders ausgedrückt, wird bei dieser Funktion das Datum zurückgegeben, an dem zuletzt der Inhalt einer Datei verändert wurde. Das Datum wird natürlich auch hier (wie könnte es anders sein?) in Sekunden seit dem 1.1.1970 ausgegeben.

```
int filemtime (string dateiname)
```

Die Funktion `filemtime` ist ganz praktisch, wenn Sie auf Ihrer Homepage eine Information wie »letzte Aktualisierung am:« oder »zuletzt geändert am:« hinterlassen wollen.

User und ihre Gruppen, Rechte und Pflichten

Unter Linux/UNIX hat jede Datei einen Besitzer, jeder Besitzer ist in mindestens einer Gruppe und jede Datei hat Zugriffsrechte, nach denen sich alle richten müssen – außer dem Besitzer natürlich, denn der kann diese Rechte nach Belieben ändern. Wie man Informationen über all diese Dinge mit Hilfe von PHP bekommen kann, erfahren Sie jetzt.

Den Besitzer einer Datei finden Sie mit der Funktion `fileowner` heraus. Als Ergebnis erhalten Sie die Identität des Eigentümers (Benutzer-ID). Diese wird im numerischen Format zurückgegeben.

```
int fileowner (string dateiname)
```

Die Funktionen `fileowner`, `fileperms` und `filegroup` können nur mit Dateien umgehen, die sich auf dem lokalen Dateisystem des Servers befinden. Mit Dateien über das Netzwerk können die Funktionen nichts anfangen.

Wenn Sie den Besitzer einer Datei ändern wollen, dann können Sie das mit der Funktion `chown` erreichen.

```
int chown (string dateiname, neuer user)
```

Nur dem Systemadministrator (root) ist es gestattet, den Benutzer (Besitzer) einer Datei zu verändern.

Wie Sie am Anfang dieses Abschnitts erfahren haben, ist in einem Linux/Unix-System jeder Benutzer auch in einer oder mehreren Gruppen. Dabei ist es für die Zugriffsrechte sehr wichtig, ob ein Benutzer, auf dessen Datei Sie zugreifen wollen, in der gleichen Gruppe ist wie Sie oder nicht. Die Gruppenzugehörigkeit einer Datei finden Sie schnell und einfach mit der Funktion `filegroup` heraus. Diese Funktion gibt die Gruppen-ID im numerischen Format zurück.

```
int filegroup (string dateiname)
```

Wenn Sie die Gruppenzugehörigkeit ändern wollen, dann können Sie das mit der Funktion `chgrp` erreichen.

```
int chgrp (string dateiname, neue gruppe)
```

Mit dieser Funktion ist es für den Systemadministrator (root) möglich, die Gruppenzugehörigkeit einer Datei so zu verändern, dass die Datei zu der neuen Gruppe gehört. Alle anderen Benutzer können die Gruppenzugehörigkeit einer Datei nur ändern, wenn Sie Mitglied der neuen Gruppe sind.

Unter Windows-Systemen funktionieren die Funktionen `filegroup` und `fileowner` nicht.

Jetzt wissen Sie vielleicht dank `fileowner` und `filegroup`, wem die Datei gehört, aber Sie wissen noch nicht, ob Sie darauf zugreifen dürfen. Ganz egal, ob lesender oder schreibender Zugriff: das herauszufinden, ist, wie Sie sich sicher schon denken können, auch keine große Kunst. Hier hilft Ihnen die Funktion `fileperms` weiter. Diese Funktion findet die Zugriffsrechte einer Datei heraus und gibt sie aus.

```
int fileperms (string dateiname)
```

Wenn es bei der Ausführung der Funktionen `fileowner`, `filegroup` oder `fileperms` zu einem Fehler kommen sollte, wird ein `FALSE` zurückgegeben.

Wenn Sie die Zugriffsrechte einer Datei ändern möchten, dann können Sie das mit der Funktion `chmod` (*change mode*) erreichen. Dabei ist es wichtig, dass die Form des neuen Modus in Oktalzahlen, also Zahlen, die auf der Basis 8 aufbauen (und nicht auf der Basis 10, wie im Dezimalsystem), angegeben ist. Darum sollten Sie, um sicherzugehen, dass nichts schief geht, eine führende Null vor den neuen Modus schreiben.

Beim Ändern der Zugriffsrechte einer Datei sollten Sie auf alle Fälle beachten, das Sie nur die Zugriffsrechte von Dateien verändern können, die Ihnen auch gehören. Die einzige Ausnahme ist der Systemadministrator (root). Er kann die Zugriffsrechte von allen Dateien verändern.

```
int chmod (string dateiname, int modus)
```

Hier einige Beispiele:

```
<?php
//richtig, da Oktalschreibweise!
chmod("irgendeinedatei.txt", 0644);

//falsch, da Dezimalschreibweise!
chmod("irgendeinedatei.txt", 644);
```

```
//falsch, da Stringschreibweise!
chmod("irgendeinedatei.txt", "a+r, u+w" );
?>
```

Wenn alles geklappt hat und die Zugriffsrechte korrekt gesetzt wurden, wird ein TRUE zurückgegeben. Wenn die Datei nicht vorhanden ist oder der Besitzer nicht korrekt ist, wird ein FALSE zurückgegeben.

Wie die einzelnen Nummern den Zugriffsrechten zugeordnet sind, soll Tabelle 9.4 erläutern. Dabei steht »r« für das Recht auf lesenden Zugriff, »w« für schreibenden Zugriff und »x« bedeutet, dass die Datei ausführbar ist.

Besitzer	Gruppe	»Rest der Welt«						
r	w	x	R	w	x	r	w	x
400	200	100	40	20	10	4	2	1

Tabelle 9.4: Kodierung der Zugriffsrechte unter Linux/UNIX

Eine Datei beispielsweise, die den Namen PHP_Buch.txt trägt, soll über Lese- und Schreibrecht für den Benutzer, Leserecht für die Gruppe und den Rest verfügen. Dies wird so erreicht:

```
<?php
    chmod 644 PHP_Buch.txt;
?>
```

Unter Windows ist die chmod-Funktion sinnlos. chmod funktioniert nur unter Linux/UNIX. Das liegt ganz einfach daran, dass Windows eine ganz andere Form verwendet, um die Zugriffsrechte einer Datei zu speichern.

Die Zahl 644 ergibt sich aus der Summe der gewünschten Benutzerrechte (400 + 200), den Gruppenrechten (40) und aus den Rechten für den Rest der Welt (4).

Wie Sie den Besitzer, die Gruppe und die Zugriffsrechte einer Datei, in diesem Fall der Datei irgendeine.txt (sehr fantasievoll, ich weiß) herausfinden, sehen Sie in dem folgenden Beispiel:

```
<?php
// gibt die Benutzer-ID einer Datei zurück
echo (fileowner("irgendeine.txt"));

// liefert die Gruppenzugehörigkeit einer Datei
echo (filegroup("irgendeine.txt"));

// gibt die Zugriffsrechte einer Datei zurück
echo (fileperms("irgendeine.txt"));
?>
```

Groß und mächtig

Manchmal wäre es nicht schlecht zu wissen, wie groß eine Datei ist. Wenn Sie im Windows Explorer arbeiten, dann ist es wirklich kein Problem, diese Information zu erlangen. Doch wie macht man das mit PHP? Stellen Sie sich vor, Sie wollen ein paar Dateien über eine Modem-Verbindung an das andere Ende der Welt übertragen, und nach ein paar Stunden wundern Sie sich, dass es so lange dauert. Hätten Sie von Anfang an gewusst, dass die Dateien 100 MB groß sind, hätten Sie diese Aktion vielleicht bleiben lassen (oder auf die Nacht verschoben).

Mit der Funktion `filesize` ist es auf einfache Weise möglich, die Größe einer Datei in Byte zu erfahren. Die Funktion ist folgendermaßen aufgebaut:

```
int filesize (string dateiname)
```

Ich habe hier ein Beispiel für Sie, mit dem Sie die Größe einer bestimmten Datei (in diesem Fall `irgendeine.txt`) bestimmen können.

```
<HTML>
<HEAD>
    <TITLE>Größe einer Datei in Byte erfahren</TITLE>
</HEAD>
<BODY>
<?php

// Datei festlegen
$datei = "irgendeine.txt";

// Größe der Datei herausfinden
$groesse = filesize("$datei");
echo "Die Datei <B>$datei</B> ist <B>$groesse</B> Byte groß.";

?>
</BODY>
</HTML>
```

Listing 9.7: Größe einer Datei erfahren mit `filesize`

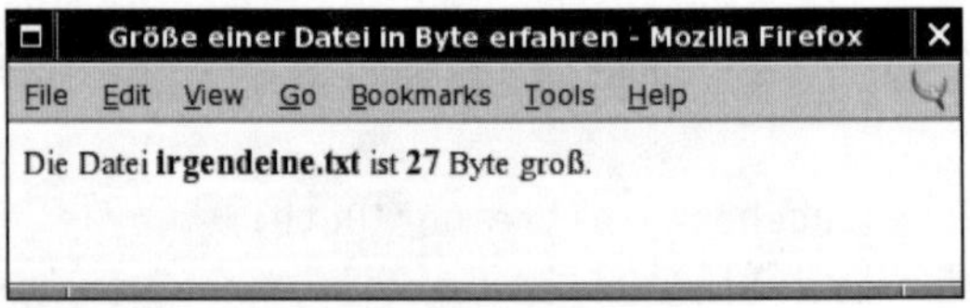

Abbildung 9.7: Ergebnis unserer Überprüfung der Größe einer Datei mit `filesize`

Schauen Sie sich doch mal nach dem Typ um

Sie wollen wissen, von welchem Typ eine Datei ist? Schauen Sie nach mit `filetype`. Diese Funktion gibt den Typ einer Datei zurück.

```
int filetype (string dateiname)
```

Folgende Ergebnisse kann die Funktion zurückliefern:

- ✔ `block`
- ✔ `char`
- ✔ `dir`
- ✔ `file`
- ✔ `link`
- ✔ `unknown`

Wenn ein Fehler auftreten sollte, wird einfach nur `FALSE` zurückgegeben. Folgendes Beispiel zeigt, wie es geht:

```
<?php
    // gibt den Typ einer Datei zurück
    echo (filetype("irgendeine.txt"));
?>
```

Diese Funktion kann nur mit Dateien umgehen, die sich auf dem lokalen Dateisystem des Servers befinden.

Lesen, schreiben, ausführen, verfolgen – Aber nicht ohne vorher nachzuschauen

So, jetzt haben Sie schon mal überprüft, ob eine Datei existiert. Aber was wissen Sie sonst noch von ihr? Nichts, außer natürlich, dass sie da ist. Aber es ist kein Problem, mit PHP auszuloten, was mit einer Datei anzufangen ist. Sie können nachsehen, ob eine Datei lesbar, beschreibbar oder ausführbar ist, und Sie können erfahren, ob es sich bei der Datei in Wirklichkeit um einen Link handelt. All das ist möglich.

Wenn Sie etwas aus einer Datei lesen möchten, dann sollten Sie erst einmal prüfen, ob es sie gibt und ob die Zugriffsrechte dieser Datei das auch erlauben. Ansonsten kann es zu unangenehmen Fehlern kommen, die nicht einfach zu finden sind. Genau das ist mit der Funktion `is_readable` möglich. Die Struktur der Funktion ist folgende:

```
bool is_readable (string dateiname)
```

Wenn die Datei lesbar und vorhanden ist, wird `TRUE` zurückgegeben, ansonsten `FALSE`. Die Funktion funktioniert allerdings nur mit Dateien, die in das Dateisystem des Servers eingebunden sind (also lokal sind).

Folgendes Beispiel prüft, ob eine Datei lesbar ist.

```
<HTML>
<HEAD>
   <TITLE>Testen, ob eine Datei lesbar ist</TITLE>
</HEAD>
<BODY>
<?php

// Datei festlegen
$datei = "irgendeine.txt";

// Überprüfen, ob die Datei lesbar ist
if(is_readable($datei)) {
   echo "Die Datei <B>$datei</B> ist lesbar.";
} else {
   echo "Die Datei <B>$datei</B> ist nicht lesbar.";
}

?>
</BODY>
</HTML>
```

Listing 9.8: Testen, ob eine Datei lesbar ist mit `is_readable`

Abbildung 9.8: Überprüfen, ob eine Datei lesbar ist

Wenn Sie in eine Datei etwas schreiben möchten, dann wäre es auch hier ratsam, zuallererst zu überprüfen, ob die Datei auch vorhanden ist und die Zugriffsrechte dieser Datei einen schreibenden Zugriff zulassen. Genau diese Aufgabe übernimmt die Funktion `is_writable`.

```
bool is_writable (string dateiname)
```

Listing 9.9 prüft mit Hilfe der Funktion `is_writable`, ob ein schreibender Zugriff auf eine Datei mit dem Namen `irgendeine.txt` möglich ist.

```
<HTML>
<HEAD>
    <TITLE>Testen, ob eine Datei beschreibbar ist</TITLE>
</HEAD>
<BODY>
<?php

// Datei festlegen
$datei = "irgendeine.txt";

// Überprüfen, ob die Datei beschreibbar ist
if(is_writable($datei)) {
    echo "Die Datei <B>$datei</B> ist beschreibbar.";
} else {
    echo "Die Datei <B>$datei</B> ist nicht beschreibbar.";
}

?>
</BODY>
</HTML>
```

Listing 9.9: Mit `is_writable` *testen, ob eine Datei beschreibbar ist*

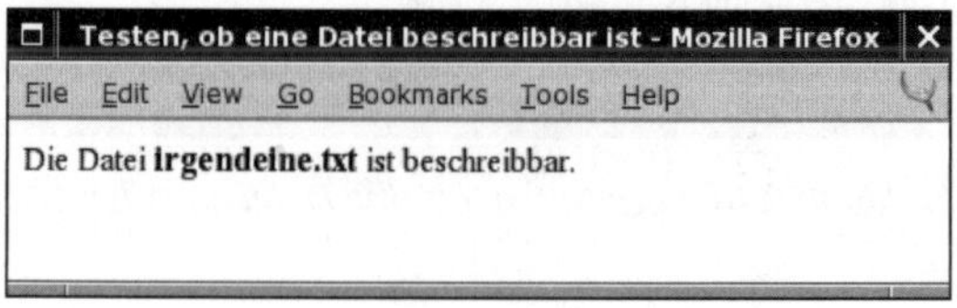

Abbildung 9.9: Überprüfen, ob eine Datei beschreibbar ist

Eine weitere Funktion, die überprüft, ob schreibender Zugriff auf eine Datei möglich ist, ist `is_writeable`. Diese Funktion ist absolut identisch mit `is_writable`. Ob Sie nun `is_writeable` oder `is_writable` bevorzugen, ist Geschmackssache. Unterschiede zwischen den beiden Funktionen gibt es keine.

Bisweilen wollen Sie aber auch eine Datei ausführen. Auch hier kann (und sollte!) vorher getestet werden, ob dies auch möglich und erlaubt ist. Am einfachsten machen Sie das mit der Funktion `is_executable`.

```
bool is_executable (string dateiname)
```

Man beachte folgendes Beispiel, das überprüft, ob eine Datei ein ausführbares Programm ist:

```
<HTML>
<HEAD>
    <TITLE>Testen, ob eine Datei ausführbar ist</TITLE>
```

```
</HEAD>
<BODY>
<?php

// Datei festlegen
$datei = "irgendeine.txt";

// Überprüfen, ob die Datei ausführbar ist
if(is_executable($datei)) {
    echo "Die Datei <B>$datei</B> ist ausführbar.";
} else {
    echo "Die Datei <B>$datei</B> ist nicht ausführbar.";
}

?>
</BODY>
</HTML>
```

Listing 9.10: Mit `is_executable` testen, ob eine Datei ausführbar ist

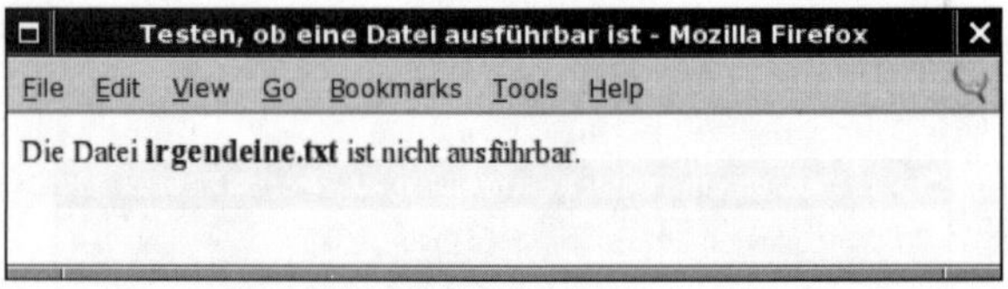

Abbildung 9.10: Überprüfen, ob eine Datei ausführbar ist

Sollte die Datei nicht vorhanden oder eine vorhandene Datei nicht ausführbar sein, dann wird uns (wie Sie sich sicher schon denken können) ein `FALSE` zurückgeliefert.

Vielleicht fragen Sie sich nun, wie `is_executable` eine Datei auf Ausführbarkeit überprüft. Unter Windows orientiert sich die Funktion an der Endung einer Datei (`.txt`-Dateien sind im seltensten Fall ausführbar, `.exe`- und `.bat`-Dateien sollten es dagegen schon sein). Unter Linux/UNIX überprüft die Funktion ganz einfach die Zugriffsrechte.

Zu guter Letzt noch die Überprüfung, ob eine Datei nur ein Link ist. Dabei hilft die Funktion `is_link`. Sie überprüft, ob eine Datei in Wirklichkeit nur ein symbolischer Link ist (ein Zeiger auf eine Datei im Dateisystem). Wenn ja, wird `TRUE` zurückgegeben, ansonsten auch hier `FALSE`.

```
bool is_link (string dateiname)
```

Das geht so:

```
<HTML>
<HEAD>
    <TITLE>Testen, ob eine Datei ein symbolischer Link ist</TITLE>
</HEAD>
<BODY>
<?php

// Datei festlegen
$datei = "irgendeine.txt";

// Überprüfen, ob die Datei ein symbolischer Link ist
if (is_link($datei)) {
    echo "Die Datei <B>$datei</B> ist ein symbolischer Link";
} else {
    echo "Die Datei <B>$datei</B> ist kein Link";
}

?>
</BODY>
</HTML>
```

Listing 9.11: Mit `is_link` überprüfen, ob eine Datei ein Link ist

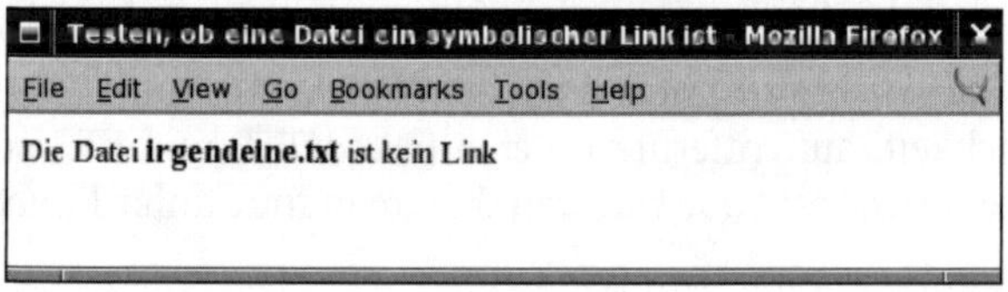

Abbildung 9.11: Überprüfen, ob eine Datei ein symbolischer Link ist mit `is_link`

Wenn Sie nun dank `is_link` herausgefunden haben, dass es sich bei einer Datei in Wirklichkeit um einen symbolischen Link handelt, dann ist es vielleicht interessant zu wissen, auf welchen Pfad dieser Link zeigt. Hier hilft die Funktion `readlink` weiter. Diese Funktion verfolgt den Link bis zu dem Pfad, auf den er zeigt und liefert diesen zurück.

```
string readlink (string pfad)
```

Wenn es bei der Ausführung der Funktion zu Problemen kommt, wird ein `FALSE` zurückgegeben. In diesem Fall hat es sich dann bei der Datei vielleicht doch nicht um einen Link gehandelt oder die Zugriffsrechte lassen einen Blick auf den Pfad, auf den der symbolische Link zeigt, nicht zu. Wenn die Datei, auf die der Link zeigt, gar nicht vorhanden ist, kann dies ein weiterer Grund für eine Fehlermeldung sein.

```
<?php
    // Ziel eines symbolischen Links herausfinden
    echo (readlink("irgendeine.txt"));
?>
```

Die Funktion `readlink` funktioniert nicht unter Windows-Systemen.

I/O öffnen und schließen

Wenn Sie lesend oder schreibend auf eine Datei zugreifen wollen, dann müssen Sie immer zuerst die Datei mit der Funktion `fopen` öffnen und nachher, wenn Sie den Zugriff auf die Datei beendet haben, mit `fclose` wieder schließen. Wie auf eine Datei zugegriffen werden soll, legen Sie mit den String-Modi in Tabelle 9.4 fest.

Vorausgesetzt eine gewünschte Datei existiert, kann sie mit der Funktion `fopen` geöffnet werden. Sollte es nicht möglich sein, die gewünschte Datei zu öffnen oder sollte die angegebene Datei gar nicht vorhanden sein, wird von der Funktion ein `FALSE` zurückgegeben.

Die formale Struktur der Funktion:

```
int fopen (string dateiname, string modus [, int use_include_path])
```

Mit `fopen` können aber nicht nur Dateien auf dem lokalen Rechner geöffnet werden. Sie haben auch die Möglichkeit, auf entfernte Dateien über HTTP und FTP zuzugreifen oder auf Dateien, die aus einem `stdio`/`stdout`-Stream kommen (nur unter Linux/UNIX relevant).

Woher die Datei kommt, wird mit dem Dateinamen festgelegt. Dieser kann mehrere Formen annehmen.

- ✔ Wenn einfach nur der Dateiname angegeben wird, dann wird davon ausgegangen, dass die Datei im lokalen Dateisystem zu finden ist. Nachdem die Datei geöffnet wurde, wird der Pointer auf die gewünschte Datei zurückgegeben.
- ✔ Wenn der Dateiname `php://stdio`, `php://stdout` oder `php://stderr` ist, wird der gewünschte Stream geöffnet.
- ✔ Wenn der Dateiname mit `http://` beginnt, dann wird eine HTTP-Verbindung zu dem angegebenen Server geöffnet und der Pointer auf die gewünschte Datei zurückgegeben.
- ✔ Wenn der Dateiname mit `ftp://` beginnt, dann wird eine FTP-Verbindung zu dem angegebenen Server geöffnet und der Pointer auf die gewünschte Datei zurückgegeben.

Auf Dateien über FTP-Verbindungen kann nur mit lesendem Zugriff oder nur mit schreibendem Zugriff zugegriffen werden. Aber nicht mit lesendem und schreibendem Zugriff gleichzeitig!

Modus	Bedeutung
`r`	Nur lesender Zugriff. Der Pointer wird auf den Anfang der Datei gesetzt.
`R+`	Lesender und schreibender Zugriff. Der Pointer wird auf den Anfang der Datei gesetzt.
`W`	Nur schreibender Zugriff. Der Pointer wird auf den Anfang der Datei gesetzt und der bisherige Inhalt der Datei wird gelöscht. Sollte keine Datei mit dem angegebenen Namen existieren, wird PHP versuchen, eine anzulegen.
`w+`	Lesender und schreibender Zugriff. Der Pointer wird auf den Anfang der Datei gesetzt und der bisherige Inhalt der Datei wird gelöscht. Sollte keine Datei mit dem angegebenen Namen existieren, wird PHP versuchen, eine anzulegen.
`a`	Nur schreibender Zugriff. Der Pointer wird an das Ende der Datei gesetzt. Sollte keine Datei mit dem angegebenen Namen existieren, wird PHP versuchen, eine anzulegen.
`a+`	Lesender und schreibender Zugriff. Der Pointer wird an das Ende der Datei gesetzt. Sollte keine Datei mit dem angegebenen Namen existieren, wird PHP versuchen, eine anzulegen.

Tabelle 9.4: Mögliche String-Modi der Funktion `fopen`

Auf Systemen, die zwischen Text- und Binärdateien unterscheiden (Windows), kann durch die Zugabe eines `b` zum String-Modus ein Zugriff auf eine Binärdatei festgelegt werden (z.B. so: `wb`). Auf Linux/UNIX-Systemen ist dies nicht nötig.

Indem Sie den Parameter `use_include_path` auf den Wert 1 setzen, kann man PHP anweisen, nicht nur im aktuellen Verzeichnis nach der angegebenen Datei zu suchen, sondern auch in den Verzeichnissen nachzusehen, die im `Include`-Pfad definiert sind.

Ich nehme mal an, dass die wenigsten wissen, was ein solcher `Include`-Pfad ist. Daher schiebe ich hier einen kleinen Exkurs ein.

Ein `Include`-Pfad legt fest, in welchen Verzeichnissen nach einer Datei gesucht werden soll. Wenn sich eine gewünschte Datei in einem dieser Verzeichnisse befindet, dann braucht man nicht den gesamten Pfad einzugeben, um auf sie zuzugreifen, sondern nur den Dateinamen. Das System sucht dann selbst nach ihr.

Dieser `Include`-Pfad wird in der Konfigurationsdatei von PHP `php.ini` in folgender Zeile festgelegt, die unter Windows oder Linux/UNIX beispielsweise so aussieht:

Linux/UNIX: `include_path=".:/home/httpd/php-lib"`

Windows: `include_path=".;c:\www\phplib"`

Es können so viele Verzeichnisse (Pfade) angegeben werden, wie gewünscht sind. Bei mehreren Pfaden werden diese unter Windows mit einem Semikolon (`;`) und unter Linux/UNIX mit einem Doppelpunkt (`:`) voneinander getrennt. Vielleicht fragen Sie sich jetzt, warum in den beiden Beispieleinträgen an erster Stelle ein Punkt steht. Der Punkt stellt ein Verzeichnis dar. Um genau zu sein, immer das, in dem man sich gerade befindet.

Im folgenden Beispiel sehen Sie eine Datei, die mit schreibendem Zugriff geöffnet wird und deren Inhalt überschrieben wird:

```
<?php
    $fp = fopen("/home/bauni/PHP_Buch.txt", "w");
?>
```

Das nächste Beispiel zeigt eine etwas elegantere Lösung. Ich empfehle bei Dateizugriffen immer, ein `die` einzubauen, damit man bei einem eventuellen Fehler davon unterrichtet wird, das etwas schief gegangen ist. Solche Dinge erleichtern die Fehlersuche im Nachhinein ungemein.

```
<?php
    $datei = "zugriffe.txt";
    $fp = fopen($datei, "a+") or die("<B>$datei</B> wurde nicht gefunden!");
?>
```

Als Nächstes sehen Sie ein Beispiel, das eine FTP-Verbindung öffnen soll:

```
<?php
    $fp = fopen("ftp://user:password@server.de", "w");
?>
```

Und als Letztes zeige ich ein Beispiel mit einer Verbindung über HTTP zur Indexseite von Wiley (`http://www.wiley-vch.de`):

```
<?php
    $webseite = "http://www.wiley-vch.de/";
    $fp = fopen($webseite, "r");
?>
```

Immer wenn Sie eine Datei geöffnet haben, sollten Sie sie hinterher auch wieder schließen. Das erledigen Sie einfach und schnell mit der Funktion `fclose`.

Mit `fclose` schließen Sie den offenen Zeiger auf eine Datei (`fp`). Es wird ein `TRUE` zurückgegeben, wenn das Schließen erfolgreich war. Ansonsten wird ein `FALSE` zurückgegeben. Natür lich kann `fclose` aber nur Dateien schließen, die zuvor von `fopen` geöffnet wurden. Die formale Struktur der Funktion ist:

```
int fclose (int fp)
```

Lesen und schreiben lernen – Mit PHP aus Dateien lesen und in Dateien schreiben

Was macht die Arbeit mit Dateien aus? Natürlich die Fähigkeit, aus Dateien zu lesen und in sie zu schreiben. Wie das geht, lernen Sie auf den nächsten Seiten.

Bis zum bitteren Ende

Mit der Funktion `feof` können Sie überprüfen, ob Sie das Ende einer Datei erreicht haben. Wenn dies der Fall ist, gibt die Funktion `TRUE` zurück. Es bietet sich an, diese Funktion in Verbindung mit einer `while`-Schleife zu benutzen, wenn Sie eine Datei von Anfang bis Ende durchlaufen wollen.

```
int feof (int fp)
```

Natürlich muss die Datei, auf die Sie mit `feof` zugreifen, vorher geöffnet worden sein (z.B. mit `fopen`).

Aus Dateien lesen

Die Funktion `fgetc` holt ein einziges Zeichen aus einer Datei, die geöffnet und durch den Datei-Pointer (`filepointer = fp`) spezifiziert ist. Natürlich muss die Datei auch lesbar sein. Sollte dabei ein Fehler auftreten, wird ein `FALSE` zurückgegeben.

```
string fgetc (int fp)
```

Diese Funktion ermöglicht es, bei geschickter Einsetzung den Inhalt einer Datei Zeichen für Zeichen auszugeben. So wie in folgendem Beispiel:

```
<HTML>
<HEAD>
    <TITLE>Eine Datei Zeichen für Zeichen auslesen</TITLE>
</HEAD>
<BODY>
<?php

// Datei festlegen
$fp = "irgendeine.txt";

if ($datei = fopen($fp, "r")) {
    while (!feof($datei)) {
        $zeichen = fgetc($datei);
        echo "$zeichen";
    }
}

?>
</BODY>
</HTML>
```

Listing 9.12: Den Inhalt einer Datei zeichenweise auslesen mit `fgetc`

In Abbildung 9.12 habe ich mithilfe von Listing 9.12 die Datei `irgendeine.txt` im Browser ausgeben lassen. In der Datei steht nur der Satz `PHP rockt total !!!`. Diese Datei müssen Sie vorher eigenhändig in dem Verzeichnis anlegen, in dem sich auch Listing 9.12 befindet.

Der Nachteil bei dieser Variante, den Inhalt einer Datei einzulesen, ist nur, dass Zeilenumbrüche verloren gehen. Die Zeichen werden nacheinander eingelesen, und entsprechend ausgegeben. Wenn in `irgendeine.txt` nach jedem Wort ein Zeilenumbruch wäre, wäre das Ergebnis in Abbildung 9.12 identisch.

Abbildung 9.12: Eine Datei mit aussagekräftigem Inhalt Zeichen für Zeichen ausgeben

Wenn Ihnen ein einzelnes Zeichen ein bisschen wenig ist und es auch mal ein bisschen mehr sein kann, dann möchten Sie vielleicht eine ganze Zeile aus einer Datei holen. In diesem Fall ist die Funktion `fgets` genau das Richtige für Sie. Diese Funktion holt eine Zeile aus einer geöffneten Datei, die aber natürlich lesbar sein muss, und gibt diese als String zurück. Wenn bei der Funktion ein Fehler auftritt, wird ein FALSE zurückgegeben.

```
String fgets (int fp, int laenge)
```

Mit dem Argument `laenge` können Sie angeben, wie viele Zeichen aus der Zeile gelesen werden sollen. Spätestens beim nächsten Zeilenumbruch (oder beim Ende der Datei) stoppt die Funktion mit dem Auslesen.

Das Gute an dieser Variante ist, dass Zeilenumbrüche nicht verloren gehen müssen. Sehen Sie selbst.

Das Beispiel gibt jede Zeile einer Datei aus, bis das Dateiende erreicht ist.

```
<HTML>
<HEAD>
    <TITLE>Eine Datei zeilenweise auslesen</TITLE>
</HEAD>
<BODY>
<?php

// Datei festlegen
$fp = "irgendeine.txt";

if ($datei = fopen($fp, "r")) {
    while (!feof($datei)) {
        $zeichen = fgets($datei);
        echo "$zeichen";
```

```
    }
}

?>
</BODY>
</HTML>
```

Listing 9.13: Den Inhalt einer Datei zeilenweise auslesen mit `fgets`

Wenn Sie wollen, dass die Zeilenumbrüche aus der eingelesenen Datei auch im Browser ausgegeben werden, dann müssen Sie in Listing 9.13 einfach nach dem `echo "$zeichen";` ein `echo "<BR>";` einfügen, so wie in Listing 9.14 zu sehen ist. In Abbildung 9.13 sehen Sie, wie ich mit Listing 9.14 die Datei `irgendeine.txt` zeilenweise ausgelesen habe. Der Inhalt der Datei zu diesem Zeitpunkt war:

```
PHP
rockt
total !!!
```

Der Inhalt der Datei wurde mit den Zeilenumbrüchen aus der Datei im Browser ausgegeben.

```
<HTML>
<HEAD>
    <TITLE>Eine Datei mit Zeilenumbrüchen zeilenweise auslesen</TITLE>
</HEAD>
<BODY>
<?php

// Datei festlegen
$fp = "irgendeine.txt";

if ($datei = fopen($fp, "r")) {
    while (!feof($datei)) {
        $zeichen = fgets($datei);
        echo "$zeichen";

        // Zeilenumbrüche mit ausgeben
        echo "<BR>";
    }
}

?>
</BODY>
</HTML>
```

Listing 9.14: Den Inhalt einer Datei zeilenweise einlesen und mit Zeilenumbrüchen ausgeben

Abbildung 9.13: Eine Datei mit ihren Zeilenumbrüchen Zeile für Zeile ausgeben

Für den Fall, dass die Datei, aus der Sie eine Zeile lesen möchten, auch HTML- oder PHP-Code enthält, kann es sein, dass Sie vor einem Problem stehen. Sicher interessieren Sie sich in erster Linie für die Informationen, die in der Datei stehen. Die HTML- und PHP-Tags sind dabei dann ein lästiges Übel. Aber auch hier gibt es eine einfache Lösung.

Mit der Funktion `fgetss` können Sie eine Zeile aus einer geöffneten Datei holen und dabei gleichzeitig jeglichen HTML- und PHP-Code aus dem String entfernen, der von der Funktion zurückgegeben wird.

```
string fgetss (int fp, int laenge [, string erlaubte_tags])
```

Mit dem optionalen Parameter `erlaubte_tags` können Sie festlegen, welche HTML- oder PHP-Tags nicht aus dem String entfernt werden sollen.

Für den Fall, dass es sich bei der Datei, aus der Sie lesen wollen, nicht um eine Textdatei handelt, sondern um eine Binärdatei, können Sie die Funktion `fgets` vergessen. Hier brauchen Sie die Funktion `fread`, die Daten nicht nur aus Textdateien lesen kann, sondern auch aus Binärdateien. Zeilenumbrüche werden dabei ignoriert. Wie viele Bytes `fread` aus der Datei liest, wird mit dem Argument `laenge` festgelegt.

```
string fread (int fp, int laenge)
```

Natürlich ist die Grenze, wie weit die Funktion aus der Datei lesen kann, das Dateiende. In dem folgenden Beispiel sehen Sie, wie Sie mit `fread` aus einer Textdatei lesen.

```
<?php
    $datei =  "irgendeine.txt";

    // öffnet die Datei mit lesendem Zugriff
    $fp = fopen($datei, "r");

    // liest die ersten 256 Byte aus der Datei
    $ziel = fread($fp, 256);

    // schließt die Datei
    fclose($fp);
?>
```

Wie Sie sicher wissen, unterscheidet Windows zwischen Binär- und Textdateien. In dieser Umgebung muss die Datei, aus der gelesen werden soll, folgendermaßen geöffnet werden: `$fp = fopen ($dateiname, "rb");`. Beachten Sie den Parameter `b` für Binärdatei.

Auf Windows-Systemen sieht der Zugriff auf eine Binärdatei so aus:

```
<?php

    $datei =  "bild.gif";

    // öffnet die Datei mit lesendem Zugriff
    $fp = fopen($datei, "rb");

    // liest die ersten 256 Byte aus der Datei
    $ziel = fread($fp, 256);

    // schließt die Datei
    fclose($fp);
?>
```

Unter Linux/UNIX-Systemen wird kein Unterschied zwischen Text- und Binärdateien gemacht.

In Dateien schreiben

Die Funktion `fwrite` schreibt den Inhalt eines Strings in eine Datei, die durch den Frame-Pointer (Zeiger auf die Datei = `fp`) angegeben wird:

```
inf fwrite (int fp, string string [, int laenge])
```

Mit dem optionalen Parameter `length` können Sie angeben, wie viele Bytes in die Datei geschrieben werden sollen. Um etwas in die Datei zu schreiben, muss diese aber vorher geöffnet werden (z.B. mit `fopen`).

Da Windows zwischen Binär- und Textdateien unterscheidet, müssen Sie die Datei, aus der gelesen werden soll, folgendermaßen öffnen: `$fp = fopen ($dateiname, "rb");`. Beachten Sie den Parameter `b` für Binärdatei.

```
<HTML>
<HEAD>
   <TITLE>Mit "fwrite" in eine Datei schreiben</TITLE>
</HEAD>
<BODY>
<?php

$datei =  "irgendeine.txt";
```

```
// öffnet die Datei mit schreibendem Zugriff
$fp = fopen($datei, "w");

// schreibt eine Zeile in eine Datei
fwrite($fp, "Das ist ein Test", 128);

// schließt die Datei
fclose($fp);

?>
</BODY>
</HTML>
```

Listing 9.15: Mit `fwrite` eine Zeile in eine Datei schreiben

Eine weitere Funktion, um den Inhalt eines Strings in eine Datei zu schreiben, ist die Funktion `fputs`. Diese ist in ihrer Syntax und Funktionalität absolut identisch mit `fwrite`. Sie stellt ein so genanntes Alias von `fwrite` dar.

```
inf fputs (int fp, string string [, int grösse])
```

Ob Sie nun `fwrite` oder `fputs` bevorzugen, liegt an Ihnen. Unterschiede zwischen den beiden Funktionen gibt es keine.

Eine leere Datei erzeugen

Mit der Funktion `touch` können Sie eine neue, leere Datei erzeugen. Wenn Sie mit `touch` auf eine bereits vorhandene Datei zugreifen, dann setzt die Funktion das Datum der letzten Änderung einer Datei auf das aktuelle Datum.

```
int touch (string dateiname [, int time [, int atime]])
```

Mit den optionalen Parametern `time` und `atime` können Sie auch das Datum und die Uhrzeit der letzten Änderung am Inhalt der Datei und des letzten Zugriffs auf die Datei festlegen.

Wenn die Funktion aus irgendeinem Grund nicht erfolgreich arbeiten kann, weil Sie im aktuellen Verzeichnis keine Datei anlegen dürfen oder weil Sie nicht das Recht haben, das Datum einer vorhandenen Datei zu ändern, wird `FALSE` ausgegeben.

Was man mit einer Datei alles so anstellen kann

Bestimmt ist Ihnen der Umgang mit Dateien in einem Dateisystem bereits aus einem anderen Zusammenhang vertraut. Das Kopieren, Verschieben, Löschen und Umbenennen von Dateien ist existenziell für das Arbeiten mit Dateien.

Dateien kopieren, ...

Mit der Funktion `copy` können Sie eine Datei kopieren. Dabei wird die Datei, die als Quelle angegeben ist, nach dem angegebenen Ziel kopiert.

```
int copy (string quelle, string ziel)
```

Folgendes Beispiel verdeutlicht die Funktion `copy`:

```
<HTML>
<HEAD>
    <TITLE>Dateien mit PHP kopieren</TITLE>
</HEAD>
<BODY>
<?php

// Quelldatei festlegen
$quelle = "alte_Datei.txt";

// Zieldatei festlegen
$ziel = "neue_Datei.txt";

echo "Die Datei <B>$quelle</B> wird nach <B>$ziel</B> kopiert.";
copy($quelle, $ziel) or die("Fehler beim Kopieren");

?>
</BODY>
</HTML>
```

Listing 9.16: Dateien mit `copy` kopieren

Abbildung 9.14: Dateien mit PHP und `copy` kopieren

... umbenennen, verschieben ...

Die Funktion `rename` benennt Dateien um. Die Syntax ist dabei denkbar einfach. Es muss nur der Dateiname und der neue, gewünschte Name angegeben werden.

```
int rename (string altername, string neuername)
```

Wenn alles gut gegangen ist und die Datei den neuen Namen bekommen hat, dann liefert die Funktion ein `TRUE` zurück. Im Falle eines Fehlers wird ein `FALSE` zurückgegeben.

Natürlich kann man nur Dateien umbenennen, die einem auch gehören. Außer man ist `root`. Dann darf man natürlich alles anstellen.

Diese Funktion ist auch unter Windows funktionsfähig. Sie sollten nur darauf achten, dass Sie den kompletten Pfad »Windows-typisch« angeben (also mit `C:` vorneweg und nicht mit Backslash (\), sondern mit Slash (/)).

```
<?php
    $name = "besucher.txt";
    $neuer_name = "alte_besucherliste.txt";
    rename("C:/daten/",$name, "C:/daten/",$neuer_name);
?>
```

Ein weiteres Feature der `rename`-Funktion ist die Fähigkeit, Dateien zu verschieben. Dies ist deswegen möglich, da die Argumente `altername` und `neuername` komplette Pfade enthalten können.

```
<?php
    echo "Dateien verschieben";
    rename("./howto.txt", "/tmp/altes_howto.txt");
?>
```

Obiges Beispiel verschiebt die Datei `howto.txt`, die sich im aktuellen Verzeichnis befindet, nach `/tmp/` und benennt sie dabei um in `altes_howto.txt`.

... und löschen

Mit der Funktion `unlink` können Dateien gelöscht werden.

Die Funktion `unlink` funktioniert nicht unter Windows!

```
int unlink (string dateiname)
```

Wenn alles gut gegangen ist, dann ist die Datei gelöscht, und im Falle eines Fehlers wird ein `FALSE` (eine Null) zurückgegeben. Natürlich kann man nur Dateien löschen, die einem auch gehören.

Arbeiten mit Verzeichnissen

Auf den folgenden Seiten möchte ich Ihnen einige Funktionen von PHP zeigen, mit denen Sie einfach und schnell in Verzeichnisse wechseln, das aktuelle Verzeichnis ausgeben, Verzeichnisse erstellen und löschen können.

Ein Wechsel kann nicht schaden - auch nicht bei Verzeichnissen

Ein Verzeichniswechsel ist kein Problem, sagen Sie? Im Windows Explorer vielleicht nicht: Einfach anklicken, und schon ist es passiert. Unter der UNIX-Shell ist das mit dem Befehl `cd` auch kein Problem. Aber wie kann man das mit PHP anstellen?

Mit `chdir` wechseln Sie das aktuelle Verzeichnis. Wenn Sie ein PHP-Listing ausführen, dann ist das aktuelle Verzeichnis das Verzeichnis, in dem sich das Listing befindet. Die formale Schreibweise von `chdir` ist folgende:

```
bool chdir (string verzeichnis)
```

Wenn die Änderung des Verzeichnisses erfolgreich war, wird ein `TRUE` zurückgegeben. Ansonsten `FALSE`. Folgendes Beispiel versucht, das aktuelle Verzeichnis zu wechseln:

```
<HTML>
<HEAD>
    <TITLE>Verzeichnisse wechseln mit "chdir"</TITLE>
</HEAD>
<BODY>
<?php

// Verzeichnis festlegen
$verz = "/home/bauni";

// versuchen, in das Verzeichnis zu wechseln
if (chdir($verz)) {
    echo "Das aktuelle Verzeichnis ist <B>$verz</B>.";
} else {
    echo "<B>$verz</B> war unerreichbar. Konnte das";
    echo "aktuelle Verzeichnis nicht wechseln.";
}

?>
</BODY>
</HTML>
```

Listing 9.17: Verzeichnisse mit `chdir` wechseln

Abbildung 9.15: Verzeichnisse unter PHP mit `chdir` wechseln

Ja, aber was ist denn das aktuelle Verzeichnis?

Das aktuelle Arbeitsverzeichnis können Sie mit der Funktion `getcwd` erfahren. Die formale Schreibweise ist:

```
string getcwd (string verzeichnis)
```

Speicher, platz!

Die Funktion `diskfreespace` gibt den verfügbaren Speicherplatz (in Bytes) zurück, der in dem angegebenen Dateisystem bzw. der Partition noch verfügbar ist.

```
float diskfreespace (string verzeichnis)
```

Folgendes Beispiel soll Ihnen nicht vorenthalten bleiben. Es speichert in der Variable `$noch_frei` die Größe des noch verfügbaren Speicherplatzes in `/home/bauni`.

```
<HTML>
<HEAD>
    <TITLE>Den freien Speicherplatz herausfinden</TITLE>
</HEAD>
<BODY>
<?php

$noch_frei = diskfreespace("/home/bauni");
echo "Es sind noch <B>$noch_frei</B> Bytes frei!";

?>
</BODY>
</HTML>
```

Listing 9.18: Die Größe des freien Speicherplatzes herausfinden mit `diskfreespace`

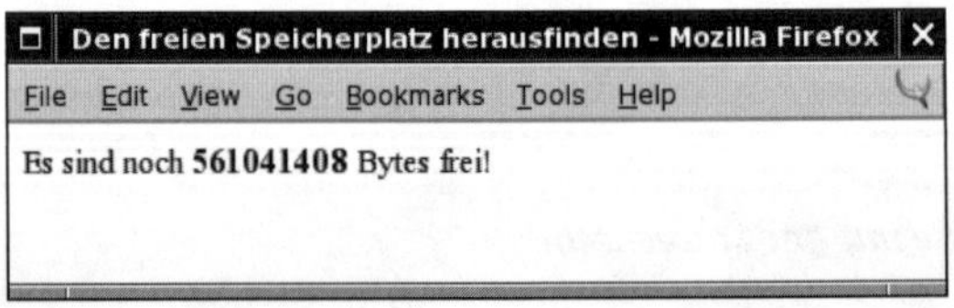

Abbildung 9.16: Die Größe des freien Speicherplatzes herausfinden

Selbst ein Verzeichnis erstellen

Verzeichnisse zu erstellen, ist mit der Funktion `mkdir` ganz einfach. Mit dieser Funktion erstellen Sie ein Verzeichnis mit festgelegtem Namen im angegebenen Pfad. Natürlich kann die Funktion nur korrekt arbeiten, wenn die Rechte des Verzeichnisses, in dem das neue Verzeichnis entstehen soll, dieses gestatten. Gleichzeitig können auch noch die Zugriffsrechte (mode) festgelegt werden.

```
int mkdir (string verzeichnisname, int mode)
```

Sollte bei dieser Aktion alles klar gehen, wird ein TRUE zurückgegeben, im Falle eines Fehlers ein FALSE.

```
<?php
    mkdir("/home/bauni/neues_verzeichnis", 0700);
?>
```

Das obige Beispiel erzeugt in meinem Home-Verzeichnis ein neues Verzeichnis mit dem Namen neues_verzeichnis.

Hier rate ich, genau wie bei der Arbeit mit Dateien, sich immer rückzuversichern. Das heißt, mögliche Fehler im Voraus zu erkennen und Warnungen zu generieren, die im Falle eines Fehlers auch sagen, warum das Programm nicht geklappt hat. So etwas gehört einfach zu einem sauberen Programmierstil.

```
<?php
    if (mkdir("/home/bauni/neues_verzeichnis", 0700)) {
        echo "Das neue Verzeichnis wurde erzeugt.";
    } else {
        echo "Das Verzeichnis konnte nicht angelegt werden.";
    }
?>
```

Weg damit! Verzeichnisse löschen

Die Funktion rmdir löscht ein angegebenes Verzeichnis. Damit die Funktion dies machen kann, muss das Verzeichnis leer sein und die Rechte des Verzeichnisses müssen dieses gestatten.

```
int rmdir (string verzeichnisname)
```

Sollte ein Fehler auftreten, wird eine Null zurückgegeben.

Sie haben das Kommando - Befehle an die Shell geben

PHP bietet Ihnen mehrere Arten, um externe Kommandos (z.B. Befehle auf der UNIX-Shell) aus einem PHP-Skript auszuführen. Diese Flexibilität birgt aber auch große Risiken. Denn jeder Zugriff auf Dateien des Systems kann zu einem Sicherheitsrisiko werden.

Das Starten von Programmen über PHP ist ein nicht zu unterschätzendes Sicherheitsrisiko. Um dieses zu mindern, muss der Server von einem erfahrenen Systemadministrator eingerichtet werden. Wenn es einem externen Benutzer gelingen sollte, über PHP an ROOT-Rechte (d.h. Systemadministratorrechte) zu kommen, dann würde das den Supergau bedeuten.

Grundlegendes über die UNIX-Shell:

Windows-Anwender wissen nicht unbedingt, was eine Shell ist. Darum möchte ich dieses hier kurz erläutern. Die Shell ist unter Linux/UNIX das wichtigste Arbeitsmittel.

Dabei ist sie die Schnittstelle zwischen Benutzer und Systemkern. Mit der Shell ist allerdings viel mehr möglich als nur das Starten von Programmen. Die Shell ermöglicht das komplexeste Dateihandling, die Erzeugung und Verwendung von Shell-Skripten und Berechnungen und vieles mehr.

Wenn Sie sich für die Shell interessieren, dann installieren Sie Linux, und wenn Sie schon Linux haben und mit der Shell nicht klarkommen, dann kaufen Sie sich ein gutes Buch dazu.

Sie sollten nicht zu viele Parallelen zur DOS-Eingabeaufforderung suchen. Diese Ähnlichkeiten sind höchstens optischer Natur.

Ex und nicht hopp

Am einfachsten starten Sie externe Befehle oder Programme mit der Funktion `exec`.

```
string exec (string befehl [, string array [, int rueckgabe_variable]])
```

Ein Nachteil von `exec` ist, dass die Ausgabe des ausgeführten Befehls nicht zurückgegeben wird. Wenn Sie die komplette Ausgabe des auszuführenden Befehls brauchen oder wollen, dann sollten Sie zu der Funktion `passthru` greifen. Diese wird im Folgenden noch behandelt.

Wenn Sie den optionalen Parameter `array` angeben, wird jede Zeile der Befehlsausgabe darin gespeichert. So haben Sie im Nachhinein noch die Möglichkeit, die Ausgabe zu bekommen.

Mithilfe des optionalen Parameters `rueckgabe_variable` können Sie den Rückgabewert des ausgeführten Befehls oder Programms in eine Variable speichern.

Folgendes Beispiel spricht den Server von mitp zehnmal an und gibt die gesamte Ausgabe Zeile für Zeile zurück. Sehen Sie es sich mal an.

```
<HTML>
<HEAD>
    <TITLE>Externe Befehlsausführung mit "exec"</TITLE>
</HEAD>
<BODY>
<?php

// 10-mal www.wiley-vch.de anpingen
exec("ping -c 10 www.wiley-vch.de", $ping);

// Die Ausgabe Zeile für Zeile ausgeben.
for ($i =0; $i < count($ping); $i++) {
```

```
    echo "<BR>$ping[$i]";
}

?>
</BODY>
</HTML>
```

Listing 9.19: Externe Befehlsausführung mit `exec`

Abbildung 9.17: Zehnmal wiley-vch angepingt mithilfe von `exec`

Wenn Ihnen die bloße Ausführung eines externen Programms zu wenig ist und Sie auch die Ausgabe dieses Programms im Browser bewundern wollen, dann sollten Sie die Funktion `passthru` benutzen. Diese führt ein externes Programm oder einen Befehl aus und zeigt dessen Ausgabe im Gegensatz zu `exec` an.

```
void passthru (string befehl [, int rueckgabe_variable])
```

Wie bei `exec` haben Sie auch bei `passthru` die Möglichkeit, mit Hilfe des optionalen Parameters `rueckgabe_variable` den Rückgabewert des Befehls/Programms zu speichern.

```
<?php
   // Liste der Dateien im Verzeichnis ausgeben
   passthru("ls");
?>
```

Eine andere Möglichkeit, ein externes Programm auszuführen und dabei die Ausgabe angezeigt zu bekommen, ist die Funktion `system`. Diese Funktion führt ein externes Programm (oder einen Befehl) aus und zeigt dabei die letzte Zeile der Befehlsausgabe an.

```
string system (string befehl [, int rueckgabe_variable])
```

Mithilfe des optionalen Parameters `rueckgabe_variable` können Sie den Rückgabewert des ausgeführten Befehls oder Programms in eine Variable speichern.

Ein einfacher Web-Counter

Einen Web-Counter hat mit Sicherheit jeder schon einmal gesehen, der einmal an einem Rechner mit Anschluss an das Internet gesessen hat. Ein Web-Counter zählt die Besucher auf einer Webseite. Bei jedem Besuch der Seite wird der Zähler um die Zahl Eins erhöht.

Solch einen Counter mit PHP zu schreiben, ist eine wahre Freude, denn ich glaube nicht, dass es dafür noch einen einfacheren Weg gibt als den mit PHP.

Beachten wir nun folgendes Listing:

```
<HTML>
<HEAD>
    <TITLE>Ein einfacher Counter</TITLE>
</HEAD>
<BODY>
<?php

$datei = "/tmp/zugriffe.txt";
$zugriffe = @file($datei);
$wieviele = $zugriffe[0];
++$wieviele;
$fh = fopen($datei, "w");
@fwrite($fh, $wieviele);
fclose($fh);
echo "Sie sind Besucher Nr: <B>$wieviele</B>";

?>
</BODY>
</HTML>
```

Listing 9.20: Ein einfacher Counter

Abbildung 9.18: Ein einfacher Counter

Wenn Sie dieses kurze Programm genau betrachten, sehen Sie, dass am Anfang eine Datei `zugriffe.txt` im Verzeichnis `/tmp` festgelegt wird, in der der Stand der Besucherzahl gespeichert werden soll. Danach wird der Inhalt der Datei, so sie denn existiert, in ein Array `$zugriffe` geschrieben.

Das erste Element dieses Arrays wird in `$wieviele` geschrieben. Nur das erste Element ist nötig, denn in diesem Element steht die Besucherzahl. Diese wird dann inkrementiert (um eins erhöht).

Danach wird die Datei mit schreibendem Zugriff geöffnet. Sollte sie bis zu diesem Zeitpunkt noch nicht existiert haben, wird sie nun angelegt. Danach wird der inkrementierte Besucherstand in die Datei geschrieben und diese geschlossen. Am Ende wird die aktuelle Besuchernummer ausgegeben.

Zutritt nur mit Passwort!

Das folgende Beispiel zeigt, wie Sie eine Datei, deren Inhalt nicht für jedermanns Augen bestimmt ist, mit einem Passwort schützen können. Nach korrekter Eingabe des Passworts können Sie sich den Inhalt der Datei anzeigen lassen.

Das folgende Code-Listing `listing9-21.html` erzeugt ein HTML-Passwort-Eingabefeld, das den eingegebenen Benutzernamen und das Passwort an das PHP-Skript `listing9-22.php` übergibt.

Dadurch, dass das HTML-Feld vom Typ Passwort `TYPE="password"` ist, wird die Eingabe in das HTML-Feld als Sternchen angezeigt und ist nicht für die neugierigen Augen Ihres Nachbarn lesbar.

```
<HTML>
<HEAD>
    <TITLE>Geheime News für korrektes Passwort</TITLE>
</HEAD>
<BODY>
<CENTER>

<H3>Bitte geben Sie Ihre Daten ein.</H3>

<FORM ACTION="listing9-22.php" METHOD="POST">
<TABLE BORDER="0" CELLSPACING="0" CELLPADDING="3">
<TR>
    <TD>Benutzername:</TD>
    <TD><INPUT TYPE="text" NAME="username" SIZE="20"></TD>
</TR>
<TR>
    <TD>Passwort:</TD>
    <TD><INPUT TYPE="password" NAME="passwort" SIZE="20"></TD>
```

```
</TR>
<TR>
    <TD><INPUT TYPE="submit" VALUE="Submit" NAME="login"></TD>
    <TD><INPUT TYPE="reset" VALUE="Reset" NAME="reset"></TD>
</TR>
</TABLE>
</FORM>
</CENTER>
</BODY>
</HTML>
```

Listing 9.21: Inhalt von `listing9-21.html`

Abbildung 9.19: Eingabefeld für das Passwort

In dem folgenden PHP-Skript `listing9-22.php` wird die Eingabe des Benutzernamens und Passworts ausgewertet. Wenn sie mit dem vorgegebenen Benutzernamen »admin« und dem Passwort »geheim« übereinstimmt, wird der Inhalt der Datei »geheime_news.txt« mit `readfile` ausgegeben.

```
<?php

// Wurde ein Benutzername eingegeben?
if(!isset($_POST["username"])): header("Location: listing9-21.html");
endif;

// Wurde ein Passwort eingegeben?
if(!isset($_POST["passwort"])): header("Location: listing9-21.html");
endif;

// Prüfen, ob Benutzername und Passwort auch korrekt sind.
if($_POST["username"]!="admin" && $_POST["passwort"]!="geheim") {
    header("Location: listing9-21.html");
}
```

```
echo"<HTML>";
echo"<HEAD>";
echo"<TITLE>geheime Datei</TITLE>";
echo"</HEAD>";
echo"<BODY>";
echo"<CENTER>";

echo "Hallo <B>" . $_POST["username"] . "</B>, hier sind die Infos:";

echo "<HR><P>";

readfile("geheime_news.txt");

echo"</CENTER>";
echo"</BODY>";
echo"</HTML>";

?>
```

Listing 9.22: Inhalt von `listing9-22.php`

In der Datei `geheime_news.txt` steht übrigens nur der Satz: »Das ist der Inhalt der Datei <B>geheime_news.txt</B>.«

In Listing 9.22 sehen Sie, dass am Anfang überprüft wird, ob überhaupt ein Benutzername und Passwort angegeben wurde, also ob die Variablen gesetzt wurden. Danach prüfen Sie, ob der Benutzername und das Passwort korrekt sind. Kommt es dabei zu einem negativen Ergebnis, wird der Benutzer mit der Funktion `header` zurück zur Seite `listing9-21.html` geleitet.

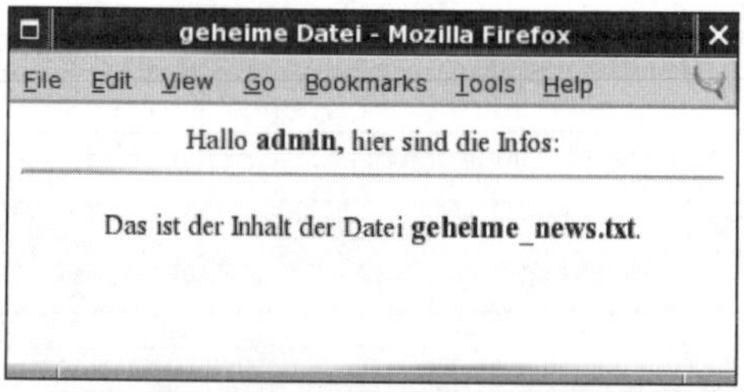

Abbildung 9.20: Es hat geklappt. Die wichtige, geheime Nachricht ist zu sehen.

Die Speicherung des Passworts im Klartext ist kein Sicherheitsrisiko, da die PHP-Skripte nicht an den Browser geschickt werden. Sie bleiben auf dem Webserver, und der Code des Skripts ist nur für den Autor sichtbar. Dadurch ist es für einen zugreifenden Benutzer nicht möglich, an das Passwort oder den Benutzernamen zu kommen.

Mit der Funktion `header` schicken Sie einen HTTP-Header an den Browser. Sie müssen nur darauf achten, dass im Skript noch keine Ausgabe erfolgt sein darf, wenn Sie einen HTTP-Header an den Browser schicken. Der `header` sollte also immer das Erste sein, was Sie zum Browser schicken. Ansonsten bekommen Sie eine Fehlermeldung.

Fertig für das Protokoll - FTP

10

In diesem Kapitel

- FTP-Protokoll
- Möglichkeiten, mit FTP zu arbeiten

Das FTP-Protokoll (*File Transfer Protocol*) ermöglicht es Ihnen, Verbindung zu FTP-Servern aufzunehmen und Dateien mit ihnen auszutauschen. Ich werde hier erst einmal die meiner Meinung nach wichtigsten PHP-Funktionen für die Arbeit mit FTP vorstellen und dann die Arbeitsweise anhand von Beispielen demonstrieren. Zum Glück folgt auf Theorie meist Praxis und Sie machen gleich den FTP-Praxistest mit.

Jede Menge Möglichkeiten

Aus Gründen der Übersichtlichkeit habe ich eine kleine Tabelle (10.1) zusammengestellt, in der die PHP-FTP-Befehle mit ihren Funktionen aufgelistet sind. Im weiteren Verlauf dieses Kapitels werde ich auf jeden Befehl weiter eingehen und seine Funktionalität anhand von Beispielen erläutern.

Funktion	Ergebnis
`ftp_cdup`	Wechselt zur Ebene, in der sich das aktuelle Verzeichnis befindet
`ftp_chdir`	Wechselt Verzeichnisse auf dem FTP-Server
`ftp_connect`	Stellt Verbindung zu dem FTP-Server her
`ftp_delete`	Löscht eine Datei auf dem FTP-Server
`ftp_fget`	Lädt eine Datei vom FTP-Server und speichert sie in eine geöffnete Datei
`ftp_fput`	Überträgt den Inhalt einer geöffneten Datei auf den FTP-Server
`ftp_get`	Lädt eine Datei vom FTP-Server und speichert diese lokal ab
`ftp_login`	Meldet sich auf einem FTP-Server mit Benutzername und Passwort an (einloggen)
`ftp_mdtm`	Gibt den Zeitpunkt der letzten Änderung einer Datei aus
`ftp_mkdir`	Erzeugt ein Verzeichnis auf dem FTP-Server
`ftp_nlist`	Gibt eine Liste der Dateien des aktuellen Verzeichnisses auf dem FTP-Server aus
`ftp_pasv`	Wechselt in den passiven Modus
`ftp_put`	Überträgt eine Datei in das aktuelle Verzeichnis des FTP-Servers
`ftp_pwd`	Gibt das aktuelle Verzeichnis auf dem FTP-Server aus
`ftp_quit`	Beendet eine FTP-Verbindung

Funktion	Ergebnis
`ftp_rawlist`	Gibt eine detaillierte Liste der Dateien und ihrer Merkmale des aktuellen Verzeichnisses auf dem FTP-Server aus
`ftp_rename`	Benennt eine Datei auf dem FTP-Server um
`ftp_rmdir`	Löscht ein Verzeichnis auf dem FTP-Server
`ftp_size`	Gibt die Größe einer Datei auf dem FTP-Server in Byte aus
`ftp_systype`	Gibt den Systemtyp aus, auf dem der FTP-Server läuft

Tabelle 10.1: Übersicht der FTP-Anweisungen in PHP

Die Kontaktstelle - ftp_connect

`ftp_connect` stellt eine FTP-Verbindung zu einem FTP-Server »`server`« her. Dabei können Sie auch optional den Port des Servers angeben. Wenn dieser Parameter fehlt, dann wird PHP versuchen, eine Verbindung zu Port `21`, dem Standard-FTP-Port zu öffnen. Manche Systemadministratoren legen den FTP-Port aber anders. Dann ist die `Port`-Option Pflicht.

```
int ftp_connect (string server [, int Port])
```

Wenn die Aktion erfolgreich war, haben wir einen funktionierenden Stream zu dem Server. Sollte es bei dem Verbindungsaufbau zu einem Fehler kommen (z.B. Unerreichbarkeit des Servers oder Abweisung durch den Server) wird `FALSE` zurückgegeben.

Listing 10.1 zeigt einen Verbindungsaufbau zum lokalen FTP-Server, gekoppelt mit einer informativen Ausgabe.

```
<HTML>
<HEAD>
   <TITLE>Beispiel zu "ftp_connect"</TITLE>
</HEAD>
<BODY>
<?php

// Den FTP-Server festlegen
$server = localhost;

// Verbindung zu dem FTP-Server herstellen
if(!($verbindung = ftp_connect($server,21))) {
    echo ("die Verbindung ist fehlgeschlagen!<P>");
    exit();
}
echo ("Die Verbindung zu <B>$server</B> steht!");
```

```
?>
</BODY>
</HTML>
```

Listing 10.1: Eine FTP-Verbindung herstellen mit `ftp_connect`

Abbildung 10.1: Mit einem FTP-Server verbinden

Sie sollten, wenn Sie eine FTP-Verbindung aufbauen, nicht vergessen, diese am Ende Ihres Skripts mit der Funktion `ftp_quit` wieder zu schließen.

Ohne Anmeldung kein Eintritt

Sie haben eine Verbindung zu einem FTP-Server erfolgreich aufgebaut? Super. Und jetzt? Um wirklich auf dem Server arbeiten zu können, müssen Sie sich noch mit einem Benutzernamen `username` und Passwort anmelden.

`ftp_login` erledigt das für Sie. Alles, was Sie tun müssen, ist einen korrekten Benutzernamen und das dazu richtige Passwort der Funktion anzugeben.

```
Int ftp_login (int ftp_stream, string username, string passwort)
```

Sollte die Anmeldung an dem FTP-Server erfolgreich geglückt sein, wird von der Funktion `TRUE` zurückgegeben. Wenn es zu einem Fehler gekommen ist, dabei handelt es sich meistens um ein falsches Passwort oder einen falsch geschriebenen Benutzernamen, wird `FALSE` zurückgegeben.

Folgendes Beispiel wird zum Verständnis der Arbeitsweise von `ftp_login` hilfreich sein:

```
<HTML>
<HEAD>
    <TITLE>Auf einem FTP-Server einloggen</TITLE>
</HEAD>
<BODY>
<?php

// FTP-Server festlegen, auf dem wir uns einloggen wollen
$server = localhost;
```

```
// Verbindung zu dem FTP-Server herstellen
if(!($verbindung = ftp_connect($server,21))) {
    echo ("die Verbindung ist fehlgeschlagen!<P>");
    exit();
}
echo ("Die Verbindung zu <B>$server</B> steht!<P>");

// Einloggen mit Username und Passwort
$user = "cray";
$pass = "geheim";

if(!ftp_login($verbindung, "$user","$pass")) {
    echo ("Login als <B>$user</B> fehlgeschlagen<P>");
    exit();
}
echo ("Erfolgreich eingeloggt auf <B>$server</B> als <B>$user</B>.<P>");

// Verbindung beenden
ftp_quit($verbindung);

?>
</BODY>
</HTML>
```

Listing 10.2: Auf einen FTP-Server einloggen mit `ftp_login`

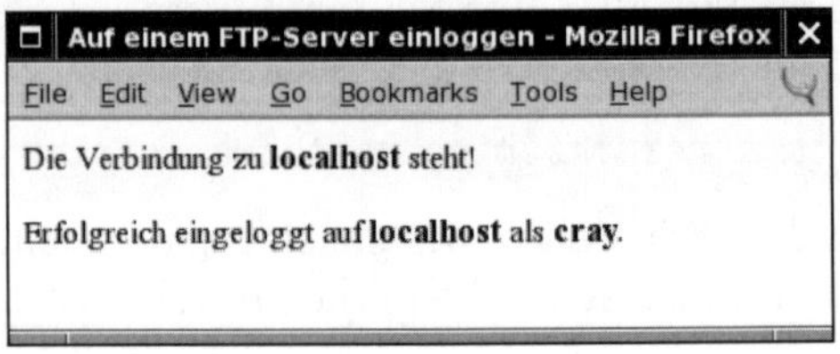

Abbildung 10.2: Erfolgreich eingeloggt auf dem Server mit `ftp_login`

Hilfe, wie komme ich hier wieder raus? - FTP-Verbindungen beenden

Wie Sie sich vielleicht schon denken können, können Sie mit der Funktion `ftp_quit` eine bestehende FTP-Verbindung schließen (beenden). So kompliziert die Anmeldung am Server vielleicht war, so einfach ist das Abmelden.

```
int ftp_quit (int ftp_stream)
```

Ein einfaches Beispiel:

```
<HTML>
<HEAD>
    <TITLE>Die FTP-Verbindung beenden</TITLE>
</HEAD>
<BODY>
<?php

// FTP-Server festlegen, auf dem wir uns einloggen wollen
$server = localhost;

// Verbindung zu dem FTP-Server herstellen
if(!($verbindung = ftp_connect($server,21))) {
    echo ("die Verbindung ist fehlgeschlagen!<P>");
    exit();
}
echo ("Die Verbindung zu <B>$server</B> steht!<P>");

// Einloggen mit Username und Passwort
$user = "cray";
$pass = "geheim";

if(!ftp_login($verbindung,"$user","$pass")) {
    echo ("Login als <B>$user</B> fehlgeschlagen<P>");
    exit();
}
echo ("Erfolgreich eingeloggt auf <B>$server</B> als <B>$user</B>.<P>");

echo ("und tschüss...");

// Verbindung beenden
ftp_quit($verbindung);

?>
</BODY>
</HTML>
```

Listing 10.3: Die aktuelle Verbindung zum FTP-Server beenden mit `ftp_quit`

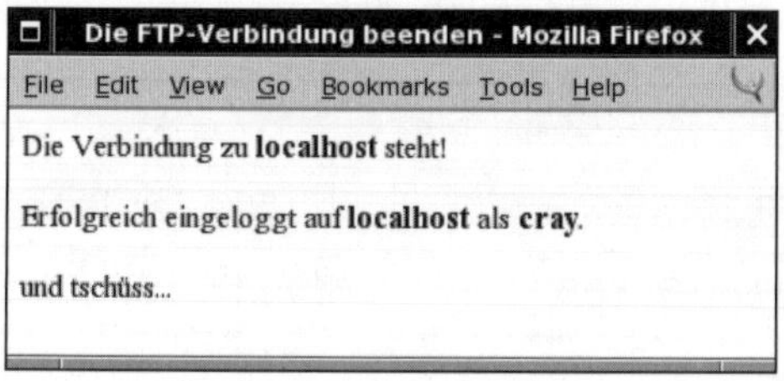

Abbildung 10.3: Eine Verbindung zu einem FTP-Server mit `ftp_quit` *beenden*

Das aktuelle Arbeitsverzeichnis ausgeben

Sie befinden sich im Dateienlabyrinth eines FTP-Servers, irgendwo auf der Welt, und haben keine Ahnung, wo Sie denn nun im Verzeichnisbaum gerade sind. Mit der Funktion `ftp_pwd` werden Sie sich sicher zurechtfinden. Diese Funktion gibt das aktuelle Verzeichnis auf dem FTP-Server zurück. Bei einem eventuellen Fehler wird von der Funktion `FALSE` zurückgegeben. Allerdings kann bei `ftp_pwd` wirklich nicht viel schief gehen.

```
string ftp_pwd (int ftp_stream)
```

Ein einfaches Beispiel:

```
<HTML>
<HEAD>
    <TITLE>Aktuelles Verzeichnis ausgeben mit "ftp_pwd"</TITLE>
</HEAD>
<BODY>
<?php

// FTP-Server festlegen, auf dem wir uns einloggen wollen
$server = localhost;

// Verbindung zu dem FTP-Server herstellen
if(!($verbindung = ftp_connect($server,21))) {
    echo ("die Verbindung ist fehlgeschlagen!<P>");
    exit();
}
echo ("Die Verbindung zu <B>$server</B> steht!<P>");

// Einloggen mit Username und Passwort
$user = "cray";
$pass = "geheim";

if(!ftp_login($verbindung,"$user","$pass")) {
    echo ("Login als <B>$user</B> fehlgeschlagen<P>");
    exit();
}
echo ("Erfolgreich eingeloggt auf <B>$server</B> als <B>$user</B>.<P>");

// Das aktuelle Verzeichnis ausgeben mit "ftp_pwd"
echo ("Das aktuelle Verzeichnis ist: ");
echo ("<B>" . ftp_pwd($verbindung) . "</B><P>");

// Verbindung beenden
ftp_quit($verbindung);
```

```
?>
</BODY>
</HTML>
```

Listing 10.4: Das aktuelle Verzeichnis auf einem FTP-Server ausgeben mithilfe von `ftp_pwd`

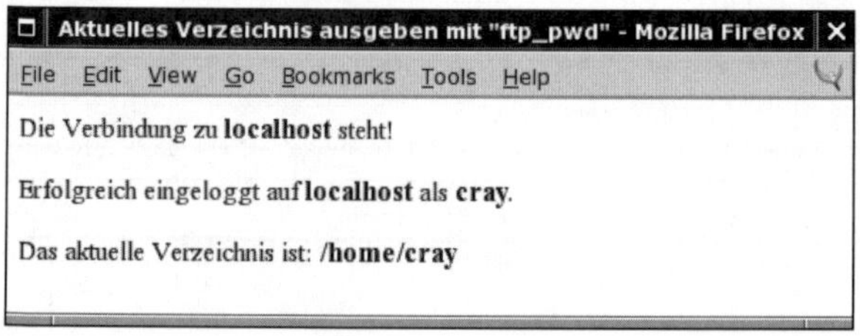

Abbildung 10.4: Das aktuelle Verzeichnis des FTP-Servers, auf dem Sie eingeloggt sind

Auf andere Ebenen hüpfen

Wie Sie auf Ihrem lokalen System das Verzeichnis wechseln, wissen Sie ja schon längst. Auch wie Sie mit PHP im lokalen Dateisystem ein Verzeichnis hochspringen können, haben Sie gelernt. Doch wie springt man nun mit PHP in einer FTP-Verbindung eine Verzeichnisebene hoch? Mit `ftp_cdup` wechseln Sie in ein Verzeichnis, das in der Dateistruktur eine Ebene höher ist. Sie wechseln also aus dem aktuellen Verzeichnis in die Ebene, in der sich das Verzeichnis befindet.

```
int ftp_cdup (int ftp_stream)
```

Bevor und nachdem die Funktion `ftp_cdup` ausgeführt wird, sollten Sie mit der Funktion `ftp_pwd` prüfen, wo Sie sich gerade in der Dateistruktur befinden, damit Sie nicht wie ein Blinder durch das Dateisystem stolpern.

Wenn die Aktion erfolgreich war, wird ein `TRUE` (die Ziffer 1) zurückgegeben. Ansonsten, wenn z.B. die Zugriffsrechte den Verzeichniswechsel nicht zulassen, wird `FALSE` (die Ziffer 0) zurückgegeben.

```
<HTML>
<HEAD>
    <TITLE>Ein Verzeichnis aufsteigen mit "ftp_cdup"</TITLE>
</HEAD>
<BODY>
<?php

// FTP-Server festlegen, auf dem wir uns einloggen wollen
$server = localhost;
```

```
// Verbindung zu dem FTP-Server herstellen
if(!($verbindung = ftp_connect($server,21))) {
    echo ("die Verbindung ist fehlgeschlagen!<P>");
    exit();
}
echo ("Die Verbindung zu <B>$server</B> steht!<P>");

// Einloggen mit Username und Passwort
$user = "cray";
$pass = "geheim";

if(!ftp_login($verbindung,"$user","$pass")) {
    echo ("Login als <B>$user</B> fehlgeschlagen<P>");
    exit();
}
echo ("Erfolgreich eingeloggt auf <B>$server</B> als <B>$user</B>.<P>");

// Das aktuelle Verzeichnis ausgeben
echo ("Aktuelles Verzeichnis: ");
echo ("<B>" . ftp_pwd($verbindung) . "</B><P>");

// Sprung in höhere Verzeichnisebene versuchen mit "ftp_cdup"
if(!ftp_cdup($verbindung)) {
    echo("Konnte nicht in die höhere Ebene springen!<P>");
    exit();
} else {
    echo("Bin eine Verzeichnisebene höher gesprungen.<P>");
}

// Das aktuelle Verzeichnis ausgeben
echo ("Aktuelles Verzeichnis: ");
echo ("<B>" . ftp_pwd($verbindung) . "</B>");

// Verbindung beenden
ftp_quit($verbindung);

?>
</BODY>
</HTML>
```

Listing 10.5: Ein Verzeichnis auf dem FTP-Server aufsteigen

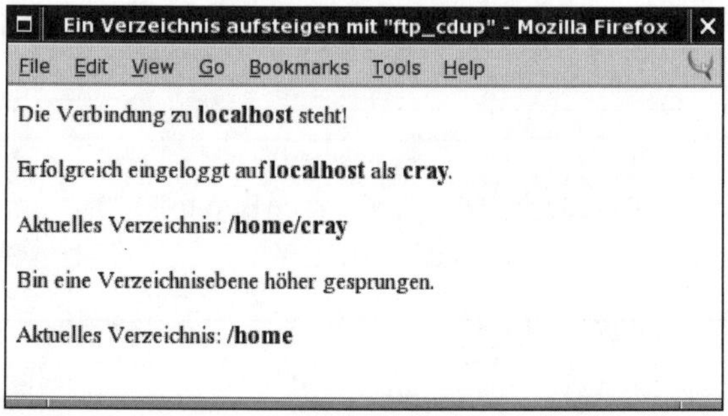

Abbildung 10.5: Eine Verzeichnisebene hochgesprungen mit `ftp_cdup`

Verzeichnis, wechsle dich!

Die Verzeichnisse einfach nur hochspringen ist Ihnen jetzt zu monoton geworden? Verständlich. Außerdem hätten Sie das Quellverzeichnis (Root-Verzeichnis) sicher bald erreicht, und von da kann man nicht mehr höher springen. Viel mehr Spaß macht es doch da, wenn man das Verzeichnis frei angeben kann, in das man wechseln möchte.

Diese Freiheit ermöglicht Ihnen die Funktion `ftp_chdir`. Mit ihr ist es möglich, in das mit dem Parameter `verzeichnis` angegebene Verzeichnis auf dem FTP-Server zu wechseln.

```
int ftp_chdir (int ftp_stream, string verzeichnis)
```

Wenn die Aktion erfolgreich war, wird ein `TRUE` zurückgegeben, ansonsten `FALSE`.

Im folgenden Beispiel wird ein Verzeichniswechsel nach `/home/user` vollzogen und das Ergebnis dieser Aktion wird kommentiert. Am Ende wird zur Kontrolle noch einmal das aktuelle Verzeichnis ausgegeben.

```
<HTML>
<HEAD>
    <TITLE>Verzeichniswechsel mit "ftp_chdir"</TITLE>
</HEAD>
<BODY>
<?php

// FTP-Server festlegen, auf dem wir uns einloggen wollen
$server = localhost;

// Verbindung zu dem FTP-Server herstellen
if(!($verbindung = ftp_connect($server,21))) {
    echo ("die Verbindung ist fehlgeschlagen!<P>");
    exit();
}
echo ("Die Verbindung zu <B>$server</B> steht!<P>");
```

```
// Einloggen mit Username und Passwort
$user = "cray";
$pass = "geheim";

if(!ftp_login($verbindung,"$user","$pass")) {
    echo ("Login als <B>$user</B> fehlgeschlagen<P>");
    exit();
}
echo ("Erfolgreich eingeloggt auf <B>$server</B> als <B>$user</B>.<P>");

// Das aktuelle Verzeichnis ausgeben
echo ("Aktuelles Verzeichnis: ");
echo ("<B>" . ftp_pwd($verbindung) . "</B><P>");

// Ziel festlegen
$wohin = "/tmp";

// Verzeichniswechsel
if(!ftp_chdir($verbindung,$wohin)) {
    echo("Wechsel nach <B>$wohin</B> nicht möglich!<P>");
    exit();
}
echo ("Wechsel nach <B>$wohin</B> erfolgreich!<P>");

// Das aktuelle Verzeichnis ausgeben
echo ("Aktuelles Verzeichnis: ");
echo ("<B>" . ftp_pwd($verbindung) . "</B>");

// Verbindung beenden
ftp_quit($verbindung);

?>
</BODY>
</HTML>
```

Listing 10.6: Verzeichniswechsel auf dem FTP-Server

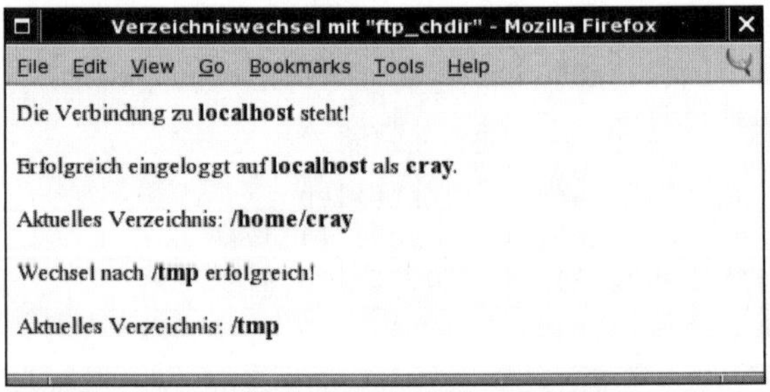

Abbildung 10.6: Verzeichniswechsel mit `ftp_chdir`

Dateientsorgung

Sie wollen sich einer Datei entledigen? Recht haben Sie. Keine Gnade mit dem alten Kram. Unter einer FTP-Verbindung mit PHP ist das Löschen von Dateien auch nicht schwerer als im lokalen Dateisystem.

Die Funktion `ftp_delete` löscht eine Datei auf dem FTP-Server schnell und schmerzlos. Wenn die Datei sich nicht in dem aktuellen Verzeichnis befindet, dann kann der Pfad zu dieser Datei mittels der Option `pfad` angegeben werden.

```
int ftp_delete (int ftp_stream, string pfad)
```

Wenn die Aktion erfolgreich war und die Datei gelöscht wurde, wird von der Funktion `TRUE` zurückgegeben. Ansonsten, wenn die Datei nicht auffindbar war oder die Zugriffsrechte ein Löschen nicht zuließen, `FALSE`.

Folgendes Beispiel löscht die Datei mit dem Namen `test.txt` aus dem aktuellen Verzeichnis des FTP-Servers:

```
<HTML>
<HEAD>
    <TITLE>Eine Datei löschen mit "ftp_delete"</TITLE>
</HEAD>
<BODY>
<?php

// FTP-Server festlegen, auf dem wir uns einloggen wollen
$server = localhost;

// Verbindung zu dem FTP-Server herstellen
if(!($verbindung = ftp_connect($server,21))) {
    echo ("die Verbindung ist fehlgeschlagen!<P>");
    exit();
}
echo ("Die Verbindung zu <B>$server</B> steht!<P>");

// Einloggen mit Username und Passwort
$user = "cray";
$pass = "geheim";

if(!ftp_login($verbindung,"$user","$pass")) {
    echo ("Login als <B>$user</B> fehlgeschlagen<P>");
    exit();
}
echo ("Erfolgreich eingeloggt auf <B>$server</B> als <B>$user</B>.<P>");

// Zu löschende Datei festlegen
$datei = "test.txt";
```

```
// Versuchen die Datei zu löschen
if(!ftp_delete($verbindung,$datei)) {
    echo("<B>$datei</B> konnte nicht gelöscht werden!<P>");
    exit();
}
echo ("<B>$datei</B> wurde gelöscht!<P>");

// Verbindung beenden
ftp_quit($verbindung);

?>
</BODY>
</HTML>
```

Listing 10.7: Eine Datei auf dem FTP-Server löschen

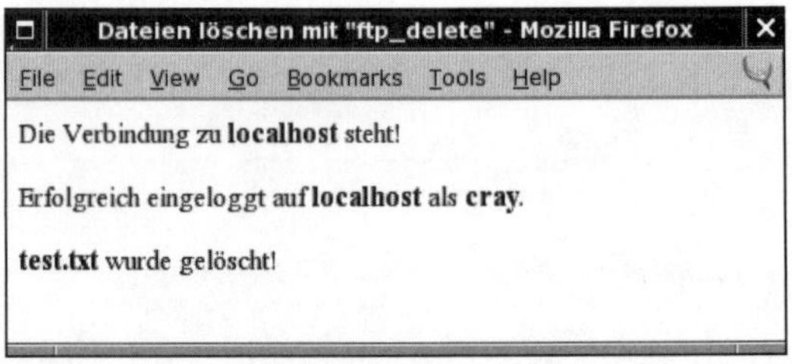

Abbildung 10.7: Dateien auf FTP-Servern löschen mit `ftp_delete`

Dateien herunterladen

Eine Datei downloaden? Sicher sagen Sie jetzt: »Das mache ich jeden Tag!« Aber wie machen Sie das unter PHP mit einer FTP-Verbindung? Für diese Aufgabe gibt es die Funktion `ftp_fget`. Mit dieser Funktion wird ein Download einer Datei `entfernte_datei` von dem FTP-Server gestartet, auf dem Sie eingeloggt sind.

```
int ftp_fget (int ftp_stream, int pointer, string entfernte_datei, int mode)
```

Die zu übertragende Datei `entfernte_datei` wird in eine lokale, geöffnete Datei gespeichert. Die Datei, in die geschrieben wird, geben Sie mithilfe des Pointers `pointer` an.

Mit Hilfe des Modus `mode` kann angegeben werden, ob es sich dabei um eine Textdatei oder eine binäre Datei handelt. Die möglichen Optionen sind: `FTP_ASCII` und `FTP_BINARY`.

Sollte die Aktion erfolgreich verlaufen, wird von der Funktion `TRUE` zurückgegeben. Wenn die Datei, die Sie übertragen möchten, nicht existiert, die Verbindung zu dem FTP-Server abgebrochen ist oder es zu sonst einem Fehler kommen sollte, wird `FALSE` zurückgegeben.

Folgendes Beispiel überträgt eine entfernte Textdatei im ASCII-Modus auf den lokalen Rechner in das Verzeichnis `/tmp`. Die neue Datei wird dann `neue_lokale_datei.txt` heißen (ist ein blöder Name – gebe ich gerne zu – aber so wird das Prinzip schnell klar).

```
<HTML>
<HEAD>
    <TITLE>Dateien holen mit "ftp_fget"</TITLE>
</HEAD>
<BODY>
<?php

// FTP-Server festlegen, auf dem wir uns einloggen wollen
$server = localhost;

// Verbindung zu dem FTP-Server herstellen
if(!($verbindung = ftp_connect($server,21))) {
    echo ("die Verbindung ist fehlgeschlagen!<P>");
    exit();
}
echo ("Die Verbindung zu <B>$server</B> steht!<P>");

// Einloggen mit Username und Passwort
$user = "cray";
$pass = "geheim";

if(!ftp_login($verbindung,"$user","$pass")) {
    echo ("Login als <B>$user</B> fehlgeschlagen<P>");
    exit();
}
echo ("Erfolgreich eingeloggt auf <B>$server</B> als <B>$user</B>.<P>");

// lokale Datei öffnen
$pointer = fopen("/tmp/neue_lokale_datei.txt", "w");

// diese Datei holen wir vom Server
$datei = "entfernte_datei.txt";

// Parameter für Übertragung festlegen
$modus = FTP_ASCII;

// Datei übertragen
if(@ftp_fget($verbindung,$pointer,$datei,$modus)) {
    echo ("Die Datei <B>$datei</B> wurde übertragen<P>");
} else {
    echo ("Die Datei war nicht zu übertragen!<P>");
}
```

```
// lokale Datei schließen
fclose($pointer);

// Verbindung beenden
ftp_quit($verbindung);

?>
</BODY>
</HTML>
```

Listing 10.8: Eine Datei vom FTP-Server in eine lokale, geöffnete Datei schreiben (downloaden)

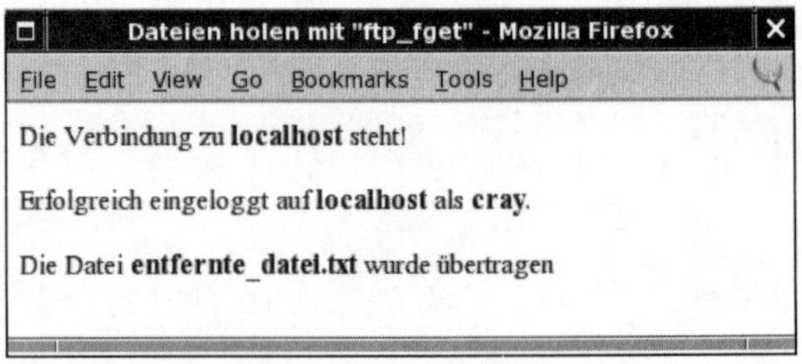

Abbildung 10.8: Dateien vom FTP-Server holen

Direktes Abspeichern ohne Pointer

Anders als `ftp_fget` arbeitet `ftp_get` nicht mit einem Pointer auf eine lokale Datei, sondern speichert die zu besorgende Datei `entfernte_datei` direkt ab. Die lokale Datei wird mit der Option `lokale_datei` festgelegt.

```
int ftp_get (int ftp_stream, string lokale_datei, string entfernte_datei,
int mode)
```

Ansonsten ist die Funktionsweise von `ftp_get` absolut identisch mit der Funktion `ftp_fget`.

Folgendes Beispiel kopiert eine lokale Datei auf das Dateisystem des FTP-Servers:

```
<HTML>
<HEAD>
    <TITLE>Dateien holen mit "ftp_get"</TITLE>
</HEAD>
<BODY>
<?php

// FTP-Server festlegen, auf dem wir uns einloggen wollen
$server = localhost;

// Verbindung zu dem FTP-Server herstellen
if(!($verbindung = ftp_connect($server,21))) {
```

```
    echo ("die Verbindung ist fehlgeschlagen!<P>");
    exit();
}
echo ("Die Verbindung zu <B>$server</B> steht!<P>");

// Einloggen mit Username und Passwort
$user = "cray";
$pass = "geheim";

if(!ftp_login($verbindung,"$user","$pass")) {
    echo ("Login als <B>$user</B> fehlgeschlagen<P>");
    exit();
}
echo ("Erfolgreich eingeloggt auf <B>$server</B> als <B>$user</B>.<P>");

// Zu übertragende Datei festlegen
$lokal = "/tmp/neue_lokale_datei.txt";

// Parameter für Übertragung festlegen
$entfernt = "entfernte_datei.txt";
$modus = FTP_ASCII;

if(@ftp_get($verbindung,$lokal,$entfernt,$modus)) {
    echo ("Die Datei <B>$lokal</B> wurde übertragen.<P>");
} else {
    echo ("Die Übertragung von <B>$lokal</B> ist fehlgeschlagen!<P>");
}

// Verbindung beenden
ftp_quit($verbindung);

?>
</BODY>
</HTML>
```

Listing 10.9: Eine Datei von einem FTP-Server herunterladen

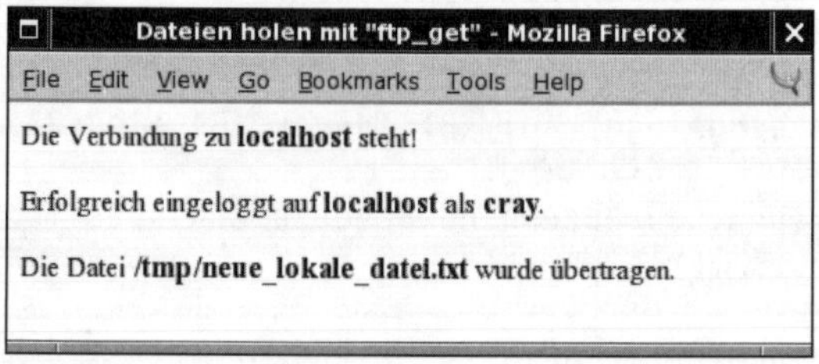

Abbildung 10.9: Dateien von FTP-Servern holen mit `ftp_get`

Schöpfung im kleinen Stil

Sie wollen ein Verzeichnis erzeugen? Das ist über eine FTP-Verbindung auch nicht schwerer als auf dem lokalen Dateisystem Ihres Rechners. Dazu brauchen Sie nur die Funktion `ftp_mkdir` und schon wird das angegebene Verzeichnis `verzeichnis` auf dem FTP-Server, auf dem Sie eingeloggt sind, erzeugt.

```
string ftp_mkdir (int ftp_stream, string verzeichnis)
```

Sollte dabei etwas Unvorhergesehenes passieren, sei es nun, dass die Verbindung zu dem Server abgerissen ist oder dass Sie in dem aktuellen Verzeichnis kein neues Verzeichnis erzeugen dürfen, weil die Benutzerrechte das nicht zulassen, wird von der Funktion `FALSE` zurückgegeben.

Folgendes Beispiel erstellt ein leeres Verzeichnis mit Namen `folder` auf dem FTP-Server:

```
<HTML>
<HEAD>
    <TITLE>Ein neues Verzeichnis erzeugen</TITLE>
</HEAD>
<BODY>
<?php

// FTP-Server festlegen, auf dem wir uns einloggen wollen
$server = localhost;

// Verbindung zu dem FTP-Server herstellen
if(!($verbindung = ftp_connect($server,21))) {
    echo ("die Verbindung ist fehlgeschlagen!<P>");
    exit();
}
echo ("Die Verbindung zu <B>$server</B> steht!<P>");

// Einloggen mit Username und Passwort
$user = "cray";
$pass = "geheim";

if(!ftp_login($verbindung,"$user","$pass")) {
    echo ("Login als <B>$user</B> fehlgeschlagen<P>");
    exit();
}
echo ("Erfolgreich eingeloggt auf <B>$server</B> als <B>$user</B>.<P>");

// Den Namen des neuen, zu erzeugenden Verzeichnisses festlegen
$verzeichnis = "neues_verzeichnis";

// Versuchen das neue Verzeichnis zu erzeugen
if(ftp_mkdir($verbindung,$verzeichnis)) {
```

```
    echo ("Das Verzeichnis <B>$verzeichnis</B> wurde erstellt.<P>");
} else {
    echo ("<B>$verzeichnis</B> konnte nicht erstellt werden.<B>");
}

// Verbindung beenden
ftp_quit($verbindung);

?>
</BODY>
</HTML>
```

Listing 10.10: Ein neues Verzeichnis auf dem Server mit `ftp_mkdir` erstellen

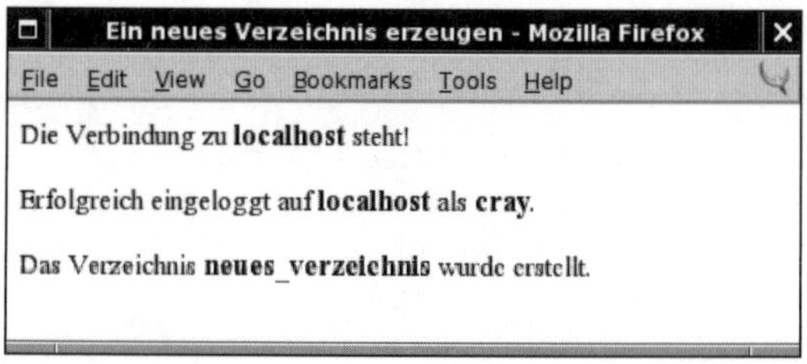

Abbildung 10.10: Mit `ftp_mkdir` ein neues Verzeichnis erzeugen

Achten Sie darauf, dass die Zugriffsrechte in dem Verzeichnis, in dem das neue Verzeichnis erzeugt werden soll, diese Aktion auch zulassen. Sonst kann es nicht funktionieren!

Listenreich

Um eine Liste der Dateien und Verzeichnisse im angegebenen Verzeichnis zu bekommen, brauchen Sie die Funktion `ftp_nlist`. Diese Funktion liefert Ihnen ein Array mit den Dateinamen des Verzeichnisses zurück. Beim Auftreten eines Fehlers wird auch hier `FALSE` zurückgegeben.

```
array ftp_nlist (int ftp_stream, string verzeichnis)
```

Im Folgenden sehen Sie ein Beispiel, das alle Dateien und Verzeichnisse in einem vorgegebenen Verzeichnis, in diesem Fall `/usr/src`, mit Namen ausgibt. Weitere Angaben wie Zugriffsrechte, Besitzer, Gruppenzugehörigkeit, Datum der letzten Veränderung oder Größe kann man mit `ftp_nlist` nicht bekommen. Hier wäre `ftp_rawlist` die erste Wahl.

In dem Beispiel nutzen Sie die `implode`-Funktion, um die Dateinamen, die in einem Array gespeichert sind, Zeile für Zeile in einen String umzuwandeln und auszugeben. Nach jeder

Zeile (jedem Namen) machen Sie einen Zeilenumbruch <BR>, damit das Ganze auch ein bisschen übersichtlich bleibt.

```
<HTML>
<HEAD>
    <TITLE>Eine Verzeichnisliste ausgeben</TITLE>
</HEAD>
<BODY>
<?php

// FTP-Server festlegen, auf dem wir uns einloggen wollen
$server = localhost;

// Verbindung zu dem FTP-Server herstellen
if(!($verbindung = ftp_connect($server,21))) {
    echo ("die Verbindung ist fehlgeschlagen!<P>");
    exit();
}
echo ("Die Verbindung zu <B>$server</B> steht!<P>");

// Einloggen mit Username und Passwort
$user = "cray";
$pass = "geheim";

if(!ftp_login($verbindung,"$user","$pass")) {
    echo ("Login als <B>$user</B> fehlgeschlagen<P>");
    exit();
}
echo ("Erfolgreich eingeloggt auf <B>$server</B> als <B>$user</B>.<P>");

// Festlegen, von welchem Verzeichnis wir die Verzeichnisliste
// ausgeben lassen
$verzeichnis = "/usr/src";

// Die Verzeichnisliste mit "ftp_nlist" ausgeben lassen
$liste = ftp_nlist($verbindung,$verzeichnis);
echo implode($liste,"<BR>");

// Verbindung beenden
ftp_quit($verbindung);

?>
</BODY>
</HTML>
```

Listing 10.11: Dateiliste ausgeben mit `ftp_nlist`

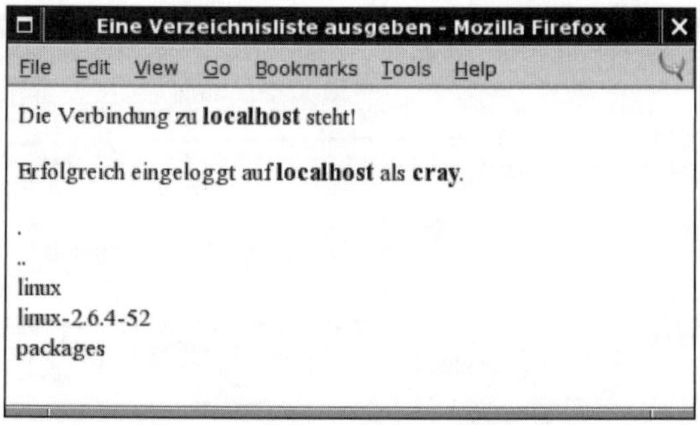

Abbildung 10.11: Verzeichnislisten ausgeben mit `ftp_nlist`

Jetzt dürfen Sie auch mal passiv sein

Wie Sie schon in diesem Buch erfahren haben, kann eine Verbindung zu einem FTP-Server aktiv oder passiv sein. Mit Hilfe der Funktion `ftp_pasv` können Sie in den passiven Verbindungsmodus hinein- oder herauswechseln.

```
int ftp_pasv (int ftp_stream, int pasv)
```

Bei einer Verbindung, die im passiven Modus läuft, wird die Verbindung durch den Client gesteuert. Bei einer aktiven Verbindung hingegen ist der FTP-Server der steuernde Part.

Standardmäßig ist der passive Modus deaktiviert.

Die folgende Codezeile schaltet den Passiv-Modus ein:

```
ftp_pasv ($verbindung, TRUE);
```

Und diese Codezeile schaltet ihn wieder aus:

```
ftp_pasv ($verbindung, FALSE);
```

ftp_put

Die Funktion `ftp_put` arbeitet fast genauso wie `ftp_fput`. Der einzige Unterschied ist hier, dass nicht eine mithilfe eines Pointers geöffnete Datei übertragen wird, sondern einfach eine lokale Datei. Die lokale Datei `lokale_datei` wird auf den FTP-Server übertragen und dann als `entfernte_datei` dort abgelegt.

Mithilfe des Modus `mode` kann angegeben werden, ob es sich dabei um eine Textdatei oder eine binäre Datei handelt. Die möglichen Optionen sind auch hier wieder: `FTP_ASCII` und `FTP_BINARY`.

```
int ftp_put (int ftp_stream, string entfernte_datei, string lokale_datei,
int mode)
```

Sollte die Aktion erfolgreich sein, wird ein TRUE zurückgegeben. Ansonsten FALSE.

```
<HTML>
<HEAD>
   <TITLE>Eine Datei uploaden mit "ftp_put"</TITLE>
</HEAD>
<BODY>
<?php

// FTP-Server festlegen, auf dem wir uns einloggen wollen
$server = localhost;

// Verbindung zu dem FTP-Server herstellen
if(!($verbindung = ftp_connect($server,21))) {
   echo ("die Verbindung ist fehlgeschlagen!<P>");
   exit();
}
echo ("Die Verbindung zu <B>$server</B> steht!<P>");

// Einloggen mit Username und Passwort
$user = "cray";
$pass = "geheim";

if(!ftp_login($verbindung,"$user","$pass")) {
   echo ("Login als <B>$user</B> fehlgeschlagen<P>");
   exit();
}
echo ("Erfolgreich eingeloggt auf <B>$server</B> als <B>$user</B>.<P>");

// Die zu holende Datei und Parameter festlegen
$lokal = "/tmp/text.txt";
$remote = "neue_datei.txt";
$modus = FTP_ASCII;

// Die Datei auf den FTP-Server uploaden
if(!ftp_put($verbindung,$remote,$lokal,$modus)) {
   echo ("Der Upload von <B>$lokal</B> war erfolgreich.<P>");
} else {
   echo ("Fehler bei der Übertragung von <B>$lokal</B>.<P>");
}

// Verbindung beenden
ftp_quit($verbindung);

?>
</BODY>
</HTML>
```

Listing 10.12: Eine Datei auf einen FTP-Server uploaden mit `ftp_put`

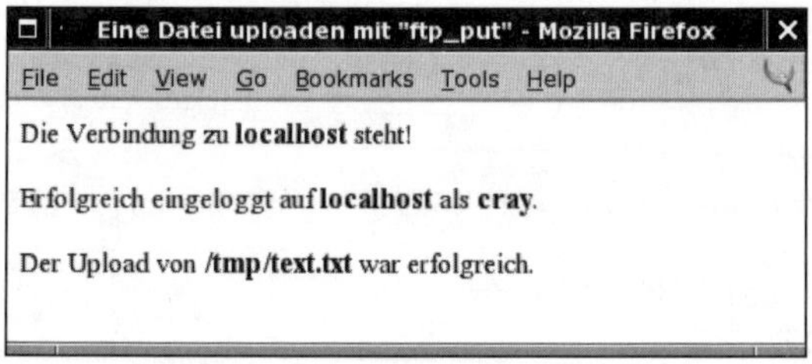

Abbildung 10.12: Dateien auf FTP-Server kopieren mit `ftp_put`

Auch Dateien sind nicht zeitlos ...

Auch über eine FTP-Verbindung ist es mit PHP möglich, das Datum der letzten Änderung an einer Datei zu erfahren.

`ftp_mdtm` funktioniert nicht mit Verzeichnissen und wird auch nicht von allen FTP-Servern unterstützt. Sollte ein Fehler auftreten, wird `-1` zurückgegeben.

Mit der Funktion `ftp_mdtm` wird die Zeit der letzten Änderung einer angegebenen Datei `datei` auf einem FTP-Server ermittelt und zurückgegeben.

```
int ftp_mdtm (int ftp_stream, string datei)
```

Das folgende Beispiel gibt den Zeitpunkt der letzten Änderung der Datei `text.txt` aus:

```
<HTML>
<HEAD>
    <TITLE>Die letzte Änderung herausfinden</TITLE>
</HEAD>
<BODY>
<?php

// FTP-Server festlegen, auf dem wir uns einloggen wollen
$server = localhost;

// Verbindung zu dem FTP Server herstellen
if(!($verbindung = ftp_connect($server,21))) {
    echo ("die Verbindung ist fehlgeschlagen!<P>");
    exit();
}
echo ("Die Verbindung zu <B>$server</B> steht!<P>");

// Einloggen mit Username und Passwort
$user = "cray";
$pass = "geheim";
```

```
if(!ftp_login($verbindung,"$user","$pass")) {
    echo ("Login als <B>$user</B> fehlgeschlagen<P>");
    exit();
}
echo ("Erfolgreich eingeloggt auf <B>$server</B> als <B>$user</B>.<P>");

// Zu überprüfende Datei festlegen
$datei = "test.txt";

// Die letzte Änderung an einer Datei herausfinden
echo ("Die letzte Änderung von <B>$datei</B>: ");
echo (ftp_mdtm ($verbindung, $datei) . "<P>");

// Verbindung beenden
ftp_quit($verbindung);

?>
</BODY>
</HTML>
```

Listing 10.13: Das Datum der letzten Veränderung an einer Datei erfahren mit `ftp_mdtm`

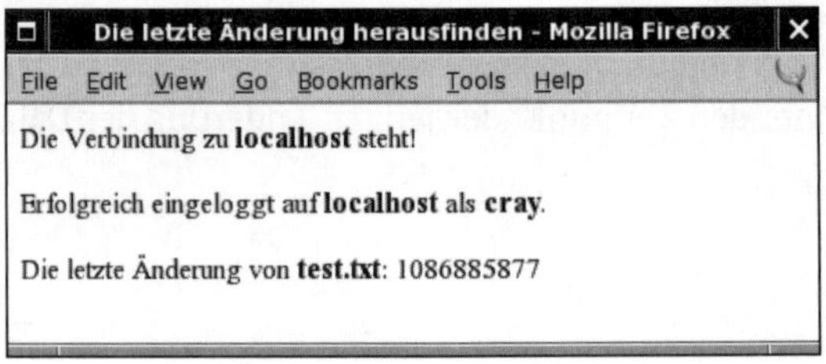

Abbildung 10.13: Mit `ftp_mdtm` *das Datum der letzten Veränderung einer Datei herausfinden*

Die Funktion `ftp_mdtm` gibt das Datum der letzten Veränderung einer Datei als UNIX-Zeitstempel zurück. Wie Sie diesen UNIX-Zeitstempel in eine lesbare Form bekommen, erfahren Sie in Kapitel 12.

Übertragung starten mit ftp_fput

Sie wollen eine geöffnete, lokale Datei auf einen FTP-Server übertragen (sog. *upload*). Dies geschieht ganz einfach mit der Funktion `ftp_fput`. Die mithilfe des Pointers `pointer` geöffnete Datei wird auf den FTP-Server übertragen und dort als `entfernte_datei` abgelegt.

```
int ftp_fput (int ftp_stream, string entfernte_datei, int pointer, int
mode)
```

Mithilfe des Modus `mode` können Sie angeben, ob es sich dabei um eine Textdatei oder eine binäre Datei handelt. Die möglichen Optionen sind: `FTP_ASCII` und `FTP_BINARY`.

Wie Sie sich denken können, ist das Aussehen eines Beispiels mit `ftp_fput` nicht viel anders als ein Beispiel mit `ftp_fget`. Im Folgenden wird der Inhalt einer lokalen, offenen Datei `lokale_datei` im Verzeichnis `/tmp` auf den Server geladen und dort als `neue_datei` im aktuellen Verzeichnis des FTP-Servers gespeichert.

```
<HTML>
<HEAD>
    <TITLE>Dateien auf FTP-Server übertragen mit "ftp_fput"</TITLE>
</HEAD>
<BODY>
<?php

// FTP-Server festlegen, auf dem wir uns einloggen wollen
$server = localhost;

// Verbindung zu dem FTP-Server herstellen
if(!($verbindung = ftp_connect($server,21))) {
    echo ("die Verbindung ist fehlgeschlagen!<P>");
    exit();
}
echo ("Die Verbindung zu <B>$server</B> steht!<P>");

// Einloggen mit Username und Passwort
$user = "cray";
$pass = "geheim";

if(!ftp_login($verbindung,"$user","$pass")) {
    echo ("Login als <B>$user</B> fehlgeschlagen<P>");
    exit();
}
echo ("Erfolgreich eingeloggt auf <B>$server</B> als <B>$user</B>.<P>");

// lokale Datei öffnen
$pointer = fopen("/tmp/lokale_datei.txt", "r");

// Parameter für Übertragung festlegen
$datei = "neue_datei.txt";
$modus = FTP_ASCII;

// Datei übertragen
if(ftp_fput($verbindung,$datei,$pointer,$modus)) {
    echo ("Der Upload von <B>$datei</B> war erfolgreich<P>");
} else {
    echo ("Die Datei <B>$datei</B> war nicht zu übertragen!<P>");
}
```

```
// lokale Datei schließen
fclose($pointer);

// Verbindung beenden
ftp_quit($verbindung);

?>
</BODY>
</HTML>
```

Listing 10.14: Lokale, geöffnete Datei auf den FTP-Server übertragen (uploaden)

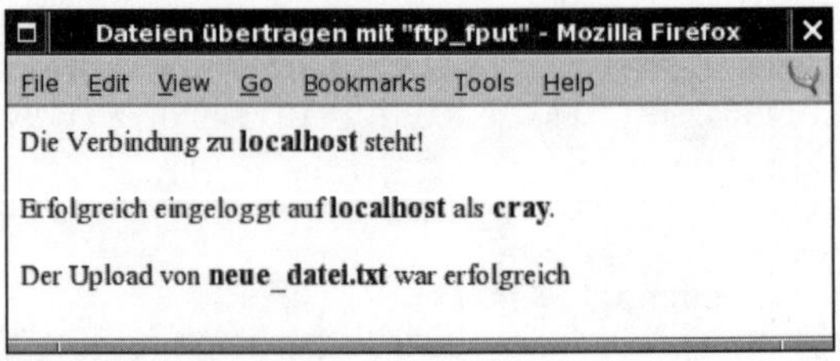

Abbildung 10.14: Dateien auf einen FTP-Server übertragen mit `ftp_fput`

Jetzt aber ins Detail

Mit der Funktion `ftp_rawlist` wird eine deutlich detailliertere Liste der Dateien und Verzeichnisse in einem angegebenen Verzeichnis ausgegeben als mit `ftp_nlist`. Das Ergebnis wird in ein Array geschrieben und jede Zeile der Ausgabe entspricht einer Textzeile.

```
int ftp_rawlist (int ftp_stream, string verzeichnis)
```

Folgendes Beispiel scannt das gesamte Verzeichnis `/usr/bin` durch und listet alle darin enthaltenen Dateien und Verzeichnisse mit Zugriffsrechten, Besitzer, Gruppenzugehörigkeit, Datum der letzten Veränderung, Größe und natürlich Namen auf.

In unserem Beispiel nutzen wir die `implode`-Funktion, um die Dateinamen, die in einem Array gespeichert sind, Zeile für Zeile in einen String umzuwandeln und auszugeben.

```
<HTML>
<HEAD>
   <TITLE>Eine Verzeichnisliste ausgeben</TITLE>
</HEAD>
<BODY>
<?php

// FTP-Server festlegen, auf dem wir uns einloggen wollen
$server = localhost;
```

```
// Verbindung zu dem FTP-Server herstellen
if(!($verbindung = ftp_connect($server,21))) {
    echo ("die Verbindung ist fehlgeschlagen!<P>");
    exit();
}
echo ("Die Verbindung zu <B>$server</B> steht!<P>");

// Einloggen mit Username und Passwort
$user = "cray";
$pass = "geheim";

if(!ftp_login($verbindung,"$user","$pass")) {
    echo ("Login als <B>$user</B> fehlgeschlagen<P>");
    exit();
}
echo ("Erfolgreich eingeloggt auf <B>$server</B> als <B>$user</B>.<P>");

// Das Verzeichnis festlegen
$verzeichnis = "/usr/bin";

echo ("Die Verzeichnisliste von <B>$verzeichnis</B>:<P>");

// Die Verzeichnisliste mit "ftp_rawlist" ausgeben
echo implode(ftp_rawlist($verbindung,$verzeichnis), "<BR>");

// Verbindung beenden
ftp_quit($verbindung);

?>
</BODY>
</HTML>
```

Listing 10.15: Verzeichnisliste ausgeben mit `ftp_rawlist`

Aus alt mach neu - Dateien umbenennen

Eine Datei umbenennen ist über eine FTP-Verbindung eine Kleinigkeit. Dafür nutzen wir die Funktion `ftp_rename`. Mit dieser Funktion ist es möglich, eine Datei auf einem FTP-Server umzubenennen. Die Datei, die mit dem Parameter `alt` festgelegt wird, wird in die Datei `neu` umbenannt.

```
int ftp_rename (int ftp_stream, string alt, string neu)
```

Wenn beim Umbenennen alles gut gegangen ist, wird von `ftp_rename` ein `TRUE` zurückgegeben. Wenn es aber zu einem Fehler bei der Ausführung kommen sollte – hier liegt es meistens an den Zugriffsrechten – wird eine eindeutige Fehlermeldung zurückgegeben.

Abbildung 10.15: Verzeichnislisten mit `ftp_rawlist` *ausgeben*

Das folgende Beispiel dazu sollte selbsterklärend sein:

```
<HTML>
<HEAD>
    <TITLE>Dateien umbenennen mit "ftp_rename"</TITLE>
</HEAD>
<BODY>
<?php

// FTP-Server festlegen, auf dem wir uns einloggen wollen
$server = localhost;

// Verbindung zu dem FTP-Server herstellen
if(!($verbindung = ftp_connect($server,21))) {
    echo ("die Verbindung ist fehlgeschlagen!<P>");
    exit();
}
echo ("Die Verbindung zu <B>$server</B> steht!<P>");

// Einloggen mit Username und Passwort
$user = "cray";
$pass = "geheim";

if(!ftp_login($verbindung,"$user","$pass")) {
    echo ("Login als <B>$user</B> fehlgeschlagen<P>");
    exit();
}
echo ("Erfolgreich eingeloggt auf <B>$server</B> als <B>$user</B>.<P>");
```

```
// Die umzubenennende Datei und ihren neuen Namen festlegen
$alt = "alte_datei.txt";
$neu = "neue_datei.txt";

// Versuchen die Datei umzubenennen mit "ftp_rename"
if(@ftp_rename($verbindung,$alt,$neu)) {
    echo ("Fehler beim Versuch der Umbenennung!<P>");
} else {
    echo ("Die Umbenennung von <B>$alt</B> ");
    echo ("in <B>$neu</B> war erfolgreich!<P>");
}

// Verbindung beenden
ftp_quit($verbindung);

?>
</BODY>
</HTML>
```

Listing 10.16: Eine Datei umbenennen mit `ftp_rename`

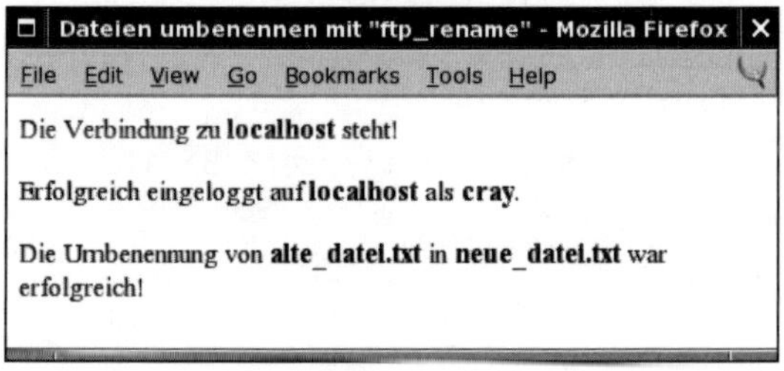

Abbildung 10.16: Dateien umbenennen

Der Löschvorgang - diesmal mit Verzeichnissen

Eine Datei löschen ist kein Problem, sagen Sie? Recht haben Sie. Aber das ist ja auch ein alter Hut. Doch wie sieht es mit Verzeichnissen aus? Die Funktion `ftp_rmdir` löscht das durch den Parameter `verzeichnis` angegebene Verzeichnis vom FTP-Server.

```
string ftp_rmdir (int ftp_stream, string verzeichnis)
```

Sollte dabei etwas Unvorhergesehenes passieren (z.B. das Verzeichnis existiert nicht oder die Zugriffsrechte lassen ein Löschen nicht zu), wird ein `FALSE` zurückgegeben. Ansonsten ist der Rückgabewert `TRUE`.

```
<HTML>
<HEAD>
    <TITLE>Verzeichnisse löschen mit "ftp_rmdir"</TITLE>
</HEAD>
<BODY>
<?php

// FTP-Server festlegen, auf dem wir uns einloggen wollen
$server = localhost;

// Verbindung zu dem FTP-Server herstellen
if(!($verbindung = ftp_connect($server,21))) {
    echo ("die Verbindung ist fehlgeschlagen!<P>");
    exit();
}
echo ("Die Verbindung zu <B>$server</B> steht!<P>");

// Einloggen mit Username und Passwort
$user = "cray";
$pass = "geheim";

if(!ftp_login($verbindung,"$user","$pass")) {
    echo ("Login als <B>$user</B> fehlgeschlagen<P>");
    exit();
}
echo ("Erfolgreich eingeloggt auf <B>$server</B> als <B>$user</B>.<P>");

// Zu löschendes Verzeichnis festlegen
$verzeichnis = "folder";

// Versuchen, die Datei zu löschen
if(ftp_rmdir($verbindung,$verzeichnis)) {
    echo ("Das Verzeichnis <B>$verzeichnis</B> wurde gelöscht!<P>");
} else {
    echo ("<B>$verzeichnis</B> konnte nicht gelöscht werden!<B>");
}

// Verbindung beenden
ftp_quit($verbindung);

?>
</BODY>
</HTML>
```

Listing 10.17: Ein Verzeichnis löschen mit `ftp_rmdir`

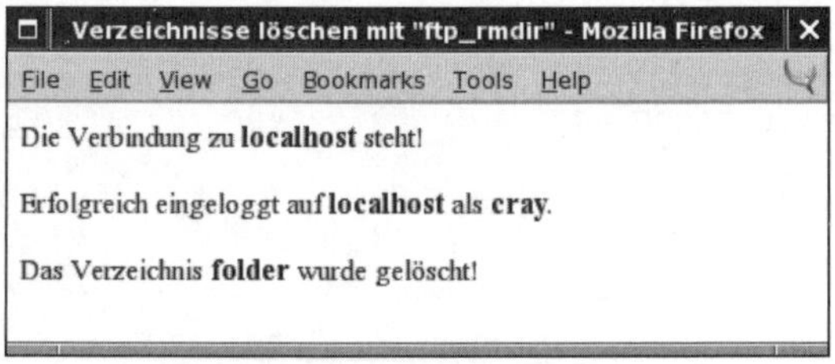

Abbildung 10.17: Verzeichnisse löschen

Dateien mit Größe

Die Größe einer Datei erfahren Sie mit der Funktion `ftp_size`. Die Funktion ermittelt die Größe einer angegebenen Datei, festgelegt durch den Parameter `datei` auf einem FTP-Server, und gibt die Größe der Datei in Byte zurück.

```
int ftp_size (int ftp_stream, string datei)
```

`ftp_size` funktioniert nicht mit Verzeichnissen und wird auch nicht von allen FTP-Servern unterstützt. Sollte ein Fehler auftreten, wird `-1` zurückgegeben.

Das folgende Beispiel gibt die Größe der Datei `text.txt` in Byte aus:

```
<HTML>
<HEAD>
   <TITLE>Größe einer Datei herausfinden</TITLE>
</HEAD>
<BODY>
<?php
   // FTP-Server festlegen, auf dem wir uns einloggen wollen
   $server = localhost;

   // Verbindung zu dem FTP-Server herstellen
   if(!($verbindung = ftp_connect($server,21))) {
      echo ("die Verbindung ist fehlgeschlagen!<P>");
      exit();
   }
   echo ("Die Verbindung zu <B>$server</B> steht!<P>");

   // Einloggen mit Username und Passwort
   $user = "cray";
   $pass = "geheim";

   if(!ftp_login($verbindung,"$user","$pass")) {
      echo ("Login als <B>$user</B> fehlgeschlagen<P>");
```

```
        exit();
    }
    echo ("Erfolgreich eingeloggt auf <B>$server</B> als <B>$user</B>.<P>");

    // Zu überprüfende Datei festlegen
    $datei = "test.txt";

    // Die Größe einer Datei festlegen mit "ftp_size"
    echo ("Die Größe der Datei <B>$datei</B> ist: ");
    echo (ftp_size ($verbindung, $datei) . " Byte");

    // Verbindung beenden
    ftp_quit($verbindung);
?>
</BODY>
</HTML>
```

Listing 10.18: Die Größe einer Datei herausfinden mit `ftp_size`

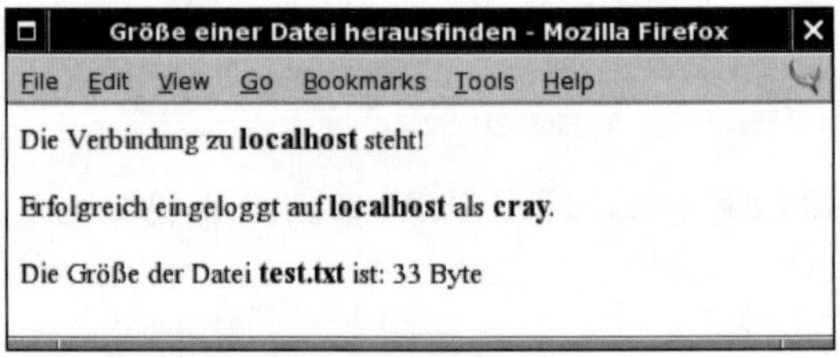

Abbildung 10.18: Die Größe von Dateien auf FTP-Servern in Byte herausfinden mit `ftp_size`

Systemforschung betreiben

Sie können sich auf einem FTP-Server einloggen, Sie können auf ihm arbeiten. Aber sicher fragen Sie sich bisweilen, was hinter der Oberfläche steckt, mit der Sie arbeiten. Was ist das wohl für ein Rechner, auf dem Sie da gerade arbeiten?

Die Antwort auf diese Frage erhalten Sie durch die Funktion `ftp_systype`. Diese Funktion verrät Ihnen etwas über das System, auf dem der FTP-Server läuft.

```
string ftp_systype (int ftp_stream)
```

Sollte dabei ein Fehler auftreten, wird `FALSE` zurückgegeben. Allerdings kann ich mir nicht vorstellen, zu welchem Fehler es da kommen könnte. Es sei denn, Sie haben sich bei der Angabe des FTP-Streams vertippt oder Ihre Verbindung zu dem FTP-Server ist zusammengebrochen.

Folgendes Beispiel gibt den Systemtyp aus, auf dem der FTP-Server läuft:

```
<HTML>
<HEAD>
    <TITLE>Den Systemtyp eines FTP-Servers feststellen</TITLE>
</HEAD>
<BODY>
<?php
    // FTP-Server festlegen, auf dem wir uns einloggen wollen
    $server = localhost;

    // Verbindung zu dem FTP-Server herstellen
    if(!($verbindung = ftp_connect($server,21))) {
        echo ("die Verbindung ist fehlgeschlagen!<P>");
        exit();
    }
    echo ("Die Verbindung zu <B>$server</B> steht!<P>");

    // Einloggen mit Username und Passwort
    $user = "cray";
    $pass = "geheim";

    if(!ftp_login($verbindung,"$user","$pass")) {
        echo ("Login als <B>$user</B> fehlgeschlagen<P>");
        exit();
    }
    echo ("Erfolgreich eingeloggt auf <B>$server</B> als <B>$user</B>.<P>");

    // Den Systemtyp eines FTP-Servers herausfinden mit "ftp_systype"
    echo ("Der FTP-Server ist vom Systemtyp: ");
    echo ("<B>" . ftp_systype($verbindung) . "</B>");

    // Verbindung beenden
    ftp_quit($verbindung);
?>
</BODY>
</HTML>
```

Listing 10.19: Beispiel zu `ftp_systype`

Abbildung 10.19: Den Systemtyp des FTP-Servers feststellen mit `ftp_systype`

FTP – das volle Programm!

Abschließend möchte ich zu diesem, doch recht umfangreichen Kapitel sagen, dass Sie nun alle notwendigen Werkzeuge kennen gelernt haben, um mit PHP ein ausgewachsenes FTP-Programm zu schreiben, mit dem Sie sich auf einem FTP-Server einloggen und alle Arbeiten am Dateisystem vornehmen können, und das natürlich alles im Browser.

Denken Sie daran, dass Sie sich mit so einem Programm von überall auf der Welt auf Ihrem Server (oder einem anderen) einloggen und auf Ihre Daten bequem zugreifen können. Das nenne ich mal sehr praktisch.

Glücklicherweise müssen Sie so ein Programm aber nicht zwingend selbst schreiben. Ich habe hier im Anschluss in Tabelle 10.2 ein paar Webadressen von sehr interessanten PHP-FTP-Clients zusammengetragen. Unter dieser Auswahl finden Sie sicher etwas, das Ihnen gefällt und das Sie dazu inspiriert, auch einmal so ein Projekt zu starten oder an einem mitzuarbeiten.

Projekt-Name	Web-Adresse
PHP-FTP-Client von Paul Southworth	`http://inebria.com/phpftp/`
PHP-FTP-Client von Adam Sutton	`http://projects.adamsutton.co.uk/phpftp/`
net2ftp	`http://www.net2ftp.com/`
Building An FTP Client With PHP – Tutorial von Mitchell Harper	`http://www.devarticles.com/c/a/PHP/Building-An-FTP-Client-With-PHP/`

Tabelle 10.2: Einige ausgewählte und nützliche FTP-Clients, die in PHP geschrieben sind

E-Mails mit PHP erzeugen und verschicken

11

In diesem Kapitel

- E-Mails mit PHP erzeugen
- HTML-Mails erzeugen

Dass Sie mit PHP auch E-Mails erzeugen und versenden können, wird Sie kaum überraschen, nachdem Sie schon so viele Fähigkeiten dieser interessanten Programmiersprache kennen gelernt haben. Zum einfachen Erzeugen und versenden von E-Mails steht Ihnen die Funktion `mail` zur Verfügung.

```
bool mail (string empfaenger, string betreff, string nachricht [, string
zusaetzliche_header [, string zusaetzliche_parameter]])
```

Die Funktionsweise von `mail` ist schnell erklärt. Mit dem Parameter `empfaenger` geben Sie die E-Mail-Adresse des Empfängers an, und mit `betreff` die Überschrift (Betreff-Zeile). Die eigentliche Nachricht übergeben Sie mit dem Parameter `nachricht`.

Mit dem Parameter `zusaetzliche_header` können Sie noch weitere Header in der E-Mail festlegen, wie z.B. Cc, Bcc, From und Reply-To. Doch dazu später mehr.

Bei `zusaetzliche_header` können Sie Parameter und Optionen angeben, die beim Versenden der E-Mail an das Mail-Programm übergeben werden.

Die Funktion gibt `true` zurück, wenn die E-Mail erfolgreich gesendet werden konnte, und `false` wenn es zu einem Problem gekommen ist.

Text-Mails mit PHP schreiben

Auf den ersten Seiten dieses Kapitels möchte ich Ihnen anhand einiger Beispielen zeigen, wie Sie Text-Mails mit PHP schreiben können. Später in diesem Kapitel zeige ich Ihnen dann, wie Sie HTML-Mails mit PHP senden können.

Das erste Beispiel (Listing 11.1) wird Ihnen zeigen, wie Sie eine ganz simple und einfach gehaltene E-Mail mit PHP versenden können.

```
<HTML>
<HEAD>
    <TITLE>Eine ganz einfache E-Mail schreiben</TITLE>
</HEAD>
<BODY>
<?php

// Den Inhalt der E-Mail festlegen
$empfaenger = "cray@localhost";
$betreff    = "Das ist die Überschrift";
$nachricht  = "Diese Nachricht ist ein allererster Test.";

// Mit der Mail-Funktion die E-Mail verschicken
if (mail($empfaenger, $betreff, $nachricht)) {
    echo "Die Nachricht an <B>$empfaenger</B> wurde gesendet.";
} else {
    echo "Die Nachricht an <B>$empfaenger</B> konnte nicht ";
    echo "gesendet werden.";
}

?>
</BODY>
</HTML>
```

Listing 11.1: Eine ganz einfache E-Mail mit PHP

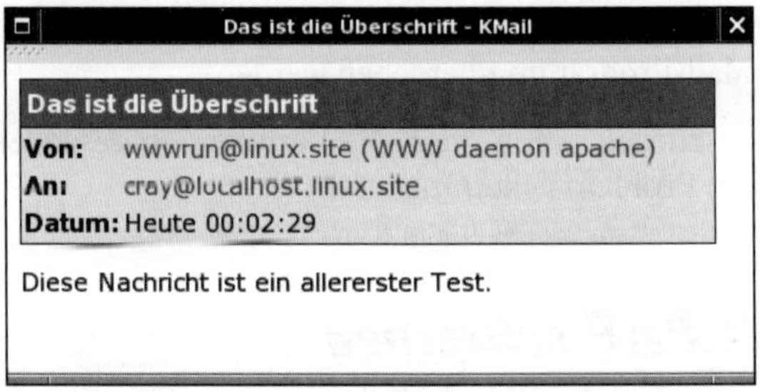

Abbildung 11.1: Unsere erste mit PHP erzeugte E-Mail

Sie dürfen in den Feldern `$empfaenger` und `$betreff` kein newline (`\n`) unterbringen, sonst wird das Mail-Programm dies mit einem unkorrekten Bearbeiten der E-Mail beantworten.

Da Listing 11.1 ziemlich selbsterklärend sein dürfte, gehen wir gleich weiter zu Listing 11.2. Mit diesem Beispiel erzeugen wir eine E-Mail, deren Nachricht mehr als eine Zeile enthält. Wie Sie sehen können, legen wir am Ende jeder Zeile mit `\n` einen Zeilenumbruch fest.

```
<HTML>
<HEAD>
    <TITLE>Eine mehrzeilige E-Mail schreiben</TITLE>
</HEAD>
<BODY>
<?php

// Den Inhalt der E-Mail festlegen
$empfaenger = "cray@localhost";
$betreff    = "Zeilenumbrüche gehen auch!";

$nachricht  =
"Das ist die erste Zeile.\n
Und das ist die Zweite.\n
Die Dritte ist natürlich auch kein Problem.
";

// Mit der Mail-Funktion die E-Mail verschicken
if (mail($empfaenger, $betreff, $nachricht)) {
    echo "Die Nachricht an <B>$empfaenger</B> wurde gesendet.";
} else {
    echo "Die Nachricht an <B>$empfaenger</B> konnte nicht ";
    echo "gesendet werden.";
}

?>
</BODY>
</HTML>
```

Listing 11.2: Eine E-Mail erzeugen, deren Nachricht mehr als eine Zeile hat

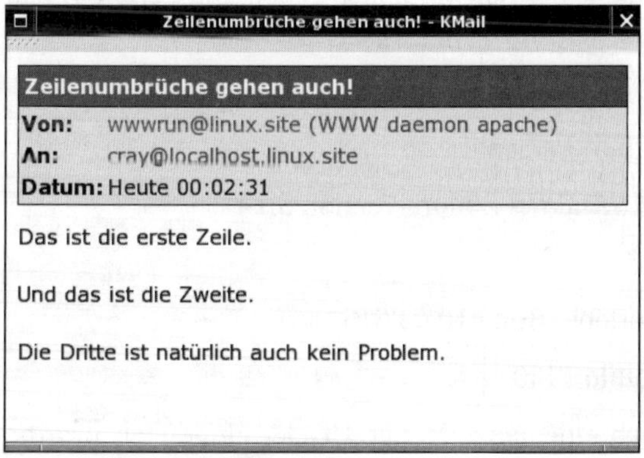

Abbildung 11.2: Unsere mit PHP erzeugte mehrzeilige E-Mail

Als Nächstes möchte ich Ihnen die zusätzlichen Header erklären, die Sie angeben können. Die wichtigsten und gängigsten zusätzlichen Header sind Cc, Bcc, From, Reply-To und X-Mailer.

Cc (Carbon copy) heißt so viel wie öffentliche Kopie. Wenn Sie in das Cc-Feld Ihres E-Mail-Programms eine oder mehrere E-Mail-Adressen eintragen, dann bekommt jede dieser Adressen eine Kopie der E-Mail geschickt. Der Empfänger sieht das, und sieht auch, an wen die Kopien verschickt wurden.

Bcc (Blind carbon copy) bedeutet, dass Sie eine (oder mehrere) versteckte Kopien der E-Mail versenden. Im Gegensatz zum Cc kann der eigentliche Empfänger der E-Mail nicht sehen, dass und an wen Sie noch Kopien der E-Mail geschickt haben.

Wenn Sie mehrere zusätzliche Header angeben, müssen Sie diese durch `\r\n` voneinander trennen. Das ist besonders bei Windows-Mail-Servern unbedingt notwendig. UNIX-Mail-Server geben sich für gewöhnlich auch mit einem einfachen `\n` (für newline) zufrieden.

Mit dem From-Feld können Sie den Absender (also im Zweifelsfall sich selbst) festlegen. Hier kann ein Name, eine E-Mail-Adresse oder beides stehen. Wenn Sie den Namen und die E-Mail-Adresse angeben, sollten Sie die korrekte Formatierung beachten. Der Name des Empfängers steht vor der E-Mail-Adresse und die E-Mail-Adresse wird in spitzen Klammern geschrieben:

Vorname Nachname <E-Mail-Adresse@server.de>

Mit Reply-To können Sie eine Adresse angeben, an die vom Empfänger der E-Mail geantwortet werden soll. Das ist zum Beispiel dann sinnvoll, wenn Sie von einem privaten E-Mail-Account eine Nachricht an einen Arbeitskollegen geschrieben haben, und Sie wollen, dass dieser an Ihre Geschäfts-E-Mail-Adresse antwortet.

Außerdem gibt es noch die so genannten X-Header. Diese sind nicht standardisiert und können daher von den verschiedensten Mail-Programmen ganz nach Belieben eingefügt und verwendet werden. Recht populär ist X-Mailer. Damit wird die Software (und das Betriebssystem, eventuell noch die Sprache der Software) angegeben, mit der die E-Mail verschickt wurde. X-Mailer-Headerzeilen können z.B. so aussehen:

X-Mailer: Mozilla 4.78 [en] (X11; U; Linux 2.4.16 i686)

X-Mailer: The Bat! (v1.62i) Personal

X-Mailer: QUALCOMM Windows Eudora Version 5.1

X-Mailer: Mutt 0.91i

X-Mailer: Microsoft Outlook, Build 10.0.2616

X-Mailer: Opera 6.05 build 1140

In Listing 11.3 habe ich eine ganze Menge Header eingesetzt, um Ihnen zu zeigen, wie das funktioniert. Auch die eigentliche Nachricht der E-Mail ist einfacher realisiert.

```
<HTML>
<HEAD>
    <TITLE>Eine ordentliche E-Mail mit PHP versenden</TITLE>
</HEAD>
<BODY>
<?php

// Sender-Daten festlegen
$sender_name  = "Name des Senders";
$sender_mail  = "user@server.de";
$reply_mail   = "user@server.de";

// Empfänger-Daten festlegen
$empfaenger_name = "Name des Empfängers";
$empfaenger_mail = "cray@localhost";
$kopien          = "user1@localhost, user2@localhost";

// Die Nachricht
$nachricht =
"Hallo,

mit diesem Beispiel sehen Sie, wie einfach es
ist mit PHP eine E-Mail zu schreiben und zu senden.
";

// Die Betreff-Zeile (Überschrift)
$betreff = "Schreib mal wieder mit PHP";

// Den Header bauen
$headers .= "From: ".$sender_name." <".$sender_mail.">\r\n";
$headers .= "Reply-To: ".$sender_name." <".$reply_mail.">\r\n";
$headers .= "Cc: ".$kopien."\r\n";
$headers .= "X-Mailer: PHP ".phpversion();

// Die E-Mail mit der mail-Funktion senden
if (mail($empfaenger_mail, $betreff, $nachricht, $headers)) {
    echo "Die Nachricht an <B>$empfaenger_name</B> wurde gesendet.";
} else {
    echo "Die Nachricht an <B>$empfaenger_name</B> konnte nicht ";
    echo "gesendet werden.";
}

?>
</BODY>
</HTML>
```

Listing 11.3: Eine mehrzeilige E-Mail mit sehr informativen Headern erzeugen

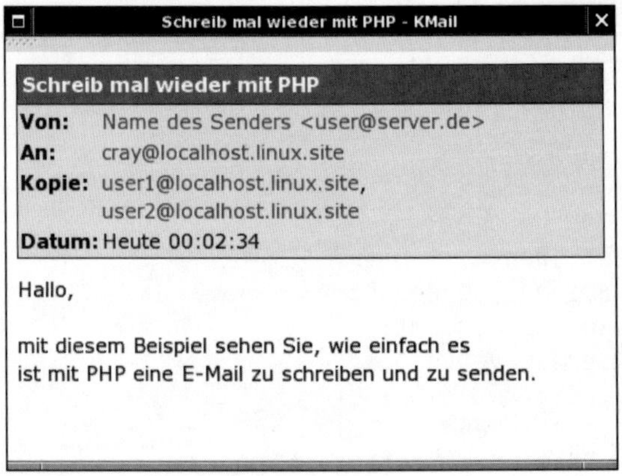

Listing 11.3: Eine E-Mail, wie man sie sich wünscht

HTML-Mails mit PHP schreiben

PHP macht es Ihnen nicht schwer HTML-Mails zu versenden. Dafür müssen Sie nur wissen, dass die Nachricht einer HTML-Mail wie eine HTML-Seite aufgebaut ist, und dass Sie im Header den Content-Type korrekt setzen müssen, damit die E-Mail-Programme auch wissen, dass es sich bei der E-Mail nicht um eine degenerierte Text-Mail, sondern um eine HTML-Mail handelt.

```
<HTML>
<HEAD>
    <TITLE>Eine HTML-Mail mit PHP versenden</TITLE>
</HEAD>
<BODY>
<?php

// Sender-Daten festlegen
$sender_name  = "Name des Senders";
$sender_mail  = "user@server.de";
$reply_mail   = "user@server.de";

// Empfänger-Daten festlegen
$empfaenger_name = "Name des Empfängers";
$empfaenger_mail = "cray@localhost";
$kopien          = "user1@localhost, user2@localhost";

// Die Nachricht
$nachricht =
"<HTML>
<HEAD>
```

```
  <TITLE>Willkommen bei unserer HTML-Mail</TITLE>
 </HEAD>
 <BODY>
 <P>
 Das hier ist eine HTML-Mail, die mit PHP erzeugt wurde.
 </P>
 <TABLE>
  <TR>
   <TH>Spalte 1 </TH><TH>Spalte 2 </TH><TH>Spalte 3 </TH>
  </TR>
  <TR>
   <TD> 11 </TD><TD> 12 </TD><TD> 13 </TD>
  </TR>
  <TR>
   <TD> 21 </TD><TD> 22 </TD><TD> 23 </TD>
  </TR>
  <TR>
   <TD> 31 </TD><TD> 32 </TD><TD> 33 </TD>
  </TR>
 </TABLE>
 <P>
 Eine HTML-Mail mit PHP <I>schreiben</I>, ist genauso
 <B>einfach</B>, wie eine HTML-Seite schreiben.
 </P>
 </BODY>
 </HTML>
 ";

 // Die Betreff-Zeile (Überschrift)
 $betreff = "HTML-Mails schreiben ist nicht schwer";


 // Um HTML-Mails zu senden, müssen Sie den Content-Type-Header setzen
 $headers  = "MIME-Version: 1.0\r\n";
 $headers .= "Content-type: text/html; charset=iso-8859-1\r\n";

 // Den Header bauen
 $headers .= "From: ".$sender_name." <".$sender_mail.">\r\n";
 $headers .= "Reply-To: ".$sender_name." <".$reply_mail.">\r\n";
 $headers .= "Cc: ".$kopien."\r\n";
 $headers .= "X-Mailer: PHP ".phpversion();

 // Die E-Mail mit der mail-Funktion senden
 if (mail($empfaenger_mail, $betreff, $nachricht, $headers)) {
     echo "Die Nachricht an <B>$empfaenger_name</B> wurde gesendet.";
 } else {
     echo "Die Nachricht an <B>$empfaenger_name</B> konnte nicht ";
```

```
    echo "gesendet werden.";
}

?>
</BODY>
</HTML>
```

Listing 11.4: Eine HTML-Mail mit PHP senden

In Abbildung 11.4 sehen Sie das Ergebnis unserer HTML-Mail-Experimente mit PHP. Ich möchte Sie aber warnen. HTML-Mails gelten allgemein als schlechter Stil. Viele E-Mail-Programme haben Probleme mit HTML-Mails und das Datenaufkommen einer HTML-Mail ist deutlich größer als das einer Text-Mail.

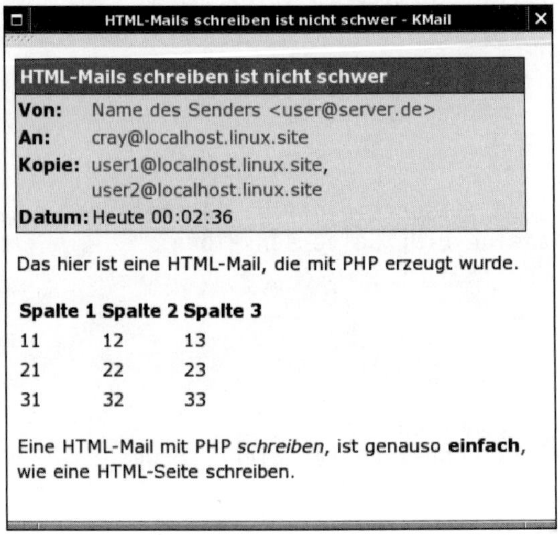

Abbildung 11.4: Das Ergebnis unserer HTML-Mail-Versuche mit PHP

12, 13 und 14 als Bonuskapitel

Die nächsten drei Kapitel 12,13 und 14 finden Sie als besondere Bonuskapitel auf der beiliegenden CD. Die Möglichkeiten von PHP sind einfach zu gewaltig und hätten sonst dieses Buch gesprengt. Wir wollten nicht, dass *PHP 5 für Dummies* ein zu dicker Wälzer wird, und haben uns entschlossen, Ihnen diese drei Kapitel auf der CD zur Verfügung zu stellen, weil wir sie Ihnen auf keinen Fall vorenthalten möchten.

Hier ein kleine Übersicht, was Sie verpassen, wenn Sie sich die Bonuskapitel nicht anschauen:

In Kapitel 12

- ✔ Mathematische Operationen
- ✔ Genauigkeit von Zahlen
- ✔ Zufallszahlen

In Kapitel 13

- ✔ Funktionen von PHP für Datum und Zeit einer Datei
- ✔ Das aktuelle Datum und die aktuelle Zeit erfahren
- ✔ Ausgabeform von Datum und Zeit

In Kapitel 14

- ✔ Was die GD-Bibliothek ist und kann
- ✔ Bildinformationen erhalten
- ✔ Mit der GD-Bibliothek zeichnen
- ✔ True-Type-Schriften in Bilder setzen

PDF mit PHP erzeugen

15

In diesem Kapitel

- Was es über PDF-Dateien zu wissen gibt
- PDF-Dateien mit PHP erzeugen – wie geht das?
- PDFlib und FPDF

Im Dschungel der Dateiformate kristallisiert sich das PDF-Format immer mehr als der Standard der Zukunft heraus, wenn es darum geht Dokumente über das Internet zu verbreiten und auszutauschen. Die Vorteile des PDF-Formats liegen ganz klar auf der Hand:

- ✔ Große Verbreitung
- ✔ Kostenloser Viewer für praktisch alle Betriebssysteme
- ✔ Geringe Dateigröße
- ✔ Durchsuchbarkeit und Editierbarkeit von Text im PDF-Dokument (im Gegensatz zu PostScript)
- ✔ Sie brauchen keine kommerzielle Software um die Dokumente zu erzeugen oder zu lesen (im Gegensatz zu Microsoft Word oder Ähnlichem)
- ✔ Die Dokumente sehen in jedem Viewer und unter jedem Betriebssystem gleich aus (im Gegensatz zu Microsoft Word oder Ähnlichem)

Nun werden Sie sich fragen, was hat das Ganze mit PHP zu tun? Ganz einfach, mit PHP ist es ohne großen Aufwand möglich, PDF-Dateien zu erzeugen. Auf den folgenden Seiten werde ich Ihnen zeigen, welche Werkzeuge Sie dafür brauchen, wie Sie diese installieren und wie Sie PDF-Dokumente schnell und einfach erzeugen können.

Die PDFlib

Die PDFlib (`http://www.pdflib.com`) von Thomas Merz ist eine Bibliothek, mit der Sie aus praktisch jeder beliebigen Programmier- und Skriptsprache recht einfach PDF-Dateien erzeugen können. Sie rufen die PDFlib einfach aus Ihren Programmen oder Skripten auf und brauchen sich dann nur noch um den Text und die Formatierung des Dokuments zu kümmern.

Die Fähigkeiten der PDFlib sind sehr ausgereift, die Bedienung ist nach einer gewissen Einarbeitungszeit sowie dem Studium der mitgelieferten Dokumentation und Beispiele nicht sehr schwer. Die Bibliothek ist für praktisch alle gängigen Betriebssysteme zu haben, und die

Dokumentation und die Beispiele sind auch sehr gut. Der einzige Nachteil der PDFlib ist, dass es sich dabei um ein kommerzielles Produkt handelt und der Preis für Privatpersonen, die nur ein paar PDF-Dateien erzeugen wollen, zu hoch ist.

Sie können die PDFlib zum Testen auf der Homepage des Herstellers kostenlos beziehen und auf Ihrem System installieren. Allerdings prangt, so lange Sie keine gültige Lizenz haben, auf jeder PDF-Seite, die Sie generieren, groß und breit der Schriftzug http://www.pdflib.com.

Die PDFlib unter PHP installieren

Die Bibliothek zu installieren ist einfach, so lange Sie die Bibliothek als Binärpaket installieren. Alternativ können Sie auch PHP mit PDFlib-Unterstützung neu kompilieren, aber das kann ich nur erfahrenen Benutzern empfehlen, da sich damit der Aufwand um ein Vielfaches erhöht.

Unter Linux entpacken Sie die Datei `PDFlib-5.0.0-Linux.tar.gz` und unter Windows die Datei `PDFlib-5.0.0-Windows.zip` in ein Verzeichnis Ihrer Wahl. Danach schauen Sie in der Datei `readme.txt` im Verzeichnis `bind/php` nach, ob die Binär-Bibliotheken mit Ihrer installierten PDF-Version zusammenarbeiten. Hier erfahren Sie auch ganz genau, wie Sie PDFlib unter den verschiedenen Betriebssystemen installieren können.

Wohin Sie die Bibliothek auf Ihrem System kopieren müssen, damit PHP sie auch finden und damit arbeiten kann, erfahren Sie in der PHP-Konfigurationsdatei `php.ini`.

Suchen Sie in der `php.ini` den Eintrag `extension_dir`. In diesem ist festgelegt, wo PHP nach Modulen sucht. Genau in dieses Verzeichnis müssen Sie die PDFlib kopieren.

Außerdem macht es noch Sinn, in die php.ini den Eintrag

`extension=libpdf_php.dll` (unter Windows)

oder

`extension = libpdf_php.so` (unter Linux/Unix)

einzufügen, damit die Bibliothek bei jedem Start von PHP automatisch gestartet wird. Das war es dann auch schon. Nach einem Neustart des Apache-Webservers steht Ihnen die PDFlib zur Verfügung.

Um zu überprüfen, ob die PDFlib erfolgreich installiert ist, müssen Sie einfach folgendes Skript ausführen:

```
<HTML>
<HEAD>
    <TITLE>phpinfo</TITLE>
</HEAD>
<BODY>
<?php
```

```
phpinfo();

?>
</BODY>
</HTML>
```

Wenn Sie einen Eintrag wie in Abbildung 15.1 vorfinden, dann haben Sie es geschafft. Die PDFlib ist installiert.

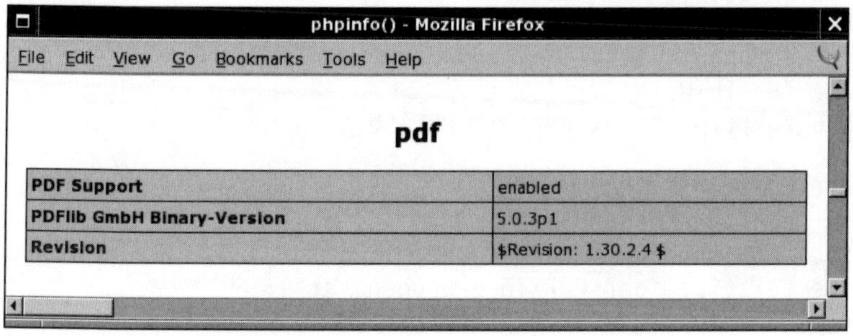

Abbildung 15.1: Die PDFlib ist erfolgreich installiert

Erste Schritte mit der Bibliothek

Die PDFlib bringt weit über fünfzig Funktionen mit, mit denen Sie das Aussehen und den Inhalt der zu generierenden PDF-Dokumente haarklein festlegen und verändern können. In den folgenden Beispielen werde ich Ihnen einige dieser Funktionen vorstellen.

Bei dem folgenden Beispiel handelt es sich übrigens um eine von mir erweiterte Version der Datei `hello.php`, die sich im PDFlib-Paket befindet. Rainer Schaaf, der ursprüngliche Autor des Beispiels, war so freundlich mir die Veränderungen an dem Beispiel und den Abdruck in diesem Buch zu gestatten.

```
<?php
// Ein neues PDFlib-Objekt erzeugen
$p = PDF_new();

// Eine neue PDF-Datei öffnen.
PDF_open_file($p, "");

// Die Dokumentinformationen festlegen
PDF_set_info($p, "Creator", "PDFlib und PHP");
PDF_set_info($p, "Author", "Rainer Schaaf, Christian Baun");
PDF_set_info($p, "Title", "listing15-1.php");
PDF_set_info($p, "Keywords", "PDFlib, PHP, PHP für Dummies");
PDF_set_info($p, "Subject", "PDF-Dateien mit PHP und der PDFlib erzeugen");
```

```
// Eine neue Seite beginnen. Breite und Höhe festlegen
PDF_begin_page($p, 595, 842);

// Den Font festlegen
$font = PDF_load_font($p, "Helvetica-Bold", "winansi", "");

// Den Font einbinden und die Schriftgröße festlegen
PDF_setfont($p, $font, 30.0);
// Die Position des Textes festlegen
PDF_set_text_pos($p, 50, 725);
// Den Text einfügen
PDF_show($p, "Hallo Welt!");
PDF_continue_text($p, "Sagt PHP mit PDFlib.");

PDF_setfont($p, $font, 20.0);
PDF_set_text_pos($p, 50, 600);
PDF_show($p, "PDF-Dateien mit PHP und ");
PDF_continue_text($p, "der PDFlib erzeugen ist");
PDF_continue_text($p, "gar nicht so schwer.");

// Ein Bild einfügen
$bild = PDF_open_image_file($p, "jpeg", "linuxpinguin.jpg");
PDF_place_image($p, $bild, 250, 100, 1);
PDF_close_image($p, $bild);

// Die Seite beenden
PDF_end_page($p);

// Das PDF-Dokument schließen
PDF_close($p);

// Das Dokument aus dem Puffer holen
$buf = PDF_get_buffer($p);
// Die Größe des Dokuments berechnen
$len = strlen($buf);

// Den Header für die Ausgabe in den Acrobat-Reader anpassen
header("Content-type: application/pdf");
// Die berechnete Dokumentlänge übergeben
header("Content-Length: $len");
header("Content-Disposition: inline; filename=listing15-1.pdf");
print $buf;

// Das PDFlib-Objekt löschen
PDF_delete($p);
?>
```

Listing 15.1: Ein kleines PDF-Dokument mit der PDFlib erzeugen

Abbildung 15.2: Unser erstes PDF-Dokument, erzeugt mit PHP und der PDFlib

Wenn Sie sich Listing 15.1 genau ansehen, werden Sie schnell erkennen, wie das Beispiel funktioniert. Mit der Zeile

```
$p = PDF_new();
```

erzeugen Sie ein neues PDFlib-Objekt. Jetzt müssen Sie als Nächstes ein neues PDF-Dokument innerhalb des Objekts mit dem Befehl `PDF_open_file` öffnen.

```
PDF_open_file($p, "");
```

Als Nächstes legen Sie die Dokumentinformationen fest. Dazu gehören Informationen zum Autor, Titel des Dokuments, Thema, Stichwörter und Generator.

```
PDF_set_info($p, "Creator", "PDFlib und PHP");
PDF_set_info($p, "Author", "Rainer Schaaf, Christian Baun");
PDF_set_info($p, "Title", "listing15-1.php");
PDF_set_info($p, "Keywords", "PDFlib, PHP, PHP für Dummies");
PDF_set_info($p, "Subject", "PDF-Dateien mit PHP und der PDFlib erzeugen");
```

Das ist nicht zwingend notwendig und hat eher kosmetischen Wert. Sie können sich das Ergebnis dieser Zeilen anschauen, indem Sie sich im Acrobat Reader die Dokumentinformationen anzeigen lassen. Beim Adobe Acrobat Reader Version 5.0.5 unter Linux sieht das dann so wie in Abbildung 15.3 aus:

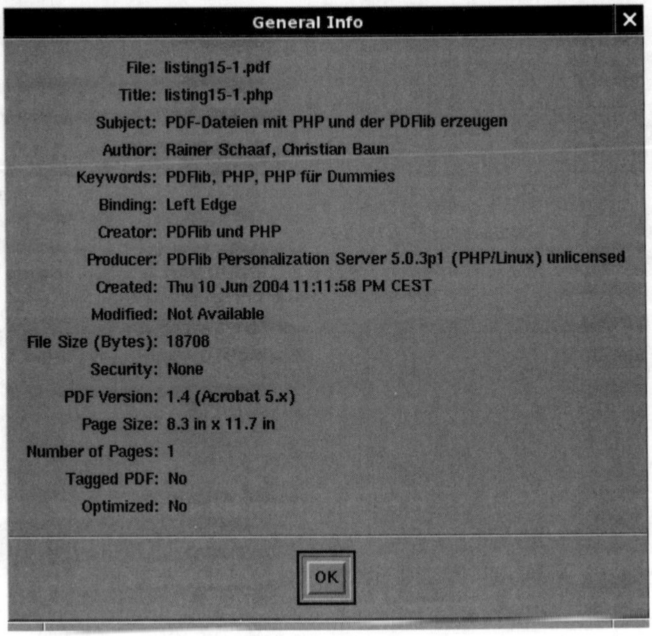

Abbildung 15.3: Die Dokumentinformationen von Listing 15.1

Nachdem Sie die Dokumentinformationen festgelegt haben, können Sie endlich richtig loslegen. Eine neue Seite beginnen Sie mit dem Befehl `PDF_begin_page`, und mit `PDF_end_page` beenden Sie eine Seite. Wenn Sie eine neue Seite beginnen, müssen Sie die Breite und die Höhe der Seite angeben.

Mit der Größenangabe ist das so eine Sache. Sie können die Breite und Höhe der Seite in PostScript-Punkten angeben. 72.27 PostScript-Punkte sind ein Zoll (im anglikanischen Sprachraum bezeichnet man Zoll als Inch). Ein Zoll entspricht 2,54 cm.

Wenn Sie sich nun die DIN-Papierformate in Tabelle 15.1 anschauen, sehen Sie auch, wie Sie die korrekten Werte berechnen können, um beispielsweise eine DIN-A4-Seite mit PDFlib zu erzeugen.

DIN-Format	Breite mal Höhe in mm
DIN A0+	882 x 1247
DIN A0	841 x 1189
DIN A1	594 x 841
DIN A2	420 x 594
DIN A3	297 x 420
DIN A4	210 x 297
DIN A5	148 x 210
DIN A6	105 x 148
DIN A7	74 x 105
DIN A8	52 x 74
DIN A9	37 x 52
DIN A10	26 x 37

Tabelle 15.1: Die DIN-Papiernormen

Eine DIN-A4-Seite hat die Ausmaße 210 x 297 mm. Das sind 8,26 x 11,69 Zoll und ca. 595 x 842 PostScript-Punkte. Also erzeugen Sie in Listing 15.1 eine DIN-A4-Seite mit dem Befehl:

```
PDF_begin_page($p, 595, 842);
```

Mit den folgenden Zeilen legen Sie den Font (Helvetica-Bold) und die Schriftgröße (30.0) fest, mit dem Sie den Text schreiben möchten.

```
$font = PDF_load_font($p, "Helvetica-Bold", "winansi", "");
PDF_setfont($p, $font, 30.0);
PDF_set_text_pos($p, 50, 725);
PDF_show($p, "Hallo Welt!");
PDF_continue_text($p, "Sagt PHP mit PDFlib.");
```

Ganz wichtig ist auch die Position, an der Sie den Text beginnen lassen. Dabei müssen Sie immer im Hinterkopf beachten, dass der Nullpunkt in der linken unteren Ecke der PDF-Seite liegt. Mit den Koordinaten 50, 725 legen Sie also fest, das der Text 50 PostScript-Punkte östlich und 725 PostScript-Punkte nördlich vom Nullpunkt beginnt.

Mit dem Befehl `PDF_show` schreiben Sie an die festgelegte Position den Text. Den Befehl `PDF_continue_text` können Sie sich wie einen Zeilenumbruch vorstellen.

Zum nächsten Textblock des PDF-Dokuments brauche ich nicht viel zu sagen, da hier die gleichen Befehle zur Anwendung kommen wie im ersten Textblock.

```
PDF_setfont($p, $font, 20.0);
PDF_set_text_pos($p, 50, 600);
PDF_show($p, "PDF-Dateien mit PHP und ");
PDF_continue_text($p, "der PDFlib erzeugen ist");
PDF_continue_text($p, "gar nicht so schwer.");
```

Als Nächstes fügen wir ein Bild in das Dokument ein. Das funktioniert mit den Befehlen PDF_open_image_file, um eine Bilddatei zu öffnen, PDF_place_image, um das Bild im Dokument (PostScript-)punktgenau zu platzieren, sowie PDF_close_image, um die Bilddatei wieder zu schließen.

```
$bild = PDF_open_image_file($p, "jpeg", "linuxpinguin.jpg");
PDF_place_image($p, $bild, 250, 100, 1);
PDF_close_image($p, $bild);
```

Mit den Befehlen PDF_end_page und PDF_close beenden Sie die PDF-Seite und schließen die PDF-Datei. Danach müssen Sie das Dokument nur noch aus dem Puffer holen und die Größe der PDF-Datei berechnen.

Mit den header-Befehlen machen Sie dem Browser klar, dass jetzt eine PDF-Datei kommt und keine HTML-Datei. Das ist wichtig, damit der Browser nicht versucht, den Quellcode der Datei auszugeben, sondern die PDF-Datei dem Acrobat Reader übergibt.

Abschließend löschen Sie mit dem Befehl PDF_delete das PDFlib-Objekt, und dann sind Sie auch schon fertig.

Sicherlich können Sie sich vorstellen, dass das, was Sie bisher von der PDFlib gesehen haben, nur ein Bruchteil dessen darstellt, was dieses mächtige Werkzeug bietet. Dennoch möchte ich an dieser Stelle einen Schnitt machen, und das Thema PDFlib abschließen, um Ihnen ein weiteres Tool zur Erzeugung von PDF-Dokumenten mit PHP vorzustellen.

FPDF

Die FPDF-Klasse (http://www.fpdf.org) von Olivier Plathey ist eine Alternative zur PDFLib und ist im Gegensatz zu dieser Freeware – d.h. kostenlos. Sie können mit FPDF machen, was Sie wollen und brauchen dafür nichts zu bezahlen. Das F im Namen FPDF steht übrigens für Free. Aus diesem Grund werden wir uns auf den folgenden Seiten dieses Werkzeug genau anschauen.

Auf der Webseite von FPDF finden Sie eine sehr hilfreiche Referenz der Befehle, mit denen die Klasse arbeitet, sowie ein Tutorial mit einigen sehr gut dokumentierten Beispielen, mit denen Sie gleich durchstarten können.

Um Ihnen die Arbeitsweise der FPDF-Klasse zu erklären, fangen wir mal mit einigen einfachen Beispielen an. Listing 15.2 generiert eine leere Seite mit drei Zeilen Text.

```
<?php
define('FPDF_FONTPATH','font/');
require('fpdf.php');

$pdf=new FPDF('P','mm','A4');
```

```
// Die Dokumentinformationen angeben
$pdf->SetAuthor('Christian Baun');
$pdf->SetCreator('PHP und FPDF');
$pdf->SetSubject('Ein erstes einfaches Beispiel mit FPDF');
$pdf->SetKeywords('PHP, FPDF, PDF, PHP für Dummies');
$pdf->SetTitle('Listing 15.2');

// Das PDF-Dokument erzeugen
$pdf->Open();

// Eine neue Seite einfügen
$pdf->AddPage();

// Den Font, Schriftschnitt und die Schriftgröße festlegen
$pdf->SetFont('Courier','B',18);

// Drei Zeilen Text schreiben
$pdf->Cell(50,20,'PDF-Dateien mit PPDF erzeugen');
$pdf->Ln(5);  // Zeilenumbruch
$pdf->Cell(50,25,'ist nicht besonders schwer.');
$pdf->Ln(5);
$pdf->Cell(50,30,'Versprochen!');

// Das PDF-Dokument schließen und zum Browser schicken
$pdf->Output();
?>
```

Listing 15.2: Ein erstes, einfaches PDF mit FPDF erzeugen

Das Ergebnis von Listing 15.2 können Sie in Abbildung 15.4 sehen.

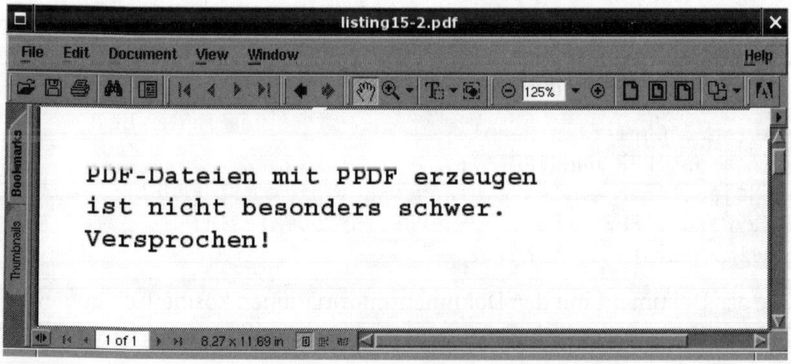

Abbildung 15.4: Eine Seite, ein paar Zeilen – fertig ist ein ganz einfaches Dokument

Um die Funktion von Listing 15.2 zu erklären, ist es am besten, Sie gehen das Skript Schritt für Schritt durch. Mit den beiden Zeilen

```
define('FPDF_FONTPATH','font/');
require('fpdf.php');
```

legen wir fest, in welchem Verzeichnis die Font-Dateien liegen. Im konkreten Beispiel befindet sich in dem Verzeichnis, in dem Die Datei Listing 15.2 liegt, ein Verzeichnis `font`, in dem die Fonts liegen. In der nächsten Zeile geben Sie an, wo die Datei `fpdf.php` liegt. In dieser Datei befindet sich die FPDF-Klasse. Es ist fundamental wichtig, dass die Angaben in diesen beiden Zeilen korrekt sind, ansonsten werden Sie keine PDF-Datei erhalten, sondern eine Fehlermeldung.

```
$pdf=new FPDF('P','mm','A4');
```

Mit dieser Zeile erzeugen Sie ein neues FPDF-Objekt und geben dabei die Seitenausrichtung, die verwendete Maßeinheit für das spätere Positionieren von Texten und Bildern sowie das Papierformat an.

Alternativ zu `P` für Portrait/Hochformat können Sie auch `L` für Landscape/Querformat angeben. Standardmäßig ist Portrait eingestellt.

Als Maßeinheiten stehen Ihnen `pt` (PostScript-Punkte), `in` (Inch/Zoll), `mm` (Millimeter) und `cm` (Zentimeter) zur Verfügung. Millimeter ist die Voreinstellung.

Als Letztes legen wir noch das Seitenformat fest. FPDF kennt `A3`, `A4`, `A5`, `Letter` und `Legal`. Sie können aber auch selbst ein Dateiformat definieren, indem Sie die gewünschte Breite und Höhe des Dokuments als Array mit zwei Elementen angeben. Das erste Element enthält die Breite und das zweite Element die Höhe. Wenn Sie das tun, dann müssen Sie Breite und Höhe in der Maßeinheit angeben, die Sie zuvor ausgewählt haben (PostScript-Punkte, Zoll, Millimeter oder Zentimeter). Die Standardeinstellung für das Seitenformat ist DIN-A4.

Als nächstes legen Sie mit den Befehlen `SetAuthor`, `SetCreator`, `SetSubject`, `SetKeywords` und `SetTitle` die Dokumentinformationen fest. Das ist eigentlich nicht notwendig, sieht aber gut aus, und es ist sicher nicht schlecht zu wissen wie das funktioniert. Das Ergebnis dieser Zeilen sehen Sie in Abbildung 15.5.

```
$pdf->SetAuthor('Christian Baun');
$pdf->SetCreator('PHP und FPDF');
$pdf->SetSubject('Ein erstes einfaches Beispiel mit FPDF');
$pdf->SetKeywords('PHP, FPDF, PDF, PHP für Dummies');
$pdf->SetTitle('Listing 15.2');
```

Nachdem Sie das Dokument mit den Dokumentinformationen kosmetisch aufgewertet haben, erzeugen Sie mit `Open()` das PDF-Dokument und fügen mit `AddPage()` eine Seite ein.

```
$pdf->Open();
$pdf->AddPage();
```

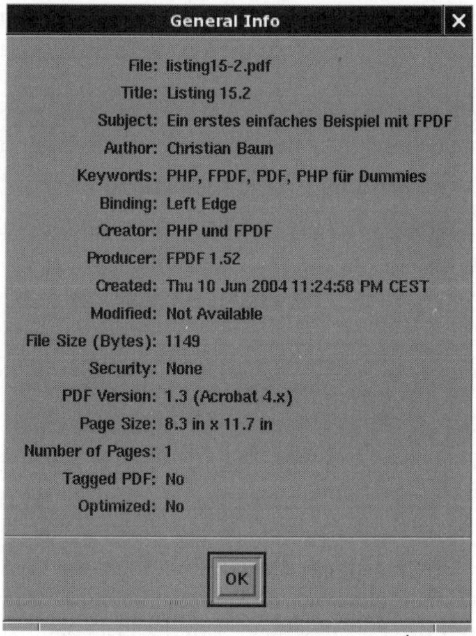

Abbildung 15.5: Die Dokumentinformationen mit FPDF verändern

Als Nächstes legen Sie mit `SetFont` die Schriftfamilie, den Schriftschnitt und die Schriftgröße fest.

```
$pdf->SetFont('Courier','B',18);
```

FPDF bietet folgende Schriftfamilien an:

- ✔ Arial (oder Helvetica)
- ✔ Courier
- ✔ Times
- ✔ Symbol
- ✔ ZapfDingbats

Außerdem kennt FPDF noch die Schriftschnitte `B` (bold/fett), `I` (italic/kursiv) und `U` (underline/unterstrichen). Die Schriftfamilien Arial, Courier und Times können mit diesen Schnitten verändert werden. Die Schriftschnitte können sogar kombiniert werden. Mit der Zeile

```
$pdf->SetFont('Arial','BIU',20);
```

würden Sie also die Schriftfamilie Arial auswählen, und der Text wäre fett, schräggestellt und unterstrichen formatiert. Außerdem hätte er eine Schriftgröße von 20 pt (Punkt).

Jetzt kommen Sie an die Stelle im Skript, an der der Text ins Dokument geschrieben wird. Mit `Cell` legen Sie eine rechteckige Fläche fest, die Text enthalten kann. Die obere rechte Ecke befindet sich an der aktuellen Position im Dokument. Ob der Text in der Zelle zentriert oder nach einer Seite ausgerichtet ist, müssen Sie auch entscheiden. Der Standard ist linksbündig ausgerichteter Text. Es ist auch möglich, das Rechteck mit einer Hintergrundfarbe und einem Rahmen zu versehen.

Im Beispiel Listing 15.2 haben wir bei den `Cell`-Befehlen nur die Höhe und Breite der jeweiligen Textzellen angegeben.

```
$pdf->Cell(50,20,'PDF-Dateien mit PPDF erzeugen');
$pdf->Ln(5);  // Zeilenumbruch
$pdf->Cell(50,25,'ist nicht besonders schwer.');
$pdf->Ln(5);
$pdf->Cell(50,30,'Versprochen!');
```

Wenn Sie jetzt noch mit `Output()` das PDF-Dokument schließen, sind Sie fertig.

```
$pdf->Output();
```

Sie können mit `Output()` festlegen, ob das PDF-Dokument auf dem Server gespeichert werden soll oder an den Browser geschickt wird. Wenn Sie nichts angeben, so wie in Listing 15.2, wird das Dokument an den Browser geschickt. Um die PDF-Datei zu speichern, müssen Sie den Dateinamen als String übergeben.

In Listing 15.3 habe ich Ihnen eine kleine Übersicht der unter FPDF verfügbaren Schriftfamilien und Schriftschnitte zusammengestellt.

```
<?php
define('FPDF_FONTPATH','font/');
require('fpdf.php');

$pdf=new FPDF('P','mm','A4');

// Die Dokumentinformationen angeben
$pdf->SetAuthor('Christian Baun');
$pdf->SetCreator('PHP und FPDF');
$pdf->SetSubject('Die Schriften von FPDF');
$pdf->SetKeywords('PHP, FPDF, PDF, Fonts, PHP für Dummies');
$pdf->SetTitle('Listing 15.3');

// Das PDF-Dokument erzeugen
$pdf->Open();

// Eine neue Seite einfügen
$pdf->AddPage();

$pdf->SetFont('Courier','B',18);
$pdf->Cell(50,20,'Courier (fett)');
```

```
$pdf->Ln(5);
$pdf->SetFont('Courier','I',18);
$pdf->Cell(50,25,'Courier (italic)');
$pdf->Ln(5);
$pdf->SetFont('Courier','U',18);
$pdf->Cell(50,30,'Courier (unterstrichen)');
$pdf->Ln(10);
$pdf->SetFont('Times','B',18);
$pdf->Cell(50,40,'Times (fett)');
$pdf->Ln(5);
$pdf->SetFont('Times','I',18);
$pdf->Cell(50,45,'Times (italic)');
$pdf->Ln(5);
$pdf->SetFont('Times','U',18);
$pdf->Cell(50,50,'Times (unterstrichen)');
$pdf->Ln(10);
$pdf->SetFont('Arial','B',18);
$pdf->Cell(50,60,'Arial (fett)');
$pdf->Ln(5);
$pdf->SetFont('Arial','I',18);
$pdf->Cell(50,65,'Arial (italic)');
$pdf->Ln(5);
$pdf->SetFont('Arial','U',18);
$pdf->Cell(50,70,'Arial (unterstrichen)');
$pdf->Ln(10);
$pdf->SetFont('ZapfDingbats','B',18);
$pdf->Cell(50,80,'ZapfDingbats (fett)');
$pdf->Ln(10);
$pdf->SetFont('ZapfDingbats','B',18);
$pdf->Cell(50,90,'Symbol (fett)');

// Das PDF-Dokument schließen und zum Browser schicken
$pdf->Output();
?>
```

Listing 15.3: Eine kleine Übersicht über die Fonts von FPDF erzeugen

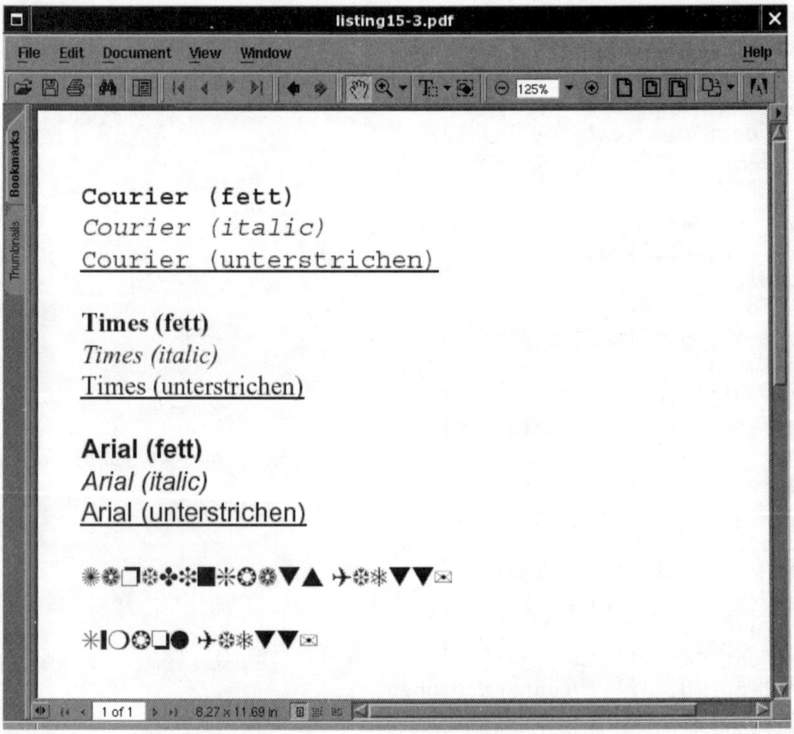

Abbildung 15.6: Die Schriften, die FPDF mitbringt

Zu diesem Beispiel gibt es nicht viel zu sagen, abgesehen von der Methode `Ln`, mit der Sie einen Zeilenumbruch (Line Feed) anweisen können. Die Zahl, die Sie in Klammern dem `Ln` übergeben, steht für den Abstand des Zeilenumbruchs.

```
<?php
define('FPDF_FONTPATH','font/');
require('fpdf.php');

$pdf=new FPDF('P','mm','A4');

// Das PDF-Dokument erzeugen
$pdf->Open();

// Eine neue Seite einfügen
$pdf->AddPage();

$pdf->SetFont('Times','B',20);
$pdf->Write(10,'Besuchen Sie doch mal ');
$pdf->SetTextColor(255,0,0);
```

```
$pdf->SetFont('Times','BU',20);
$pdf->Write(10,'http://www.wiley-vch.de','http://www.wiley-vch.de');

// Das PDF-Dokument schließen und zum Browser schicken
$pdf->Output();
?>
```

Listing 15.4: Mit Write Texte und Links setzen

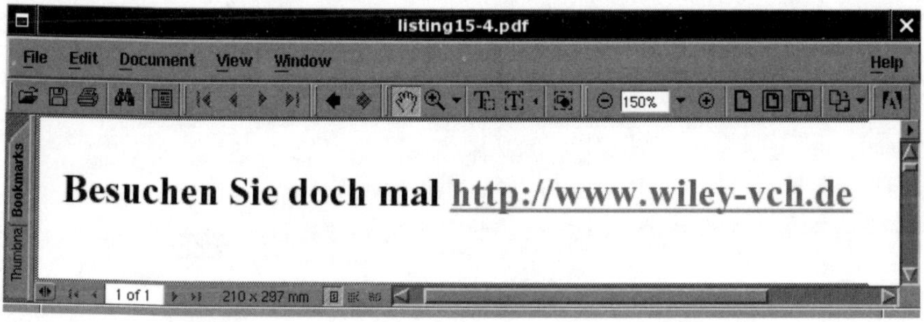

Abbildung 15.7: So einfach kann es sein PDF-Dokumente um Links anzureichern.

In Listing 15.4 wird Ihnen die Methode `Write` aufgefallen sein. Mit dieser können Sie (vielleicht einfacher als mit `Cell`) Text an der aktuellen Position schreiben. Wenn Sie mit `Write` an das Ende der Zeile gelangt sind, erfolgt automatisch ein Zeilenumbruch. Eine schöner Nebenaspekt von `Write` ist, dass Sie damit auch ganz einfach Links in Ihr PDF-Dokument einfügen können.

An dieser Stelle möchte ich es mit dem Thema PDF-Dokumente mit PHP gut sein lassen. Die notwendigen Grundkenntnisse haben Sie jetzt. Wenn Sie Feuer gefangen haben und sich tiefer gehend mit diesem Thema beschäftigen möchten, kann ich Ihnen die Dokumentation der entsprechenden Projekte (PDFLib und FPDF) empfehlen. Dort sollten Sie alles finden, was Sie brauchen, um zu ansprechenden Ergebnisses zu kommen.

Teil IV

PHP, HTML, XML und Datenbanken in Aktion

»Er ist ein Genie, verbindet Datenbanken mit PHP. Aber fragen Sie ihn nicht nach einer Erklärung, Sie würden kein Wort davon verstehen«

In diesem Teil ...

Lernen Sie alles, was Sie brauchen, um Datenbanken und PHP unter einen Hut zu bekommen, und um wirklich große Projekte mit PHP zu realisieren.

Das Wichtigste in diesem Teil ist aber das Zusammenspiel von HTML und PHP. Hier lernen Sie die wichtigsten Möglichkeiten, die HTML Ihnen bietet, um Eingabe-Masken zu erstellen und diese mit PHP auszuwerten. Sie werden überrascht sein, wie einfach das mit PHP ist.

Weitere Themen in diesem Teil beschäftigen sich mit XML und HTML und wie sie mit PHP zusammenhängen.

Datenbanken und PHP

16

In diesem Kapitel

- MySQL und die Structured Query Language (SQL)
- Funktionsweise der Datenbank (MySQL)
- Die wichtigsten Datenbankbefehle
- Funktionen von PHP für MySQL

Eine häufige Einsatzmethode von PHP ist die Verbindung mit einer Datenbank, insbesondere die dynamische Erzeugung von HTML-Dateien aus einer Datenbank heraus. Dazu gehören vor allem Online-Shops und Ähnliches.

Wir werden hier nur im Speziellen auf MySQL eingehen, da Sie bei einem Provider meist PHP-Unterstützung zusammen mit einer MySQL-Datenbank im Paket erhalten und MySQL für jedermann kostenlos verfügbar ist.

Was MySQL ist

MySQL ist eine freie relationale Datenbank und wird von den allermeisten Providern, Suchmaschinen und Online-Shops eingesetzt. Die wichtigsten Eigenschaften von MySQL sind Geschwindigkeit, Stabilität und einfache Bedienbarkeit. Außerdem ist es, wie schon gesagt, kostenlos und der Code ist frei.

Man kann durchaus sagen, dass MySQL bei allen, die mit PHP programmieren und arbeiten, die mit Abstand beliebteste Datenbank ist. So wie die meisten relationalen Datenbanken, basiert auch MySQL (wie der Name schon sagt) auf der *Structured Query Language* (abgekürzt *SQL*).

SQL ist eine Datenbanksprache, die das Einfügen, Bearbeiten, Löschen und Speichern von Informationen in eine Datenbank bereitstellt.

Da der Umfang dieses Buches begrenzt ist und »PHP« und nicht »Datenbanken« zum Thema hat, werde ich mich bei diesem Kapitel auf einige Beispiele beschränken und Ihnen nur die wichtigsten MySQL-Funktionen und SQL-Anweisungen erklären. Es ist aber auch nicht notwendig alles zu kennen, was SQL zu bieten hat. Wenn Sie die wichtigsten SQL-Anweisungen verstanden haben, dann genügt das völlig.

Die Geschichte von MySQL

Die Geschichte von MySQL ist ein wenig konfus. Laut dem MySQL-Handbuch geht die Entstehung geht auf Michael »Monty« Widenius zurück. Dieser entwickelte 1979 für die schwedische Firma TcX DataKonsultAB (`http://www.tcx.se`) ein Datenbankwerkzeug namens UNIREG. Dabei handelte es sich um eine webbasierte Software zur Verwaltung von Datenbanken. UNIREG basierte auf der Datenbank mSQL.

Das Problem war nur, dass mSQL zu unflexibel war und einfach nicht genügend Datensätze verarbeiten konnte. Obwohl die Leute von TcX DataKonsultAB versuchten mit den Entwicklern von mSQL in Kontakt zu treten, kam eine Kommunikation diesbezüglich nie zustande.

Also begannen die Leute von TcX DataKonsultAB (hauptsächlich Michael Widenius), auf der Basis von mSQL und UNIREG eine eigene Datenbank zu entwickeln, die all die Fähigkeiten besitzen sollte, die gewünscht waren. Das Ergebnis war MySQL. Um die vielen für mSQL verfügbaren Tools weiter verwenden zu können, wurde die Programmierschnittstelle ähnlich der von mSQL geschrieben, um so alle verfügbaren Anwendungen (unter anderem auch UNIREG) ohne große Probleme auf die neue Datenbank portieren zu können.

Im Mai 1995 wurde die Version 1.0 von MySQL vorgestellt und TcX DataKonsultAB benannte sich um in MySQL AB (`http://www.mysql.com`). Die Haupteinnahmequelle der Firma sind der Support und der Vertrieb von Dokumentationen. MySQL ist seit dem Jahr 2000 OpenSource und steht unter der GNU General Public License (GPL). Lizenzgebühren für MySQL sind nur fällig, wenn die Datenbank Bestandteil einer kommerziell vertriebenen, nicht-OpenSource Anwendung ist.

Für den Ursprung des Zusatzes »My« in MySQL gibt es laut MySQL-Handbuch zwei Möglichkeiten: Erstens die Tochter von Michael Widenius heißt mit Vornamen ebenfalls »My«, und zweitens war es zu jener Zeit einfach Hip, alle möglichen Programme und Tools mit dem Namenszusatz »My« zu versehen. Welche Erklärung richtig ist, bleibt aber im Dunkeln.

Wie hängen MySQL, PHP und der Benutzer zusammen?

Eine datenbankgestützte Webseite hat viele Vorteile gegenüber nicht-datenbankgestützten Seiten. In eine Datenbank Einträge einzufügen, zu löschen und zu suchen, ist bedeutend einfacher als bei einer Lösung, die auf Dateien beruht. Auch ein Backup (Sicherung) der Daten in einer Datenbank ist nicht schwierig.

Bevor wir richtig durchstarten, möchte ich Ihnen kurz erklären, wie die Kommunikation zwischen Datenbank, Webserver, PHP und dem Benutzer funktioniert.

Das Diagramm in Abbildung 16.1 soll Ihnen helfen, die Verbindung zwischen den notwendigen Komponenten zu verstehen. Am besten gehen wir den Ablauf einer Anfrage an eine datenbankgestützte Webseite Schritt für Schritt durch.

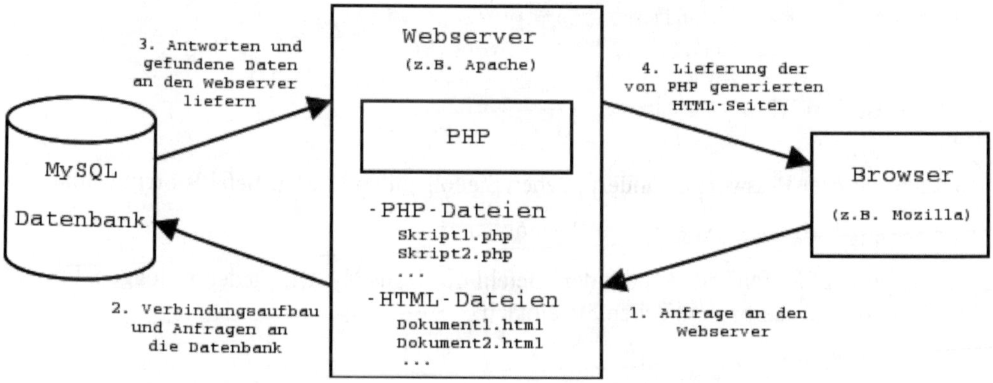

Abbildung 16.1: Die Kommunikation zwischen Datenbank, Webserver, PHP und Browser

Der Benutzer (Sie) stellt mit dem Browser eine Anfrage an einen Webserver (zum Beispiel Apache oder ISS). Dieser erkennt, dass es sich bei der angeforderten Seite um ein PHP-Skript handelt und lässt dieses von PHP verarbeiten. In dem PHP-Skript befinden sich Funktionen, um mit der Datenbank eine Verbindung aufzubauen und die SQL-Anfragen an diese zu schicken.

Die Datenbank liefert die Ergebnisse der SQL-Anfragen zurück an das PHP-Skript. Diese werden verarbeitet und dann als Teil der von PHP generierten HTML-Seite ausgegeben. Die generierte HTML-Seite wird von dem Webserver an den Browser weitergeleitet und in diesem angezeigt.

Erste Schritte nach der Installation

MySQL ist bei den allermeisten Linux-Distributionen schon mit dabei und kann unter Windows leicht nachinstalliert werden. Nachdem Sie MySQL gestartet haben (auch das geschieht bei vielen Linux-Distributionen automatisch bei jedem Systemstart) sollten Sie zuallererst das Root(Superuser)-Passwort der Datenbank neu setzen.

Genau wie unter UNIX wird auch bei Datenbanken der Superuser (der darf alles!) als `root` bezeichnet. Bei einer frischen Datenbankinstallation ist das Passwort des Superusers noch nicht gesetzt. Das heißt, dass sich jeder in Ihre Datenbank einloggen kann, und dort machen kann, was er will.

Um das Superuser-Passwort zu ändern, öffnen Sie unter UNIX/Linux eine Shell, bzw. unter Windows die Eingabeaufforderung (START|PROGRAMME|ZUBEHÖR). Geben Sie folgenden Befehl, ein um sich als Superuser (`root`) in die Datenbank einzuloggen:

```
mysql -u root mysql
```

Nun sehen Sie die MySQL-Eingabeaufforderung. Das sollte in etwa so aussehen:

```
Welcome to the MySQL monitor.  Commands end with ; or \g.
Your MySQL connection id is 12 to server version: 3.23.55-log

Type 'help;' or '\h' for help. Type '\c' to clear the buffer.
mysql>
```

Um das Superuser-Passwort zu ändern, geben Sie folgenden MySQL-Befehls-String ein:

```
set password for root=password('neues_passwort');
```

Danach können Sie sich mit `\q` oder dem Befehl `quit` aus MySQL wieder ausloggen. Um das neue Passwort zu überprüfen, geben Sie einfach

```
mysql -u root -p
```

ein und Sie werden zur Eingabe des Superuser-Passworts aufgefordert. Nach der Eingabe des Passworts und der Bestätigung mit der Return-Taste sind Sie wieder erfolgreich in MySQL eingeloggt und können mit Ihrer Arbeit an der Datenbank beginnen. Alternativ können Sie das Passwort natürlich auch gleich beim Start von `mysql` mit angeben.

```
mysql -u root -pneues_passwort
```

Achten Sie darauf, dass Sie zwischen dem Parameter `-p` und dem Passwort kein Leerzeichen stehen haben. Sonst klappt es mit dem Einloggen nicht.

Was phpMyAdmin ist und wofür es gut ist

phpMyAdmin ist wie der Name schon sagt, komplett in PHP geschriebene Software, um MySQL-Datenbanken über den Browser zu administrieren. Das ermöglicht eine ungeheure Flexibilität, da Sie ohne größere Probleme von jedem Ort der Welt aus MySQL-Datenbanken verwalten können, beispielsweise die, die Ihnen Ihr Webprovider zur Verfügung stellt.

Ein weiterer Vorteil von phpMyAdmin ist, dass es die Bedienung und Administration einer MySQL-Datenbank fundamental erleichtert. Besonders Anfänger profitieren davon, sich nicht gleich auf der Shell dem Datenbank-Management-System stellen zu müssen, sondern auch mit wenigen Mausklicks alle notwendigen Arbeiten vornehmen zu können.

Schnell und einfach können Sie mit phpMyAdmin Datenbanken und Tabellen erzeugen, ändern und entfernen, Felder hinzufügen, löschen und deren Inhalt bearbeiten. Sie können sogar SQL-Befehle direkt eingeben und ausführen und sich den PHP-Quellcode der Anweisungen ausgeben lassen.

Die Software wird regelmäßig zum beliebtesten PHP-Programm überhaupt gewählt, ist OpenSource und in über 40 Sprachen verfügbar. Mehr über phpMyAdmin und die aktuellste Version davon finden Sie unter `http://www.phpmyadmin.net`.

phpMyAdmin konfigurieren

Um phpMyAdmin (`http://www.phpmyadmin.net`) zu starten, müssen Sie im Browser folgenden Pfad eingeben:

```
http://localhost/pfad_zu_phpMyAdmin
```

oder alternativ

```
http://localhost/pfad_zu_phpMyAdmin/index.php
```

Danach müssen Sie noch in die Datei `config.inc.php` das neue Superuser-Passwort der Datenbank eintragen. Öffnen Sie die Datei `config.inc.php` mit einem beliebigen Editor und gehen Sie zu der Zeile mit folgendem Eintrag:

```
$cfg['Servers'][$i]['password'] = '';
```

Zwischen die beiden Hochkommata am Ende der Zeile müssen Sie Ihr Superuser-Passwort schreiben.

```
$cfg['Servers'][$i]['password'] = 'neues_passwort';
```

Achten Sie auch darauf, dass die anderen Einstellungen in der `config.inc.php` richtig sind bzw. Sinn machen. Wenn Sie beispielsweise Ihre Datenbank auf einem anderen Port laufen haben, müssen Sie diesen in der Zeile

```
$cfg['Servers'][$i]['port']      = '';
```

angeben. Trotzdem ist phpMyAdmin noch nicht zur Zusammenarbeit zu bewegen? Dann kann es sein, dass der Pfad von phpMyAdmin auf Ihrem Rechner/Server nicht in der `config.inc.php` eingetragen ist. Um diesen Missstand zu beheben, suchen Sie in der Datei die Zeile

```
$cfg['PmaAbsoluteUri'] = '';
```

und tragen Sie zwischen die beiden Hochkommata am Ende der Zeile die Domain (z.B. `localhost`) und den Pfad ein, in dem sich phpMyAdmin befindet.

```
$cfg['PmaAbsoluteUri'] = 'http://localhost/phpMyAdmin/';
```

Nach diesen Änderungen in der `config.inc.php` sollte phpMyAdmin ohne Probleme aufrufbar und einsatzfähig sein.

Auf Nummer Sicher gehen: Ein Backup von einer MySQL-Datenbank machen

Regelmäßige Backups (Sicherungen) der Daten auf einem Webserver sind eigentlich selbstverständlich. Die Frage, die Sie sich jetzt vielleicht stellen, ist: »Wie kann ich die Daten einer Datenbank sichern? Geht das überhaupt?«

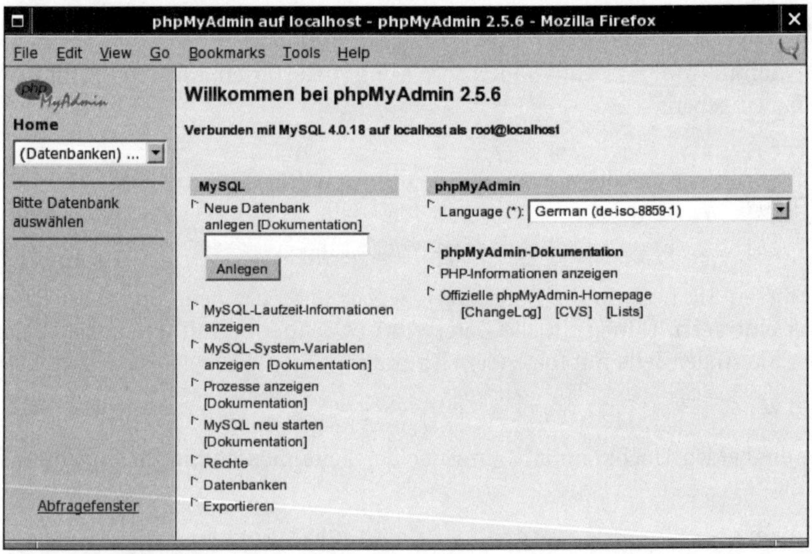

Abbildung 16.2: phpMyAdmin nach einem erfolgreichen Aufruf

Keine Sorge, eine Sicherung einer MySQL-Datenbank anzulegen, ist kein großes Problem. Aber bevor ich Ihnen zeige, wie das geht, möchte ich Ihnen einige Gründe nennen, warum es überhaupt so wichtig ist, regelmäßige Backups zu erzeugen:

- ✔ Natürliche Phänomene (zum Beispiel Naturkatastrophen)
- ✔ Stromausfälle
- ✔ Versagen der Hardware (Festplatte defekt, Rechner abgeraucht)
- ✔ Menschliches Versagen (»wohl das falsche Verzeichnis gelöscht...«)
- ✔ Aktives Entwickeln und Testen
- ✔ Murphys Gesetz: »Wenn etwas schief gehen kann, dann geht es auch irgendwann schief!«

Diese Gründe sollten reichen, um Sie von der Notwendigkeit regelmäßiger Backups zu überzeugen.

Die MySQL-Datenbank ist im Grunde ein Paket aus der eigentlichen Datenbank und einigen Dienstprogrammen. Eines dieser Programme ist `mysqldump`. Dieses Programm ermöglicht es Ihnen, eine Datenbank komplett in einer Datei zu sichern und später in einer leeren Datenbank wieder herzustellen.

Mit folgendem Befehl speichern Sie die komplette Datenbank mit dem Namen `db_name` in der Datei `db_name_backup.sql`:

```
mysqldump -q -h hostname -u benutzername - ppasswort db_name >
db_name_backup.sql
```

Mit dem folgenden Befehl können Sie die Sicherungsdatei auch gleich noch mit `zip` komprimieren.

```
mysqldump -q -h hostname -u benutzername - ppasswort db_name | gzip >
db_name_backup.sql.gz
```

Das fehlende Leerzeichen zwischen dem Parameter –p und dem Passwort der Datenbank ist übrigens kein Tippfehler, sondern notwendig. Wenn Sie hier ein Leerzeichen einfügen, ist es nicht möglich, sich erfolgreich an der Datenbank anzumelden.

Der Parameter `-q` steht übrigens für `-quick`. Mit diesem Parameter weisen Sie `mysqldump` an, die Daten der zu sichernden Datenbank direkt in die Sicherungsdatei zu schreiben und nicht erst die komplette Datenbank in den Speicher zu schreiben.

Bei kleinen Datenbanken mit wenigen Einträgen wäre das sicher kein Problem, aber wenn Sie eine sehr große Datenbank sichern wollen, und nur über wenig Speicher verfügen, werden Sie ohne den Parameter `-q` ein Problem bekommen.

Um die Datenbank mit Hilfe der Sicherungsdatei wieder herzustellen, erzeugen Sie mit Hilfe des Programms `mysqladmin` zuallererst eine neue, leere Datenbank:

```
mysqladmin -h hostname -u benutzername - ppasswort create db_name
```

Danach schreiben Sie mit dem Programm `mysql` das Backup in die neue, leere Datenbank.

```
mysql -h hostname -u benutzername - ppasswort db_name < db_name_backup.sql
```

Die Funktionsweise von MySQL

MySQL ist eine relationale Datenbank. Auf einem SQL-Server können mehrere Datenbanken aktiv sein. Jede Datenbank kann weiterhin aus mehreren Tabellen bestehen. Jede Tabelle besitzt Reihen (rows) und Spalten (colums).

In den Spalten werden die Felder (wie z.B. Name, Vorname, ...) gespeichert und in den Reihen die Werte abgelegt. Eine Spalte wird meistens als *Primärschlüssel* festgelegt. Er ist der wichtigste Schlüssel. Er ist ein Verweis auf eine andere Tabelle. Dort ist dann ein so genannter *Fremdschlüssel*. Meistens ist das eine Identifikationsnummer (ID), die jeden Eintrag eindeutig macht. In diesem Fall ist also die Spalte ID ein Primärschlüssel. In einer anderen Tabelle wäre ID vielleicht nur ein Fremdschlüssel. Aber hier ist es eben so.

So könnte eine Tabelle einer Datenbank aussehen:

ID	Name	Vorname	Geschlecht	Geburtsdatum
1	v.Thile	Alexander	m	01.04.1978
2	Sprengard	Frank	m	02.03.1978
3	Pilch	Alexander	m	11.04.1978

Tabelle 16.1: Eine typische Tabelle in einer Datenbank

Mit MySQL arbeiten

Wenn Sie schon einmal mit einer relationalen Datenbank und der *Structured Query Language* (SQL) gearbeitet haben, dann dürften Sie auf den folgenden Seiten nicht viel Neues erfahren. In diesem Abschnitt erfahren Sie die notwendigen Grundlagen zu Datenbanken und SQL, um erfolgreich ein Projekt mit PHP und einer Datenbank in Angriff nehmen zu können.

Ohne Datenbank läuft nichts

Bevor Sie mit dem Anlegen und füllen von Tabellen beginnen können, müssen Sie zuallererst einmal eine Datenbank anlegen. »Eine Datenbank anlegen? Warum denn das, ich habe doch schon eine MySQL-Datenbank!«, werden Sie sich sicher fragen. Natürlich haben Sie eine Datenbank auf Ihrem Rechner installiert. Genauer gesagt: Ein Datenbanksystem. In einer Datenbank können mehrere Datenbanken unabhängig voneinander existieren. Bevor Sie Tabellen anlegen können, müssen Sie erst eine Datenbank erzeugen.

Eine Datenbank erzeugen Sie mit der SQL-Anweisung `CREATE DATABASE`.

```
CREATE DATABASE datenbank_name;
```

Um eine bestehende Datenbank zu löschen, verwenden Sie die Anweisung `DROP DATABASE`.

```
DROP DATABASE datenbank_name;
```

Unter PHP senden Sie SQL-Anweisungen aller Art mit der Funktion `mysql_query` an eine MySQL-Datenbank.

```
resource mysql_query (string anfrage [, resource verbindung_zur_db])
```

Mit dem Parameter `anfrage` geben Sie die SQL-Anfrage an und mit `verbindung_zur_db` können Sie eine Verbindungskennung festlegen. Das ist allerdings nur notwendig, wenn Sie innerhalb eines PHP-Skripts mehr als eine Datenbankverbindung geöffnet haben.

Strings (Zeichenketten) in MySQL

Zeichenketten müssen Sie bei MySQL genau wie bei PHP mit doppelten oder einfachen Anführungszeichen umschließen.

```
"Das ist ein gültiger MySQL-String"
'Das ist ebenfalls ein gültiger String'
```

Das ist aber noch nicht alles. Genau wie bei PHP müssen Sie auch bei MySQL einige Zeichen mit einem Backslash versehen, um diese in einem String verwenden zu können. Das wird auch als »escapen« bezeichnet.

Eine Übersicht über die Sonderzeichen, die bei MySQL »escaped« werden müssen, sehen Sie in Tabelle 16.2.

Sonderzeichen	Bedeutung
`\0`	Das ASCII-Zeichen 0 (NULL)
`\'`	Einfaches Anführungszeichen
`\"`	Doppeltes Anführungszeichen
`\t`	Tabulator-Zeichen
`\n`	Newline, eine neue Zeile
`\\`	Backslash-Zeichen
`\_`	Unterstrich-Zeichen
`\%`	Prozent-Zeichen
`\b`	Backspace, ein Rückschritt
`\z`	STRG-Z ASCII-Zeichen 26
`\r`	Carriage Return, ein Wagenrücklauf

Tabelle 16.2: Sonderzeichen, die bei MySQL »escaped« werden müssen

In Listing 16.1 sehen Sie, wie Sie mit einem PHP-Skript eine Verbindung zu einer Datenbank aufbauen können, eine Datenbank anlegen und die Verbindung dann wieder schließen können:

```
<HTML>
<HEAD>
    <TITLE>Eine Datenbank anlegen</TITLE>
</HEAD>
<BODY>
<?php

// Die Parameter für die Datenbankverbindung festlegen
$servername = "localhost";
$benutzer   = "root";
$passwort   = "geheim";

// Versuchen, die DB-Verbindung herzustellen
if ($verbindung = mysql_connect ($servername, $benutzer, $passwort)) {
    echo "Die Verbindung mit der Datenbank auf <B>$servername</B> wurde
aufgebaut.<P>";
} else {
    echo "Der Verbindungsversuch zur DB ist fehlgeschlagen! " .
           mysql_error();
    exit();
}

// Die neue Datenbank erzeugen
$ergebnis = mysql_query ("CREATE DATABASE neue_db")
    or die ("Die DB konnte nicht angelegt werden " . mysql_error() ."<P>");
```

```
// Die Verbindung zur Datenbank schließen
mysql_close ($verbindung);

?>
</BODY>
</HTML>
```

Listing 16.1: Eine neue Datenbank mit dem Namen neue_db *anlegen*

Der Quellcode von Listing 16.1 dürfte vom Verständnis kein großes Problem für Sie darstellen. Zuallererst legen Sie die Parameter für die Datenbankverbindung fest und bauen die Verbindung mit der Funktion mysql_connect auf.

```
resource mysql_connect ([string server [, string user [, string passwort
[, bool neue_verbindung_zur_db [, int client_flags]]]]])
```

Die Funktion liefert bei einem erfolgreichen Verbindungsaufbau eine Verbindungskennung zurück und beim Auftreten eines Fehlers FALSE.

Als server geben Sie den Server an, auf dem die Datenbank liegt, in unserem Fall localhost. Sie können auch den Port gleich angeben. Wenn die Datenbank zum Beispiel auf Port 3333 erreichbar wäre, müssten Sie einfach localhost:3333 angeben.

Mit dem Parameter user legen Sie den Benutzernamen fest, in diesem Fall root und mit passwort das zum Einloggen in die Datenbank notwendige Passwort.

Den Parameter neue_verbindung_zur_db brauchen Sie, wenn Sie innerhalb eines PHP-Skripts mit mehr als einer Datenbank eine Verbindung aufbauen möchten und mit client_flags können Sie eine beliebige Kombination der folgenden Konstanten übergeben:

- ✔ MYSQL_CLIENT_COMPRESS
- ✔ MYSQL_CLIENT_IGNORE_SPACE
- ✔ MYSQL_CLIENT_INTERACTIVE

Diese werden Sie allerdings auf absehbare Zeit sicher nicht brauchen oder zu Gesicht bekommen.

In Abbildung 16.3 sehen Sie das Ergebnis von Listing 16.1 unter phpMyAdmin. Die neu angelegte Datenbank neue_db ist angelegt.

Natürlich ist die neue Datenbank noch völlig leer, das heißt sie verfügt über keinerlei Tabellen. Aber keine Sorge, wie Sie Tabellen erzeugen, füllen und löschen erfahren Sie in diesem Kapitel.

Mit der Funktion mysql_close schließen Sie eine bestehende Datenbankverbindung.

```
bool mysql_close ( [resource verbindung_zur_db])
```

Abbildung 16.3: Mit phpMyAdmin können Sie das Ergebnis von Listing 16.1 schnell und einfach überprüfen.

Das Schließen der Verbindung ist zwar nicht zwingend notwendig, da mit dem Ende des PHP-Skripts alle offenen und nicht persistenten (d.h. nicht dauerhaften) Datenbankverbindungen automatisch beendet werden, zeugt aber von gutem Programmierstil.

Um eine persistente (dauerhafte) Datenbankverbindung mit PHP aufzubauen, steht Ihnen die Funktion `mysql_pconnect` zur Verfügung. Diese wird nicht anders aufgerufen als die Funktion `mysql_connect`. Eine mit `mysql_pconnect` aufgebaute Verbindung wird mit dem Ende eines PHP-Skripts nicht automatisch geschlossen.

Eine Datenbank auf die klassische Art und Weise anlegen und löschen

In vielen älteren PHP-Skripten und Dokumentationen wird Ihnen die Funktion `mysql_create_db` begegnen. Diese Funktion ist eine weitere Möglichkeit, eine Datenbank innerhalb einer MySQL-Datenbank zu erzeugen.

```
bool mysql_create_db ( string name_der_neuen_db [, resource
verbindung_zur_db])
```

Wenn das Anlegen der neuen Datenbank erfolgreich war, gibt die Funktion `TRUE` zurück, im Falle eines Fehlers `FALSE`.

Es wird empfohlen die Funktion `mysql_create_db` nicht mehr zu verwenden, da sie veraltet ist und mit Sicherheit in Zukunft auch nicht mehr unterstützt wird. Stattdessen sollten Sie Datenbanken mit der Funktion `mysql_query` und der SQL-Anweisung `CREATE DATABASE` erzeugen, so wie Sie es in Listing 16.1 gesehen haben. Das Gleiche gilt übrigens auch für die Funktion `mysql_drop_db`. Verwenden Sie zum Entfernen einer Datenbank besser die Funktion `mysql_query` und die SQL-Anweisung `DROP DATABASE`.

Um Datenbanken zu löschen, existiert noch die Funktion `mysql_drop_db`.

```
bool mysql_drop_db ( string name_der_db [, resource verbindung_zur_db])
```

Wenn die Datenbank gelöscht wurde, gibt die Funktion TRUE zurück, andernfalls FALSE. In Listing 16.2 sehen Sie, wie Sie Datenbanken anlegen und löschen können.

```
<HTML>
<HEAD>
    <TITLE>Datenbanken anlegen und löschen</TITLE>
</HEAD>
<BODY>
<?php

// Die Parameter für die Datenbankverbindung festlegen
$servername = "localhost";
$benutzer   = "root";
$passwort   = "geheim";

// Versuchen, die DB-Verbindung herzustellen
if ($verbindung = mysql_connect ($servername, $benutzer, $passwort)) {
    echo "Die Verbindung mit der Datenbank auf <B>$servername</B> wurde
aufgebaut.<P>";
} else {
    echo "Der Verbindungsversuch zur DB ist fehlgeschlagen! " .
          mysql_error();
    exit();
}

$name_der_db = "neue_datenbank";

// Die neue Datenbank erzeugen
if (mysql_query("CREATE DATABASE $name_der_db")) {
    echo "Die Datenbank <B>$name_der_db</B> wurde angelegt.<P>";
} else {
    echo "Die Datenbank <B>$name_der_db</B> wurde nicht angelegt! " .
          mysql_error();
    exit();
}

// Die neue Datenbank wieder löschen
if (mysql_query("DROP DATABASE $name_der_db")) {
    echo "Die Datenbank <B>$name_der_db</B> wurde gelöscht.<P>";
} else {
    echo "Die Datenbank <B>$name_der_db</B> wurde nicht gelöscht! " .
          mysql_error();
    exit();
}

// Die Verbindung zur Datenbank schließen
mysql_close ($verbindung);
```

```
?>
</BODY>
</HTML>
```

Listing 16.2: Datenbanken erzeugen und entfernen

Die Ausgabe von Listing 16.2 sehen Sie in Abbildung 16.4.

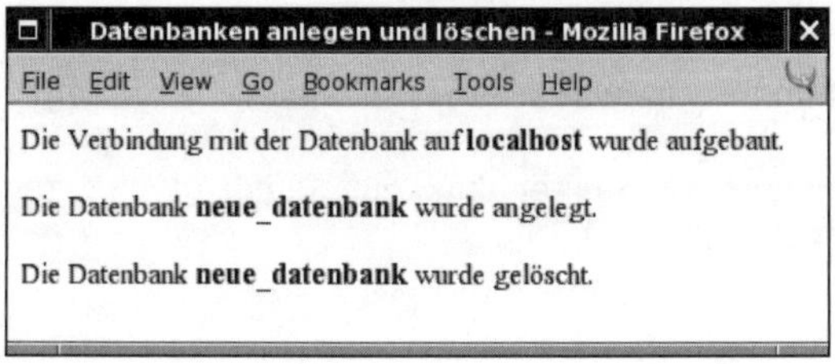

Abbildung 16.4: Eine Datenbank erzeugen und wieder löschen

Eine Datenbank auswählen

Wenn Sie mit `CREATE DATABASE` eine Datenbank erzeugt haben, müssen Sie diese auch auswählen, um mit ihr arbeiten zu können. Sie können MySQL mit der SQL-Anweisung `USE` mitteilen, welche Datenbank Sie benutzen möchten. Die Syntax von `USE` ist sehr einfach. Sehen Sie selbst:

```
USE name_der_db;
```

Sie müssen `USE` einfach nur den Namen der Datenbank mitteilen, die Sie auswählen möchten. In Listing 16.3 sehen Sie, wie Sie mit `USE` eine Datenbank auswählen können.

```
<HTML>
<HEAD>
    <TITLE>Eine Datenbank mit USE auswählen</TITLE>
</HEAD>
<BODY>
<?php

// Die Parameter für die Datenbankverbindung festlegen
$servername = "localhost";
$benutzer   = "root";
$passwort   = "geheim";

// Versuchen, die DB-Verbindung herzustellen
if ($verbindung = mysql_connect ($servername, $benutzer, $passwort)) {
    echo "Die Verbindung mit der Datenbank auf <B>$servername</B> wurde
          aufgebaut.<P>";
```

```
} else {
   echo "Der Verbindungsversuch zur DB ist fehlgeschlagen! " .
         mysql_error();
   exit();
}

$datenbank = "neue_datenbank";

// Die neue Datenbank erzeugen
if (mysql_query("CREATE DATABASE $datenbank")) {
   echo "Die Datenbank <B>$datenbank</B> wurde angelegt.<P>";
} else {
   echo "Die Datenbank <B>$datenbank</B> wurde nicht angelegt! " .
         mysql_error();
   exit();
}

// Die Datenbank auswählen
if (!mysql_query ("USE $datenbank;")) {
   echo "Die Datenbank konnte nicht ausgewählt werden: " . mysql_error();
   exit();
} else {
   echo "Die Datenbank <B>$datenbank</B> wurde ausgewählt.<P>";
}

// Die neue Datenbank wieder löschen
if (mysql_query("DROP DATABASE $datenbank")) {
   echo "Die Datenbank <B>$datenbank</B> wurde gelöscht.<P>";
} else {
   echo "Die Datenbank <B>$datenbank</B> wurde nicht gelöscht! " .
         mysql_error();
   exit();
}

// Die Verbindung zur Datenbank schließen
mysql_close ($verbindung);

?>
</BODY>
</HTML>
```

Listing 16.3: Eine Datenbank mit der SQL-Anweisung USE auswählen

Die Ausgabe des Beispiels zu `USE` sehen Sie in Abbildung 16.5. Alternativ zu der Methode mit `mysql_query` und `USE` können Sie eine Datenbank auch mit der Funktion `mysql_select_db` auswählen.

```
bool mysql_select_db (string name_der_db [, resource verbindung_zur_db])
```

Wenn die Datenbank ausgewählt werden konnte, gibt die Funktion TRUE zurück und beim Auftreten eines Fehlers FALSE. Eine Verbindungskennung müssen Sie nicht unbedingt angeben. Es wird automatisch die zuletzt geöffnete Verbindung benutzt.

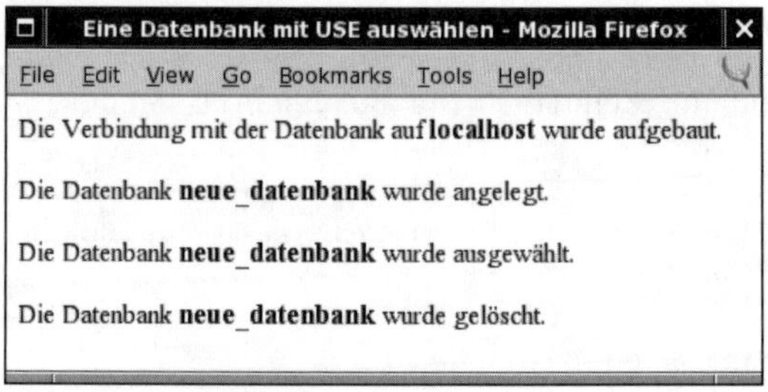

Abbildung 16.5: Eine Datenbank erzeugen, mit USE auswählen und wieder entfernen

In Listing 16.4 sehen Sie, wie die mysql_select_db angewendet wird. Es steht Ihnen absolut frei, ob Sie eine Datenbank mit der SQL-Anweisung USE auswählen oder mit der Funktion mysql_select_db. Das Ergebnis ist das Gleiche.

```
<HTML>
<HEAD>
    <TITLE>Eine Datenbank mit "mysql_select_db" auswählen</TITLE>
</HEAD>
<BODY>
<?php

// Die Parameter für die Datenbankverbindung festlegen
$servername = "localhost";
$benutzer   = "root";
$passwort   = "geheim";

// Versuchen, die DB-Verbindung herzustellen
if ($verbindung = mysql_connect ($servername, $benutzer, $passwort)) {
    echo "Die Verbindung mit der Datenbank auf <B>$servername</B> wurde
          aufgebaut.<P>";
} else {
    echo "Der Verbindungsversuch zur DB ist fehlgeschlagen! "
          mysql_error();
    exit();
}

$datenbank = "neue_datenbank";

// Die neue Datenbank erzeugen
if (mysql_query("CREATE DATABASE $datenbank")) {
    echo "Die Datenbank <B>$datenbank</B> wurde angelegt.<P>";
} else {
```

```
    echo "Die Datenbank <B>$datenbank</B> wurde nicht angelegt! " .
          mysql_error();
    exit();
}

if (!mysql_select_db ($datenbank)) {
    echo "Die Datenbank konnte nicht ausgewählt werden: " . mysql_error();
    exit();
} else {
    echo "Die Datenbank <B>$datenbank</B> wurde ausgewählt.<P>";
}

// Die neue Datenbank wieder löschen
if (mysql_query("DROP DATABASE $datenbank")) {
    echo "Die Datenbank <B>$datenbank</B> wurde gelöscht.<P>";
} else {
    echo "Die Datenbank <B>$datenbank</B> wurde nicht gelöscht! " .
          mysql_error();
    exit();
}

// Die Verbindung zur Datenbank schließen
mysql_close ($verbindung);

?>
</BODY>
</HTML>
```

Listing 16.4: Eine Datenbank mit der SQL-Anweisung `mysql_select_db` *auswählen*

Die Ausgabe von Listing 16.4 sehen Sie in Abbildung 16.6. Bis auf die Überschrift im Browserfenster sind Abbildung 16.5 und Abbildung 16.6 natürlich identisch.

Nachdem ich Sie jetzt auf den letzten Seiten ausgiebigst mit dem Anlegen und Auswählen von Datenbanken gequält habe, wird es Zeit, dass wir die Datenbanken auch mit Tabellen anreichern. Wie das geht, erfahren Sie im nächsten Abschnitt.

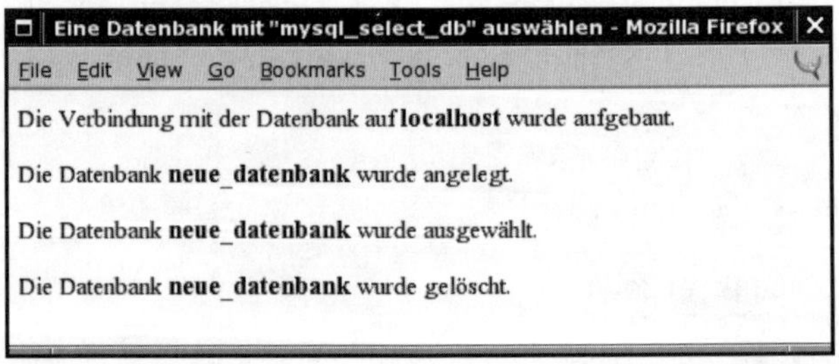

Abbildung 16.6: Eine Datenbank erzeugen, mit `mysql_select_db` *auswählen und wieder entfernen*

Tabellen herzaubern und wieder verschwinden lassen

In den Tabellen einer Datenbank legen Sie die eigentlichen Daten (auch Datensätze genannt) ab. Diese Daten strukturieren Sie mit Hilfe von Spalten und Zeilen. Jede Spalte kann einen bestimmten Datentyp beinhalten und jede Zeile ist ein Datensatz.

Bevor Sie lustig anfangen Tabellen zu erzeugen, ist es nie schlecht sich zu überlegen, was für Daten Sie überhaupt in der Datenbank ablegen möchten, und wie Sie diese am übersichtlichsten und sinnvollsten strukturieren können. Nachträgliche Änderungen an der Tabellenstruktur sind eine sehr zeitraubende und unangenehme Tätigkeit.

Um eine Tabelle zu erzeugen, brauchen Sie die SQL-Anweisung `CREATE TABLE`. Ohne eine Tabelle können Sie mit der Datenbank, um ehrlich zu sein, nicht viel anfangen. Daher sollten Sie sich die Syntax zu diesem Befehl genau ansehen und den Befehl an sich auch auf keinen Fall vergessen.

```
CREATE TABLE [IF NOT EXISTS] table_name (spalten_definitionen,...);
```

Für `spalten_definitionen` können Sie unter anderem Folgendes einsetzen:

- ✔ `spalten_name typ [NOT NULL] [AUTO_INCREMENT] [PRIMARY KEY]`
- ✔ oder `PRIMARY KEY` (Feldname, ...)
- ✔ oder `UNIQUE` (Feldname, ...)

Mit `NOT NULL` legen Sie fest, dass ein Wert (das kann auch ein leerer sein) eingetragen werden muss. `NOT NULL` ist nicht mit der Zahl 0 zu verwechseln. Wenn bei `INSERT` kein Wert für diese Spalte angegeben wurde, gibt es unter MySQL eine Fehlermeldung.

Wenn eine Spalte mit dem Schlüsselwort `AUTO_INCREMENT` angelegt wird, dann wird, so lange kein Wert für diese Spalte angeben wird, der höchste Wert +1 genommen. `AUTO_INCREMENT` kann nur einmal pro Tabelle in einem Primärschlüsselfeld verwendet werden. `AUTO_INCREMENT` gibt es nur in MySQL.

Wenn `UNIQUE` bei einer Spalte angegeben wurde, darf der Wert maximal einmal vorkommen. Daher wird auch bei Primärschlüsseln automatisch `UNIQUE` angenommen.

Mit `PRIMARY KEY` wird der Primärschlüssel festgelegt. Primärschlüssel müssen eindeutig sein und es muss `NOT NULL` angegeben werden. `UNIQUE` und `PRIMARY KEY` können direkt hinter der Spaltendefinition angegeben werden oder getrennt davon.

Für den Typ verwenden Sie einen der Datentypen, die MySQL anbietet. MySQL kennt drei Arten von Datentypen. String-Datentypen (Tabelle 16.3), numerische Datentypen (Tabelle 16.4) und Typen für Datum und Uhrzeit (Tabelle 16.5).

Datentyp	Beschreibung
CHAR(NUM)	Zeichenkette mit fester Größe
VARCHAR(NUM) [BINARY]	Zeichenkette mit max. »NUM« Stellen (1 bis 255). Alle Leerstellen am Ende werden gelöscht. Wird »BINARY« angegeben, wird bei Vergleichen auf Groß-/Kleinschreibung geachtet
TINYTEXT	Text mit einer max. Länge von 255 Zeichen
TINYBLOB	Identisch mit TINYTEXT
TEXT	Text mit einer max. Länge von 65.535 Zeichen
BLOB	Identisch mit TEXT
MEDIUMTEXT	Text mit einer max. Länge von 16.777.216 Zeichen
MEDIUMBLOB	Identisch mit MEDIUMTEXT
LONGTEXT	Text mit einer max. Länge von 4.294.967.295 Zeichen
LONGBLOB	Identisch mit LONGTEXT
ENUM	Auflistung mit max. 65.535 Elementen
SET	Auflistung mit Mehrfachauswahl (Gruppen)

Tabelle 16.3: String-Datentypen von MySQL

BLOB ist übrigens die Abkürzung für *Binary Large Object*. Blobs können zum Beispiel Bild- und Musikdateien, Videos oder Programme sein.

Datentyp	Beschreibung
TINYINT	Ganzzahl im Bereich von -128 bis 127
TINYINT UNSIGNED	Ganzzahl im Bereich von 0 bis 255
SMALLINT	Ganzzahl im Bereich von –32.768 bis 32.767
SMALLINT UNSIGNED	Ganzzahl im Bereich von 0 bis 65.535
MEDIUMINT	Ganzzahl im Bereich von –8.388.608 bis 8.388.607
MEDIUMINT UNSIGNED	Ganzzahl im Bereich von 0 bis 16.777.215
INT	Ganzzahl im Bereich von -2.147.483.648 bis 2.147.483.647
INTEGER	Identisch mit INT
INT UNSIGNED	Ganzzahl im Bereich von 0 bis 4.294.967.295
BIGINT	Ganzzahl im Bereich von -9.223.372.036.854.775.808 bis 9.223.372.036.854.775.807
BIGINT UNSIGNED	Ganzzahl im Bereich von 0 bis 18.446.744.073.709.551.615
FLOAT	Fließkommazahl mit einfacher Genauigkeit
DOUBLE	Fließkommazahl mit doppelter Genauigkeit
DOUBLE PRECISION	Identisch mit DOUBLE

Datentyp	Beschreibung
REAL	Identisch mit DOUBLE
DECIMAL(NUM,DEC)	Fließkommazahl der Länge »NUM« und mit »DEC« Nachkommastellen. Die Länge beträgt: Stellen vor dem Komma + 1 Stelle für Komma + Stellen nach dem Komma
NUMERIC	Identisch mit DECIMAL

Tabelle 16.4: Numerische Datentypen von MySQL

Datentyp	Beschreibung
DATE	Datum vom 1.1.1000 bis zum 31.12.9999. Das Format ist YYYY-MM-DD
DATETIME	Datum und Uhrzeit vom 1.1.1000 0:00:00 bis zum 31.12.9999 23:59:59. Das Format ist YYYY-MM-DD HH:MM:SS
TIME	Zeit im Format HH:MM:SS
TIMESTAMP	UNIX-Zeitstempel vom 1.1.1970 bis zum 31.12.2036 im Format YYYYMMDDHHMMSS, YYMMDDHHMMSS, YYYYMMDD oder YYMMDD
YEAR	Jahreszahl von 1901 bis 2155 im Format YY der YYYY

Tabelle 16.5: Typen für Datum und Zeit von MySQL

Falls diese doch sehr technischen Dinge Sie noch nicht abgeschreckt haben, können Sie nun in einem kleinen Beispiel eine Tabelle namens adressen anlegen. Zu jeder Person soll die Straße, Postleitzahl und Ort sowie eine ID (Identifikationsnummer) gespeichert werden. Die ID ist gleichzeitig Primärschlüssel und soll beim Hinzufügen eines neuen Datensatzes automatisch um 1 erhöht werden. Außerdem soll mindestens der Name angegeben werden.

```
CREATE TABLE adressen (
    id          INT NOT NULL AUTO_INCREMENT,
    name        VARCHAR(30) NOT NULL,
    vorname     VARCHAR(30),
    strasse     VARCHAR(50),
    plz         MEDIUMINT UNSIGNED,
    ort         VARCHAR(50),
    PRIMARY KEY(id)
);
```

In Listing 16.5 sehen Sie, wie Sie die neue Tabelle adressen in der Datenbank neue_db anlegen können.

```
<HTML>
<HEAD>
    <TITLE>Eine Datenbank auswählen und Tabellen anlegen</TITLE>
</HEAD>
<BODY>
<?php
```

```
// Die Parameter für die Datenbankverbindung festlegen
$servername = "localhost";
$benutzer   = "root";
$passwort   = "geheim";

// Versuchen, die DB-Verbindung herzustellen
if ($verbindung = mysql_connect ($servername, $benutzer, $passwort)) {
    echo "Die Verbindung mit der Datenbank auf <B>$servername</B> wurde
          aufgebaut.<P>";
} else {
    echo "Der Verbindungsversuch zur DB ist fehlgeschlagen! " .
          mysql_error();
    exit();
}

$datenbank = "neue_db";

// Die Datenbank auswählen
if (!mysql_select_db ($datenbank)) {
    echo "Die Datenbank konnte nicht ausgewählt werden: " . mysql_error();
    exit();
} else {
    echo "Die Datenbank <B>$datenbank</B> wurde ausgewählt.<P>";
}

$tabellenname = "adressen";

// Eine Tabelle erzeugen
if (!mysql_query ("CREATE TABLE $tabellenname (
                              id          INT NOT NULL AUTO_INCREMENT,
                              name        VARCHAR(30) NOT NULL,
                              vorname     VARCHAR(30),
                              strasse     VARCHAR(50),
                              plz         MEDIUMINT UNSIGNED,
                              ort         VARCHAR(50),
                              PRIMARY KEY(id)
                          );")) {
    echo "Die Tabelle <B>$tabellenname</B> wurde nicht angelegt " .
          mysql_error();
    exit();
} else {
    echo "Die Tabelle <B>$tabellenname</B> wurde erfolgreich angelegt.<P>";
}

// Die Verbindung zur Datenbank schließen
mysql_close ($verbindung);
```

```
?>
</BODY>
</HTML>
```

Listing 16.5: Eine Datenbank auswählen mit `mysql_select_db` und eine Tabelle anlegen

In Abbildung 16.7 sehen Sie das Ergebnis von Listing 16.5 und in Abbildung 16.8 können Sie die soeben neu erzeugte Tabelle in phpMyAdmin sehen.

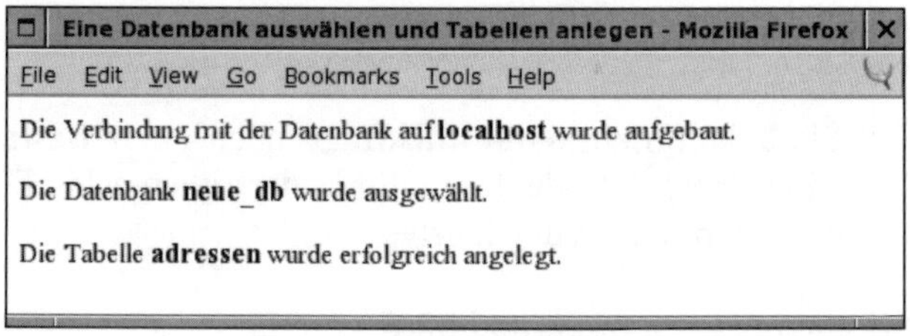

Abbildung 16.7: Eine Datenbank auswählen und eine neue Tabelle erzeugen

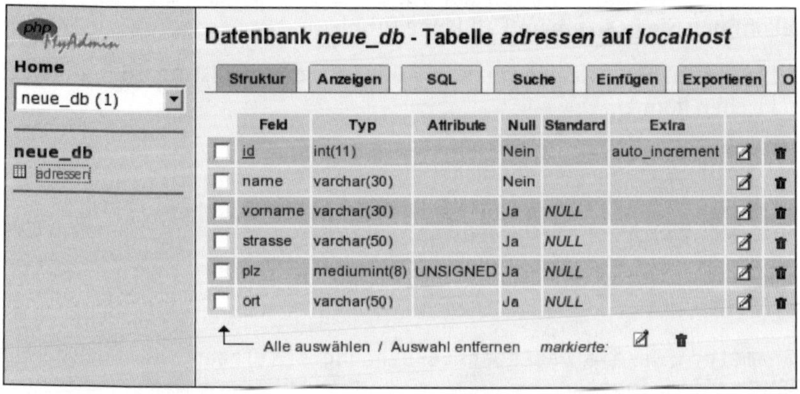

Abbildung 16.8: Die Struktur der neue erzeugten Tabelle in phpMyAdmin

Wenn Sie nicht sicher sind, ob eine Tabelle, die Sie anlegen möchten, bereits existiert, können Sie `CREATE TABLE` um die Schlüsselwörter `IF NOT EXISTS` anreichern. So vermeiden Sie eine Fehlermeldung, falls doch schon eine Tabelle mit dem gleichen Namen existieren sollte. Die Funktion steht Ihnen seit Version 3.23 von MySQL zur Verfügung.

Die Syntax von `CREATE TABLE` bietet viel mehr Möglichkeiten, als ich Ihnen auf den Seiten dieses Abschnitts zeigen konnte. Ich habe versucht mich (wie bei allen anderen SQL-Anweisungen auch) auf die wesentlichsten Parameter zu beschränken.

Eine Tabelle wieder loswerden

Wenn Sie eine Tabelle erstellt haben, dann möchten Sie diese vielleicht auch irgendwann einmal wieder loswerden und löschen. Mit den SQL-Anweisungen `DROP TABLE` und `DROP TABLE IF EXISTS` können Sie bestehende Tabellen löschen. Die Syntax sieht folgendermaßen aus:

```
DROP TABLE tabellen_name;
```

und

```
DROP TABLE IF EXISTS tabellen_name;
```

Vorsicht! Sie bekommen keine Rückfrage nach einer Bestätigung bei `DROP TABLE`. Die Tabelle wird gnadenlos und unwiderruflich gelöscht und damit natürlich auch alle Datensätze in der Tabelle.

Der Unterschied zwischen `DROP TABLE` und `DROP TABLE IF EXISTS` ist, dass bei `DROP TABLE IF EXISTS` vor dem Versuch die Tabelle zu löschen erst überprüft wird, ob diese überhaupt vorhanden ist. Wenn Sie versuchen mit `DROP TABLE` eine Tabelle zu löschen, die überhaupt nicht vorhanden ist, dann kommt es zu einem Fehler. Mit `DROP TABLE IF EXISTS` bekommen Sie in so einem Fall keine Probleme.

In Listing 16.6 sehen Sie, wie Sie mit `DROP TABLE` die in Listing 16.5 angelegte Tabelle `adressen` löschen können.

```
<HTML>
<HEAD>
    <TITLE>Eine Datenbank auswählen und Tabellen löschen</TITLE>
</HEAD>
<BODY>
<?php

// Die Parameter für die Datenbankverbindung festlegen
$servername = "localhost";
$benutzer   = "root";
$passwort   = "geheim";

// Versuchen, die DB-Verbindung herzustellen
if ($verbindung = mysql_connect ($servername, $benutzer, $passwort)) {
    echo "Die Verbindung mit der Datenbank auf <B>$servername</B> wurde
          aufgebaut.<P>";
} else {
    echo "Der Verbindungsversuch zur DB ist fehlgeschlagen! " .
          mysql_error();
    exit();
}
```

```
$datenbank = "neue_db";

// Die Datenbank auswählen
if (!mysql_select_db ($datenbank)) {
    echo "Die Datenbank konnte nicht ausgewählt werden: " . mysql_error();
    exit();
} else {
    echo "Die Datenbank <B>$datenbank</B> wurde ausgewählt.<P>";
}

$tabellenname = "adressen";

// Eine Tabelle löschen
if (!mysql_query ("DROP TABLE $tabellenname;")) {
    echo "Die Tabelle <B>$tabellenname</B> wurde nicht gelöscht " .
          mysql_error();
    exit();
} else {
    echo "Die Tabelle <B>$tabellenname</B> wurde erfolgreich gelöscht.<P>";
}

// Die Verbindung zur Datenbank schließen
mysql_close ($verbindung);

?>
</BODY>
</HTML>
```

Listing 16.6: Eine Tabelle mit `DROP TABLE` *löschen*

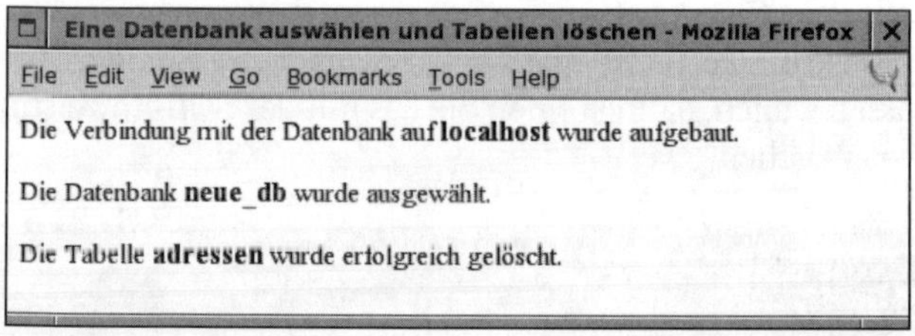

Abbildung 16.9: Die zuvor erzeugte Tabelle wurde mit `DROP TABLE` *erfolgreich gelöscht.*

The SHOW must go on!

Wenn Sie erst einmal ein paar Tabellen in Ihrer Datenbank angelegt, gelöscht und wieder angelegt haben, kann es leicht passieren, dass Sie den Überblick verlieren. Aber natürlich hat SQL auch für solche Fälle die passende Anweisung parat. Mit der SQL-Anweisung `SHOW`

TABLES können Sie sich eine Übersicht über die in Ihrer aktuell ausgewählten Datenbank vorhandenen Tabellen ausgeben lassen. Loggen Sie sich dafür einfach in Ihrer Datenbank mit folgendem Befehl ein:

```
mysql -u benutzername -ppasswort
```

Dann wechseln Sie in die gewünschte Datenbank mit dem Kommando `\u name_der_datenbank`.

```
\u neue_db
```

Alternativ können Sie auch mit der aus Listing 16.3 bekannten SQL-Anweisung `USE` in die Datenbank wechseln.

Geben Sie nun `SHOW TABLES` ein, erhalten Sie als Ausgabe eine Tabelle mit allen vorhandenen Tabellen in der Datenbank, in der Sie sich gerade befinden (`neue_db`). Die Ausgabe sollte so oder so ähnlich wie in Abbildung 16.10 auch bei Ihnen aussehen.

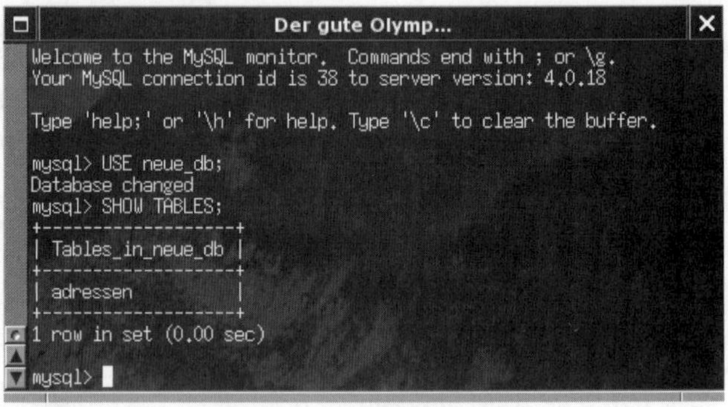

Abbildung 16.10: Die Ausgabe von `SHOW TABLES`

Wenn Sie sich die Struktur, das heißt eine Übersicht über alle Spalten aus einer bestimmten Tabelle ausgeben lassen wollen, dann können Sie das mit der SQL-Anweisung `SHOW COLUMNS FROM table_name` erreichen.

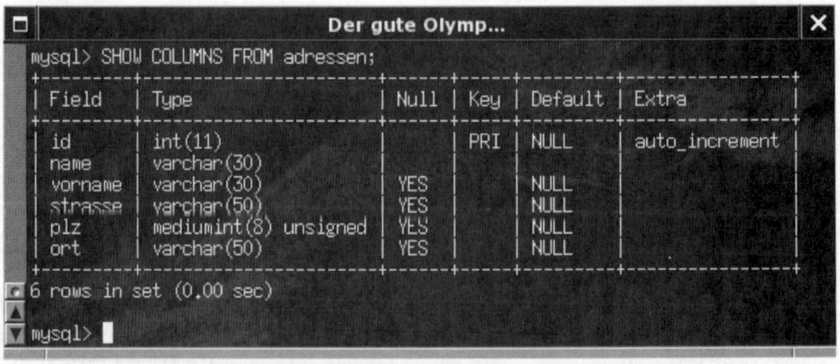

Abbildung 16.11: Die Ausgabe von `SHOW COLUMNS FROM adressen`

In Abbildung 16.11 sehen Sie die Ausgabe von `SHOW COLUMNS FROM adressen`, der Tabelle, die Sie in Listing 16.5 angelegt haben.

Die Tabellen füllen

Nun ist es an der Zeit zu erfahren, wie Tabellen mit Daten gefüllt werden können, denn was will man schon mit einer leeren Tabelle anfangen? Für das Füllen von Tabellen verwenden Sie die SQL-Anweisung `INSERT INTO`. Die Syntax zu dieser Anweisung lautet:

```
INSERT INTO table_name [(spalten_name,...)] VALUES (werte,…)
```

Die Spaltennamen können Sie nur weglassen, wenn in alle Felder etwas eingefügt werden soll. Dabei müssen Sie dann aber auch die korrekte Reihenfolge beachten. In der Regel rate ich aus Gründen der Übersichtlichkeit und Fehlervermeidung von solchen Geschichten ab.

Ich zeige Ihnen jetzt, wie Sie in Ihre soeben erstellte Tabelle folgende Daten eintragen :

Name	Vorname	Strasse	PLZ	Ort
Mustermann	Klaus		54321	Musterstadt
Wurst	Hans	Hauptstrasse 17	99669	Mettdorf
Duck	Donald		12345	Entenhausen

Dazu müssen Sie Folgendes im MySQL-Prompt eingeben:

```
INSERT INTO adressen (name, vorname, strasse, plz, ort) VALUES ('Muster-
mann', 'Klaus', '', '54321', 'Musterstadt');
```

```
INSERT INTO adressen (name, vorname, strasse, plz, ort) VALUES ('Wurst',
'Hans', 'Hauptstrasse 17', '99669', 'Mettdorf');
```

```
INSERT INTO adressen (name, vorname, strasse, plz, ort) VALUES ('Duck',
'Donald', '', '12345', 'Entenhausen');
```

Das Ergebnis unseres Einfügens von Daten mit `INSERT INTO` sehen Sie in Abbildung 16.12. Es sind jetzt drei Zeilen (Datensätze) in der Tabelle `adressen` vorhanden.

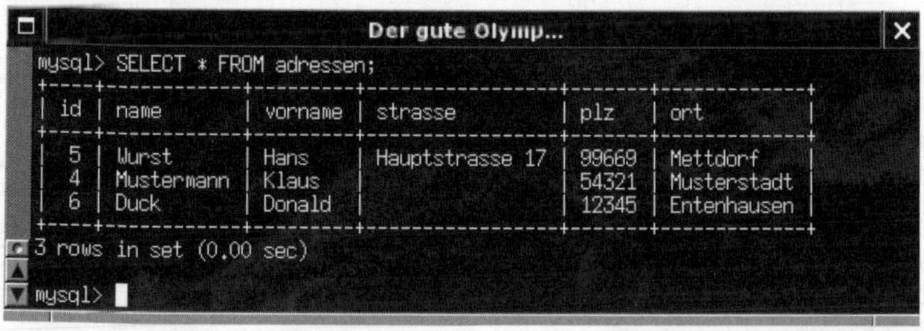

Abbildung 16.12: Die Tabelle adressen, nachdem Sie mit `INSERT INTO` gefüllt wurde

Jetzt werden Sie sicher sagen: »Wie unkomfortabel. Ich will meine Daten mit PHP in die Datenbank schreiben.« Kein Problem. Wie das geht, sehen Sie in Listing 16.7:

```
<HTML>
<HEAD>
   <TITLE>Eine Datenbank auswählen und Tabellen füllen</TITLE>
</HEAD>
<BODY>
<?php

// Die Parameter für die Datenbankverbindung festlegen
$servername = "localhost";
$benutzer   = "root";
$passwort   = "geheim";

// Versuchen, die DB-Verbindung herzustellen
if ($verbindung = mysql_connect ($servername, $benutzer, $passwort)) {
   echo "Die Verbindung mit der Datenbank auf <B>$servername</B> wurde
         aufgebaut.<P>";
} else {
   echo "Der Verbindungsversuch zur DB ist fehlgeschlagen! " .
         mysql_error();
   exit();
}

$datenbank = "neue_db";

// Die Datenbank auswählen
if (!mysql_select_db ($datenbank)) {
   echo "Die Datenbank konnte nicht ausgewählt werden: " . mysql_error();
   exit();
} else {
   echo "Die Datenbank <B>$datenbank</B> wurde ausgewählt.<P>";
}

mysql_query ("INSERT INTO adressen (name, vorname, strasse, plz, ort)
              VALUES ('Mustermann', 'Klaus', '', '54321',
             'Musterstadt');");
mysql_query ("INSERT INTO adressen (name, vorname, strasse, plz, ort)
              VALUES ('Wurst', 'Hans', 'Hauptstrasse 17', '99669',
             'Mettdorf');");
mysql_query ("INSERT INTO adressen (name, vorname, strasse, plz, ort)
              VALUES ('Duck', 'Donald', '', '12345', 'Entenhausen');");

// Die Verbindung zur Datenbank schließen
mysql_close ($verbindung);
```

```
?>
</BODY>
</HTML>
```

Listing 16.7: Eine Tabelle mit `INSERT INTO` *füllen*

Das Ergebnis von Listing 16.7 aus der Sicht von phpMyAdmin sehen Sie in Abbildung 16.13.

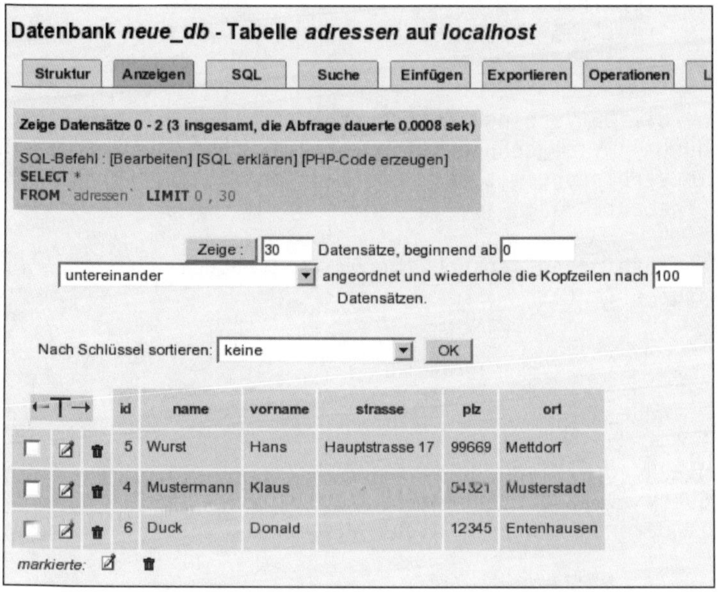

Abbildung 16.13: Die drei mit `INSERT INTO` *eingefügten Datensätze*

Mit SELECT an die Informationen kommen

Ohne die `SELECT`-Anweisung ist ein sinnvolles Arbeiten mit MySQL nicht möglich. Mit `SELECT` stellen Sie Anfragen an die Datenbank, um Informationen daraus zu erhalten. `SELECT` ist zugleich die wichtigste und komplexeste Anweisung von SQL. Der Grund dafür liegt an den vielfältigen Möglichkeiten, die Ihnen eine Datenbank bietet (und bieten muss), um möglichst genau zu definieren, welche Daten Sie erhalten möchten.

Ich werde Ihnen auf den folgenden Seiten einige einfache Beispiele zu `SELECT` zeigen und erklären, die Ihnen ein Gefühl dafür vermitteln sollen, wie Sie eine Datenbank anweisen können, Ihnen genau die Datensätze zu liefern, die Sie brauchen.

Unser erstes Beispiel ist ein ganz einfaches. Wir legen uns in Listing 16.8 eine Datenbank `neue_db` an. In der neuen Datenbank erzeugen Sie eine Tabelle `personen` und füllen die Tabelle mit ein paar Daten von Personen, die Sie sicherlich kennen.

```
<HTML>
<HEAD>
   <TITLE>Eine DB und Tabelle erzeugen und füllen</TITLE>
</HEAD>
<BODY>
<?php

// Die Parameter für die Datenbankverbindung festlegen
$servername = "localhost";
$benutzer   = "root";
$passwort   = "geheim";

// Versuchen, die DB-Verbindung herzustellen
if ($verbindung = mysql_connect ($servername, $benutzer, $passwort)) {
   echo "Die Verbindung mit der Datenbank auf <B>$servername</B> wurde
         aufgebaut.<P>";
} else {
   echo "Der Verbindungsversuch zur DB ist fehlgeschlagen! " .
         mysql_error();
   exit();
}

$datenbank = "neue_db";

// Die Datenbank auswählen
if (!mysql_query ("USE $datenbank;")) {
   echo "Die Datenbank konnte nicht ausgewählt werden: " . mysql_error();
   exit();
} else {
   echo "Die Datenbank <B>$datenbank</B> wurde ausgewählt.<P>";
}

$tabellenname = "personen";

// Eine Tabelle löschen
mysql_query ("DROP TABLE IF EXISTS $tabellenname;");

// Eine Tabelle erzeugen
if (!mysql_query ("CREATE TABLE $tabellenname (
                              ID             INT NOT NULL AUTO_INCREMENT,
                              Vorname        VARCHAR(30) NOT NULL,
                              Nachname       VARCHAR(30) NOT NULL,
                              Geburtsjahr    INT UNSIGNED,
                              Geburtsort     VARCHAR(30),
                              PRIMARY KEY(id)
);")) {
```

```
    echo "Die Tabelle <B>$tabellenname</B> wurde nicht angelegt " .
          mysql_error();
    exit();
} else {
    echo "Die Tabelle <B>$tabellenname</B> wurde erfolgreich
          angelegt.<P>";
}

mysql_query ("INSERT INTO $tabellenname (Vorname, Nachname, Geburtsjahr,
              Geburtsort) VALUES ('Johann Wolfgang', 'von Goethe', '1749',
              'Frankfurt am Main');");
mysql_query ("INSERT INTO $tabellenname (Vorname, Nachname, Geburtsjahr,
              Geburtsort) VALUES ('Friedrich', 'von Schiller', '1759',
              'Marbach');");
mysql_query ("INSERT INTO $tabellenname (Vorname, Nachname, Geburtsjahr,
              Geburtsort) VALUES ('Ewald Christian', 'von Kleist', '1715',
              'Zeblin');");
mysql_query ("INSERT INTO $tabellenname (Vorname, Nachname, Geburtsjahr,
              Geburtsort) VALUES ('Johann Christian Friedrich',
              'Hölderlin', '1770', 'Lauffen am Neckar');");
mysql_query ("INSERT INTO $tabellenname (Vorname, Nachname, Geburtsjahr,
              Geburtsort) VALUES ('Georg Wilhelm Friedrich', 'Hegel',
              '1770', 'Stuttgart');");
mysql_query ("INSERT INTO $tabellenname (Vorname, Nachname, Geburtsjahr,
              Geburtsort) VALUES ('Heinrich', 'Heine', '1797',
              'Düsseldorf');");
mysql_query ("INSERT INTO $tabellenname (Vorname, Nachname, Geburtsjahr,
              Geburtsort) VALUES ('Immanuel', 'Kant', '1724',
              'Königsberg');");

// Die Verbindung zur Datenbank schließen
mysql_close ($verbindung);

?>
</BODY>
</HTML>
```

Listing 16.8: Eine Datenbank mit einer Tabelle erzeugen

Die soeben erzeugte Tabelle eignet sich hervorragend zum Experimentieren mit der `SELECT`-Anweisung. Sehen Sie sich mit phpMyAdmin einmal die Tabelle und vor allem ihren Inhalt in Abbildung 16.15 an.

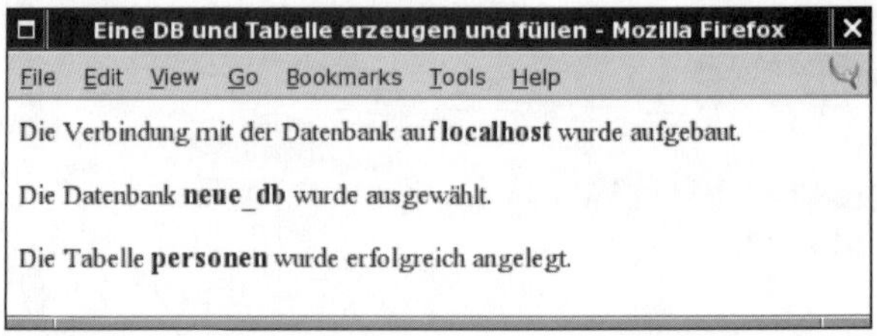

Abbildung 16.14: Eine Datenbank mit einer Tabelle erzeugen und die Tabelle füllen

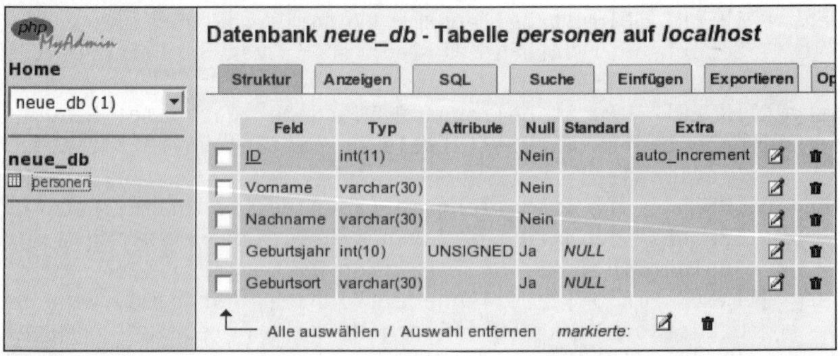

Abbildung 16.15: Die neu erzeugte Tabelle personen und ihr Inhalt in phpMyAdmin

Machen wir nun gemeinsam ein paar Beispiele mit `SELECT`, um Ihnen ein Gefühl dafür zu geben, wie Sie mit dieser Anweisung arbeiten können. Die folgenden Beispiele können Sie entweder direkt in einer Shell oder in der Eingabeaufforderung (MS-DOS-Box) in dem Programm `mysql` eingeben.

Loggen Sie sich dafür in die Datenbank ein:

```
mysql -h localhost -u root -pgeheim
```

Wechseln Sie nun mit der SQL-Anweisung `USE` in die richtige Datenbank:

```
USE neue_db;
```

Jetzt können Sie die folgenden Beispiele zu `SELECT` direkt eingeben. Wenn Sie es lieber einfacher und komfortabler möchten, können Sie für die folgenden Übungen auch phpMyAdmin verwenden. Wählen Sie die richtige Datenbank `neue_db` aus und klicken Sie auf die Tabelle `personen`. Danach klicken Sie auf den Reiter SQL und geben in das Fenster mit der Überschrift *Run SQL query/queries on database neue_db* die SQL-Anweisungen ein.

Die einfachste Anwendung der `SELECT`-Anweisung ist folgende:

```
SELECT * FROM tabellenname;
```

Diese Anfrage an die Datenbank liefert alle Einträge in der Tabelle mit dem Namen `tabellenname` zurück. Es wird einfach die komplette Tabelle ausgegeben. Der * steht dabei umgangssprachlich für ALLES.

Geben Sie nun in `mysql` oder in phpMyAdmin die Anfrage

```
SELECT * FROM personen;
```

ein, sollten Sie als Ergebnis folgende Ausgabe erhalten:

```
mysql> SELECT * FROM personen;
+----+---------------------------+-------------+-------------+-------------------+
| ID | Vorname                   | Nachname    | Geburtsjahr | Geburtsort        |
+----+---------------------------+-------------+-------------+-------------------+
|  1 | Johann Wolfgang           | von Goethe  |        1749 | Frankfurt am Main |
|  2 | Friedrich                 | von Schiller|        1759 | Marbach           |
|  3 | Ewald Christian           | von Kleist  |        1715 | Zeblin            |
|  4 | Johann Christian Friedrich| Hölderlin   |        1770 | Lauffen am Neckar |
|  5 | Georg Wilhelm Friedrich   | Hegel       |        1770 | Stuttgart         |
|  6 | Heinrich                  | Heine       |        1797 | Düsseldorf        |
|  7 | Immanuel                  | Kant        |        1724 | Königsberg        |
+----+---------------------------+-------------+-------------+-------------------+
7 rows in set (0.00 sec)
```

Das Ergebnis unter phpMyAdmin sieht nicht viel anders aus, als in Abbildung 16.15.

Wenn Sie statt einem * in Ihrer `SELECT`-Anweisung einen oder mehrere Spaltennamen angeben, werden nur diese Spalten ausgegeben. Wie das funktioniert, demonstrieren Ihnen die beiden folgenden Beispiele:

```
mysql> SELECT Vorname FROM personen;

+---------------------------+
| Vorname                   |
+---------------------------+
| Johann Wolfgang           |
| Friedrich                 |
| Ewald Christian           |
| Johann Christian Friedrich|
| Georg Wilhelm Friedrich   |
| Heinrich                  |
| Immanuel                  |
+---------------------------+
7 rows in set (0.00 sec)
```

Das erste Beispiel liefert nur die Spalte `Vorname` zurück. Im nächsten Beispiel fordern Sie die beiden Spalten `ID` und `Nachname` an:

```
mysql> SELECT ID,Nachname FROM personen;
+----+--------------+
| ID | Nachname     |
+----+--------------+
|  1 | von Goethe   |
|  2 | von Schiller |
|  3 | von Kleist   |
|  4 | Hölderlin    |
|  5 | Hegel        |
|  6 | Heine        |
|  7 | Kant         |
+----+--------------+
7 rows in set (0.02 sec)
```

Wenn Sie nur wissen wollen, wie viele Zeilen (Datensätze) in einer Tabelle sind, wird Ihnen das folgende Beispiel mit dem Schlüsselwort `COUNT` sicher gefallen:

```
mysql> SELECT COUNT(*) FROM personen;
+----------+
| COUNT(*) |
+----------+
|        7 |
+----------+
1 row in set (0.00 sec)
```

`COUNT` zählt also die in der Tabelle gefundenen Datensätze. Machen wir es mal ein wenig komplizierter. Wenn Sie beispielsweise wissen wollen, wie viele Personen in der Tabelle `personen` im Jahr 1770 und später geboren wurden, dann können Sie das ebenfalls mit `COUNT` herausfinden, indem Sie eine `WHERE`-Bedingung angeben.

```
mysql> SELECT COUNT(*) FROM personen WHERE Geburtsjahr >= 1770;
+----------+
| COUNT(*) |
+----------+
|        3 |
+----------+
1 row in set (0.00 sec)
```

Es sind also drei Personen in unserer Tabelle vorhanden, die 1770 und später geboren wurden. Wenn Sie sich diese drei genauer ansehen möchten, dann erreichen Sie das wie gewohnt mit `SELECT *` und der `WHERE`-Bedingung.

```
mysql> SELECT * FROM personen WHERE Geburtsjahr >= 1770;
+----+----------------------------+-----------+-------------+-------------------+
| ID | Vorname                    | Nachname  | Geburtsjahr | Geburtsort        |
+----+----------------------------+-----------+-------------+-------------------+
|  4 | Johann Christian Friedrich | Hölderlin |        1770 | Lauffen am Neckar |
|  5 | Georg Wilhelm Friedrich    | Hegel     |        1770 | Stuttgart         |
|  6 | Heinrich                   | Heine     |        1797 | Düsseldorf        |
+----+----------------------------+-----------+-------------+-------------------+
3 rows in set (0.00 sec)
```

Sie können bei einer `WHERE`-Bedingung auch festlegen, dass alle Datensätze gesucht werden sollen, die eine bestimmte Zeichenfolge enthalten. Anders ausgedrückt: Sie können ein Muster für die Suche festlegen. Für diesen Zweck existiert das Schlüsselwort `LIKE`.

Das folgende Beispiel sucht alle Datensätze in der Tabelle `personen`, bei denen in dem Feld der Spalte `Nachname` die Zeichenfolge `von` vorkommt.

```
SELECT * FROM personen WHERE Nachname LIKE "von%";
```

Das Ergebnis der SQL-Anfrage sollte wie folgt aussehen:

```
mysql> SELECT * FROM personen WHERE Nachname LIKE "von%";
+----+----------------+--------------+-------------+------------------+
| ID | Vorname        | Nachname     | Geburtsjahr | Geburtsort       |
+----+----------------+--------------+-------------+------------------+
|  1 | Johann Wolfgang | von Goethe  |        1749 | Frankfurt am Main |
|  2 | Friedrich      | von Schiller |        1759 | Marbach          |
|  3 | Ewald Christian | von Kleist  |        1715 | Zeblin           |
+----+----------------+--------------+-------------+------------------+
3 rows in set (0.00 sec)
```

Das Zeichen `%` im Suchstring von `LIKE` legt fest, dass nach der Zeichenfolge `von` eine beliebige Anzahl beliebiger Zeichen stehen kann. Natürlich können Sie auch an den Anfang des Suchstrings ein `%` setzen. Das folgende Beispiel gibt Ihnen die Spalten `Vorname`, `Nachname` und `Geburtsort` von allen Datensätzen aus, die in der Spalte `Geburtsort` die Zeichenfolge `am` enthalten.

```
mysql> SELECT Vorname, Nachname, Geburtsort FROM personen
    -> WHERE Geburtsort LIKE "%am%";
+----------------------------+------------+-------------------+
| Vorname                    | Nachname   | Geburtsort        |
+----------------------------+------------+-------------------+
| Johann Wolfgang            | von Goethe | Frankfurt am Main |
| Johann Christian Friedrich | Hölderlin  | Lauffen am Neckar |
+----------------------------+------------+-------------------+
2 rows in set (0.00 sec)
```

Natürlich können Sie auch mehrere `WHERE`-Bedingungen in eine `SELECT`-Anfrage packen, um so die Anfrage zu verfeinern. Die zusätzlichen Bedingungen hängen Sie mit einen `AND` an die `WHERE`-Bedingung Ihrer SQL-Anfrage.

```
mysql> SELECT Vorname, Nachname, Geburtsort FROM personen
    -> WHERE Geburtsjahr >= "1730"
    -> AND Geburtsjahr <  "1755"
    -> AND Nachname LIKE "von%"
    -> AND Geburtsort LIKE "%Main";
+-----------------+------------+-------------------+
| Vorname         | Nachname   | Geburtsort        |
+-----------------+------------+-------------------+
| Johann Wolfgang | von Goethe | Frankfurt am Main |
+-----------------+------------+-------------------+
1 row in set (0.00 sec)
```

Außer mit dem Schlüsselwort AND können Sie WHERE-Bedingungen auch mit den Schlüsselwörtern OR, NOT (Verneinung), BETWEEN und IN verfeinern. Achten Sie gegebenenfalls auch auf die richtige Klammerung der Suchbedingungen.

In dem letzten Beispiel haben Sie gelernt, dass Sie bei WHERE-Bedingungen auch mit Vergleichsoperatoren arbeiten können. In Tabelle 16.6 finden Sie eine Übersicht über einige der Vergleichsoperatoren von MySQL.

Operator	Beschreibung
=	identisch (gleich)
<> und !=	ungleich
>	größer
<	kleiner
>=	größer oder gleich
<=	kleiner oder gleich
IS NULL	testet, ob ein Wert NULL ist
IS NOT NULL	testet, ob ein Wert nicht NULL ist

Tabelle 16.6: Einige Vergleichoperatoren von MySQL

Einträge aus den Tabellen entfernen

Wie Sie Datensätze in Tabellen einfügen können, haben Sie bereits gelernt. Was Sie jetzt noch nicht wissen, ist, wie Sie Datensätze aus einer Tabelle wieder entfernen können. Daten löschen Sie aus den Tabellen Ihrer Datenbank mit der SQL-Anweisung DELETE FROM. Mit dieser Anweisung können Sie in Ihren alten Datenbeständen so richtig ausmisten.

```
DELETE FROM tabellenname [WHERE bedingungen]
```

Vorsicht! Wenn Sie bei `WHERE` keine Bedingungen angeben, werden alle Datensätze in der Tabelle `tabellenname` ohne weitere Rückfragen oder Warnungen unwiderruflich gelöscht. Die Anweisung bezieht sich dann nämlich auf alle Einträge in der Tabelle. Die SQL-Anweisung `DELETE FROM personen;` würde also die gesamte Tabelle `personen` leeren.

Natürlich können Sie auch bei der Anweisung `DELETE FROM` mehrere `WHERE`-Bedingungen angeben. Das folgende Beispiel löscht aus der Tabelle `personen` den Datensatz von Friedrich von Schiller.

```
mysql> DELETE FROM personen where ID="2";
Query OK, 1 row affected (0.02 sec)

mysql> select * from personen;
+----+--------------------------+------------+-------------+------------------+
| ID | Vorname                  | Nachname   | Geburtsjahr | Geburtsort       |
+----+--------------------------+------------+-------------+------------------+
|  1 | Johann Wolfgang          | von Goethe |        1749 | Frankfurt am Main |
|  3 | Ewald Christian          | von Kleist |        1715 | Zeblin           |
|  4 | Johann Christian Friedrich | Hölderlin |       1770 | Lauffen am Neckar |
|  5 | Georg Wilhelm Friedrich  | Hegel      |        1770 | Stuttgart        |
|  6 | Heinrich                 | Heine      |        1797 | Düsseldorf       |
|  7 | Immanuel                 | Kant       |        1724 | Königsberg       |
+----+--------------------------+------------+-------------+------------------+
6 rows in set (0.00 sec)
```

Das folgende Beispiel ist schon etwas komplexer. Hier weisen Sie an, dass nur die Datensätze gelöscht werden sollen, bei denen in der Spalte `Geburtsjahr` der Eintrag `1770` zu finden ist, und die in der Spalte `Geburtsort` die Zeichenfolge `am` enthalten. Was vor und nach dem `am` steht wird ignoriert.

```
mysql> DELETE FROM personen WHERE Geburtsjahr = "1770" AND GEBURTSORT LIKE "%am%";
Query OK, 1 row affected (0.02 sec)

mysql> select * from personen;
+----+-------------------------+-------------+-------------+-------------------+
| ID | Vorname                 | Nachname    | Geburtsjahr | Geburtsort        |
+----+-------------------------+-------------+-------------+-------------------+
|  1 | Johann Wolfgang         | von Goethe  |        1749 | Frankfurt am Main |
|  2 | Friedrich               | von Schiller |       1759 | Marbach           |
|  3 | Ewald Christian         | von Kleist  |        1715 | Zeblin            |
|  5 | Georg Wilhelm Friedrich | Hegel       |        1770 | Stuttgart         |
|  6 | Heinrich                | Heine       |        1797 | Düsseldorf        |
|  7 | Immanuel                | Kant        |        1724 | Königsberg        |
+----+-------------------------+-------------+-------------+-------------------+
6 rows in set (0.00 sec)
```

Wie zu erwarten, fiel der Datensatz von Johann Christian Friedrich Hölderlin der `DELETE FROM`-Anweisung zum Opfer. Georg Wilhelm Friedrich Hegel ist zwar auch 1770 geboren, im Namen seines Geburtsortes kommt aber nicht die Zeichenfolge `am` vor.

Mit UPDATE immer auf dem aktuellsten Stand bleiben

Nachdem Sie nun schon erfahren haben, wie Sie Daten in eine Tabelle einfügen, aus einer Tabelle auslesen und entfernen können, fehlt eigentlich nur noch eines: Nehmen wir einmal an, Sie haben in eine Tabelle einer Datenbank einige Datensätze eingefügt und plötzlich fallen ihnen ein paar Fehler auf – vielleicht sogar nur Tippfehler. Jetzt haben Sie zwei Möglichkeiten. Entweder Sie entfernen die fehlerhaften Datensätze mit `DELETE FROM` oder Sie ändern den Inhalt der betroffenen Felder mit der SQL-Anweisung `UPDATE`.

In den meisten Fällen ist das Löschen und wieder Neueinfügen der Daten sehr unpraktisch und zeitaufwendig. Darum schauen Sie sich `UPDATE` einmal an. Die Syntax der Anweisung sieht folgendermaßen aus:

```
UPDATE tabellenname SET spaltenname = neuer_eintrag, ... [WHERE
bedingungen]
```

Mit dem Attribut `spaltenname` legen Sie fest, in welcher Spalte der Tabelle `tabellenname` sich die Daten befinden, die Sie ändern möchten.

Mit der folgenden `UPDATE`-Anweisung ändern Sie den Eintrag in der Spalte `Geburtsort` in `Düsseldorf am Rhein` in allen Datensätzen (Zeilen), die in der Spalte `Nachname` den Eintrag `Heine` haben.

```
mysql> UPDATE personen SET Geburtsort = "Düsseldorf am Rhein"
    -> WHERE Nachname = "Heine";
Query OK, 1 row affected (0.00 sec)
Rows matched: 1  Changed: 1  Warnings: 0

mysql> select * from personen;
+----+----------------------------+-------------+-------------+---------------------+
| ID | Vorname                    | Nachname    | Geburtsjahr | Geburtsort          |
+----+----------------------------+-------------+-------------+---------------------+
|  1 | Johann Wolfgang            | von Goethe  |        1749 | Frankfurt am Main   |
|  2 | Friedrich                  | von Schiller|        1759 | Marbach             |
|  3 | Ewald Christian            | von Kleist  |        1715 | Zeblin              |
|  4 | Johann Christian Friedrich | Hölderlin   |        1770 | Lauffen am Neckar   |
|  5 | Georg Wilhelm Friedrich    | Hegel       |        1770 | Stuttgart           |
|  6 | Heinrich                   | Heine       |        1797 | Düsseldorf am Rhein |
|  7 | Immanuel                   | Kant        |        1724 | Königsberg          |
+----+----------------------------+-------------+-------------+---------------------+
7 rows in set (0.00 sec)
```

Auch bei `UPDATE` können Sie die `WHERE`-Bedingung um weitere Bedingungen verfeinern, die Sie mit den Schlüsselwörtern `AND`, `OR`, `NOT`, `BETWEEN` und `IN` verknüpfen. Auch die Vergleichsoperatoren stehen Ihnen hier zur Verfügung.

An dieser Stelle möchte ich es mit diesem kleinen SQL-Einführungskurs gut sein lassen. In den folgenden Abschnitten möchte ich mit Ihnen das Gelernte in einigen Beispielen ausprobieren.

Eine Datenbank als HTML-Tabelle ausgeben

Als erstes Beispiel möchte ich Ihnen zeigen, wie Sie die Daten einer Tabelle der Datenbank in eine Webseite einbauen können. Dafür müssen Sie die Tabelle Zeile für Zeile auslesen und eine HTML-Tabelle generieren. Wie das geht, erfahren Sie in diesem Abschnitt.

Als Erstes müssen Sie für unser Beispiel eine Tabelle erzeugen. Die Tabelle soll drei Spalten haben und `Student` heißen. Die Spalte `ID` ist vom Typ `INT` (Integer). Der Wert `Null` ist in dieser Spalte nicht erlaubt (`NOT NULL`) und die maximale Anzahl an Stellen ist 5. In jedem neuen Datensatz (jeder neuen Zeile) wird der Wert in der Spalte `ID` durch den Parameter `AUTO_INCREMENT` automatisch immer um eins hochgezählt.

Wie Sie anhand der Zeile `PRIMARY KEY (ID)` sehen können, ist `ID` der Primärschlüssel. Die weiteren Spalten heißen `NAME` und `MATRIKELNUMMER`. Die Spalte `NAME` ist vom Typ `VARCHAR` die maximale Länge der Einträge ist 20 Zeichen. Das sollte für einen normalen Namen ausreichen.

Die Spalte `MATRIKELNUMMER` ist vom Typ `INT` und die maximale Feldlänge ist hier 6 – so lang wie eine Matrikelnummer nach unserer Definition sein sollte. Die `CREATE TABLE`-Anweisung für die Tabelle `Student` sieht also folgendermaßen aus:

```
CREATE TABLE Student (
    ID INT(5) NOT NULL AUTO_INCREMENT,
    NAME VARCHAR(20),
    MATRIKELNUMMER INT(6),
    PRIMARY KEY (ID)
);
```

Jetzt haben Sie eine leere Tabelle `Student`, aber noch keine Studenten. Also fügen Sie beim nächsten Schritt mit der SQL-Anweisung `INSERT INTO` in die Tabelle ein paar Namen und Matrikelnummern ein.

```
INSERT INTO Student(NAME, MATRIKELNUMMER) VALUES('Denis', '338058');
INSERT INTO Student(NAME, MATRIKELNUMMER) VALUES('Katrin', '338291');
INSERT INTO Student(NAME, MATRIKELNUMMER) VALUES('Alex', '338734');
INSERT INTO Student(NAME, MATRIKELNUMMER) VALUES('Lidia', '339572');
INSERT INTO Student(NAME, MATRIKELNUMMER) VALUES('Steffen', '339134');
INSERT INTO Student(NAME, MATRIKELNUMMER) VALUES('Dauni', '338921');
```

Die `ID` müssen Sie nicht mit angeben, da diese automatisch vor jede Zeile gestellt wird und automatisch dank `AUTO_INCREMENT` mit jeder neuen Zeile um eins hochgezählt wird.

Wenn Sie nun an die Datenbank die Anfrage `SELECT * FROM STUDENT` schicken, sollten Sie die folgende Ausgabe erhalten:

```
SELECT * FROM STUDENT
mysql> SELECT * FROM Student;
+----+--------+---------------+
| ID | NAME   | MATRIKELNUMMER |
+----+--------+---------------+
|  1 | Denis  |        338058 |
|  2 | Katrin |        338291 |
|  3 | Alex   |        338734 |
|  4 | Lidia  |        339572 |
|  5 | Steffen |       339134 |
|  6 | Bauni  |        338921 |
+----+--------+---------------+
6 rows in set (0.00 sec)
```

Alternativ können Sie sich die Tabelle natürlich auch mit phpMyAdmin anschauen. Dann sieht das Ergebnis so oder so ähnlich wie in Abbildung 16.16 aus.

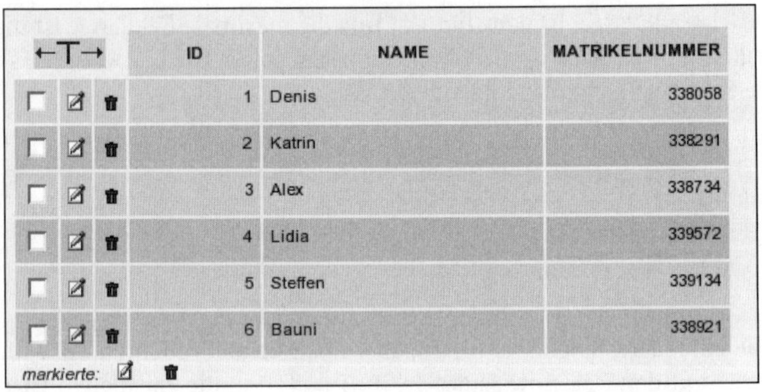

←T→	ID	NAME	MATRIKELNUMMER
	1	Denis	338058
	2	Katrin	338291
	3	Alex	338734
	4	Lidia	339572
	5	Steffen	339134
	6	Bauni	338921
markierte:			

Abbildung 16.16: Die neu erzeugte und gefüllte Tabelle Student aus der Sicht von phpMyAdmin

Bis hierher durften Sie keine allzu großen Überraschungen erlebt haben, wenn Sie die vorherigen Seiten dieses Kapitels schon durchgearbeitet haben. Jetzt kommt der wirklich interessante Teil dieses Beispiels. Das Auslesen der Tabelle mit PHP und Schreiben der Daten in eine HTML-Tabelle.

Das folgende PHP-Skript (Listing 16.9) liest die Tabelle `Student` aus der Datenbank aus und schreibt deren Inhalt in eine HTML-Datenbank:

```
<HEAD>
    <TITLE>Eine Tabelle aus der DB in HTML unwandeln</TITLE>
</HEAD>
<BODY>
<?php

// Die Parameter für die Datenbankverbindung festlegen
$servername = "localhost";
```

```
$benutzer   = "root";
$passwort   = "geheim";
$datenbank  = "neue_db";

// Versuchen, die DB-Verbindung herzustellen
if ($verbindung = mysql_connect($servername, $benutzer, $passwort)) {
    echo "Die Verbindung mit der Datenbank auf <B>$servername</B> wurde
          aufgebaut.<P>";
} else {
    echo "Der Verbindungsversuch zur DB ist fehlgeschlagen! " .
          mysql_error();
    exit();
}

// Die Datenbank auswählen
if (!mysql_query("USE $datenbank;")) {
    echo "Die Datenbank konnte nicht ausgewählt werden: " . mysql_error();
    exit();
} else {
    echo "Die Datenbank <B>$datenbank</B> wurde ausgewählt.<P>";
}

// Die Tabelle STUDENT auslesen
$anfrage = "SELECT NAME, MATRIKELNUMMER FROM Student;";

if (!($ergebnis = mysql_query($anfrage))) {
    echo "Die Anfrage ist fehlgeschlagen! " . mysql_error();
    exit();
} else {
    echo "Die Anfrage an die Datenbank war erfolgreich.<P>";
}

// Die Anzahl der Datensätze (Zeilen) zählen
$anzahl_zeilen = mysql_num_rows($ergebnis);
echo "Es sind <B>$anzahl_zeilen</B> Datensätze in der Tabelle
      vorhanden.<P>";

// Die Anzahl der Spalten (Felder) zählen
$anzahl_felder = mysql_num_fields($ergebnis);
echo "Es sind <B>$anzahl_felder</B> Spalten in der Tabelle vorhanden.<P>";

// Den Kopf der HTML-Tabelle generieren
echo "<TABLE BORDER=\"1\">";
echo "<TR>";
echo "<TD BGCOLOR=\"#BBBBBB\"><B>Name des Studenten</B></TD>";
echo "<TD BGCOLOR=\"#BBBBBB\"><B>Matrikelnummer</B></TD>";
echo "</TR>";
```

```
// Alle Zeilen aus der DB holen
// und in die HTML-Tabelle einfügen
while ($zeile = mysql_fetch_object($ergebnis)) {
    echo "<TR>";
    echo "<TD>$zeile->NAME</TD>";
    echo "<TD ALIGN=\"center\">$zeile->MATRIKELNUMMER</TD>";
    echo "</TR>";
}

// Das Ende der HTML-Tabelle generieren
echo "</TABLE>";

// Die Verbindung zur Datenbank schließen
mysql_close($verbindung);

?>
</BODY>
</HTML>
```

Listing 16.9: Die Tabelle Student aus der Datenbank auslesen und als HTML-Tabelle ausgeben

Die Ausgabe von Listing 16.9 sehen Sie in Abbildung 16.17. Mit Sicherheit sind Ihnen einige Abschnitte im Quellcode dieses Beispiels vertraut. Nachdem die notwendigen Parameter für die Datenbankverbindung festgelegt wurden, wird versucht, mit `mysql_connect` die Verbindung zur Datenbank aufzubauen.

Als Nächstes wählen Sie die Datenbank `neue_db` mit der SQL-Anweisung `USE` aus und sehen die `SELECT`-Anfrage an die Datenbank um die Tabelle `Student` auszulesen. Das Ergebnis der Anfrage, also das, was uns die Datenbank liefert, speichern wir in der Variable `$ergebnis`.

Mit dieser Variablen können Sie jetzt einiges anstellen. In Listing 16.9 sehen Sie, wie Sie mit den Funktionen `mysql_num_rows` und `mysql_num_fields` und der Ergebnismenge `$ergebnis` ganz einfach die Anzahl der Zeilen und Spalten erfahren können.

Die Funktion `mysql_num_rows` liefert Ihnen die Anzahl der Datensätze in der Ergebnismenge (`ergebnis_variable`) einer `SELECT`-Anweisung zurück.

```
int mysql_num_rows (resource ergebnis_variable)
```

Mit der Funktion `mysql_num_fields` hingegen ermitteln Sie die Anzahl der Felder (Spalten) in der Ergebnismenge (`ergebnis_variable`).

```
int mysql_num_fields (resource ergebnis_variable)
```

Nun kommen Sie zu dem Quellcode, der für die Generierung der HTML-Tabelle zuständig ist. Nachdem Sie mit `echo` den Kopf der HTML-Tabelle ausgegeben haben, holen Sie im nächsten Schritt mithilfe einer `while`-Schleife und der Funktion `mysql_fetch_object` alle Datensätze Zeile für Zeile aus der Tabelle `Student` und schreiben den Inhalt der Felder in Felder einer HTML-Tabelle.

Die Funktion `mysql_fetch_object` erzeugt ein Objekt mit Eigenschaften, deren Inhalt den Feldern des Datensatzes in der Ergebnismenge (`ergebnis_variable`) entsprechen.

```
object mysql_num_fields (resource ergebnis_variable)
```

Danach lassen Sie noch das Ende der HTML-Tabelle mit `echo` ausgeben und können die Verbindung zur Datenbank mit der Funktion `mysql_close` beenden.

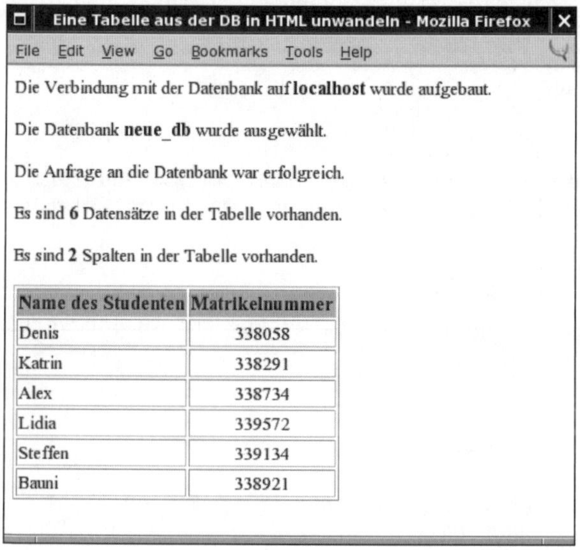

Die Verbindung mit der Datenbank auf **localhost** wurde aufgebaut.

Die Datenbank **neue_db** wurde ausgewählt.

Die Anfrage an die Datenbank war erfolgreich.

Es sind **6** Datensätze in der Tabelle vorhanden.

Es sind **2** Spalten in der Tabelle vorhanden.

Name des Studenten	Matrikelnummer
Denis	338058
Katrin	338291
Alex	338734
Lidia	339572
Steffen	339134
Bauni	338921

Abbildung 16.17: Die fertige HTML-Tabelle mit den Daten aus der Datenbank-Tabelle `Student`

Besucher zählen mit PHP und MySQL

Als Nächstes möchte ich mit Ihnen einen Counter entwickeln, der die Besucher einer Webseite zählt. Der Counter soll mit einer MySQL Datenbank zusammenarbeiten und gleichzeitig so intelligent sein, dass er jeden Benutzer pro Tag nur einmal mitzählt. Der Grund dafür ist einfach. So können Sie den Counter auf mehreren Seiten einbinden, ohne dass ein Benutzer, der sich durch diese Seiten klickt gleich unzählige Male vom Counter mitgezählt wird.

Außerdem kann der Wert des Counters nicht durch Drücken des Reload-Buttons erhöht werden. So ist sichergestellt, dass der Besucherwert auch nicht verfälscht ist.

Als Erstes benötigen wir für unseren Counter zwei Tabellen (`besucher` und `zugriffe`). In der Tabelle `besucher` speichern wir die IP-Adressen und Zugriffszeiten der letzten 24 Stunden. In der Tabelle `zugriffe` steht nur die Anzahl der mitgezählten Besucher der Webseite.

Mit Listing 16.10 legen Sie die Datenbank counter_db und die beiden Tabellen besucher und zugriffe an.

```
<HTML>
<HEAD>
   <TITLE>Die DB und Tabellen für den Counter anlegen</TITLE>
</HEAD>
<BODY>
<?php

// Die Parameter für die Datenbankverbindung festlegen
$servername = "localhost";
$benutzer   = "root";
$passwort   = "geheim";

// Versuchen, die DB-Verbindung herzustellen
if (!$verbindung = mysql_connect ($servername, $benutzer, $passwort)) {
   echo "Der Verbindungsversuch zur DB ist fehlgeschlagen! " .
         mysql_error();
   exit();
} else {
   echo "Die Verbindung mit der Datenbank auf <B>$servername</B> wurde
         aufgebaut.<P>";
}

$datenbank  = "counter_db";

// Wenn die Datenbank schon existiert, wird sie gelöscht
if (!mysql_query ("DROP DATABASE IF EXISTS $datenbank;")) {
   echo "Die Datenbank konnte nicht gelöscht werden " . mysql_error();
   exit();
} else {
   echo "Die Datenbank <B>$datenbank</B> wurde gelöscht.<P>";
}

// Die neue Datenbank erzeugen
if (!mysql_query ("CREATE DATABASE $datenbank;")) {
   echo "Die Datenbank konnte nicht angelegt werden " . mysql_error();
   exit();
} else {
   echo "Die Datenbank <B>$datenbank</B> wurde angelegt.<P>";
}

// Die Datenbank auswählen
if (!mysql_query ("USE $datenbank;")) {
   echo "Die Datenbank konnte nicht ausgewählt werden: " . mysql_error();
   exit();
} else {
```

```
    echo "Die Datenbank <B>$datenbank</B> wurde ausgewählt.<P>";
}

$tabelle_1 = "besucher";

// Die Tabelle "besucher" erzeugen
if (!mysql_query ("CREATE TABLE $tabelle_1(
                            zeitstempel   INT(15),
                            ip_adresse    VARCHAR(23)
                        );")) {
    echo "Die Tabelle <B>$tabelle_1</B> wurde nicht angelegt " .
          mysql_error();
    exit();
} else {
    echo "Die Tabelle <B>$tabelle_1</B> wurde angelegt.<P>";
}

$tabelle_2 = "zugriffe";

// Die Tabelle "zugriffe" erzeugen
if (!mysql_query ("CREATE TABLE $tabelle_2(
                            besucher_bisher   INT(15)
                        );")) {
    echo "Die Tabelle <B>$tabelle_2</B> wurde nicht angelegt " .
          mysql_error();
    exit();
} else {
    echo "Die Tabelle <B>$tabelle_2</B> wurde angelegt.<P>";
}

// Den Counter auf Null setzen
mysql_query ("INSERT INTO zugriffe (besucher_bisher) VALUES ('0');");

// Die Verbindung zur Datenbank schließen
mysql_close ($verbindung);

?>
</BODY>
</HTML>
```

Listing 16.10: Die Datenbank und Tabellen für den datenbankbasierten Counter anlegen

Listing 16.10 müssen Sie natürlich nur einmal ausführen. Wenn die Tabellen `besucher` und `zugriffe` vorhanden sind, kann es mit dem Zählen der Besucher eigentlich schon losgehen. Die Ausgabe sehen Sie in Abbildung 16.18.

Am Ende von Listing 16.10 ist Ihnen vielleicht aufgefallen, dass ich mit `INSERT INTO` den Wert 0 in die Spalte `besucher_bisher` der Tabelle `zugriffe` geschrieben habe. Das ist notwendig, um den Counter zu initialisieren, weil wir bei jedem akzeptierten Zugriff diesen Wert einfach nur um `1` erhöhen.

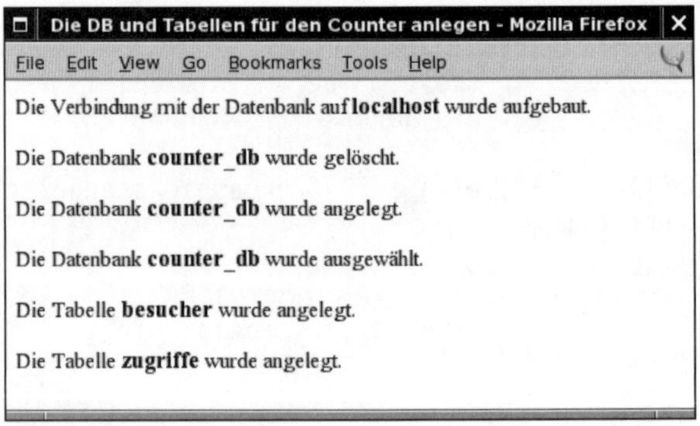

Abbildung 16.18: Die Datenbank und die Tabellen für den Counter sind angelegt. Jetzt kann es los gehen!

Sehen Sie sich nun Listing 19.11 und 19.12 an. Listing 19.11 besteht nur aus wenigen Zeilen. Die Seite könnten Sie durch jede beliebige Seite ersetzen. Wichtig ist nur die Zeile, in der Listing 19.12 mit `include` eingebunden wird. Sehen Sie selbst.

```
<HTML>
<HEAD>
   <TITLE>Die Seite mit dem Counter</TITLE>
</HEAD>
<BODY>
<?php

echo "<CENTER>";
echo "<H2>Willkommen auf der Webseite mit dem datenbankgestützten
      Counter</H1>";
echo "</CENTER>";

include "listing16-12.inc.php";
?>
</BODY>
</HTML>
```

Listing 16.11: Eine ganz einfache Webseite, deren einziger Sinn und Zweck es ist, Listing 16.12 einzubinden

Wenn Sie ein PHP-Skript mit `include` in ein anderes Skript einbinden, dann ist es genauso, als hätten Sie den Code des eingebundenen Skripts direkt in das erste Skript geschrieben.

Ich empfehle Ihnen dringend, Code, den Sie auf mehreren Seiten einer Webpräsenz einbinden müssen, in eine separate Datei auszulagern, und importieren Sie diese Datei mit `include`. Wenn Sie den Code mit Copy&Paste immer wieder in die Dateien kopieren und dann nachträglich noch etwas ändern müssen, müssen Sie es in vielen Dateien ändern. Das führt fast schon zwangsläufig zu Fehlern.

Listing 16.12 beinhaltet den wichtigsten Teil des Counter. Dieses Skript müssen Sie einfach mit `include` auf allen Seiten Ihrer Webpräsenz einbinden, auf denen Sie den Counter wünschen. Die Ausgabe von 16.11 und 16.12 sehen Sie in Abbildung 16.19.

```
<?php
// Die Parameter für die Datenbankverbindung festlegen
$servername = "localhost";
$benutzer   = "root";
$passwort   = "geheim";

// Versuchen, die DB-Verbindung herzustellen
if (!$verbindung = mysql_connect ($servername, $benutzer, $passwort)) {
    echo "Der Verbindungsversuch zur DB ist fehlgeschlagen! " .
          mysql_error();
    exit();
}

$datenbank  = "counter_db";

// Die Datenbank auswählen
if (!mysql_query ("USE $datenbank;")) {
    echo "Die Datenbank konnte nicht ausgewählt werden: " . mysql_error();
    exit();
}

// Die aktuelle Zeit als UNIX-Zeitstempel mit time() herausfinden
$aktuelle_zeit = time();

// 24 Stunden = 86400 Sekunden von der aktuellen Zeit abziehen
$gestern = $aktuelle_zeit - 86400;

// Alle Einträge in "besucher" löschen, die älter als 24 Stunden sind
mysql_query("DELETE FROM besucher WHERE zeitstempel < \"$gestern\";");

// Die IP-Adresse herausfinden
$REMOTE = $_SERVER['REMOTE_ADDR'];

// In "besucher" nachsehen, ob in den letzten 24 Stunden von dieser
// IP-Adresse schon einmal zugegriffen wurde.
$anfrage = "select * from besucher where ip_adresse = \"$REMOTE\"";
```

```
// Die Anzahl der Datensätze (Zeilen) in der Antwortmenge zählen
$anzahl_zeilen = mysql_query($anfrage);

// Wenn kein Eintrag vorhanden ist, dann Counter = Counter + 1
// und einen Eintrag der IP-Adresse und Zeitstempel in "besucher" ablegen
if(mysql_num_rows($anzahl_zeilen) < 1) {
    mysql_query("UPDATE zugriffe SET besucher_bisher = besucher_bisher + 1");
    mysql_query("INSERT INTO besucher (zeitstempel, ip_adresse)
                 VALUES (\"$aktuelle_zeit\", \"$REMOTE\")");
}

// Wert des Counters abfragen und in ein Array schreiben
$anfrage_anzahl = mysql_query("select * from zugriffe");
$ergebnis_anzahl = mysql_fetch_array($anfrage_anzahl);

// Den Counter ausgeben
echo "<hr>";
echo "<CENTER>";
echo "Bislang gab es <B>" . $ergebnis_anzahl["besucher_bisher"] . "</B>
      Besucher";
echo "</CENTER>";
?>
```

Listing 16.12: Hier ist die Arbeitsweise des Counters implementiert.

Einige Abschnitte des Quellcodes von Listing 16.12 werden Ihnen wohl vertraut vorkommen. Wie in den vorherigen Beispielen dieses Kapitels werden auch hier wieder am Anfang des Skripts die für die Verbindung notwendigen Parameter festgelegt und dann die Verbindung zur Datenbank mit `mysql_connect` aufgebaut. Danach wählen Sie mit der SQL-Anweisung `USE` und der Funktion `mysql_query` die Datenbank `counter_db` aus.

Danach bestimmen Sie mit der Funktion `time()` die aktuelle Uhrzeit als UNIX-Zeitstempel und legen diesen in der Variable `$aktuelle_zeit` ab. Von der aktuellen Zeit werden 86400 Sekunden abgezogen, was exakt 24 Stunden entspricht. Mit diesem Wert weisen Sie die Datenbank an, in der Tabelle `besucher` alle Einträge zu löschen, die älter als 24 Stunden sind.

Abbildung 16.19: Der Counter in Aktion

Nachdem alle Einträge, die älter als 24 Stunden sind, aus der Tabelle `besucher` entfernt wurden, überprüfen Sie anhand der IP-Adresse, ob in den letzten 24 Stunden von diesem Rechner (dieser IP-Adresse) schon einmal auf die Seite mit dem Counter zugegriffen wurde.

Wenn ja, geschieht nichts, außer dass der aktuelle Stand des Counters ausgegeben wird. Wenn aber kein Eintrag der IP-Adresse in der Tabelle `besucher` vorhanden ist, wird in der `IF`-Anweisung die Anzahl der bislang gezählten Besucher in der Tabelle `zugriffe` um eins erhöht und in der Tabelle `besucher` werden die IP-Adresse des Besuchers und die aktuelle Zeit als UNIX-Zeitstempel abgelegt. Zu guter Letzt wird der aktuelle Stand des Counters ausgegeben.

Die Felder in ein Array schreiben

In Listing 16.12 ist Ihnen vielleicht die Funktion `mysql_fetch_array` aufgefallen. Diese wurde bislang in diesem Kapitel noch nicht erwähnt. Die Funktion besorgt alle Felder aus einem Datensatz aus der Datenbank und liefert diese in einem assoziativen, numerischen oder einem Array mit assoziativen und numerischen Indizes abgelegt.

```
array mysql_fetch_array (resource ergebniskennung [, int ergebnistyp])
```

Bei jedem Aufruf der Funktion wird der jeweils nächste Datensatz zurückgeliefert. Zu dem Array, das als Ergebnis der Funktion ausgegeben wird, gibt es zu sagen, dass alle aus der Datenbank besorgten Felder sowohl mit einer fortlaufenden Nummer (beginnend bei 0) als auch mit dem Namen des Datenfeldes in einem assoziativen Array gespeichert werden.

Dieses Verhalten können Sie mit dem Parameter `ergebnistyp` beeinflussen. Dabei gibt es drei Einstellungsmöglichkeiten:

- ✔ `MYSQL_NUM`: Die Elemente werden nur nach ihren Feldnummern indiziert (numerische Indizes).
- ✔ `MYSQL_ASSOC`: Die Elemente werden nur nach ihren Feldnamen indiziert (assoziative Indizes).
- ✔ `MYSQL_BOTH`: Die Standardeinstellung. Die Elemente werden nach ihren Feldnummern und Feldnamen indiziert (assoziative und numerische Indizes).

Wenn Sie keinen Parameter `ergebnistyp` angeben, wird die Standardeinstellung `MYSQL_BOTH` verwendet.

Die Funktion `mysql_fetch_array` ist eine erweiterte Version von `mysql_fetch_row`.

Her mit den Feldern

Die Funktion `mysql_fetch_row` besorgt alle Felder eines Datensatzes aus der Datenbank und liefert diese als indiziertes Array ab. Bei jedem Aufruf der Funktion wird der jeweils nächste Datensatz zurückgeliefert. Jeder Feldwert ist im Ergebnis ein Element des Arrays.

```
array mysql_fetch_row (resource ergebniskennung)
```

Wenn es dabei zu einem Fehler kommen sollte oder kein Datensatz mehr übrig sein sollte, wird FALSE zurückgegeben.

Zu dem Ergebnis-Array gibt es noch zu sagen, dass jeder Feldwert numerisch (beginnend bei 0) indiziert wird.

Um Ihnen das Verständnis der Arbeitsweise von mysql_fetch_row zu erleichtern, habe ich mir ein kleines Beispiel ausgedacht. In Listing 16.8 haben Sie eine Datenbank neue_db mit einer Tabelle personen erstellt und die Tabelle mit ein paar Daten von bekannten Personen aus der deutschen Literaturgeschichte gefüllt. Diese Tabelle wird in Listing 16.13 ausgelesen, und mithilfe von mysql_fetch_row werden die Datensätze als Array mit assoziativen und numerischen Indizes gespeichert und dann einfach als HTML-Tabelle ausgegeben.

```
<HTML>
<HEAD>
   <TITLE>Den Inhalt einer Tabelle einlesen</TITLE>
</HEAD>
<BODY>
<?php

// Die Parameter für die Datenbankverbindung festlegen
$servername = "localhost";
$benutzer   = "root";
$passwort   = "geheim";

// Versuchen, die DB-Verbindung herzustellen
if (!$verbindung = mysql_connect ($servername, $benutzer, $passwort)) {
   echo "Der Verbindungsversuch zur DB ist fehlgeschlagen! " .
         mysql_error();
   exit();
}

$datenbank = "neue_db";

// Die Datenbank auswählen
if (!mysql_query ("USE $datenbank;")) {
   echo "Die Datenbank konnte nicht ausgewählt werden: " . mysql_error();
   exit();
}

// Anfrage an die Datenbank
$ergebnis = mysql_query("SELECT * FROM personen");

// Der Kopf der Tabelle
echo "<TABLE BORDER=\"1\" cellspacing=\"1\" cellpadding=\"5\">";

while ($zeile = mysql_fetch_row ($ergebnis)) {
   echo "<TR>";
```

```
    echo "<TD>$zeile[0]</TD>";
    echo "<TD>$zeile[1]</TD>";
    echo "<TD>$zeile[2]</TD>";
    echo "<TD>$zeile[3]</TD>";
    echo "<TD>$zeile[4]</TD>";
    echo "</TR>";
}
// Das Ende der Tabelle
echo "</TABLE>";

// Die Verbindung zur Datenbank schließen
mysql_close ($verbindung);

?>
</BODY>
</HTML>
```

Listing 16.13: Ein kleines Beispiel zu `mysql_fetch_row`

Wie Sie sehen, wird mit der `WHILE`-Schleife die Funktion `mysql_fetch_row` immer wieder aufgerufen. Bei jedem Aufruf wird ein Datensatz (eine Zeile) aus der Tabelle eingelesen. Das geht so lange, bis das Ende der Tabelle erreicht ist und die Funktion `FALSE` zurückliefert. Bei jedem Durchlauf der `WHILE`-Schleife werden die Einträge in dem Array `$zeile`, das die Felder des Datensatzes enthält, einfach mit `echo` ausgegeben. Das Ergebnis sehen Sie in Abbildung 16.20.

1	Johann Wolfgang	von Goethe	1749	Frankfurt am Main
2	Friedrich	von Schiller	1759	Marbach
3	Ewald Christian	von Kleist	1715	Zeblin
4	Johann Christian Friedrich	Hölderlin	1770	Lauffen am Neckar
5	Georg Wilhelm Friedrich	Hegel	1770	Stuttgart
6	Heinrich	Heine	1797	Düsseldorf
7	Immanuel	Kant	1724	Königsberg

Abbildung 16.20: Tabellen auslesen leicht gemacht mit `mysql_fetch_row`

Wenn Sie die Tabelle lieber mit der Funktion `mysql_fetch_array` auslesen möchten, müssen Sie im Quellcode von Listing 16.13 nur in der `WHILE`-Schleife statt der Funktion `mysql_fetch_row` die Funktion `mysql_fetch_array` aufrufen.

Sie können aber auch mit `mysql_fetch_array` – im Gegensatz zu `mysql_fetch_row` – die Elemente des Arrays nicht nur mit numerischen, sondern auch mit assoziativen Indizes ansprechen. Aber sehen Sie selbst:

```
<HTML>
<HEAD>
    <TITLE>Den Inhalt einer Tabelle einlesen mit "mysql_fetch_array"</TITLE>
</HEAD>
<BODY>
<?php

// Die Parameter für die Datenbankverbindung festlegen
$servername = "localhost";
$benutzer   = "root";
$passwort   = "geheim";

// Versuchen, die DB-Verbindung herzustellen
if (!$verbindung = mysql_connect ($servername, $benutzer, $passwort)) {
    echo "Der Verbindungsversuch zur DB ist fehlgeschlagen! " .
          mysql_error();
    exit();
}

$datenbank = "neue_db";

// Die Datenbank auswählen
if (!mysql_query ("USE $datenbank;")) {
    echo "Die Datenbank konnte nicht ausgewählt werden: " . mysql_error();
    exit();
}

// Anfrage an die Datenbank
$ergebnis = mysql_query("SELECT * FROM personen");

echo "<P>Auf die Elemente des Arrays mit numerischen Indizes zugreifen</P>";

// Der Kopf der Tabelle
echo "<TABLE BORDER=\"1\" cellspacing=\"1\" cellpadding=\"5\">";

while ($zeile = mysql_fetch_array ($ergebnis)) {
    echo "<TR>";
    echo "<TD>$zeile[0]</TD>";
    echo "<TD>$zeile[1]</TD>";
    echo "<TD>$zeile[2]</TD>";
    echo "<TD>$zeile[3]</TD>";
    echo "<TD>$zeile[4]</TD>";
    echo "</TR>";
}
```

```
// Das Ende der Tabelle
echo "</TABLE>";

// Anfrage an die Datenbank
$ergebnis = mysql_query("SELECT * FROM personen");

echo "<P>Auf die Elemente des Arrays mit assoziativen Indizes zugreifen</P>";

// Der Kopf der Tabelle
echo "<TABLE BORDER=\"1\" cellspacing=\"1\" cellpadding=\"5\">";

while ($zeile = mysql_fetch_array ($ergebnis)) {
    echo "<TR>";
    echo "<TD>$zeile[ID]</TD>";
    echo "<TD>$zeile[Vorname]</TD>";
    echo "<TD>$zeile[Nachname]</TD>";
    echo "<TD>$zeile[Geburtsjahr]</TD>";
    echo "<TD>$zeile[Geburtsort]</TD>";
    echo "</TR>";
}
// Das Ende der Tabelle
echo "</TABLE>";

// Die Verbindung zur Datenbank schließen
mysql_close ($verbindung);

?>
</BODY>
</HTML>
```

Listing 16.14: Und weil es so schön ist, noch ein Beispiel zu `mysql_fetch_array`

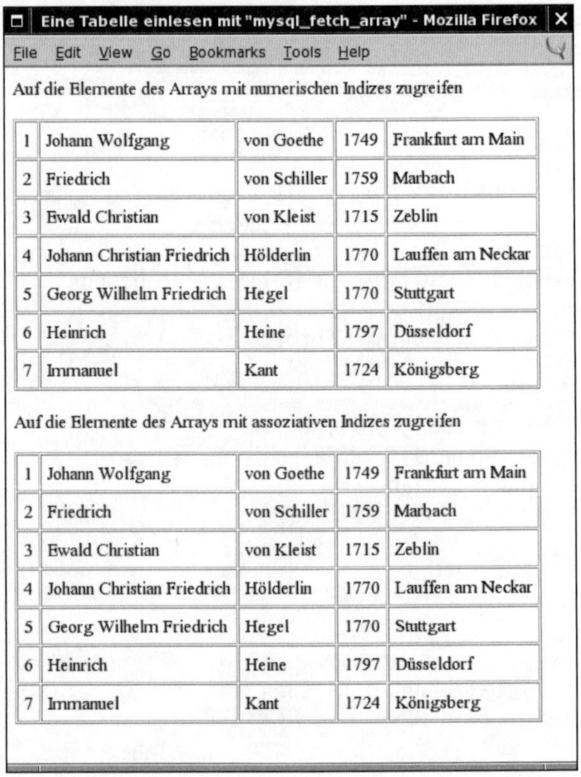

Auf die Elemente des Arrays mit numerischen Indizes zugreifen

1	Johann Wolfgang	von Goethe	1749	Frankfurt am Main
2	Friedrich	von Schiller	1759	Marbach
3	Ewald Christian	von Kleist	1715	Zeblin
4	Johann Christian Friedrich	Hölderlin	1770	Lauffen am Neckar
5	Georg Wilhelm Friedrich	Hegel	1770	Stuttgart
6	Heinrich	Heine	1797	Düsseldorf
7	Immanuel	Kant	1724	Königsberg

Auf die Elemente des Arrays mit assoziativen Indizes zugreifen

1	Johann Wolfgang	von Goethe	1749	Frankfurt am Main
2	Friedrich	von Schiller	1759	Marbach
3	Ewald Christian	von Kleist	1715	Zeblin
4	Johann Christian Friedrich	Hölderlin	1770	Lauffen am Neckar
5	Georg Wilhelm Friedrich	Hegel	1770	Stuttgart
6	Heinrich	Heine	1797	Düsseldorf
7	Immanuel	Kant	1724	Königsberg

Abbildung 16.21: Die Tabelle mit `mysql_fetch_array` *zweimal ausgegeben*

Wahlverwandtschaft: HTML-Formulare und PHP

17

In diesem Kapitel

- HTML-Eingabefelder erzeugen
- Eingabefelder auslesen und die Eingabe speichern
- Typen von Eingabefeldern
- PHP-Code und Eingabemaske in eine Datei stecken

Fast jeder kennt sie und hat sie schon einmal benutzt: HTML-Formulare. In diesem Kapitel zeige ich Ihnen, wie einfach es ist, HTML-Formulare selbst zu erstellen und diese mithilfe von PHP auszuwerten.

HTML-Eingabeformulare werden auch einfach *FORMS* genannt. Diese FORMS müssen vom `FORM`-HTML-Tag eingeschlossen werden. Mit FORMS haben Sie eine ganze Menge Möglichkeiten, um die Formulare mit Elementen zu füllen. Da gibt es unter anderem:

- ✔ Texteingabefelder
- ✔ Texteingabeboxen
- ✔ Radio-Buttons
- ✔ Checkboxen
- ✔ Listen
- ✔ Popup-Menüs

```
<FORM ACTION="irgendeine_aktion" METHOD="post">
    verschiedene Eingabefelder und Buttons
</FORM>
```

Die beiden Parameter `ACTION` und `METHOD` haben folgende Bedeutung:

- ✔ Der `ACTION`-Parameter gibt an, wohin das (ausgefüllte) Formular geschickt werden soll. Das kann eine Internetadresse sein oder auch einfach eine lokale Datei (den Pfad nicht vergessen).
- ✔ Der `METHOD`-Parameter legt fest, was mit dem ausgefüllten Formular gemacht werden soll. Wenn es an eine E-Mail-Adresse geschickt werden soll, muss an dieser Stelle der Wert `post` angegeben werden. Wenn die Daten auf dem Server in einer Umgebungsvariablen gespeichert werden sollen, müssen Sie hier den Wert `get` eintragen.

Auch wenn es merkwürdig erscheint, benutzen Sie beim `METHOD`-Parameter den Wert `post`. Damit schicken Sie die Daten wie eine rechnerinterne E-Mail an ein PHP-Skript (Pfad und Name des Skripts stehen in dem Parameter `ACTION`). Was das Skript dann mit den Werten macht, ist von dem Skript abhängig. Aber dazu gibt es in diesem Kapitel mehr.

Texteingabefelder, Ausführungsbuttons und was man damit machen kann

Fangen wir mal zuallererst mit etwas ganz Einfachem an. Das Grundlegendste was Sie brauchen, ist eine HTML-Datei, die Ihnen ein paar Felder erzeugt, in die Sie Werte eintragen können. Diese Eingaben müssen dann übergeben werden.

Als Zweites brauchen Sie eine PHP-Datei, die die Eingaben aufnimmt, damit mit ihnen gearbeitet werden kann. Dafür brauchen Sie Texteingabefelder und Buttons.

Texteingabefelder

Texteingabefelder werden für gewöhnlich benutzt, um kurze Texte einzugeben und zu übergeben: so etwas wie eine Zahl, eine E-Mail-Adresse oder einen Namen und eine Adresse.

Texteingabefelder werden folgendermaßen erzeugt:

```
<INPUT TYPE="TEXT" NAME="variablenname" SIZE="X" MAXLENGTH="Y"
VALUE="Inhalt">
```

Der Name für ein Texteingabefeld darf, um eindeutig zu sein, nur einmal in einem Dokument vorkommen. Auch darf er keine deutschen Umlaute oder Leerzeichen enthalten. Das gilt übrigens für alle FORMS. Auch für Radio-Buttons und Checkboxen und alles, was den Parameter `NAME` kennt.

- ✔ Der Parameter `TYPE` gibt den Typ der Eingabe-Komponente an. In diesem Fall ist dies `TEXT`, also ein Texteingabefeld.
- ✔ Der Parameter `NAME` gibt den Variablennamen an, in dem der Inhalt gespeichert werden soll.
- ✔ Der Parameter `SIZE` legt die Größe des Texteingabefeldes im Browser fest. Man könnte auch sagen, `SIZE` regelt die angezeigte Länge des Texteingabefeldes.
- ✔ Der Parameter `MAXLENGTH` legt den maximalen Inhalt an Zeichen fest, die im Texteingabefeld erscheinen können. Anders ausgedrückt legt `MAXLENGTH` die interne Länge des Texteingabefeldes fest.
- ✔ Mit dem Parameter `VALUE` wird der Standard-Inhalt festgelegt, der in dem Texteingabefeld erscheinen soll.

Es sind nicht alle diese Parameter nötig. Sie müssen immer nur die angeben, die Sie auch wirklich brauchen. Wirklich wichtig sind hier nur `NAME` und `TYPE`.

Es gibt auch verschiedene Sorten von Texteingabefeldern. Diese werden durch den Wert bestimmt, der im Parameter `TYPE` angegeben ist. Möglich sind folgende Werte:

- ✔ `TYPE="TEXT"`. Der Wert deklariert das Texteingabefeld als ganz einfaches Textfeld. Dieses ist auch die Einstellung, die Sie für die Zusammenarbeit mit PHP meistens benutzen.
- ✔ `TYPE="PASSWORD"`. Wenn `PASSWORD` angegeben wird, wird die Eingabe auf dem Bildschirm in Sternchen geschrieben, so dass Personen, die um den Rechner herumstehen, das Geschriebene nicht lesen können. Das ist wirklich ideal für Passworteingaben.
- ✔ `TYPE="INT"` legt fest, dass ganze Zahlen eingegeben werden können. Sie können auch mit den optionalen Parametern `MIN=""` und `MAX=""` festlegen, in welchem Zahlenraum diese Zahlen liegen dürfen. Alternativ können Sie mit dem optionalen Parameter `SIZE=""` auch festlegen, wie viele Stellen die Zahl haben darf.
- ✔ `TYPE="FLOAT"`. Mit diesem Parameter können Sie festlegen, dass Fließkommazahlen (also Kommazahlen) eingegeben werden. Auch hier haben Sie den optionalen Parameter `SIZE=""` zur Verfügung.
- ✔ `TYPE="DATE"`. Dieser Parameter dient der Eingabe von Daten.
- ✔ `TYPE="URL"`. Perfekt geeignet für die Eingabe von Internetadressen.

Wenn Sie die Werte aus dem Texteingabefeld sowieso an ein PHP-Skript übergeben wollen, dann brauchen Sie außer `TEXT` und `PASSWORD` keine dieser Typen. Warum auch? PHP kümmert sich ja selbst um das Übergebene. `PASSWORD` ist aber einfach praktisch, weil die Eingabe auf dem Bildschirm nur in Sternchen zu sehen ist, und mit `TEXT` können Sie einfach alles übergeben. Also können Sie die anderen Typen gerne vergessen.

So, nun wissen Sie alles Notwendige über (einfache, einzeilige) Texteingabefelder. Nun erkläre ich Ihnen noch ein bisschen was über Buttons, und schon können wir loslegen.

Ausführungsbuttons

Ausführungsbuttons sind einfach nur Buttons (Knöpfe), die etwas tun, wenn man auf sie klickt. Jeder von ihnen hat einen Namen, und das, was auf dem Button steht, können Sie genauso frei festlegen wie seine Breite.

Es gibt zwei Sorten von Buttons: Einen, um das ausgefüllte Formular abzuschicken (`submit`), und einen, um die bisher getätigten Eingaben in den Texteingabefeldern zu löschen (`reset`).

Die Code-Struktur eines Ausführungsbuttons sieht folgendermaßen aus:

```
<INPUT TYPE="SUBMIT" VALUE="Formular abschicken">
```

oder

```
<INPUT TYPE="RESET" VALUE="Einträge löschen">
```

Mit den Werten `SUBMIT` und `RESET` für den Parameter `TYPE` legen Sie fest, ob der Knopf zum Abschicken des Formulars dient oder zum Löschen der Werte.

Mit dem Wert des Parameters `VALUE` definieren Sie, was auf den Knöpfen stehen soll.

Mehr gibt es über Buttons nicht zu wissen. Also, auf zum ersten Beispiel.

Schreiben Sie doch eine HTML-Datei, die zwei Eingabefelder und zwei Buttons generiert. In die Felder kann man Zahlen eingeben und mit den Buttons kann man den Inhalt der Felder abschicken bzw. löschen (zurücksetzen). Die beiden Zahlen sollen nach dem Abschicken der Werte addiert werden und die Summe soll im Browser ausgegeben werden.

Listing 17.1 erzeugt die HTML-Datei, die eine Eingabemaske mit zwei Feldern und zwei Buttons erstellt.

```
<HTML>
<HEAD>
    <TITLE>Zwei Zahlen addieren</TITLE>
</HEAD>
<BODY>
Bitte schreiben Sie zwei Zahlen in die Felder
und schicken Sie das Formular ab.<P>

<FORM ACTION="listing17-2.php" METHOD="POST">
    Zahl 1: <INPUT TYPE="TEXT" NAME="zahl1"><BR>
    Zahl 2: <INPUT TYPE="TEXT" NAME="zahl2"><P>
    <INPUT TYPE="SUBMIT" VALUE="Abschicken">
    <INPUT TYPE="RESET"  VALUE="Zurücksetzen">
</FORM>

</BODY>
</HTML>
```

Listing 17.1: HTML-Felder zur Eingabe der Zahlen generieren

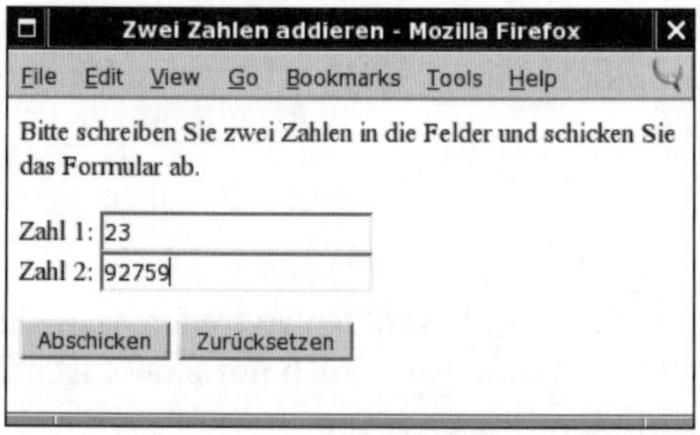

Abbildung 17.1: Generierte HTML-Eingabemaske

Hier haben Sie eine einfache und funktionale HTML-Eingabemaske. Nun brauchen Sie nur noch ein kleines Programm in PHP, das die Variablen aus der HTML-Datei in Empfang nimmt und die Werte dann verwertet – in diesem Fall addiert.

```
<HTML>
<HEAD>
    <TITLE>Ergebnis der Addition</TITLE>
</HEAD>
<BODY>
<?php
    // Die beiden Zahlen addieren
    $ergebnis = $_POST["zahl1"] + $_POST["zahl2"];

    // Das Ergebnis ausgeben
    echo "Die Summe von <B>".$_POST["zahl1"]."</B> ";
    echo "und <B>".$_POST["zahl2"]."</B> ";
    echo "ist: <B>$ergebnis</B>";
?>
</BODY>
</HTML>
```

Listing 17.2: Auswertung der Eingaben in das Textfeld

Abbildung 17.2: Ergebnis der Addition nach Auswertung der HTML-Eingabemaske

Na, das war doch nun wirklich kein Problem! Wie Sie sehen können, stehen die Variablen `$zahl1` und `$zahl2` direkt zur Verfügung und die PHP-Datei braucht nicht noch eingebunden zu werden.

Nun kennen Sie bereits die Grundlagen, auf denen Sie aufbauen können. Sie haben nun die Basics der Arbeit mit HTML-Formularen in PHP gelernt und können richtig loslegen.

Radio-Buttons

Radio-Buttons bieten die Möglichkeit, Auswahlen zu treffen. Diese lassen aber immer nur ein Ja oder Nein zu, denn ein Radio-Button hat ja auch nur zwei Zustände – nämlich an oder aus.

Dies ist die Code-Struktur eines Radio-Buttons:

```
<INPUT TYPE="RADIO" NAME="irgendein_name" VALUE="irgendein_wert">
```

Folgendes Beispiel generiert drei Radio-Buttons. Diese können nach Belieben aktiviert und deaktiviert werden.

```
<HTML>
<HEAD>
    <TITLE>Radio-Buttons</TITLE>
</HEAD>
<BODY>
<FORM ACTION="http://www.server.de" METHOD="POST">

Erst mal ein Bier. Nur was für eins?<P>

    <INPUT TYPE="RADIO" NAME="Pils"   VALUE="Pils"> Pils<BR>
    <INPUT TYPE="RADIO" NAME="Weizen" VALUE="Weizen"> Weizen<BR>
    <INPUT TYPE="RADIO" NAME="Alt"    VALUE="Alt"> Alt
</FORM>
</BODY>
</HTML>
```

Listing 17.3: Radio-Buttons

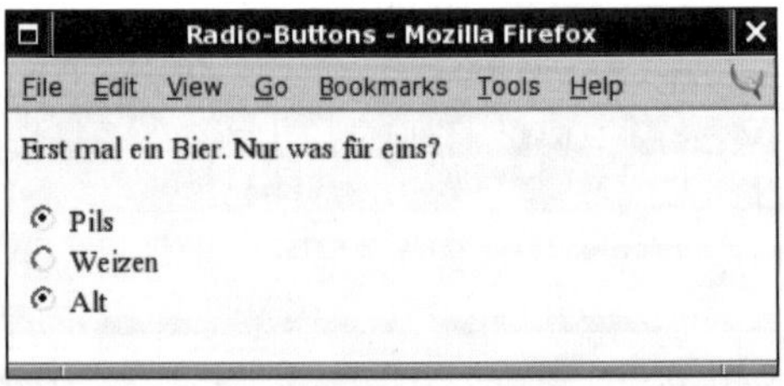

Abbildung 17.3: Radio-Buttons, um ein Bier auszuwählen

Gruppen von Radio-Buttons

Radio-Buttons zu gruppieren, ist eine wichtige Möglichkeit, um ein gutes Formular zu erstellen. Bei einer Gruppe von Radio-Buttons ist immer nur einer auswählbar.

Eine Gruppe von Radio-Buttons zu erzeugen geht ganz einfach. Man muss einfach nur bei den Buttons, die zu der Gruppe gehören sollen, den gleichen Wert in den Parameter `NAME=""` schreiben. Ansonsten gibt es keinen Unterschied in der Syntax von gruppierten Radio-Buttons.

Folgendes Beispiel generiert drei Radio-Buttons. Diese drei sind als Gruppe zusammengeschlossen und es kann immer nur einer dieser drei ausgewählt werden.

```
<HTML>
<HEAD>
    <TITLE>Gruppe von Radio-Buttons</TITLE>
</HEAD>
<BODY>
<FORM ACTION="http://www.server.de" METHOD="POST">

Erst mal ein Bier. Nur was für eins?<P>

    <INPUT TYPE="RADIO" NAME="biersorte" VALUE="Pils"> Pils<BR>
    <INPUT TYPE="RADIO" NAME="biersorte" VALUE="Weizen"> Weizen<BR>
    <INPUT TYPE="RADIO" NAME="biersorte" VALUE="Alt"> Alt
</FORM>
</BODY>
</HTML>
```

Listing 17.4: Gruppierte Radio-Buttons

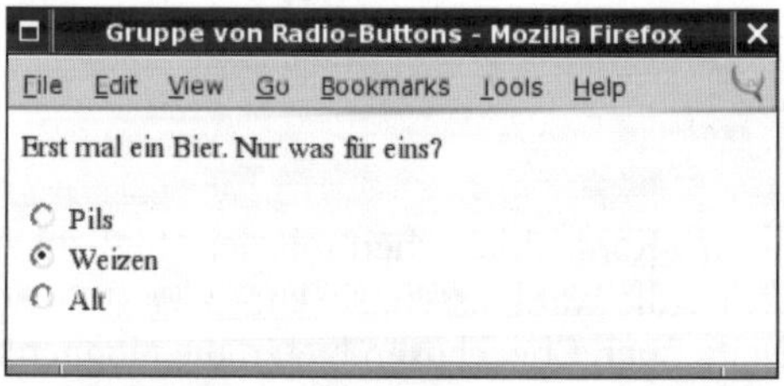

Abbildung 17.4: Gruppierte Radio-Buttons, um ein Bier auszuwählen

Voreingestellte Werte bei Radio-Buttons

Um einen Radio-Button defaultmäßig zu aktivieren, also vorauszuwählen, bedarf es nur des Attributs `CHECKED` innerhalb eines `INPUT`-Tags.

```
<INPUT TYPE="RADIO" NAME="irgendein_name" VALUE="irgendein_wert" CHECKED>
```

Folgendes Beispiel generiert drei Radio-Buttons. Einer dieser drei ist bereits beim Aufruf der HTML-Datei ausgewählt.

```
<HTML>
<HEAD>
   <TITLE>Voreingestellte Werte bei Radio-Buttons</TITLE>
</HEAD>
<BODY>
<FORM ACTION="http://www.server.de" METHOD="POST">

Erst mal ein Bier. Nur was für eins?<P>

   <INPUT TYPE="RADIO" NAME="Pils"   VALUE="Pils" CHECKED> Pils<BR>
   <INPUT TYPE="RADIO" NAME="Weizen" VALUE="Weizen"> Weizen<BR>
   <INPUT TYPE="RADIO" NAME="Alt"    VALUE="Alt"> Alt
</FORM>
</BODY>
</HTML>
```

Listing 17.5: Radio-Buttons mit voreingestelltem Wert

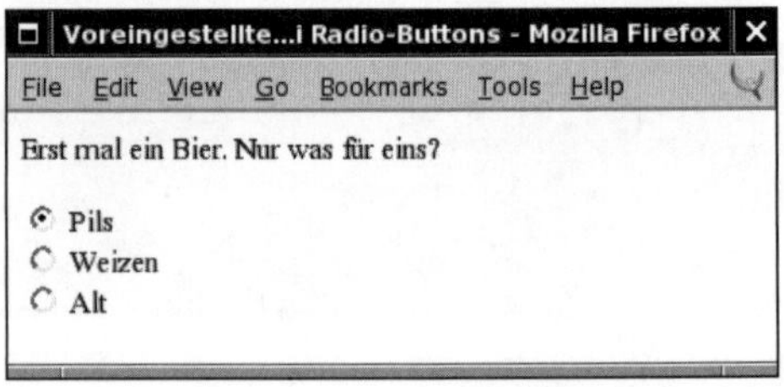

Abbildung 17.5: Radio-Buttons, um ein Bier auszuwählen, mit einem voreingestellten Wert

Checkboxen

Checkboxen sind einfach nur »Kontrollkästchen mit der Möglichkeit zum Abhaken«, die einem genau wie Radio-Buttons die Wahl lassen, sie ein- oder auszuschalten. Sie bieten Ihnen also nur ein Ja oder ein Nein. Auch Checkboxen bieten die Möglichkeit zur Gruppierung, indem man mehreren Boxen den gleichen Namen gibt, im Gegensatz zu Radio-Buttons bieten sie allerdings nicht die Möglichkeit einer Gruppierung, bei der nur noch eine Option möglich ist.

Das heißt, dass auch gruppierte Checkboxen noch mehr als eine angeklickte Checkbox zulassen. Diese Tatsache verkleinert das Einsatzgebiet der Checkboxen deutlich.

Die Code-Struktur ist mit der von Radio-Buttons fast identisch. Der einzige Unterschied ist der Wert `CHECKBOX` im Parameter `TYPE`.

```
<INPUT TYPE="CHECKBOX" NAME="irgendein_name" VALUE="irgendein_wert">
```

- ✔ Der Parameter NAME gibt den Variablennamen an, mit dem der Inhalt gespeichert werden soll.
- ✔ Mit dem Parameter VALUE legt man den Wert fest, der in die Variable geschrieben wird, wenn die Checkbox angeklickt wird.

Als kleines Beispiel dazu haben wir hier ein Formular in HTML, mit dem jeder sich seine Traumpizza zusammenstellen kann. Wenn einem da nicht das Wasser im Munde zusammenläuft!

```
<HTML>
<HEAD>
    <TITLE>Pizza und Beläge auswählen</TITLE>
</HEAD>
<BODY>

Welche <B>Größe</B> wünschen Sie?<P>

<FORM ACTION="listing17-7.php" METHOD="POST">

    <INPUT TYPE="RADIO" NAME="groesse" VALUE="Klein">Klein<BR>
    <INPUT TYPE="RADIO" NAME="groesse" VALUE="Mittel">Mittel<BR>
    <INPUT TYPE="RADIO" NAME="groesse" VALUE="Party">Party<P>

    Welche <B>Beläge</B> wünschen Sie für Ihre Pizza?<P>

    <INPUT TYPE="CHECKBOX" NAME="belag1" VALUE="Schinken">Schinken<BR>
    <INPUT TYPE="CHECKBOX" NAME="belag2" VALUE="Salami">Salami<BR>
    <INPUT TYPE="CHECKBOX" NAME="belag3" VALUE="Pilze">Pilze<BR>
    <INPUT TYPE="CHECKBOX" NAME="belag4" VALUE="Knoblauch">Knoblauch<BR>
    <INPUT TYPE="CHECKBOX" NAME="belag5" VALUE="Extra-Käse">Extra Käse<BR>
    <INPUT TYPE="CHECKBOX" NAME="belag6" VALUE="Sardellen">Sardellen<BR>
    <INPUT TYPE="CHECKBOX" NAME="belag7" VALUE="Meeresfrüchte">Meeresfrüchte<BR>
    <INPUT TYPE="CHECKBOX" NAME="belag8" VALUE="Zwiebeln">Zwiebeln<P>

    <INPUT TYPE ="SUBMIT" VALUE="Abschicken">
    <INPUT TYPE ="RESET"  VALUE="Zurücksetzen">
</FORM>
</BODY>
</HTML>
```

Listing 17.6: Pizza-Auswahlformular in HTML mit (gruppierten) Radio-Buttons und Checkboxen

Abbildung 17.6: HTML-Checkboxen und gruppierte Radio-Buttons, um eine Pizza zusammenzustellen

So, nun fehlt Ihnen nur noch ein kleines PHP-Listing, um die gemachten Eingaben auszuwerten. Das sollte aber kein Problem sein. Sehen Sie sich Folgendes mal an:

```
<HTML>
<HEAD>
    <TITLE>Fertige Bestellung</TITLE>
</HEAD>
<BODY>
<?php

echo "Eine Pizza der Größe: <B>".$_POST["groesse"]."</B><BR>";
echo "und mit den Belägen: <P>";
echo "<UL>";
if ($_POST["belag1"]) echo "<LI><B>".$_POST["belag1"]."</B></LI>";
if ($_POST["belag2"]) echo "<LI><B>".$_POST["belag2"]."</B></LI>";
if ($_POST["belag3"]) echo "<LI><B>".$_POST["belag3"]."</B></LI>";
if ($_POST["belag4"]) echo "<LI><B>".$_POST["belag4"]."</B></LI>";
if ($_POST["belag5"]) echo "<LI><B>".$_POST["belag5"]."</B></LI>";
if ($_POST["belag6"]) echo "<LI><B>".$_POST["belag6"]."</B></LI>";
if ($_POST["belag7"]) echo "<LI><B>".$_POST["belag7"]."</B></LI>";
if ($_POST["belag8"]) echo "<LI><B>".$_POST["belag8"]."</B></LI>";
echo "</UL>";

?>
</BODY>
</HTML>
```

Listing 17.7: Auswertung der Pizza-Auswahl

Abbildung 17.7: Die fertige Bestellung

Auswahl-Menüs und Listen

Auswahl-Menüs und Listen sind im Grunde nicht viel anders als Gruppen von Radio-Buttons. Ein Vorteil ist aber, dass bei einer großen Zahl von Auswahlmöglichkeiten der Einsatz von Auswahl-Menüs deutlich platzsparender ist als eine riesige Anzahl von Radio-Buttons.

```
<SELECT NAME="irgendein_name" SIZE="x">
    <OPTION VALUE="wert_1">Auswahltext_1
    <OPTION VALUE="wert_2">Auswahltext_2
    <OPTION VALUE="wert_3">Auswahltext_3
    ...
    <OPTION VALUE="wert_n">Auswahltext_n
</SELECT>
```

Das folgende Beispiel lässt den Wunsch aufkommen, zum Kühlschrank zu gehen und sich erst einmal ein kühles Bier (oder etwas anderes Erfrischendes) zu holen. Natürlich mit Knabberzeug. Es zeigt den Umgang mit Listen und Popup-Menüs zum einfachen Auswählen von Optionen:

```
<HTML>
<HEAD>
    <TITLE>Auswahlen treffen mit Listen und Popup-Menüs</TITLE>
</HEAD>
<BODY>
<FORM ACTION="http://www.server.de" METHOD="POST">
<B>Bier</B> und <B>Knabberzeug</B>,
das will ich nun...doch was genau?<P>

<B>Was für ein Bier wünschen Sie?</B><BR>
<SELECT NAME="biersorte" SIZE="1">
    <OPTION VALUE="Pils" CHECKED>Pils
    <OPTION VALUE="Weizen">Weizen
    <OPTION VALUE="Alt">Alt
</SELECT><P>
```

```
<B>Und wie viel davon?</B><BR>
<SELECT NAME="wieviel" SIZE="3">
    <OPTION VALUE="0.33">0.33 Liter
    <OPTION VALUE="0.5">0.5 Liter
    <OPTION VALUE="1">1 Liter
</SELECT><P>

<B>Aber was wünschen Sie dazu?</B><BR>
<SELECT SIZE="4" MULTIPLE>
    <OPTION VALUE="Brezen" CHECKED>Brezen
    <OPTION VALUE="Salzstangen">Salzstangen
    <OPTION VALUE="Chips">Chips
    <OPTION VALUE="Radi">Radi
    <OPTION VALUE="Erdnüsse">Erdnüsse
</SELECT>
</FORM>
</BODY>
</HTML>
```

Listing 17.8: Listen und Popup-Menüs, um eine Bestellung aufzugeben

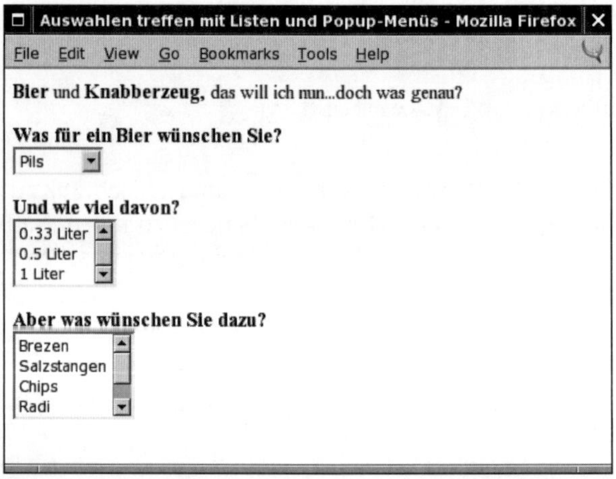

Abbildung 17.8: Listen und Popup-Menüs, um ein Bierchen und Knabberzeug auszuwählen

Eine kleine Information für alle Nichtbayern unter den Lesern, die sich bei Listing 17.8 gefragt haben, was ein Radi ist. Ein Radi ist ein Rettich. Wenn Sie mal in einem bayrischen Biergarten sitzen, kann ich Ihnen nur empfehlen zur Maß einen Radi zu bestellen. Sehr lecker. Der Ursprung des Wortes Radi ist übrigens auf das lateinische Wort *radix* (=Wurzel) zurückzuführen.

Voreingestellte Werte in Auswahl-Menüs

Wenn Sie bei einer Liste eine Option voreinstellen wollen, dann müssen Sie das Attribut SELECTED benutzen. Bei Listen, die das Attribut MULTIPLE enthalten, können Sie mehrere Optionen als SELECTED bezeichnen.

```
<OPTION VALUE="wert" SELECTED>Auswahltext
```

Mehrzeilige Texteingabefelder

Mehrzeilige Texteingabefelder (auch *Textarea*-Boxen genannt) bieten die Möglichkeit, große Texte aufzunehmen und dann an den Server zu übermitteln. Die Syntax ist ganz einfach.

```
<TEXTAREA NAME="irgendein_name" ROWS="Y" COLS"X" AP="SOFT"></TEXTAREA>
```

- ✔ Der Parameter NAME gibt den Variablennamen an, mit dem der Inhalt gespeichert werden soll.
- ✔ Der Parameter ROWS gibt die Anzahl der sichtbaren Textzeilen an, die das Texteingabefeld haben soll.
- ✔ Der Parameter COLS legt die Anzahl der sichtbaren Spalten fest, die das Texteingabefeld enthalten soll.
- ✔ Mit dem optionalen Parameter WRAP können Sie den automatischen Zeilenumbruch steuern. Der Parameter kann drei Werte annehmen:
- ✔ Wenn WRAP="OFF" angegeben wird, wird in dem Eingabefeld kein Zeilenumbruch vorgenommen. Dies ist die Standardeinstellung. Allerdings kann dies bei längeren Eingaben sehr schnell unübersichtlich und nervig (wegen der Hin- und Herscrollerei) werden.
- ✔ Wenn WRAP="SOFT" angegeben ist, werden im Eingabefeld die Zeilen umbrochen. Der Eingabetext wird aber ohne die Zeilenumbrüche abgeschickt. Ich halte diese Einstellung für die vorteilhafteste.
- ✔ Wenn WRAP="HARD" gesetzt ist, wird die Eingabe im Eingabefeld umbrochen. Der Eingabetext wird mit diesen Zeilenumbrüchen auch abgeschickt.

Sehen Sie sich folgendes Beispiel einmal an. Es zeigt die Arbeitsweise einer Textarea.

```
<HTML>
<HEAD>
   <TITLE>Eingabefelder als Textarea</TITLE>
</HEAD>
<BODY>
<FORM ACTION="irgendwohin.php" METHOD="post">

   Dann geben Sie mal einen Kommentar ab:<BR>
```

```
    <TEXTAREA NAME="Kommentare" COLS="40" ROWS="4" WRAP="SOFT">
Hier Kommentar eingeben
    </TEXTAREA>
</FORM>
</BODY>
</HTML>
```

Listing 17.9: Mehrzeiliges Texteingabefeld zur Eingabe eines Kommentars durch den Benutzer

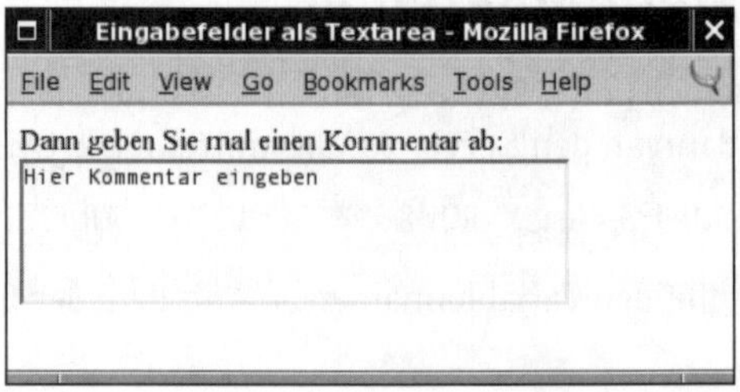

Abbildung 17.9: Kommentarfeld, realisiert mit einem mehrzeiligen Texteingabefeld

Versteckte Felder

Die *versteckten Formularfelder* haben eine ganz einfache Bedeutung. Ihr Zweck ist es, Daten aus anderen, schon ausgefüllten Formularen zwischenzuspeichern. Diese Felder sind im Browser unsichtbar, werden aber genauso angesprochen und realisiert wie gewöhnliche Texteingabefelder.

Denken Sie daran, dass Sie ein `hidden`-Feld im Browser nicht sehen können, außer Sie lassen sich den Quelltext der HTML-Datei anzeigen.

Dateien uploaden

Für das Uploaden von Dateien muss der Parameter `METHOD` immer den Wert `post` enthalten (`METHOD="POST"`).

Mit den bisher gezeigten Features ist schon viel Interaktion durch den Benutzer möglich. Aber eine ganz besondere Fähigkeit von HTML-Formularen ist die Möglichkeit, Dateien hochzuladen (der so genannte *Datei-Upload*).

So etwas zu realisieren, ist kein großes Problem. Sehen Sie sich folgendes Listing an:

```
<HTML>
<HEAD>
    <TITLE>Dateien uploaden</TITLE>
</HEAD>
<BODY>
    <FORM ACTION="irgendwohin.php" METHOD="POST">
        Bitte wählen Sie die zu schickende Datei aus:<P>
        <INPUT TYPE="FILE" SIZE ="40" NAME="localfile"><P>
        <INPUT TYPE="SUBMIT" NAME="upload" VALUE="Datei uploaden">
    </FORM>
</BODY>
</HTML>
```

Listing 17.10: HTML-Form zum Upload einer Datei

Abbildung 17.10: Möglichkeit zum Upload einer Datei

HTML-Formular und PHP-Listing in einer Datei

Bislang waren HTML-Formulare und PHP-Programme in getrennten Dateien. Dabei ist die Aufteilung klar. Zuerst wird dem Benutzer das HTML-Formular präsentiert, das er auszufüllen hat. Nachdem er das ausgefüllte Formular abgesendet hat, wird es von einer PHP-Datei in Empfang genommen, die Dateien werden analysiert und der Benutzer bekommt eine Antwort geliefert.

Es geht aber auch anders. Wenn Formular und (oder) Programm nur sehr kurz sind, kann es übersichtlicher sein, wenn sich das HTML-Formular und das PHP-Programm in ein und derselben Datei befinden.

Das geht folgendermaßen. Das Programm schickt sich die Dateien selbst zu.

```
<FORM ACTION="diese_datei.php" METHOD="POST">
```

Ich habe hier ein ganz einfaches Beispiel für Sie vorbereitet, damit Sie das Prinzip dieser Vorgehensweise leichter verstehen.

```
<HTML>
<HEAD>
   <TITLE>HTML-Formular und PHP-Programm in einem</TITLE>
</HEAD>
<BODY>
<?php
if ($_POST["gesendet"]) {
   echo "Sie haben folgenden Namen eingegeben: ";
   echo "<B>".$_POST["vorname"]." ".$_POST["nachname"]."</B><P>";
}
?>
  Bitte geben Sie Ihren Namen ein:
   <FORM ACTION="<?php echo $_SERVER["PHP_SELF"]?>" METHOD="POST">
       <B>Vorname:</B><BR>
       <INPUT SIZE ="30" NAME="vorname"><BR>
       <B>Nachname:</B><BR>
       <INPUT SIZE ="30" NAME="nachname"><BR>
       <INPUT TYPE="SUBMIT" NAME="gesendet" VALUE="Übertragen">
       <INPUT TYPE="RESET" VALUE="Zurücksetzen">
   </FORM>
</BODY>
</HTML>
```

Listing 17.11: HTML-Formular und PHP-Listing in einer Datei. Leichter als man denkt.

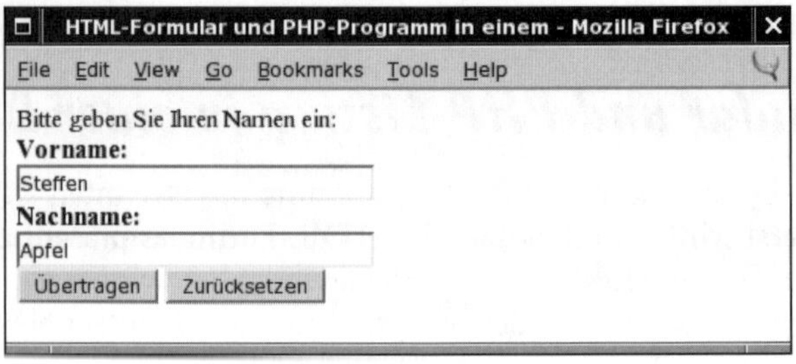

Abbildung 17.11: Eingabemaske für Vor- und Nachnamen. HTML-Formular und PHP-Programm für die Auswertung der Eingabe befinden sich in einer Datei.

Ich finde es im Übrigen deutlich sinnvoller, HTML- und PHP-Code zu trennen. Das ist besonders dann übersichtlicher, wenn es sich um etwas komplexere Aufgaben handelt.

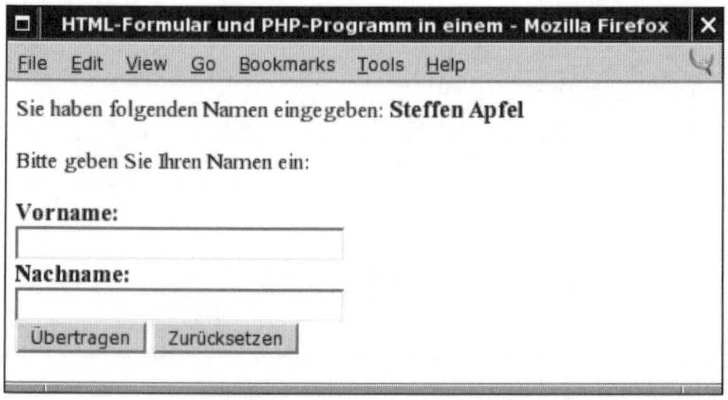

Abbildung 17.12: Ergebnis unserer Auswertung der Eingabe von Vor- und Nachname. Der PHP-Code wurde ausgeführt.

Pizza-Blitz: Formular für einen Pizzaservice

Wäre es nicht eine nützliche Sache, ein Formular zu haben, mit dem Sie eine Pizza bei einem Pizzaservice online bestellen können? So etwas macht schon Sinn, denn wenn man sowieso im Netz ist, spart man sich erstens die Telefongebühren für den Anruf und zweitens die schlechte Laune des Menschen am anderen Ende der Leitung (mal abgesehen davon, dass man falsch verstanden werden könnte).

So ein Formular hat einige Anforderungen. Zum einen braucht man Texteingabefelder, um Namen und Adresse anzugeben, dann einige Radio-Buttons, um die Größe und den Grundbelag der Pizza auszuwählen. Außerdem ist eine Gruppe von Checkboxen nötig, um aus den verfügbaren Zutaten die gewünschten auszuwählen, wobei es natürlich möglich sein soll, mehr als eine Zutat zu wählen. Eine Checkbox für Knoblauch soll auch nicht fehlen, denn Knoblauch kostet nichts extra, und er ist nicht jedermanns Sache.

Um ein wenig Resonanz von den bestellenden Leuten zu erhalten, haben wir uns noch für eine Textarea entschieden. Diese kann für Kommentare aller Art missbraucht werden.

Sehen Sie sich das HTML-Dokument an. Es werden Ihnen viele Komponenten bekannt vorkommen (wenn Sie nicht erst an dieser Stelle in das Kapitel eingestiegen sind).

```
<HTML>
<HEAD>
    <TITLE>Pizza Bestellformular</TITLE>
</HEAD>
<BODY>
    <FORM ACTION = "listing17-13.php" METHOD = "POST">
    <TABLE BORDER="0" CELLSPACING="1" CELLPADDING="4">
    <TR>
        <TD>
            <B>Name:</B><BR>
            <INPUT TYPE="TEXT" NAME="name" SIZE="30"><BR>
```

```
    </TD>
    <TD>
        <B>Telefon-Nummer:</B><BR>
        <INPUT TYPE="TEXT" NAME="email" SIZE="30"><BR>
    </TD>
</TR>
<TR>
    <TD>
        <B>Straße:</B><BR>
        <INPUT TYPE="TEXT" NAME="strasse" SIZE="30"><BR>
    </TD>
    <TD>
        <B>Ort:</B><BR>
        <INPUT TYPE="TEXT" NAME="ort" SIZE="30"><BR>
    </TD>
</TR>
<TR>
    <TD COLSPAN="2">
        <B>Größe:</B>
        <INPUT TYPE="RADIO" NAME="groesse" VALUE="Party"> Party
        <INPUT TYPE="RADIO" NAME="groesse" VALUE="Gross" CHECKED> Groß
        <INPUT TYPE="RADIO" NAME="groesse" VALUE="Mittel"> Mittel
        <INPUT TYPE="RADIO" NAME="groesse" VALUE="Junior"> Junior<BR>
    </TD>
</TR>
<TR>
    <TD>
        <B>Grundpizza:</B><BR>
         <INPUT TYPE="RADIO" NAME="grundpizza"
                VALUE="Classic"> Classic<BR>
         <INPUT TYPE="RADIO" NAME="grundpizza"
                VALUE="Milano"> Milano<BR>
         <INPUT TYPE="RADIO" NAME="grundpizza"
                VALUE="Athena"> Athena<BR>
         <INPUT TYPE="RADIO" NAME="grundpizza"
                VALUE="Tricolore"> Tricolore<BR>
         <INPUT TYPE="RADIO" NAME="grundpizza"
                VALUE="Callas"> Callas<BR>
         <INPUT TYPE="RADIO" NAME="grundpizza"
                VALUE="jahreszeiten"> 4 Jahreszeiten<BR>
         <INPUT TYPE="RADIO" NAME="grundpizza"
                VALUE="Waikiki"> Waikiki<BR>
         <INPUT TYPE="RADIO" NAME="grundpizza"
                VALUE="Firenze"> Firenze<BR>
         <INPUT TYPE="RADIO" NAME="grundpizza"
                VALUE="Cardinale"> Cardinale<BR>
         <INPUT TYPE="RADIO" NAME="grundpizza"
                VALUE="Luzifer"> Luzifer<BR>
```

```
            <INPUT TYPE="RADIO" NAME="grundpizza" VALUE="Odin"> Odin<BR>
            <INPUT TYPE="RADIO" NAME="grundpizza"
                   VALUE="Gonzales"> Gonzales<BR>
            <INPUT TYPE="RADIO" NAME="grundpizza"
                   VALUE="Calzone"> Calzone<BR>
            </TD>
        <TD>
           <B>Zutaten:</B><BR>
            <INPUT TYPE="CHECKBOX" NAME="belag1"
                   VALUE="Zwiebeln"> Zwiebeln<BR>
            <INPUT TYPE="CHECKBOX" NAME="belag2"
                   VALUE="Salami"> Salami<BR>
            <INPUT TYPE="CHECKBOX" NAME="belag3"
                   VALUE="Oliven"> Oliven<BR>
            <INPUT TYPE="CHECKBOX" NAME="belag4"
                   VALUE="Sardellen"> Sardellen<BR>
            <INPUT TYPE="CHECKBOX" NAME="belag5"
                   VALUE="Schinken"> Schinken<BR>
            <INPUT TYPE="CHECKBOX" NAME="belag6"
                   VALUE="Peperoni"> Peperoni<BR>
            <INPUT TYPE="CHECKBOX" NAME="belag7"  >
                   VALUE="Extra-Käse"> Extra Käse<BR>
            <INPUT TYPE="CHECKBOX" NAME="belag8"
                   VALUE="Mozzarella"> Mozzarella<BR>
            <INPUT TYPE="CHECKBOX" NAME="belag9"
                   VALUE="Tunfisch"> Tunfisch<BR>
            <INPUT TYPE="CHECKBOX" NAME="belag10"
                   VALUE="Spargel"> grüner Spargel<BR>
            <INPUT TYPE="CHECKBOX" NAME="belag11"
                   VALUE="Rindfleisch"> Rindfleisch<BR>
            <INPUT TYPE="CHECKBOX" NAME="belag12"
                   VALUE="Hähnchenbrust"> Hähnchenbrust<BR>
            <INPUT TYPE="CHECKBOX" NAME="belag12"
                   VALUE="Meeresfrüchte"> Meeresfrüchte<BR>
        </TD>
    </TR>
   <TR>
        <TD COLSPAN="2">
            <B>Wünschen Sie Ihre Pizza mit Knoblauch?</B><BR>
            <INPUT TYPE="CHECKBOX" NAME="knobi"
                   VALUE="Knoblauch"> Ja, mit Knoblauch<BR>
        </TD>
    </TR>
   <TR>
        <TD COLSPAN="2">
            <B>Hier können Sie Kommentare eingeben:</B><BR>
            <TEXTAREA NAME="kommentare" COLS="50" ROWS="4" WRAP="SOFT">
            </TEXTAREA><BR>
```

```
        </TD>
    </TR>
    </TABLE>
    <INPUT TYPE="SUBMIT" VALUE="Abschicken">
    <INPUT TYPE="RESET"  VALUE="Reset">
    </FORM>
</BODY>
</HTML>
```

Listing 17.12: Das Pizza-Bestellformular

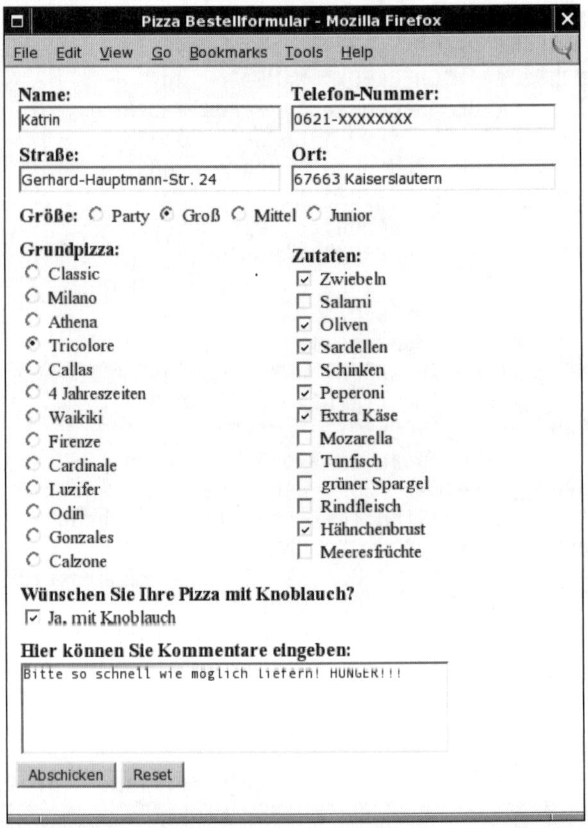

Abbildung 17.13: Unser fertiges HTML-Formular, um eine Pizza genau nach unseren Wünschen zu bestellen. Na, schon Hunger?

Natürlich müssen Sie die Eingaben auch noch auswerten. Doch wie soll das geschehen? Kein Problem. Sehen Sie selbst.

```
<HTML>
<HEAD>
    <TITLE>Ergebnis der Bestellung</TITLE>
</HEAD>
<BODY>
<?php
    echo "Hallo <B>".$_POST["name"]."</B><P>";
    echo "Ihre angegebene Adresse: <B>".$_POST["strasse"]."</B>, ";
    echo "<B>".$_POST["ort"]."</B><P>";

    echo "Sie haben eine Pizza <B>".$_POST["grundpizza"]."</B><BR>";
    echo "der Größe <B>".$_POST["groesse"]."</B><BR>";
    echo "mit folgenden Zutaten ausgewählt: <BR>";

    echo "<OL>";
    if ($_POST["belag1"])  echo "<LI><B>".$_POST["belag1"]."</B></LI><BR>";
    if ($_POST["belag2"])  echo "<LI><B>".$_POST["belag2"]."</B></LI><BR>";
    if ($_POST["belag3"])  echo "<LI><B>".$_POST["belag3"]."</B></LI><BR>";
    if ($_POST["belag4"])  echo "<LI><B>".$_POST["belag4"]."</B></LI><BR>";
    if ($_POST["belag5"])  echo "<LI><B>".$_POST["belag5"]."</B></LI><BR>";
    if ($_POST["belag6"])  echo "<LI><B>".$_POST["belag6"]."</B></LI><BR>";
    if ($_POST["belag7"])  echo "<LI><B>".$_POST["belag7"]."</B></LI><BR>";
    if ($_POST["belag8"])  echo "<LI><B>".$_POST["belag8"]."</B></LI><BR>";
    if ($_POST["belag9"])  echo "<LI><B>".$_POST["belag9"]."</B></LI><BR>";
    if ($_POST["belag10"]) echo "<LI><B>".$_POST["belag10"]."</B></LI><BR>";
    if ($_POST["belag11"]) echo "<LI><B>".$_POST["belag11"]."</B></LI><BR>";
    if ($_POST["belag12"]) echo "<LI><B>".$_POST["belag12"]."</B></LI><BR>";
    echo "</OL>";

    if ($_POST["knobi"]) echo "Und mit <B>Knoblauch</B>!<P>";
    if ($_POST["kommentare"]) {
        echo "Anmerkungen:<BR><B>".$_POST["kommentare"]."</B>";
    }
?>
</BODY>
</HTML>
```

Listing 17.13: Die PHP-Auswertungsdatei unseres Pizza-Bestellformulars

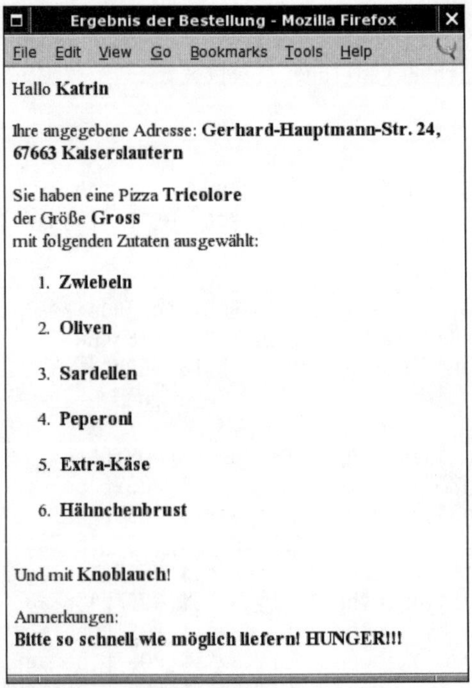

Abbildung 17.14: Ergebnis unserer Auswertung der Pizzabestellung. Mit diesen Daten kann man schon was anfangen.

Als Zeichen der Gastfreundschaft: Das Gästebuch

Jeder hat schon mal eins gesehen, jeder hat sich schon mal in eins eingetragen: Gästebücher kennt jeder, und PHP bietet sich für die Entwicklung geradezu an. Natürlich sollen Sie auch ein bisschen was von diesem Buch haben, darum habe ich ein Gästebuch für Sie entwickelt, das ich im Folgenden vorstellen und erklären werde.

Ich habe das HTML-Formular und den PHP-Code in eine Datei gesteckt. Das ist zwar gewöhnungsbedürftig, aber so kann ich Ihnen auch gleich diesen Stil ein wenig näher bringen. Sehen Sie sich den Quellcode auf der CD erst einmal in Ruhe an.

Die HTML-Datei, die das Gästebuch erzeugt, ist recht einfach gestrickt, aber dafür funktioniert sie wunderbar.

Abbildung 17.15: Die Oberfläche des Gästebuches

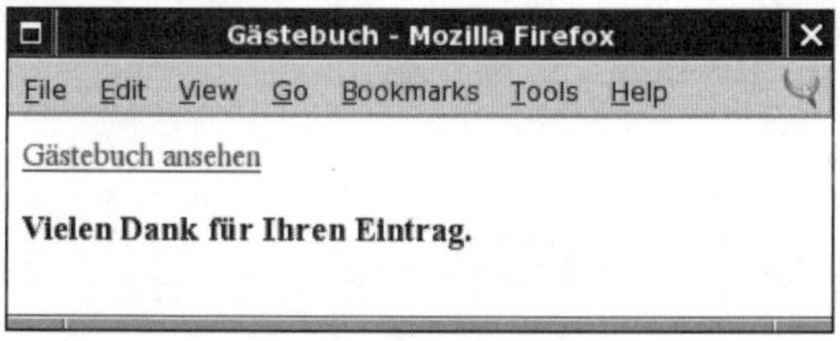

Abbildung 17.16: Nachdem ein Beitrag abgeschickt wurde, erscheint eine kleine Bestätigung, dass alles geklappt hat (hoffentlich!).

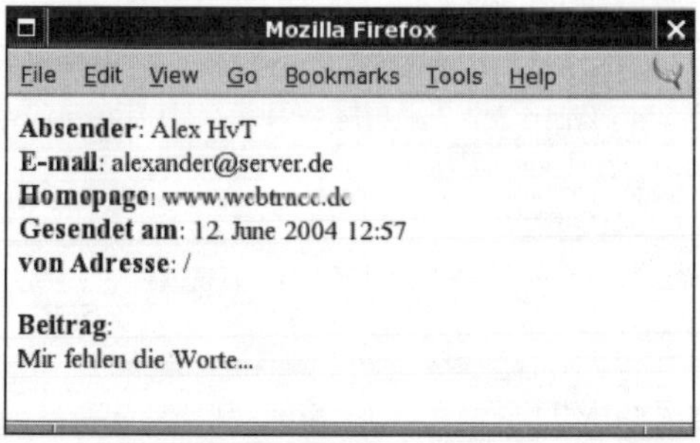

Abbildung 17.17: Der erste Beitrag im Gästebuch. Aber bestimmt nicht der Letzte!

Natürlich ist das Gästebuch noch ausbaufähig. Sie könnten das Look&Feel verbessern, einen passwortgeschützten Bereich einrichten mit der Möglichkeit, einzelne Beiträge zu löschen usw. Aber das sind Aufgaben, die ich Ihnen überlasse. Eine Basis haben Sie ja jetzt, und ich denke, mit der kann man schon etwas anfangen.

XML und PHP

18

In diesem Kapitel

- XML, seine Geschichte und seine Vorteile
- SGML und XML
- Der Aufbau von XML-Dokumenten
- Wie kann PHP mit XML zusammenarbeiten
- Einen Parser entwickeln

Die Sprache XML – eXtensible Markup Language (erweiterbare Beschreibungssprache) – ist seit einigen Jahren in aller Munde. Dabei überschlagen sich manche Berichte geradezu, wenn es darum geht, welche Veränderungen diese Sprache in den nächsten Jahren bringen wird und wie groß die Vorteile von XML-basierten Systemen gegenüber nicht-XML-basierten Systemen sind.

Der Hintergrund von XML

Es wird oft suggeriert, dass XML und vor allem das Konzept von XML etwas Brandneues sei. Das ist aber falsch. Die Sprache XML hat ihre Wurzeln in SGML (Standard Generalized Markup Language) und SGML wurde von der International Standardization Organization (ISO) bereits im Jahr 1986 als Standardsprache zur Beschreibung von Dokumenten festgelegt und veröffentlicht (ISO 8879). Begonnen hatte die Entwicklung an SGML aber schon 1967 und wurde 1969 als Auftragsarbeit für IBM fortgesetzt.

Tatsächlich hat SGML eine beeindruckende Geschichte hinter sich. Bald nach der Veröffentlichung der Sprache entwickelte sich diese in den USA zum Standard für Datenhaltung und Verarbeitung im Verlagswesen und bei technischen Dokumentationen.

Den wahrscheinlich größten Durchbruch erzielte SGML, als es zum wesentlichen Bestandteil des CALS-Projekt (Computer-Aided Acquisition and Logistics Support) wurde. Das CALS-Projekt wurde vom Department of Defense ins Leben gerufen, um den elektronischen Austausch und die Speicherung von Dokumenten aller Art zu erleichtern und zu vereinheitlichen.

Schon damals hatte man die Gefahr erkannt, dass es durch eine Vielzahl unterschiedlicher Dateiformate zu Inkompatibilitäten kommen und dadurch auch die Lebensdauer der Dokumente stark eingeschränkt würde. Es galt, ein einheitliches Dokumentenformat zu schaffen, das eine Kompatibilität auf lange Dauer gewährleisten würde. Bereits 1985 wurde SGML als Dokumentensprache für CALS festgelegt und eingesetzt.

Der Vorteil von SGML gegenüber anderen Beschreibungssprachen für Dokumente liegt auf der Hand. Durch die strikte Trennung der Dokumentenstruktur vom Layout ist eine vollständige Unabhängigkeit von der eingesetzten Hard- und Software gewährleistet. Außerdem gehören Inkompatibilitäten durch verschiedene und zueinander inkompatible Dateiformate mit SGML/XML der Vergangenheit an.

Der Weg von SGML über HTML zu XML

Von 1989 bis 1991 entwickelten Tim Berners-Lee und Robert Cailliau am CERN in Genf eine Sprache um Dokumente unabhängig von Hard- und Software zu erstellen und anzuzeigen. Layout und Struktur sollten getrennt sein. Eigentlich war die Sprache nur dazu gedacht, die Dokumente des CERN intern besser verwalten zu können.

Die beiden nannten ihr System World Wide Web, und die von ihnen entwickelte HyperText Markup Language (HTML) sollte in den Folgejahren einen beispiellosen Siegeszug um die Welt nehmen. Ab HTML Version 2.0 war die Sprache auch vollständig SGML-konform.

Die Entwicklung von XML basierte auf dem Wunsch, eine Sprache zu haben, die alle Vorteile von SGML beinhalten, aber nicht so kompliziert und umfangreich sein sollte. XML sollte einfach viel schlanker sein. Außerdem sollte die neue Sprache problemlos mit SGML und HTML zusammenarbeiten können. Von 1996 bis 1998 arbeitete eine Arbeitsgruppe am World Wide Web Consortiums (W3C) unter Führung von Jon Bosak an dieser neuen Sprache. Seit 1998 ist XML der Standard des World Wide Web Consortiums.

Man kann sagen, XML ist genau wie HTML eine Teilmenge von SGML. XML ist viel knapper gehalten und um alle SGML-Merkmale erleichtert, die nur sehr selten verwendet werden. Ein weiterer schöner Vorteil von XML ist, dass die Sprache von jedem SGML-Parser verarbeitet werden kann, da sie eine vereinfachte Version von SGML ist. Die beiden Sprachen können auch parallel nebeneinander betrieben werden.

Mehr zu XML, SGML und HTML können Sie unter den Webadressen in Tabelle 18.1 erfahren:

Webadresse	Thema
`http://www.w3c.org/MarkUp/`	HyperText Markup Language (HTML) Home Page
`http://www.w3.org/MarkUp/html-spec/`	HTML 2.0 Materials
`http://www.w3c.org/XML/`	Extensible Markup Language (XML)
`http://xml.coverpages.org/xml.html`	Extensible Markup Language (XML)
`http://www.w3.org/MarkUp/SGML/`	Overview of SGML Resources
`http://xml.coverpages.org/sgml.html`	Standard Generalized Markup Language (SGML)

Tabelle 18.1: Einige ausgewählte Internetadressen zu den Themen XML, SGML und HTML

Wie arbeitet man mit XML?

XML ist eine Metasprache genau wie HMTL und SGML. Allerdings bringt XML keine Tags mit und verfügt auch nicht über eine festgelegte Grammatik. Alle Tags, die Sie verwenden wollen, müssen Sie selbst der Sprache hinzufügen. Das ist einer der Gründe, warum XML so flexibel und universell einsetzbar ist. Wenn Sie ein bestimmtes Tag brauchen, dann erfinden Sie es einfach. Daher kommt auch der Name eXtensible Markup Language (Erweiterbare Auszeichnungssprache).

Nehmen wir beispielsweise einmal an, Sie schreiben ein Dokument in HTML und umschließen die Überschrift mit dem Tag `<H1>`.

```
<H1>Das ist die Überschrift</H1>
```

Der Browser, dem diese HTML-Seite geschickt wird, interpretiert den Text zwischen dem `<H1>` und dem `</H1>` als Überschrift und stellt diese mit einer Schriftart im Browserfenster dar, die er für Überschriften festgelegt hat.

Wenn Sie nun ein Dokument in XML schreiben möchten, und auch hier eine Überschrift festlegen wollen, dann können Sie sich ein Tag aussuchen, da keine vordefiniert sind. Folgende Alternativen wären denkbar:

<HEAD>Das ist die Überschrift</HEAD>

<UEBERSCHRIFT >Das ist die Überschrift</UEBERSCHRIFT>

<TITEL>Das ist die Überschrift</TITEL>

<ANFANG>Das ist die Überschrift</ANFANG>

Es wäre aber auch jede weitere denkbare Alternative möglich. Sie können sich einen beliebigen Namen für das Tag aussuchen. Die Regeln, wie dieses Tag funktioniert und interpretiert werden soll, müssen Sie aber in der DTD (Document Type Definition) festlegen.

Wie die Tags aufgebaut sein müssen

Dass Sie die Tags frei erfinden können, ist auf jeden Fall eine interessante Sache. Allerdings müssen Sie einige Regeln dabei einhalten.

- ✔ Genau wie bei HTML sind auch alle XML-Tags von spitzen Klammern umschlossen: `<TAG>`
- ✔ Für jedes öffnende Tag brauchen Sie auch ein schließendes Tag `<TAG>...</TAG>`
- ✔ Öffnendes und schließendes Tag müssen in Inhalt und Form gleich sein. `<tag>...</TAG>` wäre also nicht zulässig, da XML zwischen Groß- und Kleinschreibung unterscheidet.
- ✔ Wenn Sie ein schließendes Tag vergessen, kann das bei XML unangenehme Folgen haben. Bei HTML sehen die Browser oft darüber hinweg. Bei XML gibt der Parser sofort Fehlermeldungen aus.

Es gibt noch einige Regeln, die für die Namensfindung der Tags wichtig sind. Ein Tag darf nur aus drei Dingen bestehen:

- Buchstaben
- Zahlen
- Unterstrichen

Nicht vergessen: Ein gültiges XML-Tag darf zwar Zahlen enthalten, aber das erste Zeichen eines Tags darf keine Zahl sein!

Folgende Dinge sollten Sie in Tags auf jeden Fall vermeiden:

- Sonderzeichen aller Art
- deutsche Umlaute
- Satzzeichen

Aus Gründen der Fehlervermeidung und um den Code lesbar zu halten empfehle ich Ihnen nur XML-Tags zu verwenden, die ausschließlich aus Buchstaben bestehen und deren Name die Funktion wiedergibt.

Genau wie bei HTML, können Sie bei XML die Tags (Elemente) auch um Attribute anreichern. Sehen Sie sich folgendes HTML-Tag an:

```
<IMG SRC="bilder/bild.png" WIDTH="300" HEIGHT="200">
```

Sie sehen das <IMG>-Tag mit dem Sie in HTML Bilder und Grafiken einbinden können. Dieses Tag ist um einige Attribute angereichert. Es wird die Bilddatei und der Pfad angegeben, sowie die Breite und Höhe des Bildes.

Bei XML ist das ganz ähnlich. Sehen Sie sich folgendes XML-Tag an:

```
<KAPITEL NUMMER="18" UEBERSCHRIFT="PHP und XML">
```

Das selbstdefinierte Tag markiert den Beginn eines Kapitels mit der Nummer 18 und der Kapitelüberschrift *PHP und XML*.

Der Anfang eines XML-Dokuments

XML-Dokumente beginnen immer mit dem Tag <?xml und enden mit ?>. Sicher fällt Ihnen die Ähnlichkeit zum PHP-Start- und -End-Tag <?php ?> auf. Mit dem XML-Start-Tag legen Sie auch die XML-Version (Attribut version) und den Zeichensatz (Attribut encoding) fest. Ein gültiges XML-Start-Tag wäre:

```
<?xml version="1.0" encoding="ISO-8859-15"?>
```

In der ISO-8859-Norm sind derzeit 15 Teilnormen definiert. Dabei handelt es sich um 8-Bit-Zeichensätze. Eine Übersicht über die gängigsten Zeichensätze sehen Sie in Tabelle 18.1.

ISO-Zeichensatz	Region
ISO 8859-1	Westeuropa, Amerika, Australien, große Teile Afrikas (ISO Latin 1)
ISO-8859-2	Osteuropa (ISO Latin 2)
ISO-8859-3	Südeuropa und Esperanto (ISO Latin 3)
ISO-8859-4	Skandinavien und Baltikum (ISO Latin 4)
ISO-8859-5	Kyrillische
ISO-8859-6	Arabisch
ISO-8859-7	Griechisch
ISO-8859-8	Hebräisch und Jiddisch
ISO-8859-9	Türkisch (ISO Latin 5)
ISO-8859-10	Grönländisch/Inuit und Lappisch/Sami (ISO Latin 6)
ISO-8859-11	Thailändisch
ISO-8859-12	Keltisch, Walisisch, Gälisch, Irisch
ISO-8859-13	Baltisch (ISO Latin 7)
ISO-8859-14	Sami (ISO Latin 8)
ISO-8859-15	Westeuropa, Amerika, Australien, große Teile Afrikas mit Euro-Symbol (ISO Latin 9)
ISO-2022-JP	Japanisch

Tabelle 18.1: Die gängigsten Zeichensätze im Web

ISO Latin 9 und ISO Latin 1 unterscheiden sich kaum. Die wichtigste Änderung: in ISO Latin 9 ist das Euro-Symbol dazu gekommen. Die deutschen Umlaute und »ß« sind übrigens in allen ISO Latin-Zeichensätzen vorhanden.

Für unseren Breitengrad empfehle ich ISO-8859-1 oder besser die neuere ISO-8859-15, da diese das Euro-Symbol enthält.

Wenn Sie mehr über die ISO-8859-Norm erfahren möchten, kann ich Ihnen folgende Webseiten empfehlen:

- ✔ `http://selfhtml.teamone.de/inter/zeichensaetze.htm`
- ✔ `http://de.wikipedia.org/wiki/ISO_8859`

Richtig Kommentieren in XML

Dass Kommentare im Quellcode wichtig sind, haben Sie in diesem Buch sicher schon oft gelesen. Besonders wenn die Skripte länger als ein paar Zeilen sind und mehr als eine Person an einem Projekt arbeitet, sind Kommentare unerlässlich.

XML-Code zu kommentieren wird Ihnen nicht schwer fallen, denn XML-Kommentare sind nicht anders als HTML-Kommentare. Der Beginn eines Kommentars wird mit <!-- eingeleitet und endet mit -->.

```
<!-- Das ist ein Kommentar -->
```

Genau wie bei HTML-Code, wird alles, was zwischen dem Anfang und Ende eines Kommentars steht ignoriert. Ein Kommentar kann auch über mehrere Zeilen gehen.

```
<!--
    Das ist auch
    ein Kommentar
-->
```

Kommentare dürfen nicht innerhalb von Tags (Elementen) stehen! So etwas wäre also falsch: <ELEMENT <!-- Kommentar --> >

Mit der Document Type Definition (DTD) die Grammatik festlegen

Dass Sie in XML Ihre Tags (Elemente) selbst erfinden können, macht Sie sehr flexibel. Allerdings müssen Sie die Tags dann auch in der Document Type Definition (DTD) definieren. In der DTD legen Sie die Grammatik eines XML-Dokuments fest.

Die DTD befindet sich im Kopf des Dokuments direkt unter dem XML-Start-Tag. Alle Tags (Elemente), die in einem Dokument verwendet werden, müssen in der DTD definiert sein. Hier werden die Attribute, die Schachtelung und die Häufigkeit des Vorkommens festgelegt. Die DTD sieht immer folgendermaßen aus:

```
<!DOCTYPE name [
    Inhalt der DTD
]>
```

Neue Tags (Elemente) definieren Sie in der DTD immer nach dem folgendem Muster:

```
<!ELEMENT name (Unterelement oder #PCDATA)>
```

Wenn Sie ein neues Tag definieren, können Sie angeben, ob dieses ein oder mehrere Unterelemente (Tags) besitzt oder Daten enthält. Ein Tag, das Daten enthält, wird auch als Datenelement bezeichnet. Datenelemente werden wie folgt definiert:

```
<!ELEMENT name (#PCDATA)>
```

Die Art und Weise, wie die Daten in einem Datenelement dargestellt werden, hängt von dem im Dokument verwendeten Zeichensatz ab. Diesen legen Sie im XML-Start-Tag fest.

Ein Tag, das ein oder mehrere Unterelemente hat, wird auch als Containerelement bezeichnet. Wie Sie Containerelemente definieren, sehen Sie in den folgenden beiden Beispielen.

```
<!ELEMENT name (name2)>
<!ELEMENT name (name2, name3)>
```

Enthält ein Containerelement mehrere Unterelemente, so werden diese mit Kommas voneinander getrennt. Sie sehen also, dass Sie mit den Datenelementen die Daten in Ihr Dokument integrieren und mit den Containerelementen legen Sie die Struktur des Dokuments fest.

Sie können bei der Definition von Unterelementen in Containerelementen auch gleich mit Operatoren festlegen, wie häufig ein Element (Tag) im Dokument auftreten kann und muss. In Tabelle 18.2 sehen Sie eine Übersicht über die möglichen Operatoren.

Operatoren	Bedeutung
`name`	Das Element `name` muss genau einmal vorkommen.
`name*`	Das Element `name` kann beliebig oft vorkommen. Es muss aber nicht vorkommen.
`name+`	Das Element `name` muss mindestens einmal vorkommen. Es kann aber auch beliebig oft vorkommen.
`name?`	Das Element `name` kann höchstens einmal vorkommen. Es muss aber nicht vorkommen.
`(name1 | name2)`	Entweder das Element `name1` muss einmal vorkommen oder `name2`.

Tabelle 18.2: Die Operatoren von Elementen

Eine gültige DTD wäre beispielsweise:

```
<!DOCTYPE userliste [
    <!ELEMENT USERLISTE (USERGRUPPE+)>
    <!ELEMENT USERGRUPPE (USER+)>
    <!ELEMENT USER (Nachname, Vorname, Telefon*, GebDatum?)>
    <!ELEMENT Nachname (#PCDATA)>
    <!ELEMENT Vorname (#PCDATA)>
    <!ELEMENT Telefon (#PCDATA)>
    <!ELEMENT GebDatum (#PCDATA)>
]>
```

Die DTD gibt die Struktur des Dokuments wieder und liest sich wie folgt: Das Dokument `userliste` verfügt über das Containerelement `USERLISTE`. In diesem muss das Containerelement `USERGRUPPE` mindestens einmal vorkommen. Es kann aber auch öfter vorkommen. Das Containerelement `USERGRUPPE` beinhaltet das Containerelement `USER`. Auch dieses muss mindestens einmal vorkommen und kann auch öfter vorkommen. Das Containerelement `USER` enthält die Datenelemente `Nachname`, `Vorname`, `Telefon` und `GebDatum`. Die Datenelemente `Nachname` und `Vorname` müssen genau einmal vorkommen. Das Datenelement `Telefon` kann beliebig oft vorkommen, es muss aber auch nicht vorkommen. Das Datenelement `GebDatum` kann höchstens einmal vorkommen. Es muss aber nicht vorkommen.

Ein erstes Beispiel

Grau ist alle Theorie. Darum habe ich für Sie ein erstes kleines XML-Dokument erstellt. Sie werden sicher keine Probleme haben, den Quellcode zu verstehen. Es handelt sich dabei um eine kleine Datensammlung an Namen, Telefonnummern und Geburtsdaten von Personen. Diese sind in zwei Gruppen unterteilt (Privat und Job).

```
<?xml version="1.0" encoding="ISO-8859-15"?>

<!-- Die Document Type Definition (DTD)-->
<!DOCTYPE userliste [
    <!ELEMENT USERLISTE (USERGRUPPE+)>
    <!ELEMENT USERGRUPPE (USER+)>
    <!ELEMENT USER (Nachname, Vorname, Telefon*, GebDatum?)>
    <!ELEMENT Nachname (#PCDATA)>
    <!ELEMENT Vorname (#PCDATA)>
    <!ELEMENT Telefon (#PCDATA)>
    <!ELEMENT GebDatum (#PCDATA)>
]>

<!-- Der Inhalt des Dokuments -->
<USERLISTE>
    <USERGRUPPE NUM="1" TEST="Privat">
       <USER NUM="1">
         <Nachname>D.</Nachname>
       <Vorname>Thomas</Vorname>
       <Telefon>06352-13213XXX</Telefon>
       <Telefon>0170-16393XXX</Telefon>
       <GebDatum>3.8.1978</GebDatum>
      </USER>
      <USER NUM="2">
         <Nachname>M.</Nachname>
       <Vorname>Micky</Vorname>
       <Telefon>0631-9571XXX</Telefon>
       <GebDatum>7.4.1910</GebDatum>
      </USER>
      <USER NUM="3">
         <Nachname>A.</Nachname>
       <Vorname>Douglas</Vorname>
       <GebDatum>23.12.1968</GebDatum>
      </USER>
   </USERGRUPPE>
    <USERGRUPPE NUM="2" TEST="Job">
       <USER NUM="4">
         <Nachname>Chef</Nachname>
       <Vorname>Herr</Vorname>
       <Telefon>06321-81276XXX</Telefon>
      </USER>
```

```
      <USER NUM="5">
        <Nachname>T.</Nachname>
        <Vorname>Michael</Vorname>
        <Telefon>06321-81223XXX</Telefon>
        <Telefon>0172-4236XXX</Telefon>
      </USER>
    </USERGRUPPE>
</USERLISTE>
```

Listing 18.1: Ihr erstes XML-Dokument

Wie dieses Beispiel im Browser aussieht, können Sie in Abbildung 18.1 und 18.2 sehen.

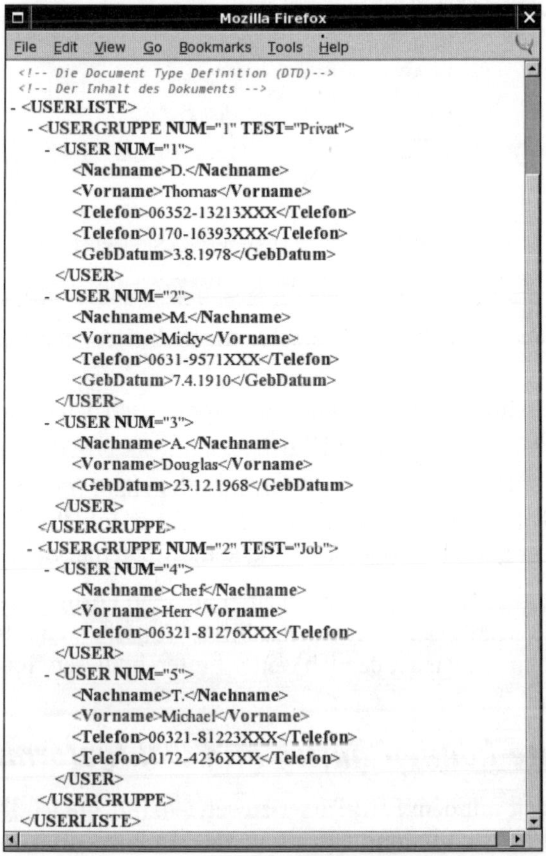

Abbildung 18.1: Das XML-Dokument im Browser, dargestellt als Baum

Das XML-Dokument wird vom Browser als Baum dargestellt. Vielleicht sind Ihnen die Minus-Symbole vor jedem Containerelement schon aufgefallen. Klicken Sie auf eines der Minus-Zeichen, wird der zugehörige Ast eingeklappt und aus dem Minus-Zeichen wird ein Plus-Zeichen. Das kann hilfreich sein, um sich bei größeren Dokumenten einen Überblick zu verschaffen oder wenn Sie sich auch nur für einen bestimmten Teil eines Dokuments interessieren. In Abbildung 18.2 habe ich ein paar Containerelemente eingeklappt.

Sehr hilfreich ist außerdem, dass die Tags (Elemente), die Daten, das XML-Start-Tag und die DTD farblich verschieden angezeigt werden. Außerdem werden die Elemente ihrer Struktur nach eingerückt ausgegeben. Das schafft mehr Überblick.

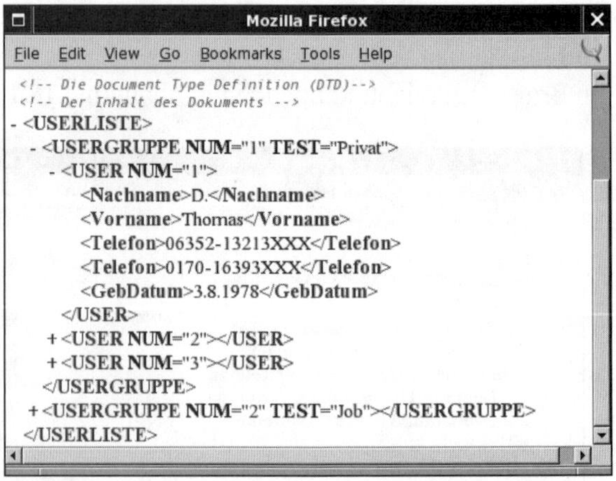

Abbildung 18.2: Äste des Baums können auch eingeklappt werden.

Sicher haben Sie sich schon gedacht: »Toll, jetzt bekomme ich den Quellcode des XML-Dokuments ausgegeben. Aber was mache ich damit?«

Diese Darstellung dient in erster Linie der Kontrolle, ob in dem Dokument auch keine Fehler mehr sind, ob (Elemente) Tags vorhanden sind, die nicht in Inhalt und Form gleich sind, ob alle Tags korrekt wieder geschlossen wurden und keine Tippfehler mehr vorhanden sind usw.

Wenn Sie die Daten eines XML-Dokuments in einer anderen Form präsentieren wollen, müssen Sie PHP beibringen, XML-Dokumente nach Ihren Wünschen zu interpretieren. Diese Arbeit erledigen Sie mit einem Parser, den ich weiter hinten in diesem Kapitel erläutern werde.

XML-Dokumente können gültig und wohlgeformt sein

Bevor wir uns der Arbeit mit dem PHP-Parser zuwenden, möchte ich Ihnen noch den Unterschied zwischen gültigen und wohlgeformten XML-Dokumenten erklären. Genau diese beiden Varianten von korrekten XML-Dokumenten gibt es.

Damit ein XML-Dokument gültig (*valid*) ist, muss die Document Type Definition (DTD) im Dokument vorhanden sein. Die Aufgabe des Dokuments muss konform mit den Regeln in der DTD sein. Listing 18.1 ist ein gültiges XML-Dokument.

Ein wohlgeformtes (*well-formed*) XML-Dokument muss hingegen keine DTD haben. Die Tags (Elemente) und die Struktur sollten verständlich sein. Öffnende Tags müssen auch geschlossen werden. Die Symbole < und > müssen richtig verwendet sein. Die Schachtelung der Elemente muss stimmen. Ein Beispiel für eine Zeile aus einem nicht-wohlgeformten Element ist die folgende:

```
Das <FETT>Dokument<KURSIV> ist nicht</FETT> wohlgeformt</KURSIV>
```

Jedes gültige XML-Dokument ist automatisch auch wohlgeformt. Aber nicht jedes wohlgeformte XML-Dokument ist auch gültig.

Die Document Type Definition (DTD) auslagern

In Listing 18.1 haben wir die DTD im Kopf des Dokuments platziert. Das ist besonders bei kleineren XML-Dokumenten auch ratsam. Bei größeren Dokumenten, die über viele Seiten gehen oder wenn Sie mehrere XML-Dokumente haben, die die gleiche DTD haben, ist es aber ratsam, die DTD in eine separate Datei auszulagern.

Bedenken Sie: Wenn Sie mehrere XML-Dokumente mit der gleichen DTD vorliegen haben und Sie in der DTD etwas ändern wollen, müssen Sie die Änderung in allen Dokumenten vornehmen, was zu neuen Fehlern (Tippfehlern zum Beispiel) führen kann. Haben Sie die DTD aber ausgelagert, müssen Sie nur eine Stelle ändern.

Um eine externe DTD in ein Dokument einzubinden, müssen Sie direkt unter dem Start-Tag (da wo eigentlich die DTD steht) folgenden Verweis einfügen:

```
<!DOCTYPE name SYSTEM "/pfad/zu/datei/dateiname.dtd">
```

Wenn die DTD nur auf Ihrem System liegt und auch nur Ihnen zugänglich sein soll, verwenden Sie das Attribut `SYSTEM`. Wenn sich die DTD irgendwo im Internet befindet, verwenden Sie das Attribut `PUBLIC`. Dann geben Sie natürlich statt des Pfades und Dateinamens die Internetadresse der DTD an.

```
<!DOCTYPE name PUBLIC "http://www.domain.de/pfad/dateiname.dtd">
```

Ich habe für Sie Listing 18.1 einmal so geändert, dass Dokument und DTD voneinander getrennt sind. In Listing 18.2 sehen Sie das Dokument mit dem Verweis auf die DTD.

```
<?xml version="1.0" encoding="ISO-8859-15"?>

<!-- Der Verweis auf die Document Type Definition (DTD)-->
<!DOCTYPE userliste SYSTEM "listing18-3.dtd">

<!-- Der Inhalt des Dokuments -->
<USERLISTE>
    <USERGRUPPE NUM="1" TEST="Privat">
        <USER NUM="1">
```

```
        <Nachname>D.</Nachname>
      <Vorname>Thomas</Vorname>
      <Telefon>06352-13213XXX</Telefon>
      <Telefon>0170-16393XXX</Telefon>
      <GebDatum>3.8.1978</GebDatum>
    </USER>
    <USER NUM="2">
        <Nachname>M.</Nachname>
      <Vorname>Micky</Vorname>
      <Telefon>0631-9571XXX</Telefon>
      <GebDatum>7.4.1910</GebDatum>
    </USER>
    <USER NUM="3">
        <Nachname>A.</Nachname>
      <Vorname>Douglas</Vorname>
      <GebDatum>23.12.1968</GebDatum>
    </USER>
  </USERGRUPPE>
   <USERGRUPPE NUM="2" TEST="Job">
      <USER NUM="4">
        <Nachname>Chef</Nachname>
      <Vorname>Herr</Vorname>
      <Telefon>06321-81276XXX</Telefon>
    </USER>
    <USER NUM="5">
        <Nachname>T.</Nachname>
      <Vorname>Michael</Vorname>
      <Telefon>06321-81223XXX</Telefon>
      <Telefon>0172-4236XXX</Telefon>
    </USER>
  </USERGRUPPE>
</USERLISTE>
```

Listing 18.2: Das XML mit ausgelagerter DTD

Die Datei `listing18-3.dtd`, die die DTD enthält, sieht wie folgt aus:

```
<!ELEMENT USERLISTE (USERGRUPPE+)>
<!ELEMENT USERGRUPPE (USER+)>
<!ELEMENT USER (Nachname, Vorname, Telefon*, GebDatum?)>
<!ELEMENT Nachname (#PCDATA)>
<!ELEMENT Vorname (#PCDATA)>
<!ELEMENT Telefon (#PCDATA)>
<!ELEMENT GebDatum (#PCDATA)>
```

Listing 18.3: Die Datei `listing18-3.dtd` mit der ausgelagerten DTD

Die Ausgabe von Listing 18.2 ist natürlich identisch mit der von Listing 18.1. Ob die DTD ausgelagert ist oder im XML-Dokument abgelegt wird, hat auf die Ausgabe keinen Einfluss. Vielleicht ist Ihnen aufgefallen, dass in der Datei listing18-3.dtd das Tag <!DOCTYPE> fehlt. Das ist aber kein Fehler. <!DOCTYPE> ist bereits in Listing 18.2 vorhanden (der Verweis auf die externe DTD).

XML-Dokumente mit PHP verarbeiten

Nachdem Sie nun die wichtigsten Grundlagen von XML kennen, können Sie damit beginnen, XML-Dateien mit PHP zu verarbeiten (zu interpretieren). Dafür benötigen Sie den XML-Parser EXPAT von James Clark. EXPAT ist in allen aktuellen Versionen des Apache Webservers seit Version 1.3.7 enthalten.

Mehr über die Arbeit von James Clark und EXPAT können Sie unter http://www.jclark.com/xml/expat.html erfahren.

Ob der XML-Parser EXPAT in Ihrer Installation enthalten ist und welche Version Ihnen zur Verfügung steht, erfahren Sie schnell und einfach mit der Funktion phpinfo(). Folgende drei Zeilen genügen, um von PHP alle wichtigen Details über die installierte Version von PHP zu erfahren:

```
<?php
    phpinfo();
?>
```

In der Ausgabe sollte auch ein Abschnitt mit der Überschrift *XML* zu finden sein. Hier können Sie prüfen, ob XML in Ihrer PHP-Version unterstützt wird.

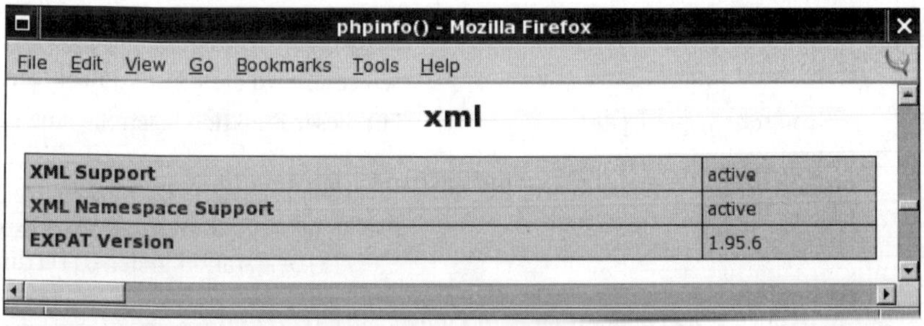

Abbildung 18.3: Die Funktion phpinfo() gibt Auskunft über den XML-Support.

EXPAT unterstützt drei Zeichensätze (siehe Tabelle 18.3). Die Standardeinstellung ist ISO 8859-1. Die Codierung UTF-16 wird explizit nicht unterstützt.

Zeichensatz	Bedeutung
ISO 8859-1	Westeuropa, Amerika, Australien, große Teile Afrikas (ISO Latin 1)
US-ASCII	Amerikanischer ASCII-Zeichensatz
UTF-8	8 Bit-Codierung (einfachste Form von Unicode)

Tabelle 18.3: Unterstützte Zeichensätze im Parser EXPAT

Eine Übersicht über die sieben vorhandenen Funktionen zur Ereignisbehandlung sehen Sie in Tabelle 18.4.

Funktionen zur Ereignisbehandlung	Bedeutung
`xml_set_element_handler()`	Ein Element-Ereignis wird ausgelöst, wenn der XML-Parser auf ein Start- oder End-Tag trifft. Es gibt separate Ereignishandler für Start- und End-Tags.
`xml_set_character_data_handler()`	Diese Funktion wird aufgerufen, um Daten zu verarbeiten. Mit Daten sind keine Tags gemeint, sondern nur normaler Text und Leerzeichen.
`xml_set_processing_instruction_handler()`	Mit dieser Funktion werden *Processing Instructions* behandelt wie `<?php ?>` und `<?xml ?>`.
`xml_set_default_handler()`	Wenn für ein Ereignis keine Funktion definiert wurde, wird diese aufgerufen. Beispielsweise wird diese Default-Funktion aufgerufen wenn ein Fehler aufgetreten ist.
`xml_set_unparsed_entity_decl_handler()`	Wenn externe `ENTITY`-Deklarationen mit einer `NDATA`-Deklaration in der DTD zu parsen sind, wird diese Funktion aufgerufen.
`xml_set_notation_decl_handler()`	Mit dieser Funktion legen Sie eine Deklaration fest.
`xml_set_external_entity_ref_handler()`	Diese Funktion wird aufgerufen, wenn der Parser auf eine Referenz zu einer externen `ENTITY`-Deklaration in der DTD trifft.

Tabelle 18.4: Unterstützte Funktionen zur Ereignisbehandlung

Fehlercodes

Wenn es beim Parsen einer XML-Datei zu Fehlern kommt, gibt die Funktion `xml_parse` Fehlercodes aus. Diese liegen als vordefinierte Konstanten vor. Eine Übersicht über die vorhandenen Fehlercodes sehen Sie in Tabelle 18.5.

Fehlercode
XML_ERROR_ASYNC_ENTITY
XML_ERROR_NO_MEMORY
XML_ERROR_SYNTAX
XML_ERROR_NO_ELEMENTS
XML_ERROR_INVALID_TOKEN
XML_ERROR_UNCLOSED_TOKEN
XML_ERROR_PARTIAL_CHAR
XML_ERROR_TAG_MISMATCH
XML_ERROR_DUPLICATE_ATTRIBUTE
XML_ERROR_JUNK_AFTER_DOC_ELEMENT
XML_ERROR_PARAM_ENTITY_REF
XML_ERROR_UNDEFINED_ENTITY
XML_ERROR_RECURSIVE_ENTITY_REF
XML_ERROR_NONE
XML_ERROR_BAD_CHAR_REF
XML_ERROR_BINARY_ENTITY_REF
XML_ERROR_ATTRIBUTE_EXTERNAL_ENTITY_REF
XML_ERROR_MISPLACED_XML_PI
XML_ERROR_UNKNOWN_ENCODING
XML_ERROR_INCORRECT_ENCODING
XML_ERROR_UNCLOSED_CDATA_SECTION
XML_ERROR_EXTERNAL_ENTITY_HANDLING

Tabelle 18.5: Die vordefinierten Fehlercodes

Ein erster XML-Parser

Um Ihnen zu zeigen, wie Sie sich einen XML-Parser bauen können, habe ich ein ganz einfaches Beispiel für Sie vorbereitet. Einen Parser, der die Datei `listing18-4.xml` parst und deren Daten als HTML-Code ausgibt. Sehen Sie sich zuerst die XML-Datei in Listing 18.4 an.

```
<?xml version="1.0" encoding="ISO-8859-1" ?>
<abschnitt>
XML-Dateien mit PHP parsen ist nicht besonders schwer.
</abschnitt>
```

Listing 18.4: Eine ganz einfache XML-Datei

Zugegeben, diese XML-Datei ist wenig spektakulär, aber um die prinzipielle Arbeitsweise eines Parsers zu demonstrieren, ist die Datei absolut ausreichend. In Listing 18.5 sehen Sie den Quellcode des Parsers.

```
<?php
// Die XML-Datei angeben.
$xmldatei = file("listing18-4.xml");

function startElement($xmlparser, $element) {
    global $html_ausgeben;

    // den Elementnamen zur Sicherheit in Kleinbuchstaben umwandeln
    $element = strtolower($element);

    // Den Elementnamen überprüfen
    if ($element=="abschnitt") {
        $html_ausgeben .= "<H2>Abschnitt</H2>";
        $html_ausgeben .= "<P>";
    }
}

function endElement($xmlparser, $element) {
    global $html_ausgeben;

    // den Elementnamen zur Sicherheit in Kleinbuchstaben umwandeln
    $element = strtolower($element);

    // Den Elementnamen überprüfen
    if ($element=="abschnitt") {
        $html_ausgeben .= "</P>";
    }
}

function cdata($xmlparser, $element) {
    global $html_ausgeben;

    // Den eigentlichen Text des Dokuments an $html_ausgeben anhängen
    $html_ausgeben .= $element;
}

// Den XML-Parser erzeugen
$xmlparser = xml_parser_create();

// Das Element-Ereignis auslösen, wenn der Parser
// auf ein Start- oder Endelement trifft
xml_set_element_handler($xmlparser, "startElement", "endElement");
```

```
// Mit dieser Funktion die Daten (nicht die Tags!) verarbeiten
xml_set_character_data_handler($xmlparser, "cdata");

// Den Inhalt des Arrays Element für Element
// durch die Funktion xml_parse() parsen
foreach($xmldatei as $elem) {
    xml_parse($xmlparser, $elem);
}

// Die Ressourcen des XML-Parsers wieder freigeben und diesen zerstören
xml_parser_free($xmlparser);

// Die erzeugte HTML-Datei ausgeben
echo $html_ausgeben;
?>
```

Listing 18.5: Ihr erster XML-Parser

Gehen wir den Code des Parsers Schritt für Schritt durch: In der ersten Zeile legen wir den Dateinamen der zu parsenden XML-Datei fest und lesen diese ein. Der Inhalt der Datei wird in dem Array `$xmldatei` gespeichert.

Die Funktion `startElement` wird aufgerufen, wenn der Parser auf ein öffnendes Element `<abschnitt>` trifft. Der Funktion wird außer der Variable `xmlparser` (das ist der XML-Parser) noch der Name des Elements übergeben (`Variable element`).

Der Name des XML-Elements wird mit der Funktion `strtolower` in Kleinbuchstaben umgewandelt, um Tippfehler und dergleichen im XML-Dokument zu umgehen. Danach legen Sie fest, was passiert (ausgegeben wird), wenn das öffnende Element `abschnitt` ist.

Die Funktion `endElement` wird aufgerufen, wenn der Parser auf ein schließendes Element `</abschnitt>` trifft. Auch dieser Funktion wird die Variable `xmlparser` und der Name des Elements übergeben.

Die Funktion `cdata` ist für die Arbeit mit den Daten zuständig. Daten sind in diesem Fall alles außer den Tags. Leerzeichen gelten auch als Daten. In dieser Funktion wird der Fließtext an die Ausgabe (Variable `html_ausgeben`) angehängt.

Mit den folgenden drei Zeilen erzeugen Sie den Parser und legen die Ereignis-Handler fest.

```
$xmlparser = xml_parser_create();
xml_set_element_handler($xmlparser, "startElement", "endElement");
xml_set_character_data_handler($xmlparser, "cdata");
```

Mit der `foreach`-Schleife und der Funktion `xml_parse` wird über den Inhalt des Arrays mit dem Inhalt der XML-Datei geparst.

Am Ende geben Sie mit der Funktion `xml_parser_free` die vom XML-Parser belegten Ressourcen wieder frei und zerstören diesen. In der letzten Zeile werden die *gesammelten* Ausgaben einfach am Stück ausgegeben. Das Ergebnis aus dem Zusammenspiel von Listing 18.4 und Listing 18.5 sehen Sie in Abbildung 18.4.

Abbildung 18.4: Unsere in HMTL umgewandelte XML-Datei

Das war ein sehr einfaches Beispiel für einen XML-Parser mit PHP. An dieser Stelle möchte ich es mit dem Thema PHP und XML bewenden lassen, denn es bietet genug Stoff, um ein eigenes Buch zu füllen.

Wenn ich es geschafft habe, Sie für das Thema PHP und XML zu begeistern, und Sie mehr Informationen dazu suchen, empfehle ich Ihnen die sehr gute PHP-Dokumentation unter `http://www.php.net/manual/de/ref.xml.php`.

Unter `http://phpxmlclasses.sourceforge.net` finden Sie eine sehr gute Sammlung an PHP-Klassen, um XML-Dateien zu verarbeiten.

Teil V

Der Top-Ten-Teil

»Hast Du nicht auch manchmal das Gefühl, dieses Projekt könnte jeden Moment einfach tot umfallen?«

In diesem Teil ...

So, nun haben Sie es fast geschafft. Das Buch neigt sich dem Ende zu, und Sie sind hoffentlich auf dem besten Weg, in die 1. Liga der PHP-Programmierer aufzusteigen.

In diesem letzten Teil erfahren Sie noch, was Sie auf alle Fälle beim Programmieren beachten sollten. Außerdem bekommen Sie eine kleine Auswahl der wichtigsten Links zu den Themen PHP, Apache und allem, was dazu gehört. Diese Links werden Sie hoffentlich auf die richtigen Webseiten führen, um Ihre Neugierde und Ihren Wissensdurst zu dem, was in diesem Buch vorgestellt wurde, zu befriedigen.

Bedenken Sie, dieses Buch kann nur ein Anfang sein und Sie werden nie auslernen. Nur das konsequente Verfolgen der neuesten Entwicklungen wird sicherstellen, dass Sie am Ball bleiben und nicht irgendwann zum alten Eisen gehören.

Also, viel Spaß mit dem Top-Ten-Teil.

Die zehn wichtigsten Dinge, die Sie beim Programmieren beachten sollten

19

In diesem Kapitel

- Was sinnvolle Namen sind
- Warum Sie nie auslernen
- Was es mit Sicherheit auf sich hat
- Wie Sie sich beliebt machen und gesund bleiben

Nicht einfach drauf los coden

Machen Sie sich Gedanken, was Sie überhaupt machen wollen. Was soll Ihr Programm/Listing können, welche Anforderungen haben Sie? Welches Ziel haben Sie? Definieren Sie Zwischenschritte. Schreiben Sie sich das auf. Erstellen Sie eine so genannte Anforderungsspezifikation. Machen Sie sich klar, was für ein Aufwand auf Sie zukommt.

Danach fangen Sie an, sich zu überlegen, was Sie brauchen, um das Programm zu realisieren, welche Kontrollstrukturen, welche Algorithmen.

Malen Sie sich den Programmfluss mit Papier und Stift auf.

Danach überlegen Sie sich, welche Variablen, Konstanten und eventuell Klassen Sie brauchen. Vieles kann auch in Funktionen zusammengefasst werden.

Erst wenn Sie dies alles getan haben und sich im Klaren sind, wie Ihr Programm aussehen soll, können Sie anfangen zu coden. Alles andere artet nur aus und bringt am Ende doch nichts (es sei denn, Ihr Listing ist nur 5 Zeilen lang).

Kommentieren Sie Ihren Code!

Wenn Sie Ihren Code nicht kommentieren, können Sie ihn im Grunde gleich wieder wegwerfen. Oder glauben Sie wirklich, Sie wissen in einem halben Jahr noch, wenn Sie Ihr Programm erweitern wollen, was diese Variable tut oder warum Sie dieses und jenes eingebaut haben?

Wissen Sie noch, was Sie am Dienstagabend vor drei Wochen gemacht haben? Aha.

Sinnvolle Namensgebung

Nennen Sie Ihre Variablen nicht `$a`, `$eins` oder `$var1`. Das geht vielleicht gut wenn Sie nur Dreizeiler schreiben. Aber wenn Sie mal ein Programm schreiben, das mehr als hundert Zeilen hat, dann möchte ich mal sehen, wer noch weiß, was die Variable `$x` für eine Bedeutung in dem Ganzen hat.

Schreiben Sie Konstanten in Großbuchstaben. Klassen auch. Variablen am besten in Kleinbuchstaben. Vergeben Sie Namen, die auch etwas mit dem Inhalt zu tun haben. So machen Sie sich das Leben leichter. Besonders wenn Sie mal Fehler suchen müssen – und glauben Sie mir, das werden Sie müssen.

Das Gelernte auch anwenden

Bleiben Sie nicht auf einem niedrigen Level stehen. Arbeiten Sie mit Funktionen und später auch Klassen. Probieren Sie ruhig mal etwas Neues aus, neue Algorithmen und Funktionsbibliotheken. Das wird Sie voranbringen und Ihr Wissen vertiefen. Außerdem machen Sie so Ihren Code schneller und einfach cooler.

Lernen durch Nachvollziehen und Verstehen

Schauen Sie sich auch an, was andere machen. Klauen Sie nicht einfach den Code von anderen, sehen Sie ihn sich an und verstehen Sie ihn. Dann bringt es Ihnen auch etwas.

Das gilt natürlich auch für die Beispiele in diesem Buch und auf der CD. Einfach nur Cut&Paste hilft Ihnen auf die Dauer nicht weiter, konzentriertes Lesen und Nachvollziehen der Beispiele dagegen schon.

Rückversichern - Sicherheit tut not

Denken Sie auch an die Sicherheit. Programme, die sich des Internets oder Netzwerken aller Art bedienen, sind immer potenzielle Sicherheitsrisiken. Insbesondere wenn diese Programme Ports öffnen oder PHP-externe Programme auf der Shell starten dürfen.

Denken Sie daran, dass diese Programme immer ein Sicherheitsrisiko darstellen. Wenn sich in einem Ihrer Programme, das über das Netz erreichbar ist, eine Sicherheitslücke befindet, kann das fatale Folgen haben, besonders dann, wenn Passwörter oder Rechte zur Programmausführung mit im Spiel sind.

Testen Sie Ihr Programm

Macht Ihr Programm auch das, was es soll, oder doch was ganz anderes? Testen hilft unangenehme Folgen zu vermeiden oder zumindest in einem kleineren Rahmen zu halten.

Löscht Ihr Programm auch wirklich nur eine Datei oder die ganze Festplatte? Schickt es eine Datei weg oder vielleicht tausende? Haben die Algorithmen alle eine Abbruchbedingung oder kann es zu Deadlocks kommen? Diese Fragen und mehr sollten Sie beschäftigen.

Fragen Sie ruhig. Aber versuchen Sie es erst selbst!

Wenn Sie vor einem (oder mehreren) Problemen stehen, können Sie sich an andere PHP-Entwickler wenden und Ihre Fragen stellen. Beispielsweise in Mailinglisten und Foren auf den populären Webseiten, die sich mit PHP beschäftigen.

Bedenken Sie aber, dass Sie keine (wirkliche) Hilfe erwarten können, wenn Sie nicht selbst erst (wirklich) versucht haben, dem Problem auf die Schliche zu kommen.

Fragen wie zum Beispiel: »Ich habe einen Rechner und möchte PHP installieren, weiß aber nicht, wie das geht?« werden wohl kaum auf große Hilfsbereitschaft stoßen. Wer Fragen stellt, deren Lösungen an tausend Stellen im Netz und in den Dokumentationen zu finden sind, dem wird nur selten geholfen.

Darum stellen Sie keine allgemeinen Fragen, sonders beschreiben Sie Ihr Problem so gut es geht. Schreiben Sie, was Sie schon versucht haben, um das Problem selbst zu lösen, und warum es nicht geklappt hat. Geben Sie an, was das jeweilige Programm/Betriebssystem ausgegeben hat.

Heben Sie sich Ihre Aufzeichnungen gut auf - Sie werden sie brauchen

Die Zeit vergeht und auch Ihre Programme, auf die Sie einst so stolz waren, werden langsam alt und grau. Nach einiger Zeit können Sie den alten Kram einfach nicht mehr sehen. Neue Features müssen her und was das Look&Feel angeht ... na ja.

Was würden Sie nur machen, wenn Sie nicht Ihre alten Aufzeichnungen (Flussdiagramme, Klassendiagramme, Anforderungsspezifikationen usw.) aufgehoben hätten? In diesem Fall werfen Sie Ihre alten Programme besser gleich weg und fangen von vorne an.

Also: Heben Sie Ihre Aufzeichnungen auf und zwar da, wo Sie sie auch in ein, zwei Jahren wiederfinden. Glauben Sie mir, es macht Sinn.

Bilden Sie sich fort – dieses Buch kann nur ein Anfang sein

Wenn Sie jetzt am Ende dieses Buches denken, das war es, mehr kann mir PHP nicht bieten, dann irren Sie sich.

Lernen Sie dazu. Das Netz ist voller Informationen, Beispiele und Anregungen. Dieses Buch kann nur ein Anfang sein.

Ein weiser Mann hat mal gesagt: »Man lernt nie aus, und wenn man nichts mehr lernt, ist man tot.«

Also, suchen Sie sich weitere Quellen für Informationen zu PHP, abonnieren Sie Newsgroups und Newsletter, lesen Sie auf den wichtigsten Seiten nach, was es Neues gibt und vor allen: Suchen Sie das Gespräch und den Gedankenaustausch mit anderen, die sich mit diesem Thema beschäftigen.

Veröffentlichen Sie Ihren Code

»Release fast, release often.« Machen Sie Ihren Code anderen verfügbar. Eine kleine Homepage ist schnell erstellt. Schreiben Sie etwas zu Ihrem Projekt. Wenn es interessant ist und andere sich dafür interessieren, haben Sie vielleicht schon bald mehr Helfer, als Ihnen lieb ist.

Sie halten es für Unsinn, Ihren Code zu veröffentlichen? Na, dann lesen Sie doch mal nach, wie PHP und Linux entstanden sind.

Hocken Sie nicht den ganzen Tag am Rechner

Gehen Sie doch mal spazieren. Ihre Augen sind ja schon ganz eckig. Trinken Sie nicht so viel Kaffee, Tee ist viel gesünder und schmeckt auch noch besser. Wann sind Sie das letzte Mal mit Ihrem/r Freund/Freundin essen oder ins Kino gegangen. Wie, sie/er hat Sie verlassen? Na sehen Sie!

Nur am Rechner hocken macht träge und einsam – und wenn das jetzt keine gute Überleitung war, das Buch bald zu beenden, dann weiß ich auch nicht, was Sie noch wollen.

Die zehn (oder auch mehr) wichtigsten Adressen im Web

20

In diesem Kapitel

- Webseiten mit PHP-News
- Webseiten mit Tutorials
- Webseiten zu Apache
- Webseiten mit allem, was Sie sich wünschen

Jetzt stehen Sie da. Das Buch haben Sie gelesen (und verstanden). Die Beispiele haben Sie schon 10-mal gesehen und es dürstet Sie nach neuen Herausforderungen. Sie wollen einfach mal sehen, was andere so machen. Bravo! Das ist die richtige Einstellung. Im WWW werden Sie alles finden, um Ihren Wissensdurst nach Informationen zu stillen.

Ich habe hier ein paar Seiten zusammengetragen, die nur darauf warten, von Ihnen besucht zu werden. Die Programme schreien förmlich danach, von Ihnen ausprobiert zu werden, und wie soll die Welt weiterleben, ohne dass Sie Ihre Werke der Menschheit anbieten?

Vielleicht sind nicht alle diese Seiten nach Ihrem Geschmack, aber Sie sind meiner Meinung nach eine gute Anlaufstelle bei Problemen aller Art (zu PHP!), und Sie werden auf diesen Seiten mehr als genug Links finden, die Sie überall dahin bringen, wo hoffentlich Ihr Wissensdurst gestillt werden wird.

http://www.php.net

php.net ist die Hauptseite des PHP-Projekts. Hier und nirgendwo sonst sollten Sie mit Ihrer Suche beginnen, wenn Sie etwas zu PHP erfahren wollen oder einfach nur ein wenig recherchieren möchten.

Hier finden Sie einfach alles, was Sie zu PHP suchen, und wenn nicht, dann wenigstens die Links, die Sie zu Ihrem Ziel führen, und das ist doch auch schon mal was.

Die neuesten PHP-News und Versionen gibt er hier natürlich genauso wie die umfangreiche und in vielen Sprachen (ja, auch Deutsch!) verfügbare Dokumentation zu PHP, die Sie vollständig im Web lesen können.

http://www.apache.org

Die Homepage des Apache-Projektes ist *die* Anlaufstelle für alle, die etwas über den am weitesten verbreiteten Webserver im Internet wissen wollen. Nicht zu vergessen die neuesten Informationen und die aktuellsten Versionen Ihres Lieblings-Webservers, der völlig frei und kostenlos zu Ihnen kommt (genau wie PHP).

http://www.mysql.de

Wenn Sie sich mit diesem Buch wirklich beschäftigt haben, wird die populärste und am weitesten verbreitete OpenSource-Datenbank MySQL keine Unbekannte mehr für Sie sein.

Mit PHP, Apache und MySQL steht Ihnen ein extrem leistungsfähiges Trio an freier Software zur Verfügung. Da kann man nur noch hoffen, dass Sie auch das richtige Betriebssystem haben.

Die Webseite von MySQL können Sie auch unter `http://www.mysql.org` und `http://www.mysql.com` erreichen.

http://selfhtml.teamone.de

Auf dieser Seite finden Sie immer die aktuellste Version von SELFHTML zum online lesen und recherchieren. Bei Fragen zu HTML sollte SELFHTML immer die Anlaufstelle Nummer eins sein. Egal, ob es sich dabei um kleine oder große Probleme handelt. Natürlich können Sie hier auch SELFHTML downloaden. Das brauchen Sie aber eigentlich nicht, da Sie SELFHTML auch auf der CD in diesem Buch finden können.

SELFHTML ist die umfangreichste, deutschsprachige HTML-Dokumentation und für alle, die sich mit HTML beschäftigen, eine unbezahlbare Hilfe.

http://www.zend.com

Hier finden Sie die Homepage von Zend Technologies, den Entwicklern von Zend, dem hervorragenden Parser von PHP. Sie ist immer einen Blick wert, denn hier gibt es auch noch weitere nützliche Software zu PHP direkt von den Machern von PHP. Natürlich halten die Entwickler von PHP auf ihrer Seite auch Tutorials, Tipps und Codeschnipsel für Sie bereit.

http://www.hotscripts.com

Hier finden Sie über 20.000 Skripte der verschiedensten Sprachen, mit denen Sie arbeiten und von denen Sie lernen können. Die Skripte sind übersichtlich nach Themengebieten geordnet und werden von den Besuchern der Seite bewertet. So sehen Sie gleich, welcher Programmierer offenbar eine fähige Person war, und wer lieber noch ein wenig in diesem Buch gelesen hätte.

http://www.hotscripts.de

Diese deutschsprachige, sehr hübsch anzusehende Seite bietet einige hundert nach Kategorien sortierte Skripte und eine Suchfunktion.

http://php.resourceindex.com

Eine ungeheure Anzahl von Skripten, Funktionen und Klassen zur freien Verfügung finden Sie auf dieser Seite. Also wer hier nicht findet, was er sucht, dem bleibt nur noch, einen Wünschelrutengänger zu engagieren.

http://www.linuxguruz.org

Bei den Linux Guruz finden Sie eine große Anzahl an Tutorials zu allen möglichen Themen. Dazu gehören Linux, MySQL, HTML, Linux und natürlich auch PHP.

http://www.selfphp.com

Wenn Sie das erste mal die Webseite des SelfPHP-Projekts von Damir Enseleit und Matthias Hupp aufrufen, werden Sie mit großer Sicherheit ein Deja-Vu-Erlebnis haben.

Ganz recht, die Seite orientiert sich optisch stark an der des SelfHTML-Projekts. Das Ziel der Macher ist es, eine möglichst vollständige Befehls-Referenz zu PHP zu erschaffen.

Bislang beschreibt das Dokument ca. 560 Funktionen von PHP3 und PHP4. Die am häufigsten verwendeten Befehle von PHP sind in Gruppen nach alphabetischer Reihenfolge geordnet und werden ausführlich erklärt.

Zu jedem der Befehle gibt es mindestens ein Beispiel sowie die zugehörige Ausgabe im Browser. Damit ist es kein Problem die Befehle nachzuvollziehen und mit dem Beispiel selbst auszuprobieren.

Die Beispiel-Skripte sind sehr einfach gehalten und sollten auch für Einsteiger nicht schwer zu verstehen sein. Es geht ja auch nur darum, die jeweiligen Befehle zu verstehen und die Arbeit mit ihnen zu verinnerlichen.

Für diejenigen Entwickler, die schon weiter fortgeschritten sind, ist natürlich mehr die Syntax der Befehle interessant.

SelfPHP ist Freeware. Das heißt, Sie können das Dokument kopieren und weitergeben. Sie dürfen es sogar im Web veröffentlichen. Nur verändern und weitergeben dürfen Sie es nicht. Aber das sollte eigentlich klar sein.

SelfPHP ist noch unter den Adressen `http://www.selfphp.info`, `http://www.selfphp.com`, `http://www.selfphp3.de` und `http://www.selfphp4.de` erreichbar.

http://www.scriptindex.de

Auf dieser deutschsprachigen Seite finden Sie außer den aktuellsten Informationen zu den Themen PHP, MySQL und Apache auch viele Scripte für diverse Sprachen, unter anderem PHP, DHTML, ASP, Perl-CGI, Java und JavaScript. Auch einige gut erklärte Tutorials sind hier zu finden.

http://www.phptotal.de

Diese deutschsprachige Seite, hält Hunderte PHP-Skripte für Sie bereit und sogar ein Job-Board.

http://www.php-center.de

Eine deutsche Seite mit allen wichtigen und aktuellen News und Infos zu dem Thema PHP (was sonst) und allem was sich so drum herum abspielt oder wichtig dafür ist. Hier finden Sie natürlich auch die sehr gelungene PHP-Online-Dokumentation in allen wichtigen Sprachen.

Skripts und Tutorials gibt es auch noch ohne Ende und das Design der Seite ist sehr ansprechend, nicht zu vergessen natürlich die sehr vertraute Sprache.

http://www.php-homepage.de

Die PHP-Homepage ist ebenfalls eine deutsche Seite und quillt über vor Informationen, News, Skripten, Software, Buchvorstellengen und allem Möglichen zu PHP und was dazugehört. Schauen Sie einfach mal rein.

http://www.phpbb.com/

Bei phpBB handelt es sich um eines der populärsten und nützlichsten PHP-Skripte überhaupt. phpBB ist ein komplett in PHP geschriebenes, datenbankgestütztes Webforum. Das Programm arbeitet mit den Datenbanken MySQL, MS-SQL, PostgreSQL und Access/ODBC und ist sehr flexibel.

Die Benutzeroberfläche ist sehr intuitiv, und wenn Sie schon ein paar Foren im Netz besucht haben, ist die Wahrscheinlichkeit hoch, dass dabei auch ein paar phpBB-Foren waren. Die Software ist übrigens frei und kann um diverse Module erweitert werden.

http://www.weaverslave.ws

Weaverslave ist ein sehr schneller und extrem flexibler Editor, der sich mithilfe von PlugIns erweitern und überhaupt sehr umfangreich an eigene Bedürfnisse anpassen lässt.

Weaverslave ist leider nur für Windows zu haben, dafür aber kostenlos. Außerdem ist das Programm sehr klein und gibt sich auf der Festplatte mit knapp 10 MB zufrieden.

http://www.postgresql.org

PostgreSQL ist wie MySQL eine relationale OpenSource-Datenbank, die mit einer hervorragenden Performance und Stabilität aufwarten kann und gleichzeitig der schärfste Konkurrent zu MySQL ist. Die PostgreSQL-Datenbank arbeitet übrigens auch völlig problemlos mit PHP zusammen und ist für alle gängigen Betriebssysteme verfügbar.

http://www.dynamic-webpages.de

Für diese Seite gilt das Gleiche wie für die PHP-Homepage und das PHP-Center. Hier gibt es zusätzlich noch Interviews mit deutschen PHP-Gurus und ansonsten auch alles, was der PHP-Coder so braucht, um glücklich zu sein.

http://www.phpmyadmin.net

phpMyAdmin von Tobias Ratschiller ist ein komplett in PHP geschriebenes Programm, um MySQL-Datenbanken webbasiert bedienen und verwalten zu können. Die intuitive Benutzeroberfläche und einfache Installation macht das Datenbankmanagement auch für Anfänger fast zum Kinderspiel.

http://www.phparchiv.de

Diese optisch sehr ansprechende, deutschsprachige Webseite ist die Partner-Seite von »PHP 4 – Grundlagen und Profiwissen« von Jörg Krause und bietet Ihnen Hunderte PHP-Skripte, geordnet nach Kategorien.

http://www.pdflib.com

Mit der Bibliothek PDFlib von Thomas Merz können Sie aus allen verbreiteten Programmier- und Skriptsprachen relativ einfach PDF-Dateien erzeugen. Nach einem Aufruf der PDFlib aus Ihren Skripten brauchen Sie sich nur noch um den Text und dessen Formatierung zu kümmern. Leider ist die PDFlib ein kommerzielles Produkt und der Preis für Privatpersonen recht hoch.

http://www.fpdf.org

Mit der FPDF-Klasse von Olivier Plathey steht Ihnen ein kostenloser Ersatz für die PDFLib zur Verfügung. Die Klasse ist Freeware, und Sie können damit machen, was Sie wollen.

Auf der Webseite von FPDF finden Sie eine Referenz der Befehle der Klasse und ein sehr hilfreiches Tutorial.

http://www.aditus.nu/jpgraph/index.php

Mit der Klassenbibliothek JPGraph können Sie einfach und schnell Liniendiagramme, Balkendiagramme und Tortendiagramme (2D und 3D) erzeugen. Die Installation und Bedienung ist schnell gelernt, und schon nach kurzer Zeit können Sie Daten aller Art eindrucksvoll auf Ihrer Webseite präsentieren.

Unter `http://www.binnendijk.net/jpgraph/` finden Sie ein hervorragendes deutsches Tutorial zu JPGraph von Valentin Binnendijk.

http://www.phpgtk.de

Während des gesamten Buches haben Sie PHP als Skriptsprache für browserbasierte Webanwendungen kennen gelernt. PHP kann aber noch viel mehr. Sie können mit PHP-GTK auch richtige Applikationen mit grafischer Benutzeroberfläche (GUI) erstellen.

Als Toolkit kommt dabei das GTK+ (GIMP ToolKit) zur Anwendung, das für alle verbreiteten Rechnerplattformen und Betriebssysteme verfügbar und OpenSource ist. GTK+ wurde ursprünglich für den Einsatz in dem hervorragenden Bildbearbeitungsprogramm GIMP (GNU Image Manipulation Program) entwickelt und ist heute für die grafische Benutzeroberfläche von vielen Programmen verantwortlich. Mehr über GTK können Sie unter `http://www.gtk.org` und über GIMP unter `http://www.gimp.org` erfahren.

Auf der Webseite finden Sie außer der aktuellsten Version von PHP-GTK auch ein sehr hilfreiches Tutorial.

http://gtk.php.net

Eine englischsprachige Webseite zum Thema PHP-GTK. Hier finden Sie auch die sehr gute PHP-GTK-Dokumentation (auch auf deutsch) mit einigen einfachen, guten Beispielen.

Teil VI

Anhänge

»Es muss doch noch eine elegantere Methode geben, um zur Eingabe der Kreditkarte aufzufordern.«

In diesem Teil ...

Teil VI ist sehr nützlich. Sie erhalten Informationen, wie PEAR Ihnen das Leben erleichtern kann. Außerdem können Sie lesen, wie Sie PHP 5 installieren und was für schöne Dinge sich auf der CD befinden.

PEAR

A

In diesem Kapitel

- Was PEAR ist, und wozu es gut ist
- Wo Sie PEAR herbekommen
- Was ein sauberer Programmierstil ist, und warum er so wichtig ist
- Wie man sauber programmiert und kommentiert
- Warum Kommentare existenziell sind
- Welche Konventionen es für die Namensgebung gibt

Zum Glück fällt Programmierern immer wieder etwas Neues ein, was Ihnen das Leben (sprich das Programmieren) erleichtern kann. PEAR steht, besonders was diese Erleichterungen angeht, hoch im Kurs, heißt mit vollem Namen *PHP Extension and Application Repository* und ist nichts anderes als ein Archiv für Klassen und Bibliotheken in PHP, die sich besonders durch ihre Wiederverwendbarkeit auszeichnen.

PEAR wurde von Stig S. Bakken entwickelt und ist seiner kleinen Tochter Marlin Bakken gewidmet, die am 21.11.1999 geboren wurde. Der allererste Code für PEAR wurde nur wenige Stunden vor ihrer Geburt geschrieben.

Gestatten - PEAR

Mit PEAR steht jedem PHP-Entwickler ein Archiv für PHP-Erweiterungen und -Bibliotheken zur Verfügung, ganz nach den Vorbildern *CTAN* (`http://www.ctan.org`) für das Textsatzsystem TeX und *CPAN* (`http://www.cpan.org`) für die Programmiersprache Perl.

PEAR halt Folgendes zu bieten:

- ✔ Es stellt eine Infrastruktur bereit, um sich mit anderen Entwicklern Code zu teilen
- ✔ Es definiert Standards, um Code verständlicher (wiederverwendbarer) und portabel zu machen
- ✔ Es beinhaltet Werkzeuge zur Wartung und Verteilung von PHP-Code
- ✔ Und es eröffnet die Möglichkeit, andere Entwickler am eigenen Code mitarbeiten zu lassen und den Code von anderen mitzuverwenden

Die Webseite von PEAR ist `http://pear.php.net`. Hier finden Sie immer die aktuellsten Informationen zu dem Projekt.

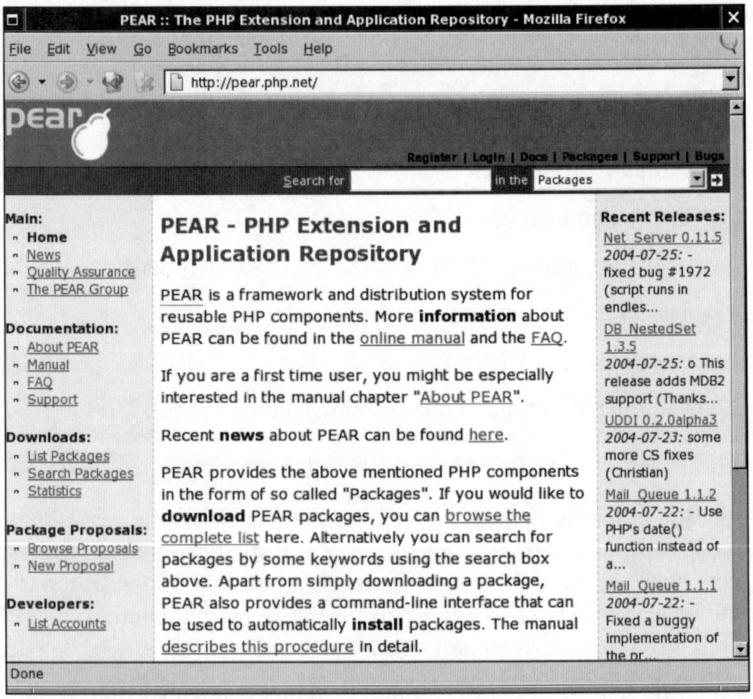

Abbildung A.1: http://pear.php.net - die Homepage des PEAR-Projekts

Der Sinn und Zweck von PEAR ist es, eine zentrale Anlaufstelle für alle Entwickler zu bieten, die qualitativ hochwertigen und portablen PHP-Code suchen, der frei genutzt werden kann. Dabei ist ein wichtiges Kriterium, dass PEAR-Code auf möglichst vielen Systemen und Konfigurationen ohne Änderung lauffähig sein soll.

Wenn Sie das Prinzip von PEAR interessant finden und auch selbst eigenen Code für andere verfügbar machen wollen, sollten Sie die Mailinglisten und Tutorials auf der Webseite von PEAR ansehen und sich mit den folgenden *PEAR Coding Standards* auseinandersetzen. Diese legen das Aussehen und die Struktur des Codes fest. Dies beinhaltet u.a. den Kommentarstil, die Anzahl der Leerzeichen beim Einrücken, die Position von Klammern und vieles andere mehr. Auf der Webseite von PEAR finden Sie auch eine sehr hilfreiche Dokumentation.

Wenn Sie sich an diese Regeln halten, dann steht der Aufnahme Ihres Codes in das PHP Extension and Application Repository nichts mehr im Wege.

Codierstandards

In den folgenden Abschnitten werde ich Ihnen die PHP Coding Standards erklären. Diese sind notwendig, wenn Sie dem PEAR-Projekt eigenen Quellcode hinzufügen möchten, und helfen auch, den vorhandenen Quellcode zu verstehen. Die Seiten sind mithilfe der PEAR-Dokumentation entstanden.

Korrektes Einrücken macht Sinn

Aus Gründen der Übersichtlichkeit sollte immer um vier Leerstellen eingerückt werden. In den allermeisten Editoren ist die Einstellung der »Tab-Breite« kein Problem. Für den beliebten UNIX-Editor vim (Vi IMproved) sind diese Einstellungsregeln korrekt:

```
set expandtab
    set shiftwidth=4
    set softtabstop=4
    set tabstop=4
```

Für den Editor Emacs haben Sie einen *mode-hook*, der die Arbeit mit PHP-Skripten gemäß den PEAR-Richtlinien deutlich erleichtert:

```
(defun php-mode-hook ()
  (setq tab-width 4
        c-basic-offset 4
        c-hanging-comment-ender-P nil
        indent-tabs-mode
        (not
         (and (string-match "/\\(PEAR\\|pear\\)/" (buffer-file-name))
              (string-match "\.php$" (buffer-file-name))))))
```

Zeilen sollten nach 75 bis 85 Zeichen umbrochen werden.

Korrektes Aussehen von Kontrollstrukturen

Unter den Kontrollstrukturen versteht man die

- `if`-Anweisung
- `if-else`-Anweisung
- `if-elseif-else`-Anweisung
- `while`-Schleife
- `for`-Schleife
- `switch`

Mehr dazu finden Sie in Kapitel 5.

Beim Einbau dieser Kontrollstrukturen in Ihre Werke sollten Sie aus Gründen der Lesbarkeit und Platzersparnis ein paar Regeln in Bezug auf deren Aussehen befolgen:

- Zwischen dem Schlüsselwort und der öffnenden Klammer sollte ein Leerzeichen stehen, um sie leichter von Funktionen zu unterscheiden.
- Ebenso sollte zwischen der Bedingung (dem logischen Ausdruck) und der öffnenden geschweiften Klammer ein Leerzeichen sein.
- Für öffnende geschweifte Klammern sollte keine neue Zeile angefangen werden. Der Anweisungsblock sollte vier Leerzeichen eingerückt sein.
- Für die schließende geschweifte Klammer sollte eine neue Zeile begonnen werden. In diese kommen dann auch eventuelle weitere Schlüsselwörter.
- Auch wenn ein Anweisungsblock nur eine Zeile (Anweisung) enthält, diese immer mit geschweiften Klammern umgeben. So wird die Lesbarkeit drastisch erhöht und die Gefahr vermindert, dass sich logische Fehler einschleichen, insbesondere, wenn Sie später noch weitere Zeilen einfügen. So lassen sich Fehler und nervliche Belastung von vornherein vermeiden.

Im Folgenden sehen Sie einige Beispiele für korrektes Aussehen von Kontrollstrukturen.

Eine `if-elseif-else`-Anweisung:

```
if (Bedingung) {
    Anweisungsblock;
} elseif ((Bedingung) && (Bedingung)) {
    Anweisungsblock;
} else {
    Anweisungsblock;
}
Eine while-Schleife:
while {
    Anweisungsblock;
}
```

Eine `switch`-Anweisung:

```
switch (Bedingung) {
case 1:
    Anweisungsblock;
    break;
case 2:
    Anweisungsblock;
    break;
case 3:
    Anweisungsblock;
    break;
default:
    Default-Anweisungsblock;
    break;
}
```

Sauberer Kommentarstil - besser mehr als weniger - aber vor allem sauber bitte

Es gilt die Regel: Kommentare können nie schaden. Wenn Sie ein ordentliches Stück Code schreiben, sollten Sie die wichtigen Aktionen auf alle Fälle kommentieren. Machen Sie das am besten so lange, wie Sie sich noch genau an die Funktionsweise erinnern. Nur wenn Ihr Wissen noch frisch ist, kann es etwas werden. Ansonsten werden Sie bei größeren Listings sehr schnell erleben, dass Sie nicht mehr wissen, was Sie da überhaupt genau gemacht haben. Das kann bei der Fehlersuche oder bei der Arbeit an Erweiterungen sehr unangenehm sein.

Auf alle Fälle sollten Sie immer Kommentare nach dem Stil der Programmiersprachen C (`/**/`) und C++ (`//`) verwenden. Kommentare nach dem Stil von Shell-Skripten oder Perl-Listings (#) sind böse und damit zu vermeiden.

Es könnte auch Bedingungen geben: Einfügen von Code

Für das Einbinden von Dateien mit (fremden) Klassen gibt es zwei Grundsätze:

Das bedingungslose Einfügen

Wenn Sie eine Klassendatei bedingungslos einfügen wollen, nutzen Sie dafür die `require_once`-Anweisung. Diese ersetzt sich selbst durch die angegebene Datei. Der Vorteil von `require_once` ist, dass die angegebene Datei nur genau einmal eingefügt wird und so ein gleichzeitiger Zugriff von verschiedenen Stellen vermieden wird.

Wenn Sie schon ein wenig Erfahrung in der Programmiersprache C haben, können Sie sich die `require_once`-Anweisung äquivalent zu `#include` unter C vorstellen.

Schreiben Sie Ihre `require_once`-Anweisungen immer ganz oben in Ihren PHP-Code, sonst erzeugen Sie das pure Chaos.

```
<?
    require_once("datei.inc");
    ...
?>
```

Das bedingte Einfügen

Ähnlich der Anweisung `require_once` wird bei `include_once` der Code der fremden Datei eingebunden, auch hier immer nur einmal gleichzeitig. Im Gegensatz zu `require_once` sollten Sie `include_once` immer dann benutzen, wenn Sie ein und dieselbe Datei zur Ausführungszeit mehr als einmal einbinden wollen.

Den Start und das Ende nicht verpassen!

Um die PEAR-Konformität zu gewährleisten, müssen Sie Ihren PHP-Code immer folgendermaßen umschließen:

```
<?php
    ...PHP-Code...
?>
```

Diese Version wird bevorzugt, weil sie die portabelste Alternative ist und auf fast allen Rechner-Plattformen und Konfigurationen problemlos ist. Die beliebte Kurzform

```
<?
    ...PHP-Code...
?>
```

wird als böse angesehen und darf nicht verwendet werden.

Auch ein Kommentar unterliegt Regeln

Alle Code-Dateien, die in die PEAR-Distribution aufgenommen werden sollen, sollten folgenden Kommentarblock ganz am Anfang der Datei enthalten:

```
<?php
/* vim: set expandtab tabstop=4 shiftwidth=4: */
// +----------------------------------------------------------------------+
// | PHP version 4                                                        |
// +----------------------------------------------------------------------+
// | Copyright (c) 1997-2003 The PHP Group                                |
// +----------------------------------------------------------------------+
// | This source file is subject to version 2.0 of the PHP license,       |
// | that is bundled with this package in the file LICENSE, and is        |
// | available through the world-wide-web at                              |
// | http://www.php.net/license/2_02.txt.                                 |
// | If you did not receive a copy of the PHP license and are unable to   |
// | obtain it through the world-wide-web, please send a note to          |
// | license@php.net so we can mail you a copy immediately.               |
// +----------------------------------------------------------------------+
// | Authors: Original Author <author@example.com>                        |
// |          Your Name <you@example.com>                                 |
// +----------------------------------------------------------------------+
//
// $Id$
?>
```

Dieser Datei-Header sieht zugegebenermaßen sehr martialisch aus, und jemand der gerade eben sein erstes »Hello-World«-Listing geschrieben hat, sollte sich mit so etwas wirklich nicht aufhalten. Diese Konventionen stellen einen letzten Schritt zur Perfektionierung Ihres Codes dar, insbesondere wenn Sie ihn anderen Entwicklern zugänglich machen wollen.

Wann ein neuer Autor (also vielleicht Sie) für seine Beiträge zu einem Projekt in der Liste der Autoren mit seinem Namen und seiner E-Mail-Adresse gewürdigt wird, ist nicht festgelegt. Aber seine Änderungen oder Beiträge sollten schon erheblich sein.

Man kann davon ausgehen, dass Ihr Name dort auch stehen sollte, wenn 10 bis 20 % eines Projekts von Ihnen beigesteuert wurden. Nur den Code ein wenig umzuschreiben oder ein paar winzige Bugs beseitigt zu haben, rechtfertigt keine Namensnennung.

Auch wenn Sie Ihren Code nicht in PEAR integrieren wollen, sollten Sie im Header Ihrer Code-Dateien einen kleinen Block einrichten, in dem der Dateiname, die Lizenz und der Name des Autors (der Autoren) steht. Außerdem sollte Ihre E-Mail-Adresse erwähnt werden, damit sich interessierte Entwickler an Sie wenden können (mit Fragen, Lob oder auch Schimpf und Schande).

Konventionen auch für Namen

Die Namenskonventionen für PEAR sind denen in anderen Hochsprachen (insbesondere JAVA) sehr ähnlich und sollten immer befolgt werden. Sie erhöhen die Lesbarkeit des Codes ungemein, und das ist insbesondere bei längeren Listings und großen Programmpaketen das A und O, wenn es um Erweiterungen und Fehlersuche geht.

Ich habe da, wo es sinnvoll war, versucht, diese Konventionen im ganzen Buch zu verwenden und kann es auch nur jedem wärmstens ans Herz legen. Natürlich sind diese Regeln für ein Listing, das nur eine Hand voll Zeilen enthält, übertrieben, aber sobald Sie sich an größere Projekte wagen, sollten Sie sich unbedingt daran halten.

Globale Variablen

Nach der PEAR-Konvention für die Namensgebung von globalen Variablen müssen diese mit einem Unterstrich beginnen. Danach kommt der Name des Pakets, gefolgt von einem weiteren Unterstrich. Erst dann folgt der eigentliche Variablenname. Dieser sollte komplett in Kleinbuchstaben geschrieben werden.

Wenn der Variablenname mehrere Wörter umfasst, dann sollen diese ebenfalls durch Unterstriche voneinander getrennt werden. So wie in folgendem Beispiel:

```
$_PAKETNAME_variablenname_mit_mehreren_worten
```

So sollen globale Variablen auch in großen Code-Listings und umfangreichen Programmen verständlich und lesbar bleiben.

Lokale Variablen

Lokale Variablen bezeichnen, wie in Kapitel 2 beschrieben, funktionsinterne Variablen und Variablen, die nur in Schleifen oder anderen Kontrollstrukturen benutzt werden.

Für diese Variablen gibt es keine bindenden Standards. Der Variablenname sollte aber in Kleinbuchstaben geschrieben werden und muss natürlich die PHP-Kriterien für eine korrekte Namensgebung erfüllen (siehe in Kapitel 2 den Abschnitt *Korrekte Namen für Variablen*).

Außerdem sollten sie nicht zu lang sein. Eine Variable, die nur eine Schleife hochzählt, muss nicht mit ihrem Namen über eine ganze Zeile gehen. Ein `$n` ist in solchen Fällen absolut ausreichend.

Konstanten

Konstanten sollten immer in Großbuchstaben geschrieben werden, und auch hier sollten Sie bei mehreren Wörtern diese wie bei den Variablen durch Unterstriche voneinander trennen.

Vor dem Konstantennamen sollte der Name des Paketes stehen und durch einen Unterstrich vom Konstantennamen getrennt sein.

So wie in folgendem Beispiel:

```
$PAKETNAME_konstantenname_mit_mehreren_worten
```

Funktionen und Methoden

Funktionsnamen sollten am Anfang auch den Namen des Paketes, in dem sie sich befinden, enthalten. Dieser sollte in Großbuchstaben geschrieben werden und mit einem Unterstrich von dem Funktions-/Methodennamen getrennt werden.

Der eigentliche Name einer Funktion oder Methode sollte in Kleinbuchstaben geschrieben werden. Wenn der Name aus mehreren Wörtern besteht, dann sollten diese zwar direkt hintereinander geschrieben werden (ohne trennende Unterstriche), aber dafür sollte jedes neue Wort mit einem Großbuchstaben beginnen (bis auf das erste Wort). So wird die Lesbarkeit erhöht.

Beachten Sie zur Verdeutlichung des Prinzips folgendes Beispiel:

```
PAKETNAME_nameMitMehrerenWorten()
```

Ein paar Worte zum Abschluss

Die aktuellsten Informationen zu PEAR finden Sie natürlich auf der Webseite des Projekts. Dort liegt auch die aktuellste Dokumentation und Sie können sich die bereits vorhandenen Quellcode-Pakete ansehen. Ein Besuch der Seite lohnt sich also auf jeden Fall.

Installation von PHP & Co. mit XAMPP

B

In diesem Anhang möchte ich Ihnen die Installation der XAMPP-Distribution (`www.apachefriends.org`) beschreiben. XAMPP von Kai ›Oswald‹ Seidler und Kay Vogelgesang ist eine Distribution für Windows, Linux und SUN Solaris, die unter anderem folgende Pakete enthält:

- ✔ Apache
- ✔ PHP und PEAR
- ✔ MySQL
- ✔ Perl
- ✔ phpMyAdmin
- ✔ GD Grafikbibliothek
- ✔ Freetype2
- ✔ SQLite

Das ist aber nur ein kleiner Auszug aus der Liste der Pakete. Die Gründe, warum ich Ihnen XAMPP ans Herz lege, und nicht empfehle Apache, PHP, usw. selbst und von Hand zu installieren sind folgende:

- ✔ Die Installation von Apache und PHP ist alles andere als einfach.
- ✔ Es kostet nicht nur Anfängern viel Zeit, alle benötigten Pakete zu besorgen und zu installieren.
- ✔ XAMPP kann einfach installiert, wieder gelöscht und auf den aktuellsten Stand gebracht werden.

  XAMPP besteht nur aus freier Software und ist kostenlos erhältlich. Sie finden die zum Zeitpunkt des Drucks aktuellsten Versionen von XAMMP für Linux, Windows uns Solaris auf der CD in diesem Buch. Das sind im Einzelnen:

  - XAMPP Linux Version 1.4.7 vom 16.Juni 2004 mit Apache 2.0.50, MySQL 4.0.20 und PHP 5.0.0 und 4.3.8
  - XAMPP win32 Version 1.4.5 vom 16.Juni 2004 mit Apache 2.0.50, MySQL 4.0. 20 und PHP 5.0.0 und 4.3.8
  - XAMPP Solaris 0.3 vom 8.März 2004 mit Apache 2.0.48, MySQL 4.0.18 und PHP 4.3.4

Kai ›Oswald‹ Seidler und Kay Vogelgesang sind übrigens auch die Autoren des Buches *Apache für Dummies*, erschienen im Wiley-VCH Verlag, das ich jedem, der sich tiefergehend mit dem Apache-Webserver beschäftigen möchte, nur empfehlen kann.

Sollten Sie Probleme mit der Installation oder dem Betrieb von XAMPP haben, kann ich Ihnen nur die sehr gute deutschsprachige Dokumentation und das Forum auf `www.apachefriends.org` empfehlen.

XAMPP für Windows installieren

Führen Sie die Datei `xampp-win32-1.4.5.exe` aus und geben Sie dann an, wohin XAMPP installiert werden soll. Wichtig ist, dass Sie es in die oberste Hierarchie eines Laufwerks installieren, also beispielsweise nach `c:\` (siehe Abbildung B.1).

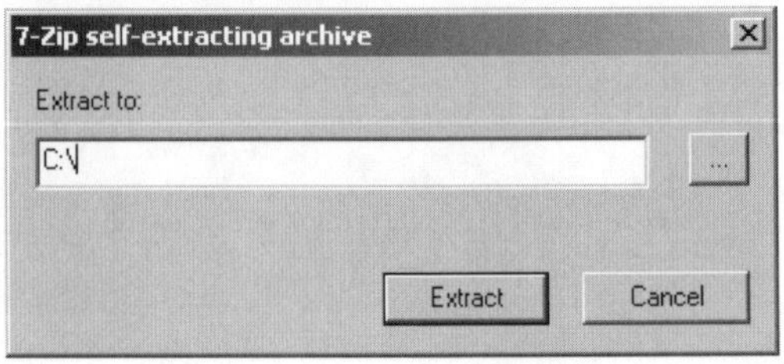

Abbildung B.1: XAMPP installieren

Die Distribution wird dann automatisch in das Verzeichnis `c:\xampp` installiert. Danach rufen Sie das Skript `setup_xampp.bat` in dem neu entstandenen Verzeichnis auf. Nun ist XAMPP einsatzbereit.

Um den Apache mit PHP zu starten, starten Sie einfach die Datei `c:\xampp\apache_start.bat`. Um den Apache zu beenden, schließen Sie einfach die Konsole (Abbildung B.2) oder rufen Sie die Datei `c:\xampp\apache_stop.bat` auf.

Abbildung B.2: Apache und PHP wurden gestartet.

Die MySQL-Datenbank starten Sie, indem Sie die Datei `c:\xampp\mysql_start.bat` aufrufen (Abbildung B.3). Um MySQL zu beenden, rufen Sie die Datei `c:\xampp\mysql_stop.bat` auf.

Abbildung B.3: MySQL wurde gestartet.

Das war es auch schon mit der Installation. Rufen Sie in einem beliebigen Browser die Adresse `http://localhost` oder alternativ `http://127.0.0.1` auf und Sie sehen den Begrüßungsbildschirm von XAMPP (Abbildung B.4).

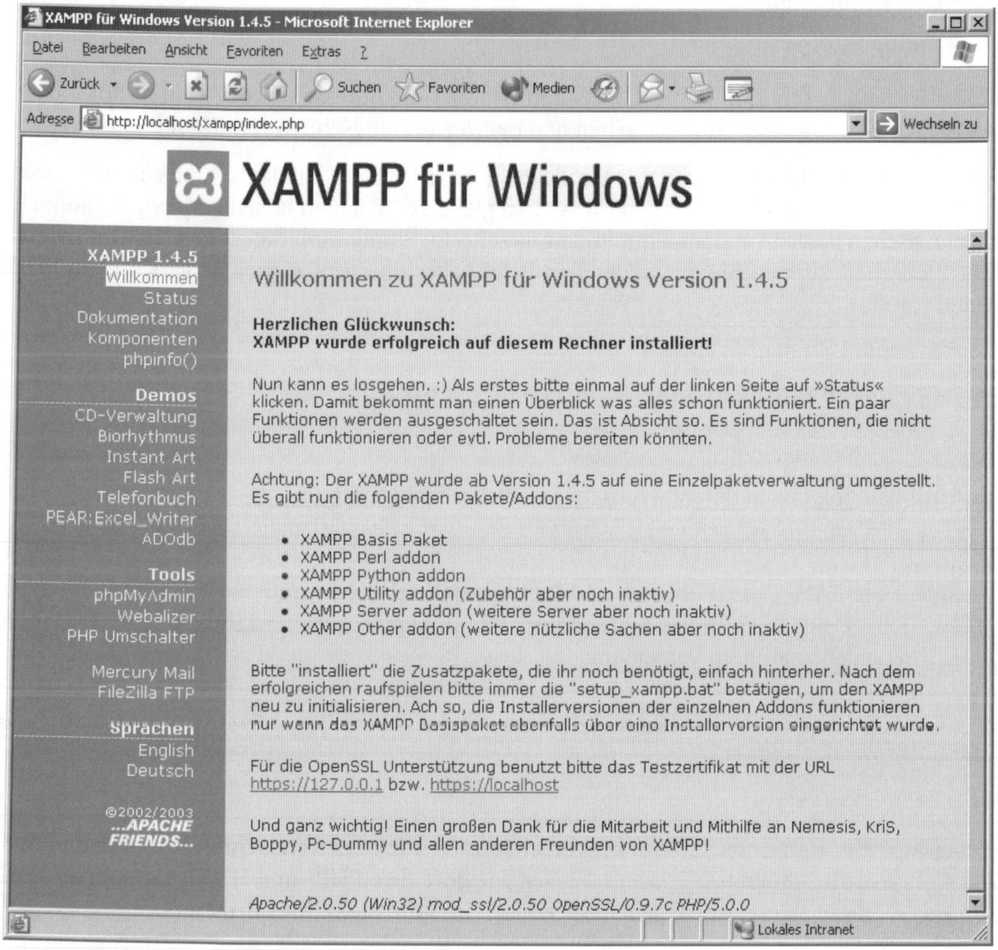

Abbildung B.4: XAMPP wurde erfolgreich installiert.

Um XAMPP zu deinstallieren, löschen Sie einfach das Verzeichnis `c:\xampp`, in das Sie XAMPP installiert haben. Vorher sollten Sie aber alle Server-Dienste (Apache, MySQL) beenden.

XAMPP für Linux installieren

Um XAMPP unter Linux zu installieren, müssen Sie nur die Datei `xampp-linux-1.4.7.tar.gz` in ein beliebiges Verzeichnis entpacken. Werden Sie mit dem Befehl `su` zu *root* (Systemadministrator) und entpacken Sie XAMMP in das Verzeichnis `/opt/` mit folgendem Befehl:

```
tar -xvfz xampp-linux-1.4.7.tar.gz -C /opt
```

Starten Sie nun XAMPP:

```
/opt/lampp/lampp start
```

Das war es auch schon. Rufen Sie in einem Browser die Adresse `http://localhost` oder `http://127.0.0.1` auf und Sie sehen den Begrüßungsbildschirm von XAMPP.

Bei der Version 1.4.7 von XAMPP für Windows sind PHP Version 5.0.0 und 4.3.8 enthalten. Das heißt aber nicht, dass Sie beide PHP-Versionen gleichzeitig laufen lassen können. Sie können aber zwischen beiden Versionen hin und her wechseln. Standardmäßig ist PHP 5.0.0 aktiviert. Zur Sicherheit können Sie mit folgendem Befehl aber überprüfen, welche Version von PHP gerade läuft:

```
/opt/lampp/lampp phpstatus
```

Um auf PHP 4.3.8 zu wechseln, geben Sie folgenden Befehl ein:

```
/opt/lampp/lampp php4
```

Und mit dem folgenden Befehl wechseln Sie wieder zu PHP 5.0.0:

```
/opt/lampp/lampp php5
```

Nachdem Sie XAMPP für Windows und Linux installiert haben, müssen Sie Ihre PHP- und HTML-Dateien nur noch in das Verzeichnis `htdocs` kopieren. Unter Linux befindet sich das `htdocs` standardmäßig im Verzeichnis

```
/opt/lampp/htdocs
```

und unter Windows unter

```
C:\xampp\htdocs\
```

Ein Rat: Erzeugen Sie im Verzeichnis `htdocs` ein Verzeichnis zum Beispiel mit dem Namen `skripte` und legen Sie dort Ihre PHP- und HTML-Dateien ab. Um diese zu erreichen, geben Sie einfach im Adressfeld Ihres Browsers

`localhost/skripte/` ein.

Wegweiser durch die CD

C

Auf der CD finden Sie die gesamte benötigte Software, sowie alle Programm-Listings aus diesem Buch. Dieses Kapitel soll Ihnen helfen, sich dabei zurechtzufinden.

Kapitel 12, 13 und 14

In dem Verzeichnis `/Bonuskapitel` finden Sie die Kapitel 12, 13 und 14.

XAMPP

Im Verzeichnis `/Software/xampp` finden Sie XAMPP für Linux, Windows und Solaris.

PHP

Im Verzeichnis `/Software/PHP` finden Sie PHP 5 als Source-Code und Binärpaket für Linux und Windows. Die aktuellsten Versionen von PHP finden Sie unter `http://www.php.net`.

Apache-Webserver

Im Verzeichnis `/Software/Apache` finden Sie den Apache-Webserver als Source-Code und als Binär-Version (also schon kompiliert) für Linux und Windows. Alles Wichtige zum Apache-Webserver und die aktuellsten Versionen finden Sie unter `http://www.apache.org`.

OmniHTTP

Bei OmniHTTP handelt es sich um einen sehr einfach zu installierenden WebServer für Windows. Im Verzeichnis `/Software/OmniHTTP` finden Sie die letzte Version von OmniHTTP, die als Freeware vertrieben wurde. Die Software kann frei und kostenlos benutzt werden und hat kein Auslaufdatum. Allerdings ist die Version nur für Windows 95 geeignet.

Alles Wichtige zu OmniHTTP und zeitlich beschränkte Testversionen finden Sie auf der Homepage der Omnicron technologies corporation `http://www.omnicron.ab.ca/httpd/`.

MySQL

Im Verzeichnis `/Software/MySQL` finden Sie die MySQL-Datenbank als Source-Code und als Binär-Version für Linux und Windows. Alles Wichtige zur MySQL-Datenbank finden Sie unter `http://www.mysql.com`.

PostgreSQL

Im Verzeichnis `/Software/PostgreSQL` finden Sie die PostgreSQL-Datenbank, eine sehr leistungsfähige Open-Source-Datenbank als Source-Code und als Binär-Version für diverse Betriebssysteme. Alles Wichtige zur PostgreSQL-Datenbank finden Sie unter `http://www.postgresql.org`.

SELFHTML

Im Verzeichnis `/Doku/SELFHTML` finden Sie die Version 8.0 von SELFHTML, dem umfangreichsten, deutschsprachigen HTML-Tutorial, das Sie finden können. Das Paket wird als Freeware vertrieben und kann frei benutzt und weitergegeben werden.

Alles Wichtige zu SELFHTML finden Sie auf der Homepage von SELFHTML `http://de.selfhtml.org`.

SELFPHP

In dem Verzeichnis `/Doku/SELFPHP` befindet sich die Version 1.2 von SELFPHP. Einer hervorragenden, deutschsprachigen PHP-Befehlsreferenz. Mehr darüber können Sie unter `http://www.selfphp.info` erfahren.

Code-Listings

Im Verzeichnis `/Listings` finden Sie alle Codelistings aus dem Buch nach Kapiteln geordnet. Sie dürften keine Probleme haben, sich damit zurechtzufinden.

Stichwortverzeichnis

Symbole

A

B

C

D

E

F

G

H